国家社会科学基金青年项目"当代中国社会公共生活建设研究"（项目编号：12CKS018）的最终成果

江西省重点建设学科"马克思主义中国化研究"出版资助项目

当代中国社会公共生活建设研究

陈付龙 著

人民出版社

目　录

绪论　公共生活：社会治理的经典叙事

　　作为一种社会性存在，人自出生之时便被无情抛入早已预设好的特定时空和社会关系之中，个体与他者在这种社会关系中实现着相互建构、相互影响、相互联系，从而促进人类的更好发展。为此，作为与私人生活相对应的一种生活样态，公共生活乃是每一个个体都不可能逃避且无法逃避的现实境遇，公共生活所建构的主体间性关系是一种客观存在的关系，这种关系的存在都是为每一个个体而存在的，"这种关系都是为我而存在的。……对于动物来说，它对他物的关系不是作为关系存在的。"[①] 但是前现代、现代和后现代的"三代同堂"的当代中国时空中，建设中国特色的公共生活，似乎面临着一种"坦塔罗斯式的烦恼"，在此际遇中，古典形而上学的统一、抽象的价值预设在现代公共生活建设中似乎失去了其应有的市场，尼采的"上帝死了"、福柯的"作为主体的人死了"、贝尔的"意识形态终结"、维特根斯坦和海德格尔的"哲学的终结"等宣告则隐喻着形而上学的统一、抽象的价值预设已深陷困境，任何企图依靠一种强制性力量以促成价值共识的行为都注定了是要失败的。但是这并不意味着现代公共生活的建设已无路可走，其建设进路步入了死胡同，而更多是告诉人

---

　　① 《马克思恩格斯选集》第 1 卷，人民出版社 1995 年版，第 81 页。

们现代公共生活的建设需要另辟蹊径，探求新型的、真正契合自己的建设进路，真正开启现代公共生活建设的天窗，还经典命题以现代魅力。

一、城邦生活：经典叙事的源码追溯

走出洞穴后的人类，慢慢学会了社会化生存，公共生活亦成为人类社会生活的一种基本样态，将孤独的、原子式的个体有机地联系起来，走进公共生活成为任何一个个体都无法逃避的最现实的选择，无论个体是多么"宅"、多么自我封闭、多么孤芳自赏、多么自我陶醉，个体都不可能是一种孤立的存在，其都有意或不经意地步入了公共生活地平线上，不可能彻底逃避与公共生活（实体与虚拟）的联系，其总是作为社会关系网格中的一个关系项或连接点而存在，并在与他者互动中建构自我存在意义，公共生活也正是通过个体之间的有机互动而在不同时空中呈现出不同的生活样态。为此，追溯公共生活这一经典命题的历史样态，无疑能为现代公共生活的建设提供宝贵的思想资源。以现代眼光审视，公共生活是随着社会生产发展而发展，是现代经济、政治和文化发展到一定阶段的使然。其中在"人的依赖关系占统治地位"阶段，公共生活与私人生活是混为一体的；在"以物的依赖关系为基础的人的独立性"阶段，公共生活与私人生活相分离，并以独立形态得以扩展；在"人的自由和全面发展"阶段，公共生活扩展得淋漓尽致，无处不在、无时不有，成为任何一个社会主体都无法逃避的生活境域。

公共生活虽然是一个现代词语，但究其源头，可以追溯到古希腊，无法绕过古希腊城邦生活。古希腊城邦生活也曾因其公民参与的直接性、广泛性和自主性一直被"代议制"下的现代人诗意地憧憬、向往和粘贴上美丽的标签，但城邦生活由于其公民概念的有限性和排他性，公民并未涵盖城邦中的全体社会成员，而只是社会成员中的小部分人而已，大多数人是被排除在公民之外的，不具有公民资格与公民身份，并不能参加城邦的政治生活，城邦政治生活并不具备现代意义上的公共性建构，所以正如张康之教授所言的一样，城邦生活是一种彰显自主性魅力的共同生活，而非一种彰显公共性的公共生活，城邦生活的目的正是为了实现城邦的这一共同体的共同价值，在社会越来越个体化的今天，城邦生活的自主性魅力也正成为学者们津津乐道的地方。① 但从学术进路建构来说，为了理论解释的需要，这并不妨碍在"公共生活"的视域中管窥城邦生活，追溯公共生活这一经典命题的历史源头，正如哈贝马斯在"公共领域"视域中把古希腊城邦视作古典公共领域一样。从某种程度而言，尽管在古希腊和古罗马，家庭和城邦分属于两个不同的领域，对应于家庭的是私人生活，对应于城邦的则是城邦生活，二者共同构成了当时社会生活中的两种生活形态，二者之间也划定一定的界限，人们每天在这两种生活形态中川流不息、生生不已。但是当时的城邦生活并不是一种现代意义上的公共生活，无论从二者内涵还是外延来看，城邦生活与现代意义上的公共生活都有着截然不同的异质性，这种差异也意味着不能把城邦生活作为一种理想的公共生活形态，把二者简单等同起来，充其量只能把其视为现代公共生活的一个较为直接的剖切面加以分析。

随着历史车轮的滚滚向前，社会领域的兴起和发展，家庭与城邦的这两个术语的意义得到了改变，与其相对应的生活形态也获得了不同的意义，其中家庭生活经过充分发展成为一种越来越成熟的私人生活形态，且是一个具有高度私密性的私人空间，并且在实践中愈来愈得到人们的高度认同；公共领域则已经被公共权力领域（政府）所替代和遮蔽，且在实践话语中往往被化约为一个有限政府。为此，亚里士多德把城邦生活看作公共生活的萌芽；边沁认为"共同体是个虚构体"，将公共利益理解为某种"共同体利益"；黑格尔将国家所展开的活动对应为公共生活，市民社会所对应的生活为私人生活；马克思把政治共同体和市民社会中的生活分别喻为"天国的生活"与"尘世的生活"；昆廷·斯金纳却认为应该用公共精

---

① 张康之、张乾友：《公共生活的发生》，高等教育出版社 2010 年版，第 256—257 页。

神捍卫政治共同体的自由等等。可以说，毫无疑问，关于公共生活的上述解读无不折射出他们把公共领域对应于国家领域，把公共生活对应于国家生活（政治共同体生活）的学术研究进路，公共生活被更多单向度地理解为一种政治生活，这也意味着从城邦生活向国家生活的公共生活样态转型更多是纳入政治生活视域中加以考察。在此学术视域中，我们面临的并不是公共生活样态（国家生活）的萎靡，而更多是一种介于国家与社会之间的公共领域的重建，以拯救介于国家生活与私人生活之间的现代公共生活危机。但是毋庸置疑，孕育于、依托于古希腊城邦生活中的公共生活变形镜像，在很大程度上为现代公共生活的建设奠定了基本架构和理论基础，成为现代公共生活的历史源头。

二、公共生活：经典叙事的现代重构

与古典型公共领域→代表型公共领域→市民型公共领域的嬗变历程相同步，人类社会走上了资本主义社会的发展阶段，市民型公共领域（资产阶级公共领域）则是现代性发端与发展的重要标志之一，市民公共领域也真正具有了批评、监督与制约国家权力的意图和功能。哈贝马斯也指出，自19世纪晚期以来，随着国家对社会领域的过度嵌入与干预，社会的国家化与国家的社会化的同行同步，国家与社会从分离走向融合，资产阶级公共领域的基础被破坏，公共领域批评、监督与制约国家权力的功能退化，出现了公共领域的"再封建化"现象，文化批判的公众沦为文化消费的公众，人成为马尔库塞笔下的"单向度的人"，公共领域成为一种"伪公共领域"，在"权力—技术—商业"的"三位一体"浪潮袭击下，公共领域的衰落也就成为一种无可奈何的现实，为此，对现代公共领域重构是否可能与何以可能问题进行一种建设性的理论回答，也就成为思想学术界的一种义不容辞的义务与责任。

阿伦特、哈贝马斯、泰勒、桑内特等是西方研究公共领域的有代表性的思想家，其中阿伦特在继承亚里士多德的古典区分理论基础上，在其代表作《人的条件》中把劳动、工作和行动看作是人的三种最基本的活动，与这三种基本活动相对应，她把人的活动领域划分为私人领域、社会领域和公共领域，对公共领域与私人领域的划分和关系进行明确说明，把公共领域视为位于市场和国家之外的一个作为行动实现的场所，是一个人们平等对话、议论和参与行动的政治空间，阿伦特的这一观点也成为现代公共领域理论的起点，为现代公共领域的理论解释指明了决定性方向，开启了现代公共领域理论解释端序，建构了以古希腊城邦政治生活为样板的公共领域的古典共和主义解释范式。哈贝马斯在继承阿伦特公共领域思想的基础上，对公共领域思想进行了创造性建构，完成了对阿伦特公共领域思想的超越，其主要贡献在于把公共领域与现代性镶嵌起来，巧妙地将共和主义的人民主权原则镶嵌到自由主义民主框架之中，建构了一种公共领域的自由主义解释范式。泰勒则在继承哈贝马斯公共领域的基本理念基础上，通过引入安德森的"社会想象"概念，把其目光更多投注于现代社会条件下公共领域建制化何以可能问题，把公共领域重新定义为公共媒体所建构的分散讨论的元论题公共空间，以公共媒体为纽带的公共领域及公共性替代了公众政治批判的公共领域及公共性，公共领域的含义在某种意义上发生了悄然转换。桑内特则从社会学意义上的公共空间视域对公共领域加以定义和理解，其侧重于研究人们对"公共空间"的感觉，认为近代社会公共空间转变实质乃是人们的"私密性"认知转变，作为当今时代的新教伦理，自恋的逻辑结构已深深侵蚀到公共领域之中，导致公共生活及公共人的衰落。史学大师赫伊津哈曾经论证指出，人们之所以走出中世纪，是因为人们当时凭借游戏精神打破了宗教禁欲；桑内特则反其道而行之，通过研究人们对"公共空间"的感觉来论证公共人之所以走向衰落，是因为人们凭借自恋精神打败了游戏精神。

总而言之，考察他们研究公共领域的学术理路，按照桑内特的解释，主要有以下三种：一是以政治美德呼唤公共领域的自上而下的学术理路，主要以阿伦特为代表；二是以社会的现实结构寻找公共领域的自下而上的学术理路，主要以哈贝马斯为代表；三是以人们对公共空间的感觉来研究公共领域的介于上述二者之间的学术理路，主要以桑内特为代表。当然，随着国内外公共领域研究热潮的兴起，更多关于公共领域的学术研究理路渐趋涌现出来。但是无论何种学术研究理路，均无不折射出他们把公共领域视为介于公共权力领域与私人领域之间的领域。这种研究进路呈现出两个基本特征，一是从社会学意义上的"公共空间"对公共领域加以理解；二是从社会批判理论上的"公共舆论领域"对公共领域加以理解。与公共领域类型多样性相伴随，作为人们在公共领域内所展开活动的一种归纳，公共生活形式也是多样的，考察其产生源头，可以说政治生活是公共生活的原初形式，但是需要澄明的是，古希腊城邦时期的政治生活因其公民概念的有限性与排他性，决定了当时政治生活并非面对全体社会成员开放，它只是公民的"专利品"，奴隶与女人是被排除在外的，亚里士多德的"人是天生的政治动物"的经典命题中的"人"只是指公民，所以这种政治生活的公共性严重亏损，其不能成为现代意义上的公共生活，但也不能完全否定，这种政治生活已经具有了公共生活的某些内容雏形。历史步入近代以来，随着公民概念涵盖范畴的扩大，政治生活的公共性得以延拓与丰富，公共生活以政治生活的原初形式得以较高显现。但也要清楚认识到，西方代议制的建构与实施，在广泛涵盖全体社会成员利益的公共性幌子中也最大限度地把人民拒之于政治生活的门外，政治生活往往成为精英的"独角戏"，从而使得政治生活的公共性亦大跌眼镜，公共生活也因代议制的局限性而被肢解或割裂，正由于此，哈贝马斯的公共领域的独立建制、吉登斯的重建公共领域思想等等都是把直接民主要素镶嵌于代议制架构之中，是弥补代议制民主困境和拯救公共生活危机的一种努力与尝试。为此，一种社会层面上的公共生活的解释系统进入人们视野，各种各样的结社活动、社团活动、社会组织活动等等成为生活世界中最为常见的公共生活形式，也正基于这种认识，托克维尔将公共生活理解为一种社团生活。海德格尔和萨特以"存在"和"共同此在"为切入点来理解公共生活发生。雅诺斯基则认为公共领域与其他领域存在重叠空间，从社会资本理论视域中勾勒着公共生活的解释范式，展现了在代议制民主架构中重构公共生活、再现经典命题的活力。

三、和谐社会的意义建构：经典叙事的自主魅力

构建社会主义和谐社会是当今全面提升中国共产党执政能力的基本要素，构建社会主义和谐社会的系统构想则直接为当代中国社会建设指明了方向，也成为中国共产党全面深化改革的一项重要战略目标，升华了对人类社会发展规律的认识，拓展了中国现代化维度，把握了社会主义本质的新发展，体现了我党全心全意为人民服务的执政宗旨。党的十七届五中全会提出把"社会建设明显加强"作为今后我国经济社会发展目标之一；党的十七届六中全会提出要培养高度的文化自觉和文化自信，为文化强国建设和文化民生建设奠定有效的思想道德基础和价值基础，深刻把握了新时期文化建设的规律与趋势，有力增强人民对中国特色社会主义的文化认同，进而切实推进社会认同；党的十八大则明确提出了社会建设的六大目标，对加强社会建设，促进社会和谐作出了全方面的部署；党的十八届三中全会则对深化社会体制改革作出了全面部署；党的十八届四中全会则明确了法治社会建设方向。在领域分离日益成为中国社会转型的重要表征的今天，从某种程度上说，重构现代公共生活是马克思"社会"概念的旨趣所在，也是马克思对未来社会形态的一种指认，是促进"虚幻共同体"迈向"真实共同体"的重要依托；促进公共生活的有序化则是社会主义和谐社会构建的重要条件，亦是提升社会治理的价值理性，优化社会治理的层级体系，实现社会治理的价值目标，推进国家治理体系现代化的重要面相。为此，基于社会治理优化视域，探讨公共生活与和谐社会的亲和性、互动性和自洽性，寻求公共生活在和谐社会建设中的内在功能，彰显现代公共生活的时代意义及现实意义，力图为公共生活理论提供一种符合马克思主义社会发展理论的解释模式，彰显公共生活这一经典命题的魅力，这

既是一种理论工作者的理论自觉，也是理论对现实的应有关怀和热情，更是以理论观照现实的贴近把握。

和谐社会是一个多元共在的社会，而非一个一元统一的社会，社会主义和谐社会构建，即要求构建一种人与自然、人与社会、人与人之间的矛盾与冲突渐趋减小甚或消灭的良好社会生态，是一种在保证人民根本利益一致的前提下，有效协调与高效整合社会冲突，增加社会和谐因素，消解社会不和谐因素的社会建设过程。面对当今中国社会中不和谐因素的暗流涌动，如何最大限度减少和化解社会发展过程中的不和谐因素，这不仅是一个当务之急的问题域，也是理论工作者的一份学术自觉和政治良心。在经济全球化、政治民主化、文化多元化和社会多样化的今天，任何希冀于总体性专制权力来达致社会和谐的途径都只能是一种不切实际的"乌托邦"，任何企图以强制力量去化解社会矛盾与整合社会冲突的观念与行为都注定是一种错误的选择，注定其市场前景一片暗淡，也注定了不得不另辟蹊径寻找他路。管窥人类社会实践，以下几种方式或许是化解矛盾、整合冲突的可资尝试的途径：一是健全多元利益整合机制。利益分化是现代社会发展的客观镜像，与利益分化相伴而生的各种社会矛盾和紧张也渐趋显现，凝聚与整合多元利益乃为当下一个亟待解决的问题。为此，努力维护和实现全体人民的根本利益与长远利益，努力消除社会各阶层之间的利益不平等，促进利益在社会各阶层之间分配的正当性与合理性，实现全体人民的利益共享和幸福共通，把利益作为化解矛盾、整合冲突的基点，是促进社会和谐的根本着力点与有效支撑点。二是健全公共理性引导机制。在文化多元化的今天，可资利用的文化资源并不稀缺，而是需要在太多蜂拥而来的文化资源中作出痛苦的抉择，但是在仁者见仁、智者见智的境遇中，依靠一种形而上的抽象预设已没有多大成功的可能，极可能被现代社会的开放性、流动性、风险性和速变性等击得支离破碎，成为一种空中飘浮的颗粒。为此，把眼光聚焦于公共理性的平面上，提高个体理性能力和道德理性，建立健全公共理性引导机制，引导人们通过理解、宽容、妥协、对话、协商的方式来化解矛盾、整合冲突或许是一种切实可行的道路。三是强化社会主义社会认同。认同是一种力量，社会认同是一个社会凝聚力和向心力的重要表征，也是社会和谐的重要支撑力。毫无疑问，按照社会学理论的解释，"相对剥夺理论"已为群体性事件何以频发问题提供了较好的原因注解。令人担心的是，相对剥夺的社会现实在今天中国转型过程中是一个不得不引起关注的命题，从而引起人们对我国社会主义社会认同的弱化和认同资源的损失，致使社会主义社会共同体意识消解，为此，关注社会情绪，减少社会焦虑，消除社会排斥，培育积极社会心态，塑造风清气正的社会氛围，强化社会主义社会认同，实现社会的有机团结，或许也是我国社会转型期消解各种不和谐、紧张因素，在多元差异中达致最广大人们都认同的底线性思想价值观念的有效渠道。

　　总之，建构一种以和谐交往、良性互动、共生共在为内涵的社会生态，不仅是和谐社会的内在本质与目标取向，也是公共生活的应有内涵。众所周知，化解社会矛盾，整合社会冲突，最大限度减少不和谐因素的方式与途径是多种多样的，但是无论何种方式与途径，其最终都离不开公共生活平台。当今许多矛盾的化解，冲突的调解都需要借助公共生活这一平台加以解决，因为公共生活是现代公民的基本生活样态，其不仅能为公民的日常生活提供各种社会生活条件，也能把分散的原子式个体凝聚起来，使个人声音汇聚成集体声音，个人所作所为汇聚成组织所作所为，形成一种组织化的公众力量来监督权力资本化与资本权力化的不当现象，防止权力在"公共利益"名义下的不当行使与过度扩张，防止市场在"权力庇荫"下成为一种有恃无恐的力量，促使权力的合理回归和资本的理性运行，以规避社会震荡带来的各种风险，各种风险积聚引发的社会失序，从而在中国共产党领导下，形成一个国家、市场与社会三者有机互动、共同合作、相互制衡的公共生活建设范式，充分彰显公共生活的经典魅力，使其成为中国现代化进程的一种重要力量，在社会主义和谐社会建设中熠熠生辉，而不是一个省略号而已。

第一章　公共生活的现代界说

　　随着全球化进程铺展,"地球村"不再是一种美好的科普幻想,而是人类社会发展的客观写照。与之相伴,"公共""共同""共生"等词语不断成为"地球村"的新话语,公共生活亦步入崭新的阶段。公共生活不是一种智力蓝图或公式化语言,而是需要付诸实践行动来予以建构与完善的当务之急,是一个无法逃避的现代性话题,也是完善和发展中国特色社会主义中具有核心意义的问题域。因此,以历史唯物主义为指导,深入分析公共生活建设问题,从哲学高度对其展开学术定位,能为当前学术研究提供理论资源和拓宽理论视界,有重要的理论意义。基于此,为了正确审视和科学阐述现代公共生活,本章力求科学勾勒公共生活的理论图谱,清晰厘定公共生活的概念图像,试图探讨公共生活的原始发生、结构属性和本质特征,以求正确回答什么是公共生活,以展示一个清晰的公共生活理论棱镜。

第一节　公共生活的发生考察

　　作为一个与私人生活相对应的范畴,公共生活与私人生活的分化,是人类社会走向现代化的重要表征,正如赫尔曼所言:"作为现代社会标志性特征和问题,甚至是苦恼的私人事务和公共事务的分离,是几个这种分离的唯一一个。"① 换言之，若无公共生活与私人生活的分化，人类社会的现代化亦只是"幻想"。然而，何谓公共生活，不同的学科对其内涵有不同的解读，众说纷纭、莫衷一是，国内学术界目前对其尚无一个统一的形而上的清晰界定，大多数学者在涉指公共生活概念时，多是从公共生活的内容要素上进行解读，未能从定义一个概念所需要的结构要素上对其进行澄明，为此，亟待从概念的结构要素层面对其内涵给予进一步澄明。事实证明，公共生活的范畴边界模糊，从理论上对其内涵有一个清晰认知乃非易事，需要理论工作者付出更大的艰辛与努力。以现代眼光审视，公共生活是现代社会结构发展到一定阶段的产物，是人类从"必然王国"迈向"自由王国"历程中的一次重大飞跃。按照百度词条解释，生活，即指为生存发展而进行各种活动，也是人类这种生命的所有的日常活动和经历的总和。由此可见，自有人类的产生，即有人类生活。为此，探讨公共生活的原始发生，必须首先把握一个贯穿于其始终的关键词即"交往"，否则便是凌空起舞，沦为一种观念的想象，而非一种历史的演绎。在此，将立足于交往范畴，以资本主义社会为分水岭，来考察公共生活的发生历程。

一、前资本主义社会：公共生活的变形幻象

马克思在《资本论》中指出："劳动首先是人和自然之间的过程，是人以自身的活动来中介、调整和控制人和自然之间的物质变换的过程。"② 前资本主义社会时期，人在劳动过程中，为了求得自身的生存，人们必须以集体的力量与自然界作斗争，在氏族部落共同体中过着原始的群体生活，人们共同劳动、共同生活、共同占有产品，财产公有并实行平均分配的原始的生产关系，无论是土地的共同占有，还是妻子的共同占有，抑或是任何其他东西的共同占有等等，只要是实行共同占有的地方，无论这

---

① ［美］艾伯特·O.赫尔曼：《转变参与：私人利益与公共行动》，李增刚译，上海人民出版社 2008 年版，第 125 页。

② 《马克思恩格斯选集》第 2 卷，人民出版社 1995 年版，第 177 页。

种共同占有以何种方式出现，但是这种共同占有制度与方式必然是一种原始的、来源于动物界的占有方式。正如恩格斯在《家庭、私有制和国家的起源》中指出："分工是纯粹自然产生的；它只存在于两性之间。男子作战、打猎、捕鱼，获取食物的原料，并制作为此所必需的工具。妇女管家，制备衣食——做饭、纺织、缝纫。……家户经济是共产制的，包括几个、往往是许多个家庭。凡是共同制作和使用的东西，都是共同财产：如房屋、园圃、小船。"① 与原始社会的生产资料公有制相适应，形成了实行外婚制的血缘亲属联盟（原始氏族组织）。"氏族的任何成员都不得在氏族内部通婚。这是氏族的根本规则，维系氏族的纽带；这是极其肯定的血缘亲属关系的否定表现，赖有这种血缘亲属关系，它所包括的个人才成为一个氏族。摩尔根由于发现了这个简单的事实，就第一次阐明了氏族的本质。"② 氏族是全体氏族成员进行民主管理的自治组织，是原始社会的基本单位，氏族习惯成为全体氏族成员之间的行为惯性或行为模式，不存在所谓的国家机器和政府权力，朴素、自然、原始的美妙在氏族制度下得到了淋漓尽致的演绎，"没有大兵、宪兵和警察，没有贵族、国王、总督、地方官和法官，没有监狱，没有诉讼，而一切都是有条有理的。一切争端和纠纷，都由当事人的全体，即氏族或部落来解决，或者由各个氏族互相解决。"③ 人们在氏族部落共同体中结成的是原始平等互助关系，本氏族、部落和部落联盟中的全体成员都是平等的，在氏族内部过着原始的共产制生活。"在实行土地公有制的氏族公社或农村公社中（一切文明民族都是同这种公社一起或带着它的非常明显的残余进入历史的），相当平等地分配产品，完全是不言而喻的；如果成员之间在分配方面发生了比较大的不平等，那么，这就已经是公社开始解体的标志了。"④ 当时人们心目中的"集体"，通常仅囿于本氏族、本部落的范畴，人们只有"集体"观念，没有

---

① 《马克思恩格斯选集》第4卷，人民出版社1995年版，第159页。
② 《马克思恩格斯选集》第4卷，人民出版社1995年版，第84页。
③ 《马克思恩格斯选集》第4卷，人民出版社1995年版，第95页。
④ 《马克思恩格斯选集》第3卷，人民出版社1995年版，第490页。

自私自利的观念，为了表征着"集体"的本氏族、本部落，人们可以英勇作战，为"集体"殉葬，人与人之间的关系极其简单质朴，人与人之间的关系依靠道德、宗教规范，尤其是氏族习惯来加以调整，在原始共同体中，人与人之间的关系在本质上是一种"原始的邻里共同体伦理"①。由此可见，在原始社会，氏族构成了人们的交往边界，血缘交往和姻亲交往是当时人们交往的主要范畴。氏族成员的交往主要是在氏族内部因生存需要而展开的日常交往，诸如交换和战争等对外交往活动则是由氏族首领来领导和代表进行的，真正独立、自由的交往主体并不存在。因此，血缘性和日常性是当时人们交往的主要表征，满足生存需要的物质交往是当时人们交往的主要内容和形式，且在原始社会后期大量出现，"农业知识的快速发展归功于由史前古器物包括黑曜石和海生贝壳在内的贸易所带来的'交往的革命'。在土耳其南部沙塔尔休于的考古挖掘已有证据，这里有5000到10000居民，是黑曜石贸易的一个中心。"② 因此，在原始社会中，"集体"与"个体"的关系基本是同构的，私人生活与公共生活在相当长的时期内也基本是不分、同一的，甚至可以说公共生活是空白的，即使有其外在形式，实质上也只是一种群居生活，而非现代意义上的公共生活。在当时社会中，在自然界面前，人是一种非常渺小、脆弱、低微的动物，人与自然的博弈中，是天意胜过、支配和操纵人意，人意只能屈膝、臣服于天意，人意只有高度消融于天意之中，实现人意与天意的同一，人才能得到更好生存，否则的话，人意会受到天意的惩罚，企图以人意去否定、影响天意则只能是一种"乌托邦"的华丽幻想。因此，为了求得更好的生存，一个氏族通常以集体力量与自然界或其他氏族之间展开斗争。因生存需要，氏族内部或氏族之间会有一种松散的联合和短暂的贸易交往，交往生活有所发轫，正如有的学者所言："群落间的相互贸易，至少可以追溯到冰川时代

---

① ［德］马克斯·韦伯：《经济与社会》第2卷（下），阎克文译，上海世纪出版社2010年版，第1348页。

② 转引自李百玲：《马克思晚年的交往主体与交往形态思想》，《吉林师范大学学报》（人文社会科学版）2009年第3期。

后期"。① 但是，以现代眼光审视，奠基于这种物质需要基础上的交往的经度和纬度都是极为有限的，人们之间不可能形成一个紧密的社会联系，现代公共生活也不可能产生，呈现出来的只是一种因生存需要而展开的群居生活，对此不要产生误读。

在原始社会后期，随着生产力水平的提高，剩余产品出现，剥削与被剥削的关系代替了共同分配与共同劳动的关系，个体劳动取代集体劳动，按地域划分的农村公社取代了以血缘为基础的氏族公社，贫富分化、私有制和阶级也随之产生，原始社会基本瓦解，奴隶社会作为史上首个阶级社会得以产生，为此"除了自由民和奴隶的差别以外，又出现了富人和穷人的差别，——随着新的分工，社会又有了新的阶级划分。各个家庭首长之间的财产差别，炸毁了各地迄今一直保存着的旧的共产制家庭公社；同时也炸毁了为这种公社而实行的土地的共同耕作。耕地起初是暂时地、后来便永久地分配给各个家庭使用，它向完全的私有财产的过渡，是逐渐进行的，是与对偶婚制向专偶制的过渡平行地发生的。个体家庭开始成为社会的经济单位了。"②

众所周知，相较于原始社会而言，奴隶社会打破了原始社会时期的氏族部落关系的狭隘性，脑力劳动和体力劳动之间的社会分工直接成为了人类社会进一步发展的必要条件，主要表征为：一方面是战俘沦为奴隶，避免了战败被杀的命运，使得大量劳动力得以保存了下来，作为生产力当中最活跃的人的因素，劳动力的大量保存有利于社会财富的增加和整个社会经济的发展。另一方面是奴隶主占有大量奴隶和生产资料，奴隶往往被强迫在简单的分工与协作的基础上，进行大规模的生产劳动，从而使得不同部门之间、同一部门内部的分工愈来愈细密，劳动者的劳动技能与熟练程度也不断得到改进，从而促使生产广度与深度都大大延伸，推动着生产力

---

① ［美］罗伯特·L.海尔布罗纳、威廉·米尔博格:《经济社会的起源》，李陈华、许敏兰译，格致出版社 2010 年版，第 15 页。
② 《马克思恩格斯选集》第 4 卷，人民出版社 1995 年版，第 164 页。

向前发展。因此，在奴隶社会时期，由于青铜工具在生产中的广泛运用、行业齐全、规模庞大、工艺精细的手工业得到了较大发展，且随着手工业的发展，出现了商业的发展和城市的繁荣，一个不从事生产而专门从事商品买卖并从中牟利的商人阶级出现。但是奴隶制度也是一种野蛮的制度，奴隶主阶级与奴隶阶级在生产关系中处于完全不平等地位，奴隶主阶级占有全部生产资料，包括奴隶本身，奴隶是奴隶主的私人财产，毫无任何人身自由，正如恩格斯在《美国工人运动》中所言："在亚细亚古代和古典古代，阶级压迫的主要形式是奴隶制，也就是说，群众不仅被剥夺了土地，甚至连他们的人身也被占有。……这些工人除了自己的劳动力，一无所有，只有向别人出卖劳动力，才能活命。"[①] 同时，奴隶完全在奴隶主的强制和驱使下从事着最紧张、最繁重的生产劳动，奴隶的全部生产劳动成果也被奴隶主占有，奴隶获得的生活资料仅够用来维持最低的劳动力再生产，建立在雇佣劳动基础上的剥削与被剥削的关系是奴隶主阶级与奴隶阶级之间的真实关系写照，工人的全部劳动并非全部都是有偿的，其中只有一部分是有偿的，另一部分是无偿地成了剩余价值的基础，但其却给人一种全部劳动都是有偿劳动的假象，正如马克思在《工资、价格和利润》中所言："这种假象，就是雇佣劳动和历史上其他形态的劳动的不同之处。……奴隶因为要工作，自然必须生活，他的工作日的一部分就用于抵偿他自己维持生活的价值。但是，由于他和他的主人没有订立合同，双方又没有什么买卖行为，所以他的全部劳动似乎都是白干的。"[②]

与当时生产力发展相伴之，封建制生产关系在奴隶制社会后期渐趋萌芽与发展，人类社会发展过渡到封建社会，奴隶主阶级中产生的大土地所有者演变为封建主，奴隶与自由民转化为农奴，以剥削农奴为主的封建生产方式逐步确立起来，地主阶级基本上掌握土地所有权，农民无土地或只有少量土地是封建土地所有制的特点，正如马克思恩格斯所言"封建时代

---

① 《马克思恩格斯选集》第 4 卷，人民出版社 1995 年版，第 391 页。
② 《马克思恩格斯选集》第 2 卷，人民出版社 1995 年版，第 79 页。

的所有制的主要形式，一方面是土地所有制和束缚于土地所有制的农奴劳动，另一方面是拥有少量资本并支配着帮工劳动的自身劳动。这两种所有制的结构都是由狭隘的生产关系——小规模的粗陋的土地耕作和手工业式的工业——决定的。在封建制度的繁荣时代，分工是很少的。……在农业中，分工因土地的小块耕作而受到阻碍，与这种耕作方式同时产生的还有农民自己的家庭工业；在工业中，各业手工业内部根本没有实行分工，而各业手工业之间的分工也是非常少的。……只是在后来当这些城市彼此发生了关系的时候，这样的分工才发展起来。"① 虽然当时农民有一定的人身自由，有属于自己的部分劳动工具或少量土地，可以较为自主地安排生产劳动，也有一部分可由自己支配的劳动成果，但是农民为了维持自己生存而不得不租种地主的土地，作为农奴或依附农被束缚在土地上，而且必须给地主服劳役或以地租的形式向地主交纳大部分劳动产品，从而导致农民不得不依附于地主阶级，并无真正的自由可言。因此，相较于奴隶制生产关系而言，封建制生产关系是一种历史的进步，但依然是地主阶级和农民阶级之间的一种剥削与被剥削的关系，其所形成的是以地主土地所有制为基础、以个体农民为社会主要生产者、以农户家庭为社会基本生产单位、以小农经济为社会经济主体的经济结构，其主要表征为：一是生产使用价值的封闭性与自给性特点。随着生产技术的提升，农民为了直接取得维持自己生存所需要的生产资料和生活资料，完全可以在家庭内部进行农业和手工业相结合的自给性生产，正如恩格斯在《社会主义从空想到科学的发展》中所言："在中世纪的社会里，特别是在最初几世纪，生产基本上是为了供自己消费。……因此，交换是有限的，市场是狭小的，生产方式是稳定的，地方和外界是隔绝的，地方内部是统一的；农村中有马尔克，城市中有行会。"② 二是生产交换价值的商品性特点。随着社会分工的发展，任何一个农户家庭因其经营和生产范畴的有限性而不可能生产满

---

① 《马克思恩格斯选集》第1卷，人民出版社1995年版，第71页。
② 《马克思恩格斯选集》第3卷，人民出版社1995年版，第746页。

足其全部生活所需要的生产资料和生活资料，为此，农民为了获得自己无法生产的其他生产资料和生活资料，不得不用自己的生产资料和生活资料与其他生产者进行交换，从事商品性生产，以更好地维持自身的生存。但是农民的这种商品性生产比重极小，当时并不足以成气候，基本上是一种自我完成的再生产，而不是以流通为媒介的再生产，诸如马克思曾在《哲学的贫困》中揭示商品交换的历史嬗变时指出，在中世纪时期，用来交换的只是剩余产品，也就是人们的消费得到基本满足之后的一种过剩品；只是到了资本主义社会时期，包括剩余品在内的一切产品才都置于商业范畴之中，甚或人们的良心、道德、爱情等等精神性的东西都可以成为买卖的对象，都在市场上去确证或考量其所存在的价值。由此可见，在奴隶社会和封建社会时期，随着生产力水平的提高和劳动分工的加剧，以血缘为基础的日常交往被打破，商品交换有所发展，但尚未成为社会经济中占主导地位的支配形式，主要依附于当时占主导地位的经济形态之中，商品交换的范围亦十分有限，"一定的生产决定一定的消费、分配、交换和这些不同要素相互间的一定关系。当然，生产就其单方面形式来说也决定于其他要素。"[①] 交往经纬往往取决物质生产的发展，尽管当时社会生产力有所发展，商品交换、商品贸易往来亦较为频繁，正如恩格斯所言："随着生产分为农业和手工业这两大主要部门，便出现了直接以交换为目的的生产，即商品生产；随之而来的是贸易，不仅有部落内部和部落边境的贸易，而且海外贸易也有了"，[②] 人们的交往范围亦有所扩大，社会交往在一定程度上得到了发展，然而无论是奴隶社会还是封建社会，总体而言，生产力的不发达，商品交换的稀少，人们交往的狭隘等等导致人的生产能力发展界限的狭小、局促和发展地点的孤立、零散等，物质生产的发展依然制约着人们之间的交往关系，以血缘关系为基础的宗法制度和封建等级制度成为维系人们之间交往关系的纽带，人们并没有真正的交往自由，亦不可能成

---

① 《马克思恩格斯选集》第 2 卷，人民出版社 1995 年版，第 17 页。

② 《马克思恩格斯选集》第 4 卷，人民出版社 1995 年版，第 163—164 页。

为真正的交往主体，人们之间交往关系的深度和广度极其有限，全球性的社会交往也不可能真正产生，现代公共生活更是一种奢望，人们通常赞不绝口的古希腊城邦生活也只是一种共同生活而已，并非现代公共生活的原型，张康之和张乾友在其合著的《公共生活的发生》一书中对此进行了详细的论述。[①] 按照哈贝马斯的解读，在欧洲封建社会中不存在公共领域与私人领域的二元分离，由于所有权具有一种表现方式，所以只存在一种形式上象征着地位标志的代表型公共领域，这种类型的公共领域并无实质性内容，只不过是封建领主因其实现专制统治的需要而以公共名义制造出来的一种象征而已，是一种虚假的公共性。所以，在封建社会时期，公共生活也只是一种代表型的公共生活，现代公共生活在当时也是不可能真正建构和产生的，呈现在人们面前的只是公共生活的一种变形镜像——共同生活而已。

二、资本主义社会：公共生活的原初发轫

封建社会后期，社会生产力有了新发展，手工业和商业进一步繁荣，封建制生产关系渐趋成为当时生产力进一步解放与发展的桎梏，封建行会制度和封建的土地所有制是封建制生产关系不适应生产力发展的两个重要表征。其中为了避免竞争，阻止封建势力侵犯和保护同行业利益的需要，城市同一行业手工业者或商人建立了一种名为"基尔特"的手工业行会和商人公会的团体组织，以对内实行劳动章程和对外实行垄断为其主要特点。行业制度的建立，在12—13世纪有一定的积极意义，在某种程度上为城市手工业的巩固与发展夯实了制度基础，提供了制度保障。生产力的不断发展与市场经济的大力深化，市场体系的逐渐扩大，在14、15世纪以后，行会因内外矛盾的加剧而渐趋走向保护城市手工业生存与发展的反面，成为城市手工业技术进步与生产发展的障碍，行业的各种限制性规定，不仅限制了行会师傅雇佣帮工的人数和范围，也限制了同行业者的自

---

① 张康之、张乾友：《公共生活的发生》，高等教育出版社 2010 年版，第 254 页。

由竞争，阻碍了工商业的进一步发展，致使行会师傅难以成为资本家，商人资本难以进入行会，行会可以充当手工业产品的定购人，可以购买除了作为商品的劳动之外的任何其他商品，堵塞了通向资本主义转化的渠道而逐渐走向解体。因此，考察工场手工业的发展史，其最初并不是在城市之中建立，而是在没有行会的农村中首先得以建立起来的。封建行会手工业退出历史舞台，工场手工业以"第一种资本主义形式"登上历史前台。同时，为了进一步适应与满足市场需要，需要工场手工业和商业向市场供给大量产品，但封建土地所有制却使得大量农民被束缚在土地上，资本主义生产方式所需要的劳动力得不到及时解决，从而使得封建制生产关系越来越不适应当时生产力的发展。在此背景下，资本主义生产关系开始冲破封建制生产关系的严重束缚，破茧而出，封建制生产关系崩坍，封建社会走向解体，近代资本主义社会开始形成，并经工场手工业过渡到机器大工业后，资本主义制度得以最终确立。

资本主义是以资本为主体的一种社会制度，生产资料私有制和雇佣关系是资本主义制度的两个重要特征，在资本主义制度下，资本家占有生产资料，并通过雇佣关系剥削劳动者的剩余价值。资本主义生产方式的确立，必须具备两个基本的前提条件，即资本和雇佣劳动者，正如恩格斯在《反杜林论》中所言："资本的这样的产生有一个本质的先决条件：'货币占有者要把货币转化为资本，就必须在商品市场上找到自由的工人。这里所说的自由，具有双重意义：一方面，工人是自由人，能够把自己的劳动力当作自己的商品来支配，另一方面，他没有别的商品可以出卖，自由得一无所有，没有任何实现自己的劳动力所必需的东西。"[①] 资本主义生产方式具有以下几个基本特征，一是商品经济高度发达，正如马克思的分析中从商品入手，将商品作为资本主义经济的细胞与原初形态，商品买卖原则渗透到社会生活中的一切领域，劳动产品和劳动力都成为商品，正如马克思

---

① 《马克思恩格斯选集》第 3 卷，人民出版社 1995 年版，第 549—550 页。

在《资本论》中所言："商品流通是资本的起点。商品生产和发达的商品流通，即贸易，是资本产生的历史前提。世界贸易和世界市场在16世纪揭开了资本的现代生活史。"① 二是生产资料归私人占有，并用于剥削雇佣工人，资本家和雇佣工人之间的关系是剥削与被剥削的关系，资本家是人格化的资本，雇佣工人是一无所有的劳动者，靠出卖自身的劳动力，雇佣劳动制度形成的前提即是货币转化为资本。三是剩余价值的生产是资本主义生产的直接目的、主要驱动和内在本质，揭示了资本主义经济的客观现象与基本规律。四是资本主义生产是建立在机器大工业基础上的社会化大生产，社会生产以空前的速度得到了迅猛发展，资本主义的生产社会化与资本私人占有形式之间的矛盾是资本主义社会的基本矛盾。五是与资本主义经济基础相适应，资产阶级专政的国家政权、法律制度以及与之相适应的思想体系进一步得以确立，以巩固资产阶级在经济上和政治上的统治地位，正如马克思所言："资产阶级的这种发展的每一个阶段，都伴随着相应的政治上的进展。……现代的国家政权不过是管理整个资产阶级的共同事务的委员会罢了。"②

资本主义大工业开创了资本主义世界市场，资本主义世界市场的形成发轫于资本主义大工业。管窥资本主义世界市场形成历程，主要历经了"开始形成→初步形成→最终形成"的三个主要阶段，其中在工场手工业时期（16世纪至18世纪中期），新航路开辟是资本主义世界市场开始形成的主要推动因素，商业资本是这一时期的主要资本；在自由资本主义时期（18世纪中期至19世纪中期），第一次工业革命是资本主义世界市场初步形成的主要推动因素，工业资本是这一时期的主要资本；在垄断资本主义时期（19世纪中后期以来），第二次工业革命是资本主义世界市场完全形成的主要推动因素，垄断资本是这一时期的主要资本。随着资本主义世界市场的完全形成，世界经济全球化的推进，各个民族、国家、区域之间

---

① 《马克思恩格斯选集》第2卷，人民出版社1995年版，第166页。
② 《马克思恩格斯选集》第1卷，人民出版社1995年版，第274页。

的相互隔离、分割的封闭、隔离的状态发生大大改变，渐趋迈向以你中有我、我中有你为表征的开放、共生的相互依赖状态。为此，商品贸易进入真正的贸易时代，世界范围的贸易体系和世界市场开始形成，人类社会的交往亦从民族、国家的局限性走向真正的世界性交往，人类进入了世界历史性交往的阶段，人类才开始有了世界性的直接性交往，人类的世界性、普遍性交往渐趋取代过去的那种分散性、隔绝性交往，各个种族集团之间不再是以区隔性、孤立性、散居性的方式栖居于世界各地，而是以世界市场体系为交往坐标原点实现了人类历史上第一次直接性、世界性交往，"直到 1500 年前后，各种族集团之间才第一次有了直接的交往。"[①] 世界市场的形成和扩大不但是资本主义生产方式拓展的前提，也是资本主义生产方式进一步拓展的结果，有赖于资本主义社会化大生产的必要性，正如马克思所言："只有对外贸易，只有市场发展为世界市场，才使货币发展成为世界货币，抽象劳动发展成为社会劳动。……因此，对外贸易和世界市场既是资本主义生产的前提，又是它的结果。"[②] 同样，世界市场的形成反过来也促进了分工的专业化及资本主义社会化大生产的发展，社会分工的专业化和精细化发展进一步带来了资本主义社会劳动生产率的提高，促进了世界市场的形成，正如亚当·斯密所言："劳动生产力上最大的增进，以及运用劳动时所表现的更大的熟练技巧和判断力，似乎都是分工的结果。"[③] 总而言之，资本主义生产方式在一定程度上促进了资本主义世界市场的形成与发展，是资本主义世界市场形成与发展的根本动力，资本主义生产方式的全球拓展不仅是反映在经济领域，也同样体现在文化领域，但毫无疑问，这个统一的世界市场仍然是以欧美工业国为主导的世界市场，世界文明依然是被强势西方文明所笼罩。

---

① ［美］斯塔夫里阿诺斯：《全球通史：1500 年以后的世界》，吴象婴、梁赤民译，上海社会科学院出版社 1992 年版，第 3 页。

② 《马克思恩格斯全集》第 26 卷（第 3 册），人民出版社 1974 年版，第 278 页。

③ ［英］亚当·斯密：《国民财富的性质和原因的研究》（上），郭大力、王亚南译，商务印书馆 1972 年版，第 5 页。

资本主义所造就的世界联系和世界市场的形成也是同资本的本性紧密结合在一起的，正如马克思所言："创造世界市场的趋势已经直接包含在资本的概念本身中"①，资本主义生产方式具有不断追求扩张的内在动力，这种扩张对社会生产力发展曾起到过巨大的推动作用，正如马克思所言："资产阶级在它的不到一百年的阶级统治中所创造的全部生产力，比过去一切世代创造的全部生产力还要多，还要大。"② 资本是能够带来剩余价值的价值，不断增殖剩余价值是资本的本性，而绝对剩余价值的产生，要求不断扩大资本的流通范围，推广资本主义生产方式，世界市场的形成也正是资本为了不断增殖剩余价值而在空间上扩大流通范围的结果，"资本一方面要力求摧毁交往即交换的一切地方限制，夺得整个地球作为它的市场，另一方面，它又力求用时间去消灭空间，就是说，把商品从一个地方转移到另一个地方所花费的时间缩减到最低限度。……资本同时就越是力求在空间上扩大市场，力求用时间去更多地消灭空间。"③ 因此，只有当货币转化为资本，资本出现后，才能消除和扬弃区域性、地域性的分散性和隔阂性，才能进一步增强区域与区域、民族与民族之间，国家与国家之间的相互联系，促进人们之间的交往，"才形成普遍的社会物质交换，全面的关系，多方面的需求以及全面的能力的体系。"④

马克思主义观点告诉我们，商品交换和社会分工是互为条件的，社会分工是商品交换的前提，商品交换促进社会分工的深化，而社会分工越发展，人们在劳动技能上就越片面，为了满足人们多方面的需要，相互依赖就变得尤为必要和重要，以"商缘"为基础的交往在人们交往活动中起主导作用，且随着人们交往深度和广度的扩大，人们更加紧密地联系在一起，人类由偶然交往步入普遍交往的时代。哈贝马斯在阐释公共领域的类型时，也对资产阶级公共领域的发轫与发展进行了解释，指出随着资本主

① 《马克思恩格斯全集》第46卷（上），人民出版社1979年版，第391页。
② 《马克思恩格斯选集》第1卷，人民出版社1995年版，第277页。
③ 《马克思恩格斯全集》第46卷（下），人民出版社1980年版，第33页。
④ 《马克思恩格斯全集》第46卷（上），人民出版社1979年版，第104页。

义市场经济发展，国家与社会之间从一元化迈向二元化，从而直接促逼着资产阶级公共领域的发轫，为资产阶级公共领域的发轫型构了必要条件。为此，公共领域与私人领域的严格分离成为资产阶级公共领域模式的前提，作为由私人汇聚而成的公众构成了公共领域，公共领域本身是私人领域的一部分，其将社会需求传达给政治国家。[1] 哈贝马斯同时指出，随着资本主义福利国家的出现，呈现出国家社会化和社会国家化的同步现象，国家与社会的分离不复存在，在某种程度上，国家与社会的关系出现了"再封建化"现象。因此，近代资本主义社会以来，随着资本的全球扩张、市场社会的形成、国家与社会的相对分离，人们交往空间的扩大，一个介于国家与社会之间的资产阶级公共领域得以产生，人们的公共生活空间范畴更宽广，现代公共生活也得以真正发生，正如晏辉教授所言："公共生活与私人生活的相对分离是同资本运行逻辑的普遍化相同步的。"[2]

总之，考察公共生活的发生历程，不难发现，公共生活遵循着"货币—资本—剩余价值—交换需要—公共交往—公共生活"的发生进路。其中毫无疑问，就交往的动因和性质而言，"公共生活领域应是缘于经济需要而发展起来。"[3] 在人类社会的历史演进中，不同历史阶段起主导作用的交往应是不同的。在前资本主义社会时期，由于社会生产力水平的低下，个人必须依附于家庭、氏族、部落或土地本身才能得以生存，人类社会生活极为封闭，人们的交往能力、水平和范围极其有限，占主导地位的交往是以"血缘和宗法等级关系"为基础的人的依赖性交往；在资本主义社会时期，在生产力、商品贸易和世界市场等要素共同形成的合力作用下，人类交往的隔阂被打破与摒弃，交往主体之间的交往频率、交往能力、交往深度、交往广度、交往范式都实现了前所未有的变化，占主导地位的交往是以商业、贸易等为表征的"商缘关系"作为基础的物的依赖性交往。因

---

① 参见［德］哈贝马斯：《公共领域的结构转型》，曹卫东等译，学林出版社 1999 年版，第201 页。

② 晏辉：《公共生活与公民伦理》，北京师范大学出版社 2007 年版，第 24 页。

③ 晏辉：《公共生活与公民伦理》，北京师范大学出版社 2007 年版，第 24 页。

此，在资本主义社会时期，随着资本的全球扩张、人们交往经度和纬度的延伸，公共交往成为一种普遍现象，并成为公共领域得以存在和发展的关键，作为一个与私人生活相对应的范畴，现代公共生活以一种崭新形态呈现于现代社会之中。

第二节　公共生活的构成要素

在一定生态条件下，系统结构中诸要素的和谐运动会催促着某一事物的诞生，公共生活的发生也是如此，离不开其构成要素的和谐运动。在不同的环境条件下，公共生活的构成要素之间相互联系、相互作用的方式亦不同，导致公共生活的呈现形式亦不同。因此，分析公共生活的内在机理，既要确定公共生活的基本构成要素，还要指出其每个构成要素的工作方式及相互联系、相互作用的运行规则和原理。作为介于国家与社会之间的公共领域内各种活动的归纳，从宏观上来看，公共生活是一种位于国家生活与私人生活之间的生活形态。按照哈贝马斯的解读，其所言的"公共领域"的构成要素主要包括三个方面：私人的公众、公众舆论、公众媒介与公共空间。作为人们在公共领域内各种活动的归纳，公共生活必须具有以下几个基本要素，缺少其中任何一个要素，都难以称之为公共生活，现代公共生活便难以真正得以发酵。其结构性要素具体为：私人的公众（主体）、公众媒介与公共场所（载体）、公共问题（客体）、公共理性（介体）、交往行为（形式）、公众舆论（内容）。下面就其各个构成要素的作用方式分别进行分析。

一、私人的公众

主体是公共生活的发动者、实施者和创造者，公共生活的主体为谁？这是一个亟须澄清的问题域，公共生活的主体不是以自然状态存之于社会中的"民众"，也不是浸润意识形态话语的"人民"或"百姓"，更不是与

"领导"相对应的"群众"或与"精英"相对应的"大众"。公共生活的主体应是与受众相对应的"公众"。公众是依附于公共行动而存的社会群体，在参与公共事务和公共生活，讨论公共话题，形成公众舆论和建构公共利益的过程中产生的，而不是由所谓的"精英"假想出来的一个社会群体。法国社会和传媒学者丹尼尔·戴扬将公众的特征归纳为以下几个方面：一是公众是具有交往性和稳定性的社会群体；二是公众是在认真对待内部商谈、讨论过程中建构而成的一种社会群体；三是公众在"自我表现""自我表达"上能够公开展示；四是公众通过商谈、自我表现而对某些价值形成认同，进而追求某种共通价值；五是公众具有把个人性质（审美趣味）成功转化为公共性质（社会要求）的能力；六是公众是独立的、自主的、有自我意识与自我审视的主体。[①] 在哈贝马斯看来，公众乃为一个互动的积极参与的概念，并非是一个僵化、静止的被动接受者或旁观者，认为公众形成须具有以下几个前置性要素：一是"普遍利益"是他们共同聚集的界面，且这个"普遍利益"是对其中任何一个个体利益或由每个个体共同构成的群体利益的超越。二是构成公众的任何一个个体都是开放、自由、平等的个体，而非孤立、封闭、僵化的个体，他们是自愿、自主结合在一起的，"当他们在非强制的情况下处理普遍利益问题时，公民们作为一个群体来行动；因此，这种行动具有这样的保障，即他们可以自由地集合和组合，可以自由地表达和公开他们的意见"。[②] 三是具有一定的规模，"普遍利益"的性质和范畴往往决定着规模的大小程度。哈贝马斯认为："公众（le public）在 17 世纪的法国指的是作为文学和艺术的接受者、消费者和批评者的读者、观众和听众；说到公众，人们首先想到的是宫廷臣仆，其

---

① 参阅徐贲：《通往尊严的公共生活：全球正义与公民认同》，新星出版社 2009 年版，第 182 页。

② ［德］哈贝马斯：《公共领域》，载于汪晖、陈燕谷主编：《文化与公共性》，生活·读书·新知三联书店 2005 年版，第 125 页。

次是坐在巴黎剧院包厢里的部分城市贵族以及部分资产阶级上流社会。"①
在这里，文学艺术成为每个个体共同关注的"普遍利益"，每一个个体就
他们共同关注的文学艺术问题来自由地表达和公开他们的意见，从而自愿
地结合在一起构成为"公众"。在以文学艺术问题为轴心的聚焦式讨论交
流中，"一个介于贵族社会和市民阶级知识分子之间的有教养的中间阶层开
始形成了"②。18 世纪初期，随着咖啡馆在西欧的诞生和发展，知识分子和
贵族走到了一起，"一个与庞大的市民阶层密不可分的贵族阶层在这里无论
如何都具有法国人所失去的社会功能，他们所代表的是地主阶级和有钱阶
级的利益。所以，围绕着文学和艺术作品所展开的批评很快就扩大为关于
经济和政治的争论，和沙龙中诸如此类的讨论一样，起码不能立刻断定它
们毫无意义"③。从此，公众讨论的对象不再局限于文学艺术，而是扩展到
经济和政治，参与讨论的人很快找到了新的讨论对象，随着讨论对象的变
化和讨论范围的扩大，进入"公众"的范围得以改变，咖啡馆从最初只接
纳男性变为接纳广泛的其他社会群体，咖啡馆、茶馆、酒吧等公共场所的
开放度更高，公众也有了更加自由、广泛、平等的公共化表达空间，进入
公共领域的公众不再受阶层的限制，公共领域亦不再是一个"沉寂"的空
间，而是面向所有公民开放的一个"喧嚣"甚或"歌唱"的空间。米尔斯
（C.W.Mills）也对"公众"与"大众"进行了比较，指出其区别如下：一
是公众更多是其中大多数人表达公共化意见和接纳公共化意见的抽象集合
群体；而大众则更多是接纳意见的群体，表达公共化意见的人则微乎其
微。二是在公众中公众所表达的任何一种意见能立即得到有效的回应；而
在大众中个人很难或者不可能得到立刻或者有效的回应。三是在公众中，
交流、讨论的意见可以随时找到一条发泄途径；而在大众中，权威人士或
权威机构则有可能操纵、驾驭着意见流的产生和发展。四是在公众行动

---

① ［德］哈贝马斯：《公共领域的结构转型》，曹卫东等译，学林出版社 1999 年版，第
35—36 页。
② ［德］哈贝马斯：《公共领域的结构转型》，曹卫东等译，学林出版社 1999 年版，第 37 页。
③ ［德］哈贝马斯：《公共领域的结构转型》，曹卫东等译，学林出版社 1999 年版，第 38 页。

中，权威人士或权威机构对公众行动的渗透、驾驭阙如，公众行动具有一定的自主性；而在大众行动中，权威人士或权威机构一定程度上"绑架"了大众行动，致使大众行动的自主性被消减。由此可见，作为公共生活的主体，公众与大众、群众是有区别的，公众具有如下几个特点：首先，公众具有同质性，构成公众的每个个体的私人之间具有共同聚焦的"普遍利益"，并且以实现"普遍利益"为旨归而展开共同的行动，在"普遍利益"的指引下，他们有着共同的要求，容易产生共鸣和互动，面对共同问题能达到"默契"和一致。其次，公众是一个具有可变性的概念，作为个体的私人因为共同的关注、共同的问题和"普遍利益"而结合在一起形成"公众"，当每个个体所共同关注的问题得以解决或共同问题转换为其他问题时，"公众"则会得以消失或转换成因其他共同问题而形成的"公众"，为此公众群体的构成、态度和作用亦随之发生改变。再次，公众是一种具有自主性的社会群体，公众在其公共行动中或多或少具有自主性，形成公众的每个个体基本上都在以公共讨论方式表达意见和接受意见，讨论的意见有发泄的途径。最后，公众是一个具有鲜明类型性的社会群体，既有作为个体的私人因共同问题而结合在一起所形成的"公众"，也有不同群体或组织因共同问题而结合在一起所形成的"公众"，但是后一种类型的"公众"，归根到底还是由作为个体的私人而形成的群体或组织的凝聚表现而已。

二、公众媒介与公共场所

作为表征公共生活载体的构成性要素，公众媒介与公共场所是公众表达意见、接受意见，展开自主的公共行动并使之对公共问题产生影响、约束、监督或控制的媒介与空间。根据哈贝马斯的观点，"古雅典会场（agora）的公共集会是'公共领域'的起源"[1]。其中，尽管公共场所具有公共领域的特征，但究其本质，人们在公共场所中展开活动时，要求人们

---

[1] Habermas, J., The Structural Transformation of the Public Sphere, Cambridge, MA: MIT Press, 1989, p.52.

具有外在表征着行为礼仪和内在表征着教养水平的德性彰显，公共场所主要涉指视觉、听觉、知觉的范畴，换言之，公共场所意味着"我"能被任何随意、巧合的与自己没有任何私人交往的人所看到或知觉到，"我"也能被不需要任何第三方同意的他者进入公共场所时的人所看到或知觉到，而且他者能与"我"在一种"无知之幕"（罗尔斯语）的空间展开亲密互动。

作为公共领域的物化形式与平台，公众媒介与公共场所在不同历史时期，有着不同的表现形式。历史上公众媒介与公共场所曾表现为市政广场、街头集会、体育馆、剧场、教堂、宴会、沙龙、咖啡馆、茶馆、酒吧等等。在现代社会，公众媒介与公共场所的表现有报纸、期刊、杂志、书籍、广播、电视、电影、手机报、电子书、互联网等等，正如哈贝马斯所言："当这个公众达到较大规模时，这种交往需要一定的传播和影响的手段；今天，报纸和期刊、广播和电视就是这种公共领域的媒介。"① 他认为，一方面资产阶级公共领域的形成与转型与媒介的传播技术革命有关，大众媒体影响或支配着资产阶级公共领域，哈贝马斯甚至曾经把政治公共领域看作为一种"由大众媒体编造和传播的整合文化"。另一方面，18世纪以后，随着传媒的商业化运作、政治与经济力量对大众传媒的影响和干预，大众传媒渐趋成为一种吸引大众进行商品消费的文化机构或资本主义政治力量的化身，不仅高度吸引、转移、凝聚公众的注意力、消解公众的理性批判能力，甚或左右和操纵公众的意志，传媒的民主功能渐趋削弱，致使"公众分裂成没有公开批判意识的少数专家和公共接受的消费大众。于是，公众丧失了其独有的交往方式"，② "消费文化的非政治领域渐趋消解了公民投票决定的'政治'公共领域"，③ "批判的公共性遭到了操纵的公共性的排挤"。④ 公众本应具有的批判意识转化为消费观念，公共行动

---

① ［德］哈贝马斯：《公共领域》，载于汪晖、陈燕谷主编：《文化与公共性》，生活·读书·新知三联书店2005年版，第125页。
② ［德］哈贝马斯：《公共领域的结构转型》，曹卫东等译，学林出版社1999年版，第200页。
③ ［德］哈贝马斯：《公共领域的结构转型》，曹卫东等译，学林出版社1999年版，第202页。
④ ［德］哈贝马斯：《公共领域的结构转型》，曹卫东等译，学林出版社1999年版，第202页。

变成个人接受行为，直接消解了公共领域的民主批判性功能，正如其所言："随着商业化和交往网络的密集，随着资本的不断投入和宣传机构组织程度的提高，交往渠道增强了，进入公共交往的机会则面临着日趋加强的选择压力。这样，一种新的影响范畴产生了，即传媒力量。具有操纵力量的传媒褫夺了公众性原则的中立特征。大众传媒影响了公共领域的结构，同时又统领了公共领域。于是，公共领域发展成为一个失去了权力的竞技场，其意旨在于通过各种讨论主题和文集既赢得影响，也以尽可能隐秘的策略性意图控制各种交往渠道。"①

今天，人们正处于信息社会之中，媒体是人们认知世界和感知世界的工具和中介，人们之间的联系和交往亦展示了充分"媒介化"的特点，信息通信技术正在深刻改变着人们的日常生活世界，"数字化生存"正在成为人的一种生存方式。按照麦克卢汉的"媒介即人的延伸"的见解，在某种程度上，当今网络的出现表征着人类日常生活世界领域的巨大变化，当今网络的运用大大延伸了人们参与公共生活的能力，"网络社会"亦成为一个使用十分频繁的词语，且随着网络化逻辑的不断扩散，大大压缩了人们的交往空间，提升了人们交往的自由和速度，人们有着更多的解放感与自由感，网络创造着一个崭新的"电子化生存空间"去引导着人们的日常生活，改变着人的存在方式，人越来越变得原子化和碎片化。从某种程度来说，在机器主导的工业化时代，机器化大生产观念在工业时代得以确立，在任何一个特定的时空中，标准化、重复化的经济形态占据主导地位；在电脑主导的信息化时代，时空间距被打破，远程办公替代了面对面的工作方式，居家办公也成为一种客观现实，人们的工作、学习、生活再也不要受到时间和空间的区隔，而是实现了地点、工作和工作者三者之间在空间上的合而为一，经济与时空的相关性渐趋式微；在网络主导的后信息化时代，数字化生存成为人的一种生存样态，信息也越来越走向个人化，单独

---

① ［德］哈贝马斯：《公共领域的结构转型》，曹卫东等译，学林出版社 1999 年版，序言第 15 页。

的一人往往是大众传播的受众，碎片化正在成为大众传播的一种趋势，人们既生存于"Atoms"之中，也生存于"Bit"之中，身处于比特世界之中的人们，我已不再仅仅是人口统计学意义上的一个"子集"，每个人都在创造自我，我就是我，而不是任何人，我在自我创造中实现自我快乐。①按照哈贝马斯的经典解读，在自由民主理论的框架下，互联网被视作一种虚拟的"公共领域"。但是毫无疑问，在民主不发达或者欠发达的威权主义体制的框架下，互联网因其自身固有的媒体特性而使其在促进各种社会力量的发展中亦有其积极进步的作用，对权力资本化和资本权力化的现象能起到一定的监督和制约作用，能为人们参与公共事务、参与公共生活创造更多的空间和平台，使得人们在网络公共领域中能自由地发表自己的意见，质疑甚或挑战统治性话语的不当性与非法性，能把他们的思想观点在全球得以传播，从而引起政府对他们合理性观点的重视与吸纳，当今网络论坛的出现和流行便是这一事实最好的脚注。网络论坛已基本上涵盖了人们日常生活世界的各个领域，几乎每个个体都能找到属于自己的论坛交流平台，随着网络论坛的进一步成熟和发展，网络论坛也越来越吸引着大量对时政感兴趣的人。在网络论坛上，人们评论各种时政，讨论公共话题，网络论坛俨然成为一个"公共性强—个人性弱"的"电子公地"（Hauben，1997）。当然，对于网络论坛的黑暗面，诸如噪音颠覆真理的破坏性现象，也要有清醒的认知，因为参与网络论坛的成本低等原因，进入网络论坛的人有时亦是形形色色，鱼龙混杂，众声喧嚣，无论是专业人士、兴趣爱好者、外行路过者、精神分裂者、街头混混等等各式各样的人群似乎都在大声喧哗、各抒己见、高谈阔论，但却没有取得任何实现公共利益最大化的实质性效果。因此，在信息化背景下，随着网络社会的出现，新媒体正在替代传统的公共生活空间，特别是在威权主义体制下，由于资本和权力对大众媒介的操纵和控制，"电子公地"则能成为民主实践的一种新渠道，与

---

① 参见［美］尼古拉·尼葛洛庞帝：《数字化生存》，胡泳、范海燕译，海南出版社 1996 年版，第 191—192 页。

其他公众媒介一道，成为现代公共生活的主要载体形式，公众媒介在现代公共生活建设中发挥着日益重要的作用，正如托克维尔所言："在人们日益趋于平等、个人主义日渐强烈的情况下，报刊已成为社会中不可或缺的重要媒介。……如果没有报刊，就可能不会有人们的共同的行动。……报纸恰好发挥了桥梁和沟通渠道的作用。报纸让人们得以团结起来，而人们要想持久联合就离不开报纸。"[①]　由此可见，作为媒体的现实形式，报纸在促成人们自由结社中的重要性。今天随着信息技术的发展，尽管传统媒体的作用依然不可忽视，但是新兴媒体也正在成为人们之间交往的桥梁与渠道，使彼此隔绝的交往主体展开共同的行动。

三、公共问题

人们因为公共问题而结合在一起形成公众，人们也因公共问题的解决而自行消散，作为表征公共生活客体的构成性要素，公共问题是一个与私人问题相对应的特殊范畴，是一种影响范围大、影响程度深、横跨私域、地域和国域的普遍性问题，既影响着民族性公共生活，也对全球性公共生活产生潜在或现实的影响，产生影响的广泛性和不可分性是其两大主要特点。公共问题包含于社会问题之中，与社会问题并非两个对等的概念，"社会问题是指社会的实际状态与社会期望之间的差距"，[②]　两者之间有着一定的区别。首先，社会问题通常以服务于特定国体和政体为考量标准，而公共问题通常以符合人民大众的需要为考量标准；其次，社会问题是公共问题与私人问题的统一体，但公共问题是作为私人问题的对应范畴而获得其原初规定性的；最后，公共性是公共问题的内在特性，是与公共利益密切相关的那部分社会问题，而社会问题中的那部分私人问题并不都与公共利益密切相关，因此，公共问题是一个没有排他性的社会共享性问题，诸如尽管人类各种公共建筑在不同人的眼中仁者见仁、智者见智，能被不同

---

① ［法］托克维尔：《论美国的民主》，张晓明编译，北京出版集团公司2012年版，第141页。
② 陈庆云：《公共政策分析》，中国经济学院出版社1996年版，第148页。

主体主观地进行好与坏、善与恶、是与非、对与错等二元价值判断，但是"非排他性"乃为一个无法改变的存在。同样，生态环境恶劣带来的诸多公害亦是任何一个主体都难以躲避或排除的，除非有的主体在特定条件下将公害问题进行了非正义的转移；反之，生态环境改观带来的诸多益处也为任何一个主体所共享，不可能把任何一个主体排除在外。事实表明，捍卫、维护和建构公共利益是解决公共问题的圭臬，解决公共问题决不能偏离公共利益的轨道。张庆东博士在《公共问题：公共管理研究的逻辑起点》一文中对公共问题的类型进行了详细阐释，提出了认识公共问题的两个形式维度，其中，在纵向维度上，公共问题可划分为全球性公共问题、全国性公共问题、地区性公共问题和社区性公共问题；在横向维度上，公共问题可划分为管制性公共问题、基础性公共问题、服务性公共问题和保障性公共问题。[①]

当今，随着经济的发展，人们的生活世界发生了深刻复杂的变化，然而经济发展并不能简单等同于社会进步，与经济发展相伴随的是，公共问题也开始大量出现，诸如人口问题、资源问题和环境问题等，且正在日益成为全球性的社会问题，这些全球性社会问题也正在成为公共生活关心的问题。事实证明，要使公共问题得到合理解决，公共利益得到真正实现，在公共问题的解决过程中，决不能是公共权力唱"独角戏"抑或少数资本精英和权力精英"共舞"而演绎的假面化公共生活，而应该是确立民众参与的合理机制，充分尊重民意，听取民意，吸纳民意，为此，公共生活中公众共同讨论、关心的问题抑或说"文本对象"就是公共问题，这也正是公共生活的意义所在，正如阿伦特所言："公共生活的意义在于，它不仅是一个可见的领域，而且是一个焦点关注的领域，发生在那里的事情都会被'昭显在亮处'，成为公共关心的问题。"[②] 由此可见，交互主体之间以公共问题为文本对象抑或对象化客体来展开充

---

① 张庆东：《公共问题：公共管理研究的逻辑起点》，《南京社会科学》2001年第11期。

② Hannah Arendt, Men in Dark Times. London: Jonathan Cape, 1970, p. viii.

分、自由的交流对话和理性论证，以促成公共问题的解决，是公共生活的重要意义所在。在现代公共生活实践中，人们参与公共生活，并不是把自己的价值简单地施加于他人，把他人视为其对象化的客体，而是要学会倾听对方对某一公共问题的意见，在尊重差异的基础上，就共同的客体抑或文本对象（公共问题）充分地表达自己的声音，听取他者的声音，实现交互主体之间在公共问题上的"会通"，如不能实现这一点，则极易导致公共生活与私人生活的两无局面，正如托马斯·内格尔所言："我们在公共交往的过程中，如果毫无节制地表现欲望、贪念、蛮横霸道、焦虑不安与妄自尊大，那么，我们就不可能有公共生活可言。同样，如果我们在公共空间中毫无顾忌地表达个人的心思、情感与隐私，从而成为公共舆论的焦点，以为如此才能造成坦荡荡的人格，那么，我们就毫无私人生活可言。"[①]　马克思曾指出，人永远是社会的主体，只是在主客二分的际遇上，在交往实践中，每个个体极易把"他者"当作是"自我"的对象化客体。在公共生活实践中，作为"公众"中的每个"个体"都是主体，且是平等交往的主体，"自我"不再是原子式的个体，而是与其他主体的共在，"由于这种有共同性的在世之故，世界向来已经总是我和他人共同分有的世界。此在的世界是共同世界。'在之中'就是与他人共同存在。他人的世界之内的自在存在就是共同此在。"[②]　如前所述，作为公共生活的发动者、实施者和创造者，私人的公众是其主体，但在公共生活实践中，任何一个作为个体的私人都不可能是公共生活主体所要发挥作用的对象，成为其客体。众所周知，主体是与客体相对应的一个概念范畴，客体是主体存在和发展的必要条件，离开了所谓的客体，主体便找不到其要发挥作用的对象，主体的存在便毫无意义，因此，能成为公共生活中主体发挥作用的对象，抑或说客体的东西，只能是交互主

---

　　① Nagel, Thomas, "The Shredding of Public Privacy", The Times Literary Supplement, 1998, p.15. 转引自蔡英文：《政治实践与公共空间》，新星出版社2006年版，第275页。

　　② ［德］海德格尔：《存在与时间》，陈嘉映、王庆节译，生活·读书·新知三联书店1987年版，第146—147页。

体共同关心、共同讨论的"公共问题"，套用阿伦特关于公共领域的比喻，"公共问题"亦如同公共生活当中的一张"圆桌子"，作为个体的私人围绕这张"圆桌"而聚合在一起，"圆桌"功能就是把作为个体的私人聚合起来、联系起来，每一个人都站在这张"圆桌"旁的不同位置上来表达自己的声音，倾听他者的声音，就"圆桌"进行多元化的交流、讨论等，一直至"圆桌"的无形消失，"圆桌"就成为交互主体之间交流、讨论的对象，成为交互主体要发挥作用的客体。

四、公共理性

作为西方政治哲学、公共哲学研究的核心范畴，"公共理性"一词发轫于西方，有着一个漫长的思想史渊源（罗尔斯语）。在思想史上，霍布斯把公共理性视为主权者的理性，"我们不能每一个都运用自己的理性或良知去判断，而要运用公众的理性，也就是要运用上帝的最高代理人的理性去判断"。[①] 卢梭则认为公共理性关涉"公共善"，具体表征为法律，"法律乃是公意的行为"。[②] 康德认为理性的公共运用则为公共理性，"必须永远有公开运用自己理性的自由，并且唯有它才能带来人类的启蒙"[③]。罗尔斯基于民主视域，认为"公共善"是公共理性的目标，"公共理性是一个民主国家的基本特征。它是公民的理性，是那些共享平等公民身份的人的理性。他们的理性目标是公共善，此乃政治正义观念对社会之基本制度结构的要求所在，也是这些制度所服务的目标和目的所在"[④]。"公共理性的观念属于秩序良好之宪政民主社会的一种构想。"[⑤] 按照罗尔斯的解读，公共理性观念包括其所适用的基本政治问题、所适用的人员、正义范畴所赋予

---

① ［英］霍布斯：《利维坦》，黎思复等译，商务印书馆1985年版，第354—355页。

② ［法］卢梭：《社会契约论》，何兆武译，商务印书馆2003年版，第47页。

③ ［德］康德：《历史理性批判文集》，何兆武译，商务印书馆1990年版，第24页。

④ ［美］约翰·罗尔斯：《政治自由主义》，万俊人译，译林出版社2000年版，第225—226页。

⑤ ［美］约翰·罗尔斯：《公共理性观念再探》，时和兴译，载于舒炜编：《公共理性与现代学术》，生活·读书·新知三联书店2000年版，第1页。

的内容、合法性法律的讨论制定中的有关概念运用、公民克制的原则问题等等层面的内容。① 为此，公共理性观念内涵亦不断得以历史演绎，罗尔斯在民主宪政精神的框架中系统阐释了公共理性，指出"公共善"是公共理性的目标，力图论证凭借公共理性整合多元社会的可能性及现实性，赋予了公共理性在现代民主政治建构中的基础性地位，公共理性亦开始渐趋被人们所承认和接纳。在这里，公共理性主要是指理性在公共生活中的运用，作为一种思维方式和能力，它以公共问题为对象，以公共利益的最大化为旨归，寻求公共生活中的正义性与合理性。在现代公共生活中形成的公共理性是与正义原则紧密相关的，它是公众参与公共事务和讨论公共问题时的一种共有的思维观念，是一种关涉公共事务和公共问题的正义原则在公共生活中的实践理性，适用于公众围绕公共问题而展开的讨论。因此，作为一种思维方式和能力，当理性的运用成为公共生活中的一种必要和现实时，作为个体的私人就不会再盲目服从他者的思想，被他者的思想所褫夺，而是充分运用自己的理性去表达自己的声音，尊重他者的声音，关注公共问题的合理解决，从而促成公共生活的正当性与合理性。在现代公共生活中，公共理性的特征呈现为以下几点：一是个体理性是公共理性的生成基础，公共理性的生成与发展离不开个体理性能力的合理建构与发展，其内蕴着对民主、自由、平等、正义、法治等理念的诉求，并力求在实质正义与程序正义相统一的过程中寻求平衡，并在正义庇护中实现公共利益的既定目标；促进私人利益与公共利益的动态平衡、公共权力与私人权利的动态平衡、公共行动与私人行动的动态平衡等公共性诉求即为现代公共生活中公共理性的具体表达及运用。二是公共理性是公共生活的内在圭臬和公共参与的理性实质，是人们关注公共问题时秉承的一种品质和态度，是在个体理性能力和道德能力的基础上形成的，保证公共生活具有正当性与合理性的一种共有的价值观念，内蕴着合乎理性的巧于公共妥协、

----

① ［美］约翰·罗尔斯：《公共理性观念再探》，时和兴译，载于舒炜编：《公共理性与现代学术》，生活·读书·新知三联书店 2000 年版，第 1 页。

善于公共宽容、积极担当公共责任和义务的公共美德。三是公共理性关涉的公共问题是一种实践理性，作为一种公共思维，公共理性表征着思维逻辑的自洽性、全面性与客观性，主张对公共问题力求进行全面性、整体性、长远性、协调性的思维推理，从而成为私人利益与公共利益之间和谐统一的不可缺少的"底板"。因此，作为公共生活中交互主体具有的一种美德与能力，公共理性是现代公共生活应具有的一个不可或缺的结构性要素，是促进公共生活走向正义、走向和谐的一种价值规范和价值导向，在现代公共生活中发挥着愈来愈重要的作用。其主要表征为：一是为公共生活主体提供公共逻辑思维。公共生活中的"我—他"的认知取向、线性思考方式的瑕疵与简化、孤傲独断的绝对自我等都会是公共生活走向和谐的"拦路虎"，作为个体的私人而形成的公众是一个多元主体的异质共在，公共生活是多元主体之间各种声音表达的"共鸣"，而非某种强势话语或声音的"专席"，"和合""共生""共在""共赢"等理念应是公共理性的映射，能对多元价值差异起到调适和消解作用，公共理性应为交互主体之间群体认同的品质需要，也是当代民族精神重构的内在价值支撑。二是为寻求公共生活的正义提供基本的价值导向。公共生活虽是以实现"公共善"为基本目标，但也要考虑到"个体善"得到合理满足，"个体善"与"公共善"的有机统一是良好公共生活所不可或缺的必要条件，现代公共生活是在"个体善"得到充分尊重的基础上，促成"公共善"实现的一种生活样态，而其中公共理性的运用则能规避个人偏好以某种巧妙方式转化为整个社会偏好，防止别有用心人士以"公共"的名义来谋取私人的利益。三是为公共生活主体间对话提供"公共性"基础。作为一个自由交流、对话的公共空间，人们可以自由地发言，这本应为一件好事。但令人困惑的是，有人获得自由的同时却缺乏对自由的担当，致使公共生活中有时充斥着有悖于公共理性的各种诡辩及主张，有时甚至是谩骂、猜疑、爆料、抨击、造谣等，表达的声音更多是一种情绪的洪流，而非理性的洞见，公共交往失去了基本的底线伦理。作为一种提倡"以对方能够接受的理由进行说服的互惠构想"，^①公共理性能够为处理公共生活中的各种合理分歧提供一种对话的"公共性"基础。

五、交往行为

作为人类生存的基本需要，交往是人的存在的一种生活样态，人的社会性决定着人必须在各种交往关系中得以存在与发展。在前资本主义时代，国家与社会混为一体，人与人之间更多是群居生活抑或共同生活，现代公共生活难以真正发轫，公共生活中的交往行动亦踪迹难觅。近现代社会以来，随着生产力发展和生产方式扩大，人类交往实践日益多样化和复杂化，交往内容和形式发生了巨大变化，人类交往实践领域愈来愈宽广，交往频率和效益也得以空前提高，人类进入一个普遍交往时代，公共生活领域得到了长足发展，公共生活中的交往行为亦日趋完善。按照哈贝马斯的经典阐释，作为主体交往实践场域，公共领域是通过"交往行为"而形成公众舆论的社会生活领域，公共领域中的交往行为对人们的交往偏差产生校正作用，交互主体在公共生活中通过"交往行为"而构成一个共在结构，交往行为的不合理化和生活世界的殖民化便是公共领域结构转型的直接后果。哈贝马斯所说的交往行为"是由符号协调的互动，它服从的是必须实行的规范，这些规范决定交往双方之行为，而且至少被两个行为主体所理解、承认"^②。哈贝马斯通过引入"交往行为""生活世界"等概念，系统地建构了他的交往行为理论，从目的性行为、规范调节行为、戏剧行为和交往行为四个方面来建构其交往行为理论。哈贝马斯认为，从交往与语言的关系来看，在各类交往行为中，"语言"扮演的角色是不同的，在目的性行为中，语言扮演着一种"非直接的相互理解"；在规范调节行为中，语言扮演着一种"规范性赞同的工具"；在戏剧行为中，语言扮演着一种"自我表演的手段"；在交往行为中，语言扮演着一种"相互理解的媒介"。

---

① 陈景辉：《再谈公共理性》，《明报》副刊世纪版，2012 年 7 月 21 日

② Habermas，Technik und Wissenschaft als "Ideologie"，Frankfurt/Main，1981.p.62-63.

从交往与世界的关系来看，目的性行为仅涉及客观世界（真实性），规范调节行为仅涉及社会世界（正当性），戏剧行为只涉及主观世界（真诚性），交往行为则同时涉及客观世界、社会世界和主观世界。

交往行为中的交往合理性是哈贝马斯用来诊断近现代西方社会的一把"利剑"，交往合理性行为至少应具有以下几个方面的表征：一是交往合理性行为是以符号、语言为媒介的交往行为。交往合理性行为以"相互理解"为元素，因此交往合理性行为一定是一种语言性的，交往主体之间的互动一定是通过语言的中介来实现的，交往主体之间的行为协调是依靠语言来进行的，以言行事是交往行为的唯一目的，正如哈贝马斯所言："所有的参与者通过他们的言语行为所追求的都是以言行事的目的，而且只有这一个目的。"①"把语言理解成所有社会制度都得依赖的一种元制度（Metainstitution），具有一种意义，因为社会行为形成于日常的语言交往中。"②二是交往合理性行为是一种主体间性的行为。主体间性问题是交往合理性的核心问题，合理性交往一定是建立在交往主体之间的真诚、真心、真实、真意、真情的基础之上，任何主体的意见主张背后都应有充分的合理性与合法性理由为支撑，这种合理性交往同时不仅超越了对同一事物的共同理解，也是对交往主体间的一种有效性理解，在这种交往主体间的有效性理解中，交往主体实现对生活世界的合理性建构。三是交往合理性行为是一种具有程序主义特征的行为。交往合理性在形式上被规定为一个纯程序性的商谈论证程序，交往行为的合理性体现为遵循一定的程序设定，而非一个先验的思想或价值预设。在交往行为中，程序主义是交往主体之间的认同基础，其中罗尔斯的"程序论"理论强调建构一种对任何交往主体一方都没有歧视性的公平契约的"程序"，从而达成一种"正义"。哈贝马斯克服了罗尔斯的"程序论"理论中的"独白式"属性，主

---

① ［德］哈贝马斯：《交往行为理论：行为合理性与社会合理性》第1卷，曹卫东译，上海人民出版社2004年版，第281页。

② 转引自［德］哈贝马斯：《评伽达默尔〈真理与方法〉一书》，载于《哲学译丛》1986年第3期。

张"对话式"的"程序论"理论，交往行为合理性来源于交往的商谈对话式的交往形式，这种交往形式是一种"程序主义的话语伦理学"。四是生活世界是交往合理性行为的基础。作为由交往行为组成的世界，生活世界是人们直接面对的一个现实世界，生活世界不仅是我们生于斯、死于斯的最熟悉的世界，同时也是我们追问整个世界之基础的自然源头。作为交往者置身其中的境域，生活世界不是单维、封闭式的平行结构，而是具有一个由文化（符号形式表征的知识储备）、社会（制度化的网络结构）和个性（人的组织基础）共同组成的三维、开放式的结构；生活世界也赋予了交往主体之间的一个特定的交往背景，为交往行为规定了界域，交往主体自始至终是在生活世界的界域中自由移动，相互提出有效性要求，消解相互之间的分歧，达致交往主体之间一种相互理解的认同。五是交往合理性行为是真实性、正当性和真诚性的三大有效性统一的行为。按照哈贝马斯的解释，真实性、正当性和真诚性是交往合理性行为产生的必要条件，交往行为只有具备了这三个必要条件，交往行为才有可能得以合理化。这三个必要条件表明，第一是交往主体之间的协商、对话的命题必须具有真实性，换言之，交往主体之间展开的辩题必须是一个真命题，是生活世界中切实存在的问题，而非一个脱离现实的虚无缥缈的假命题。第二是交往主体之间对社会问题的判断必须体现为事实判断与价值判断的统一，既要在遵循事物发展客观规律的基础上，对事物发展作出一种科学、客观的解答，也要对事物发展作出一种符合"目的合理性"的逻辑性的价值解答，充分体现对话协商的"规范正确性"。第三是交往主体之间在围绕公共话题展开对话协商时必须是言行一致、里外合一，而绝非说一套做一套，其发表的言论不是为了私人的一己之利，也不是打着"人民的意志"而巧妙谋取自己的私利，交往主体必须围绕公共利益、社会理想来表达自己的言论和澄清问题认知。六是交往行为合理性场景乃为一种"理想的言谈情境"（ideal speech situation）。按照哈贝马斯的解释，理想的言谈情境是指交往行为既不受到任何外界各种偶然因素的干扰，也没有受到来自交往结构自身的强迫性束缚与限制，它完全是交往主体之间在相互承认的基础上的一种平等交往情境，这种交往情境不是一种乌托邦式的抽象理论建构，而是在交往行为中可以预设的，平等参与权和自由表达权是理想的言谈情境的两个核心构成要件，只有充分实现平等参与权与自由表达权，才能有效消解交往主体之间的对立，减弱交往行为的程式化，让任何一个参与主体都能够真诚、真实、正当地参与交往实践和表达自己的意见与声音，从而真正实现交往主体之间的"礼尚往来"，促进交往行为合理化。因此，作为阻挡"系统"侵蚀"生活世界"的关键，交往行为的合理性亦是现代公共生活建构中的一个不可或缺的结构性要素，交往行为的合理性有助于有效推进公共生活的现代建构；有助于多元异质共在的个体之间的相互理解和对"公共问题"的共同把握；有助于个体之间的互动合作，以达致"公共善"的基本目标；有助于克服强化个体对社会规范的认同、公共生活中多元价值与公共整合之间的紧张，形成某种以公共利益为优先的价值导向。

六、公众舆论

公众舆论的肃穆与求索在中世纪思想家那里便开始，阿奎因、马尔密斯布里等对此均有过论述。卢梭在《社会契约论》一书中首次使用了"公众舆论"一词，充分肯定了舆论的强大力量，他把舆论分为"公意"与"众意"，认为"除掉这些个别意志间正负相抵消的部分以外，则剩下的总和仍然是公意。"[①] 在卢梭看来，"公众意见"形成源于人类的理性表达，是公众在一个相对封闭的空间自发讨论的结果，它是理性公正的，最终可以主导公共决策，因此，按照社会契约论的解释，公共权力来自于公众的让渡，公众舆论应是公共权力正当性与合法性的源泉。美国新闻评论家沃尔特·李普曼对卢梭的公众舆论思想进行批判与反驳式的思考，在《公众舆论》一书中全景式描述了"公众舆论"，认为"他人脑海中的图像——关于自身、关于别人、关于他们的需求、意图和人际关系的图像，就是他

---

① ［法］卢梭:《社会契约论》，何兆武译，商务印书馆 2005 年版，第 35 页。

们的舆论。这些对人类群体或以群体名义行事的个人产生着影响的图像，就是大写的舆论"①。基于"拟态环境"和"刻板成见"的判断，他认为，由于人们实践能力和实践水平的有限性，决定了人们难以对现代社会中发生的与其有关的各种事物或环境都有一种经验性接触，人们只能通过"新闻供给机构"去了解和认知超出其亲身感知以外的各种事物或环境，为此，由媒体与个人的主观共同建构而成的"拟态环境"常遮蔽了人们生活其中的"客观环境"，人的行为亦常常是对一个"拟态环境"的映射，"每个人的行为依据都不是直接而确凿的知识，而是他自己制作的或者别人给他的图像"②。然而这个"制作"出来的图像与真实世界是有差异的，政治力量或商业力量有时则利用了制造象征来操纵公众舆论和统一人们的意见，"为了进行宣传，就必须在公众和事件之间设置某些屏障。在一个人创造出他认为明智而可取的虚拟环境之前，必须限制他接近真实环境"③。为此，人们对客观现实世界的认知不再是"镜子式"的投射与摹写，形成于与真实世界有差异的"图像"中的公众舆论是非理性的，这种非理性的公众舆论不仅无助于事情的合理解决，而且也不能合理、有效地影响政府的公共决策，所谓的公众舆论极有可能只是一种虚幻变形的假象而已，因为在民主、开放的现代社会中，大众传媒并非仅仅在于宣称公众拥有自由言说、表达意见的权利和宣传舆论的崇高性、神圣性、道德性和价值性等等，而更多在于其在公众舆论的形成中如何施加影响，如何引导公众舆论的理性生成，如何使公众舆论在公共政策的制定与执行中更好地发挥其监督与批判的功能。毋庸置疑，在看到公众舆论之局限时，人们也要有一种更加开放的眼光，不能因过度地夸大局限性而放弃以积极姿态来正确认识公众舆论的生成与价值，因为许多事实表明，即使是不可见的外界环境，有时亦是可以进行有效报道的，而且报道者可以克服自身的"刻板成见"

---

① 〔美〕李普曼：《公众舆论》，阎克文、江洪译，上海人民出版社 2002 年版，第 23 页。
② 〔美〕李普曼：《公众舆论》，阎克文、江洪译，上海人民出版社 2002 年版，第 20 页。
③ 〔美〕李普曼：《公众舆论》，阎克文、江洪译，上海人民出版社 2002 年版，第 35 页。

来加以报道和传达。诚然，李普曼对"公众舆论"的全景式描述亦给予了人们一种睿智的启示：一方面，在现实生活中，为了满足政治利益和商业利益的需要，公众舆论有可能被政治力量或商业力量操纵或左右，而导致出现一种"虚幻的公众"和"伪公众舆论"，这样的现象在中外各国也是不胜枚举，是值得警惕的事实。另一方面，提高公众舆论质量需要形成公众的每一个个体都能在摒弃自己内心中的"作为屏蔽的成见"的同时去发现"成见"，让头脑中的景象与外部世界吻合，减少对客观世界认知的误差，成为真相的"局中人"，诉诸理性和真相来表达公正的意见，减少舆论中的话语暴力，从而达致"公意"。因此，综上所述，公众舆论应包含以下几方面因素：一是公共问题的出现；二是围绕公共问题而产生的"意见流"；三是"意见流"中有理性的和非理性的意见；四是"意见流"中有一种"重叠共识"性意见；五是"重叠共识"性意见会直接或间接地影响公共问题的解决。公众舆论，简而言之，即指公众对某一公共问题形成的具有重叠共识性的意见和态度的集合体。

今天，随着互联网时代的到来，公众舆论的大潮正以强健步伐向我们涌来，公众舆论已在一定程度上成为可能，并影响着人们的生活世界。互联网也使舆论条件在某种程度上发生了变化。从舆论的主体来看，公众已渐趋走向成熟，"刻板成见"减少，从"沉默的大多数的人"成为"众声喧哗的人"，通过表达自己的声音来制衡某种披着"公意"外衣的声音垄断，从而规避着"谁都没有预料"现象的出现。从舆论载体来看，媒体格局日趋改变，"拟态环境"更加清晰明了，从麦奎尔所言说的"主导媒介模式"向"多元媒介模式"转变，有利于公众多层面、多向度地认知外部世界，接近外部事物的真相。但值得警惕的是，互联网上的各种声音并非都是客观、理性、公正的，各种语言暴力、情绪宣泄、话语蛮横等亦充斥其中，此起彼伏，并不利于公众舆论的理性确证、价值建构和意义彰显。作为公共领域的一种意见汇聚形式，公众舆论以实现"公共善"为根本目标来抒发公众的意见、表明公众的态度，正如哈贝马斯所言："资产阶级公共领域对其功能的自我理解具体表现为'公众舆论'范畴。"①　因此，公众舆论应是表征公共生活内容的构成性要素，因为公共性是公共生活的本质属性，公共生活的价值规范表征为高扬与彰显公共性，而在信息社会的今天，由大众传媒来表达的公众舆论也日益成为高扬与彰显公共性的主要形式，正如哈贝马斯所言："本来意义上的公共性是一种民主原则，这倒不是因为有了公共性，每个人一般都能有平等的机会表达其个人倾向、愿望和信念——即意见；只有当这些个人意见通过公众批判而形成公众舆论（opinion publique）时，公共性才能实现。"②

第三节　公共生活的特征分析

"人的本质不是单个人所固有的抽象物，在其现实性上，它是一切社会关系的总和。"③　随着社会关系面相的复杂化，交往纬度和经度的延展，交往的公共性日益凸显，人们社会生活的"公共面孔"也随之彰显，公共生活空间日益扩大并成为人们社会生活的重要组成部分。以现代视域审视，公共生活具有如下几个方面的本质特征。

一、公共性与开放性

阿伦特、哈贝马斯、罗尔斯分别从政治公共性、舆论公共性和理性公共性的不同视角对公共性进行了不同的解读。按照袁祖社教授的解读，在现代社会中，公共性是公共生活的本质属性，公共性的存在是通过特定共同体成员之间理性、自觉的交互主体性行为与结构性活动而建构起来的。④　作为一个与私人性相对应的历史范畴，公共性具有"基于对象的

---

① ［德］哈贝马斯：《公共领域的结构转型》，曹卫东等译，学林出版社 1999 年版，第 107 页。
② ［德］哈贝马斯：《公共领域的结构转型》，曹卫东等译，学林出版社 1999 年版，第 252 页。
③ 《马克思恩格斯选集》第 1 卷，人民出版社 1995 年版，第 56 页。
④ 袁祖社：《"公共性"的价值信念及其文化理想》，《中国人民大学学报》2007 年第 1 期。

公共性、基于环境的公共性和基于结果的公共性"[①] 等三种基本模式。基于此认知，公共生活的公共性具体表征为：一是尊重差异的共识性。人的社会性决定必然有着思想意识的共识性，人们在思想意识方面的汇聚构成了公共性的一个具体表征。众所周知，在公共生活领域，每个主体都会以特定形式表达其意见和态度，从而使得意见和态度呈现出"多面化"抑或"多向度"的差异共在的样态，在这种"差异共在"中具有"情绪性表达"和"理性认知"等不同面相，但是随着交互主体之间不断的分析、交流、对话、辩驳和澄明等，一种经由理性推理而形成的具有"最大公约数"的思想意识渐趋在交互主体之间形成一种思想上的"契约"，从而在千差万别、形形色色的声音和态度中达到重叠共识。二是作用对象的同一性。"劳动的产品是固定在某个对象中的、物化的劳动，这就是劳动的对象化。劳动的现实化就是劳动的对象化。在国民经济学假定的状况中，劳动的这种现实化表现为工人的非现实化，对象化表现为对象的丧失和被对象奴役，占有表现为异化、外化。"[②] 生产技术水平的改善与提高全方位拓展了劳动对象、劳动范畴与劳动类型，每个人都以其特有的行为方式来影响着特定的劳动对象，进而确证着自己的存在和发展。然而，在现代公共生活中，作为表征公共生活客体的结构性要素，即表征公共问题的公共权力、公共行政、公共管理、公共服务、公共意识、公共事件等均是每个主体作用的同一对象，只是每个主体基于不同角度而对作用的同一对象会有不同看法和态度，以建设性肯定或批判性否定作用于其同一对象，该对象也就具备公共性。三是价值追求的普遍性。由于个体利益的特殊性，不同主体对同一事物或同一价值范畴和命题会产生不同的价值判断、价值理解等，进而烙下价值追求的个体特殊性的印记，但此并非公共生活价值追求的普遍性体现。众所周知，普遍性与特殊性乃为辩证统一关系，普遍性离不开特殊性，寓于特殊性之中；特殊性与普遍性相关联而存在，体现着

① 高鹏程：《公共性：概念、模式与特征》，《中国行政管理》2009 年第 3 期。
② 《马克思恩格斯选集》第 1 卷，人民出版社 1995 年版，第 41 页。

普遍性。公共生活中，主体的价值追求目标是"公共善"，即寓于特殊性之中为交互主体共同认肯的价值范畴和命题，"公共善"是公共生活中最本质、最具决定作用的部分，支撑和影响着每个主体的价值判断、价值理解，是对整个公共生活价值追求的一种总概括，为此，交互主体因"公共善"而采取的协调性集体行动所导致的结果便具备了鲜明的公共性。

　　开放性是与封闭性相对应的一个概念，与私人生活的封闭性或隐秘性不同，公共生活超越了私人生活的局限，呈现出一定程度上的开放性和透明性，其开放性则具体表征为：一是交互主体的多元性。公共空间的正义拓展、公共问题的纷至沓来、公共事务的纷繁复杂等共同改变着公共生活的生态系统，"政府、工商界和市民社会之间的合作正成为民族国家竞争力和国家繁荣的基本构成要素"①，公共生活主体也开始呈现出多元化发展趋势，从单一主体向多元主体转变，多元主体之间的互动交流也正是对一种内容丰富、精彩纷呈的公共生活的及时回应。在市场化、全球化和网络化的时空中审视公共生活的主体范畴，政府部门、政党组织、非政府组织、社会团体、企业、社区、公民个人等都可以在一定的制度设计下成为公共生活的主体，主体之间交往对象的随机性和开放性大大增强，公共生活不再是某一单个主体或某一类型主体的"专席"，而是政府部门、政党组织、非政府组织、社会团体、社区、企业、公民个人等多元主体共同参与公共生活、共同寻求"重叠共识"的崭新"舞台"，从而真正体现出公共生活的开放性。二是共在场域的公开性。公共领域是公共生活的重要依托之地，是交互主体之间的共在场域。哈贝马斯认为"公共领域原则上向所有公民开放"②。尽管在哈贝马斯的语境中，"公共领域"概念的使用有其特定限制，其主要是定位于社会批判理论的理解，更多是在一种"领域""论域"意义上加以规定。但是理解此概念的向度不同，必然会导致

---

　　① Gilles Paquet, *Governance Through Social Learning*, Ottwa: University of Ottwa Press, 1999, p.214.

　　② ［德］哈贝马斯：《公共领域》，汪晖译，载于汪晖、陈燕谷主编：《文化与公共性》，生活·读书·新知三联书店 2005 年版，第 125 页。

有不同的认知，如果定位于社会学的理解，从"空间"意义上加以说明，则其所指涉领域纷呈多样，只要人们所生活的领域是公开的、透明的，那这个领域便具有公共性含义，纵使在同一个家庭中，家庭中任何成员都可以自由进入、共同享用的领域，对同一家庭成员来讲，也便具有公共性的含义。以此类推，共享性、可进入性、非排他性、非竞争性等是公共领域的主要特征，一个生活领域如果具备了这些基本特征，那么这个生活领域在某种程度上已被赋予了公共性含义。由此可见，作为交往主体的一个共在场域，公共领域应是为公众服务的一个开放性空间，不具有排他性和竞争性，从而真正体现出公共生活为社会全员所共享的开放性。三是主体准入的自愿性。主体准入主要是指作为个体的私人进入公共领域和参与公共生活程度的许可。哈贝马斯认为，在自由资本主义时期，财产和教育是获准进入公共领域的资格，"只有有产者可以组成一个公众"[①]。但是随着信息社会的到来，自媒体时代公共领域的建构也具备了可能，网络空间成为公共领域发展的新物化形式和人们参与公共生活的新场域，由于网络空间的准入门槛低、匿名性等特点，不能根据一个人财富的多少，文化程度的高低来决定其是否可以进入自媒体时代的公共领域，人们可以自由、轻松、自愿地进入或退出各种网络公共领域，自愿决定是否进入各种网络空间，"他们既不是作为商业和专业人士来处理私人行为，也不是作为合法团体接受国家官僚机构的法律规章的规约。"[②] 为此，网络空间应是恪守法律制度下的一种非强制性的自由而开放、匿名而平等的公共空间，是一种充分尊重人的自由意志的民主领域，从而真正体现自媒体时代公共生活的开放性。

二、介体性与广泛性

在中世纪时期，宗教视域下的天国生活与尘世生活的协调是以教堂生

---

① ［德］哈贝马斯：《公共领域的结构转型》，曹卫东等译，学林出版社 1999 年版，第 96 页。
② ［德］哈贝马斯：《公共领域》，汪晖译，载于汪晖、陈燕谷主编：《文化与公共性》，生活·读书·新知三联书店 2005 年版，第 125 页。

活为介体而得以实现的；为此，市民社会中的物质生活与政治国家中的政治生活的协调也需要一个具有教堂生活一样的介体来实现，而在国家与社会分化的际遇中，公共生活则充当了这个介体的生活形态。卢梭的《社会契约论》对公共生活的这一介体生活形态也进行了明确阐述。[①] 作为一种位于国家生活与私人生活之间的生活样态，公共生活的介体性主要表征为：一是国家生活与私人生活互动的中介。哈贝马斯认为，作为介于公共权力领域与私人领域之间的公共空间，公共领域是在国家与社会的关系场域中产生和建构的，它的存在与发展有利于缩短公民与国家之间的距离，有利于促进国家与社会的有机互动，正如哈贝马斯所言："公共领域是介于国家与社会之间进行调节的一个领域，这个领域中，作为公共意见的载体的公众形成了，就这样一种公共领域而言，它涉及公共性的原则——这种公共性一度是在与君主的秘密政治的斗争中获得的，自那以后，这种公共性使得公众能够对国家活动实施民主控制。"[②] 为此，作为一种依托空间和实践场域，公共领域内人们所展开的各种活动归纳便形成了公共生活，它是促使私人生活（"控制劳动市场、资本市场和商品市场的经济领域"[③]）和国家生活之间和谐发展、有机互动，以创造和发现公共利益的一种活动归纳，即是实现公共权力领域和私人领域之间有机互动的一个介体。二是公共利益与个人利益统一的中介。公共生活主体是作为个体的私人而形成的公众，也就是说，公众是一个集合性的抽象概念，其基本构成单元还是现实的、具体的个体，而每个具体的个人都是有自身利益诉求的，公共利益也正是个人利益中的"公因式提取"，是从个体利益中派生、转化出来的一种利益聚成，"维护私人利益也是合乎公共利益的。如果不然的话，私

---

① ［法］卢梭:《社会契约论》，何兆武译，商务印书馆 1980 年版，第 72 页。

② ［德］哈贝马斯:《公共领域》，汪晖译，载于汪晖、陈燕谷主编:《文化与公共性》，生活·读书·新知三联书店 2005 年版，第 126 页。

③ ［德］哈贝马斯:《公共领域的结构转型》1990 年版序言，曹卫东等译，学林出版社 1999 年版，第 29 页。

法的适用也不至于托付国家机关"①。"共同利益恰恰只存在于双方、多方以及存在于各方的独立之中，共同利益就是自私利益的交换。一般利益就是各种自私利益的一般性。"②然而对个人利益的肯定，并不是意味着每个人为了追求自己利益，可以对他者利益或公共利益置若罔闻，若如此，社会便有可能沦为"人对人是狼"（霍布斯语）的社会，人类的共同利益有可能受到损害，为此，"一个真正自由的国度里，每一个公民都在法律保护下享有为自己福利或个人利益而劳动的权利，不容许任何人违反共同利益"③。人们必须把公共利益置于个人利益之上，公共利益与个人利益必须协调统一起来，而公共生活则是把二者协调统一起来的介体生活形态。三是个体理性与公共理性互融的中介。理性是人的本质属性，在日常生活世界中，个体理性指引着人们的日常实践，但若任凭个体理性各行其是，个体理性之间缺乏有效交流、对话，则个体理性的滥用与错用极有可能导致共同体利益的损害，进而最终损害个体利益，因此，个体理性所要达致的目标离不开公共理性的指导。同理，作为个体理性正当运用的结果，公共理性也应建立在个体理性之上，公共理性有赖于个体理性的成长和培育，成熟的公民和健全的制度是达致公共理性的基础，公共意见的形成也正是一个从个体理性达致公共理性的过程，因为公共意见是交往主体基于其个体理性基础上而形成"重叠共识"的结果。因此，为了保障公共生活得以正常开展，合理满足交互主体的利益，必须充分发挥个体理性，促进个体理性达致公共理性，实现二者的互融，而公共生活则是实现二者互融的介体生活形态。

当代社会公共生活不但具有介体性，而且随着经济社会不断向前发展，无论是定位于社会学的理解，从"空间"意义加以说明；抑或是定位

---

① ［奥］凯尔森：《法与国家的一般理论》，沈宗灵译，中国大百科全书出版社1996年版，第232页。

② 《马克思恩格斯全集》第46卷（上），人民出版社1979年版，第197页。

③ ［法］霍尔巴赫：《社会体系》，见黄楠森、沈宗灵主编：《西方人权学说》（上），四川人民出版社1994年版，第142页。

于社会批判理论的理解，从"领域""论域"意义加以规定，公共生活的活动范围都呈现出前所未有的广泛性，其广泛性主要表征为：一是公共场所的拓展。作为一种人为环境，公共场所是人们日常生活场域中不可或缺的构成部分。根据我国《公共场所卫生管理条例》的相关规定，公共场所主要包括住宿与交际场所、洗浴与美容场所、文化娱乐场所、体育与游乐场所、文化交流场所、购物场所、就诊与交通场所等。[①] 在现代社会中，与经济社会发展和交往互动频繁相伴随，社会公共空间与公共场所的数量也在与日俱增，规模日益扩大，扩大了人们交往范围，拓展了社会公共空间，从而使得公共生活范围得到了前所未有的延伸，公共生活呈现出前所未有的广泛性。二是传统媒体的纵深发展。在信息社会中，新兴媒体以其强劲之势挤压着传统媒体发展空间与市场，与新兴媒体相较而言，传统媒体发展步伐整体上放缓，但从其自身发展的纵向比较来看，无论是其基础规模、品种类型还是影响程度都还是取得了长足进步，传统媒体正从"种类单一"向"种类多样"转变、"工作模式"向"信息模式"转变、"指导性质"向"服务性质"的转变、"单向内容"向"多向内容"转变，朝着专业化、纵深化、集团化、数字化和多元化方向发展，其依然保有一定比例增长，套用狄更斯的话，这是一个最好的时代，也是一个最坏的时代。因此，传统媒体也正在市场定位、受众细分、消费群体和组织机制等生态中绘制一幅其自身发展的版图，以特有方式彰显其纵深发展的自信和魅力，拓展着人们的公共生活范围。三是网络社会的强劲崛起。"网络社会"一词是由狄杰克（Jan van Dijk）在《De Netwerkmaatschappij》一书中首先提出，至今已成为大家耳熟能详的词语。当今网络的发展，大大压缩了我们熟悉的时空，人与人的关系在一个动态时空中重新排列组合，公共生活领域步入了一个"大众化"和"非地域化"的转型时代，正如安东尼·吉登斯所言："恰恰是组织空间经验的形式在变化着，它以特有的方式把空间上

---

① 《公共场所卫生管理条例》，国发［1987］24 号，1987 年 4 月 1 日。

的远与近连接起来，这是以前的任何时代都没有发生过的。"① 因此，随着信息网络技术的发展，交往主体即使足不出户，亦可展开"在场"与"缺场"的交流，知晓天下、游遍世界。在日常生活中，我们也经常看到无论是开车、骑摩托车，还是漫步的年轻人都常常是戴着耳机、拿着手机边开车、边漫步地与他者交谈；即使有时围坐在同一餐桌或咖啡桌旁的年轻人，乍一看好像他们正在面对面、即时即地进行着热烈的"在席"交谈和讨论，发出喧闹的各种声音，但细看则发现这些喧闹的声音并不是来源于他们彼此之间面对面的"在席"交谈和讨论，而是来源于他们用各自手机与"缺席"他者之间的通话。可以说，这种凭借现代通信工具进行交流、讨论等现象并非某国或某一大都市的个案，而是存在于大多数国家与大多数现代都市之中的普遍现象。这种现象亦说明了，随着网络社会的崛起，网络正在成为一个崭新的公共生活领域，公共生活延伸到了虚拟世界，"去地域化"成为公共生活的重要表征，"媒介即人的延伸"（麦克卢汉语）成为当今社会生活的客观写照。当今国内"宅男""宅女"的流行称呼亦在某种程度上折射了此现象。

三、丰富性与复杂性

作为人的生存与发展的一种展现，公共生活在当代社会发展中更具丰富性特征，其丰富性主要表征为：一是交往主体的多方声音。从某种程度而言，公共生活也是一种具有个体差异性的主体之间的交往生活，公共生活的良序发展就是要有效地协调富有差异性的个体生活，让交互主体在尊重各自差异的基础上建构一种平等合作的关系，在众声喧哗中谋求共识。然而，在公共生活中，交往主体所分别发出的各种声音，既不是揭露事实真相的新闻报道，也不是一种澄清事实的言论述评，而是交往主体之间的各种思想观点的激浊扬清，是在丰富性的多方声音"井喷"中寻找"共鸣"的"底板"或价值的"蕊片"，是在众声喧哗中展现丰富、真实的自

---

① ［英］安东尼·吉登斯：《现代性的后果》，田禾译，译林出版社 2000 年版，第 123 页。

我，从而使得一个由多方声音构成的"声音丛林"更生动、更形象、更丰富地呈现于公共生活之中，通向"公共善"的路径亦变得更加清晰明了。当然，公共生活中"多数人暴政"的现象，也值得高度警惕。二是内容体系的多重面相。在现代社会，人们相互交往数量越来越多，质量越来越高，频率越来越快，范围越来越广，影响越来越大，公共交往正成为人类生活的一种重要领域，涉及经济生活、政治生活、文化生活。"现代社会是一个陌生人组成的社会"，[①] 人们普遍承认陌生人的存在，维护和培养与陌生人的关系是实现交往生活公共性转变的必要条件，公共交往更多是一种陌生人的交往，特别是随着现代化大都市的发展，随着人们交往频率的增大，人与人之间基于血缘或亲情为基础而建构起来的直接、亲属式的交往活动正在被人与人之间基于契约为基础而建构起来的间接、非亲属式的交往活动所替代。晏辉教授认为，政治形态的公共交往与公共生活、经济形态的公共交往与公共生活、日常生活形态的公共交往与公共生活是公共交往与公共生活的三种基本样式。[②] 因此，与私人生活相较而言，公共生活的这三种基本样式也隐喻着公共生活内容体系具有多重面相，人与人之间的社会性联系、交往与合作构成了丰富多样的公共交往，孕育了人们对经济、政治、文化和社会等领域的正义诉求和责任担当，勾画出公共生活内容体系的丰富性特征。三是活动形式的多样表现。不同的媒介会使人对时空有着不同认知和映射，赋予人一种不同时空，打破人已有的时空平衡，建构人的新时空结构，从而预制着人们的交往活动形式。随着经济和科技的迅猛发展，人们的交往方式产生了巨大变化，总体上从"人的依赖性"交往方式向"物的依赖性"交往方式转变。在交往方式嬗变的此图景中，人们的交往空间、形式、方式和手段都发生了巨大变化，交往空间从"地方空间"走向"流动空间"（卡斯特语），交往形式从单向度的"静态交往"走向多向度的"动态交往"，交往方式从"人—人"的"直接交

---

① 费孝通：《乡土中国·生育制度》，北京大学出版社 1998 年版，第 10 页。
② 晏辉：《公共生活与公民伦理》，北京师范大学出版社 2007 年版，第 28—29 页。

往"走向"人—机—人"的"间接交往",交往手段从"口语化交往"走向"符号化交往"等。因此,作为一种交往生活,公共生活既有"亲身体验"的"面对面"的活动形式,也有"中介体验"的"时空脱域"的活动形式,还有"亲身体验"与"中介体验"交织互映的活动形式,从而呈现出一幅活动形式多样表现的图像。

随着现代社会的发展,"陌生人社会"正在代替"熟人社会"已成为一个客观事实,希冀"不要和陌生人说话"显然是一种"乌托邦"。在"陌生人社会"中,每一个人都是权利主体,公共生活中的交往对象不再囿于"熟人",而是进入公共生活领域中的任何人,从而使公共生活具有复杂性特征,其复杂性主要表征为:一是主体角色的虚拟性。现代公共生活领域是一个开放的陌生人领域,在这个陌生人领域中,特别是在"人—机—人"的"间接交往"中,公共生活参与主体可以自由、随意地切换角色,每一个人都可能在不同时空中同时扮演不同角色,遮蔽了真实身份,掩饰了真实自我,颠覆了真实形象,隐藏了真实性别,人们在彼此复制对方身份、地位,是对他者或自我的一种想象性狂欢,致使现实人格与虚拟人格、现实行为与虚拟行为的严重不吻合,正如马克·波斯特所言:"主体如今是在漂浮着,悬置于客观性的种种不同位置之间。不同的构型使主体随着偶然情境的不确定而相应地被一再重新构建。"[①] 为此,交互主体不得不面对一座"角色丛林",难免有雾里看花的感觉,难以辨明交往主体的真实身份、真实自我,极有可能导致一种"集体无意识"现象,因为"当我们吸收他人各式各样的步骤与想法时,他们即成为我们的一部分,同样地,我们也成为他们的一部分。充斥各种声音的多元文化社会,使人们浸淫在不一致与风马牛不相及的自我语言中。"[②] 二是主体意识的复杂性。不同主体间的人际互动形塑着公共生活过程,个体之间的

---

① [美]马克·波斯特:《信息方式:后结构主义与社会语境》,范静晔译,商务印书馆2000年版,第20页。

② [美]雪利·特克:《虚拟化身:网络时代的身份认同》,谭天等译,台湾远流出版公司1998年版,第368页。

相互理解是主体间人际互动和谐的必要条件，主体间的人际互动往往受到个体主观意识的影响和制约，因此，理解交往对象的主观意识是主体之间达致相互理解的基本前提。众所周知，在"主体（人）—客体（文本）—主体（人）"的交往模式中，不同的主体会因个体意识差异性而产生同一客体的不同理解和诠释，甚或同一主体在不同时空中对同一客体因其主观意识的偶然性和多变性亦有可能作出不同行为，因为在对客体作出理解、映射、回应、诠释等时，人脑常运用"大概""可能""或许""应该"等为表征的"多值逻辑"，而非如电脑似地运用"是"与"不是""对"与"错""行"与"不行"等为表征的"二值逻辑"，这就决定交往主体在理解交往对象主观意识上的难度性和复杂性。为此，公共生活主体之间的相互理解亦是一个充满偶然性、不断纠错的过程，且这种偶然性会随着参与公共生活成员数量的增加而呈几何级数增长。三是社会关系的"脱域性"。英国社会学家安东尼·吉登斯在分析现代社会的系统特征时，提出了"脱域"（disembeding）的概念，即"社会关系从彼此互动的地域性关联中，从通过对不确定的时间的无限穿越而被重构的关联中'脱离出来'"。[①] 当今传播媒介既使社会关系被"脱域"了，又使社会关系在网络社会中被重构，从而使得公共生活中每一个参与者的声音和态度几乎都是面向永无止境的潜在受众，交往对象的模糊度很高，公共生活中的每一个参与者似乎都是处于"交往暗影"中，迷失在"喧嚣人群"中，有时甚或主动抑或被动地牺牲个人隐私来获得公共生活中的他者承认或交往互动，使得公共生活参与者的隐私受到侵蚀，从而大大增加了公共生活参与者的成本和风险，公共生活更似某些人为其他"在场"或"缺场"的人所产生的一种象征形式，从而大大增加了公共生活的复杂性，"网络暴民""网络追杀""网络通缉"等热辣词语正是对此类现象的最佳脚注。

[①] ［英］安东尼·吉登斯：《现代性的后果》，田禾译，译林出版社 2011 年版，第 18 页。

四、批判性与创造性

哈贝马斯指出,"由于社会是作为国家的对立面而出现的,它一方面明确划定一片私人领域不受公共权力管辖,另一方面在生活过程中又跨越个人家庭局限,关注公共事务,因此,那个永远受契约支配的领域将成为一个'批判'领域,这也就是说它要求公众对它进行合理批判。"[①] 为此,寻求"公共善"的过程中,作为人们在公共领域内展开活动的归纳,公共生活必须对损害公共利益与公共价值的现象进行批判与监督,其批判性主要表征为:一是对"权力之恶"的批判。公权力的产生乃为人们缔结社会契约的结果,人民之所以让渡自己权利来生成公权力,乃是为了公权力更好地维护和保障私权利,增加公共福祉,此乃为公权力确立和使用的正当与必要。众所周知,公权力一经产生,便具有独立性和扩张性,如其不受约束,则"权力之恶"之花必定盛开,必然导致腐败与不受节制的堕落发生。在人类历史上,常常出现民众为公权力的"奴婢",而非公权力的"主人"的异化形式,公权力常披着"人民"的外衣,在为"人民"谋求福祉中,行使着其"恶",肢解着人民的自由与权利,如苏格拉底之死、法国大革命、斯大林暴政等便是历史的脚注。为了防止"权力之恶",分权制衡和权利集合是目前的两条主要路径,其中权利集合路径主张成立各种社群和社团,聚合弱小私权利,以抗衡公权力错用与滥用。因此,可以说,公共生活的良好建构正是契合了以"权利集合"来防止"权力之恶"的路径,作为介于国家生活与私人生活之间的一个调停性的生活样态,公共生活中所形成的公众舆论,它们对于公共权力的越位、错位和缺位等现象都是具有较好的批判性。二是对"资本之恶"的批判。资本乃为市场经济的前提,追求利润最大化是资本的本性所在,为了实现利润最大化,资本不断缩短劳动力的必要劳动时间,设法延长剩余劳动时间,以获取超额利润而实现其增值目的,因此,资本逻辑的错用与滥用则是不断滋生劳资

---

① [德] 哈贝马斯:《公共领域的结构转型》,曹卫东等译,学林出版社 1999 年版,第 23 页。

矛盾的"无形之手"，如果不对资本的贪婪本性进行限制，资本投机炒作的"罪恶"之花必定盛开。20世纪匈牙利思想家卡尔·波兰尼提出了"能动社会"的概念，他认为随着资本的不断扩张、膨胀，出现了资本关系支配着所有关系，资本逻辑主导生活逻辑的"市场社会"。针对"市场社会"中的资本力量对社会的侵蚀，波兰尼主张通过工会、合作社、工人运动组织等"能动社会"组织来驾驭资本、规制市场。因此，可以说，公共生活的良好建构也契合了波兰尼所指出的以"能动社会"来抵御"资本之恶"的路径。公共生活以"公共善"为旨归的公共领域内的活动推进了社会自我保护运动的开展，其在国家生活与私人生活之间调停性的生活样态中形成的公众舆论也对资本对社会的侵蚀等现象有较好的批判性。三是对"行为之恶"的批判。人们对美好生活的希冀，不但包括美好的个人生活希冀，也包括美好的公共生活希冀。为此，公共交往要求交往主体恪守按照公共价值而自主行动的伦理标准，担当扩大公共福祉的道德义务，归属与承诺公共价值，这不仅是公共交往主体价值承当的重要内容，也是建构好的公共生活的道德实践。众所周知，在公共生活中，人们的所有行为都具有公共性，是文明礼仪和良好教养的德性彰显，交往行动理所当然都具有公德的规定性。然而，许多不文明现象在公共场所中随时随处可见，文明素质令人汗颜，公共场所的我行我素、公共交往的教养阙如等都折射着公共生活中的"行为之恶"的显现。因此，可以说，公共生活的良好建构必定会使每一个参与者在公共生活实践中都担当扩大公共福祉的伦理义务，提供一种超越个人价值、认同公共价值的道德实践形式，从而使得公共生活中所形成的公众舆论对于交往主体自身呈现出来的"行为之恶"现象亦具有较好的批判性。

批判性与建设性是互为建构的，批判性中有建设性，建设性中有批判性，对同一事物的理解是二者共同的根基。因此，公共生活在彰显其批判性的同时亦具有建设性的特征，其建设性主要表征为：一是促进社会性权力回归。公权力与私权利、公权力与私权力、公权利与私权利始终是人类历史发展进程交织的命题与矛盾的"引线"。在阶级社会中，权力往往由专政的少数人掌握，以"超社会性权力"奴役"社会性权利"，甚至对社会性权利的完全吞噬与漠视。公共生活的良好建构能引导现代社会组织健康成长，促进现代公民积极参与公共事务，自觉关心公共福祉，拉大国家与社会的距离，缩短公民与国家的距离，从而使公众在批判有损于公共利益与公共价值的行为中，更好地促进权力回归其"公共性"的本质属性，让权力能真正有效地保护每一个公民的权利，让人民真正成为权力的"主人"，在公权力与私权利、公权力与私权力、公权利与私权利中寻求合理的张力，从而真正实现权力造福人民和造福社会的价值。二是促进公共性资本拓展。资本从经济学意义上解读是生产资源的总称，从"增值"的特性解读则是"剥削的放大化"与"剩余价值的最大化"。公共性资本，简言之，即资本在公共产品、公共基础设施、公共服务等层面的投入。在市场、资本、市场经济等已成为鲜活的社会景观时，"资本之恶"被放大甚或被看成是资本的唯一属性。然而，随着公共理念的彰显，扩大私人资本的公共性支出与提高公共资本的比例已成为经济学与社会学日益探讨的范畴。公共生活以私人的公众集合，在对资本运行的监督与批判中推进资本公共性的面向。一方面，公共生活开展本身内在要求资本公共性支出的拓展，即要求私人性资本在公共服务、公共管理等层面的支出增加与公共资本在总资本支出比例中的增加，进而保证公共生活的良性建构；另一方面，在公共生活的推进中监督与批判资本对人性的忽视与对利益的过度追逐，从而规避"资本之恶"与"效率独大"。三是促进道德共同体重构。在现代化高度压缩的时空，与"连根拔起的一代"（席勒语）相伴之的是"共同体的失语"与"集体意识的衰落"。在"想象的共同体"（滕尼斯语）中既有传统观念、传统组织的羁绊，也有集体承载、道德谱系的建构；既有个体联结的束缚与责任，也有个体相依的承认与归属。然而，"集体意识的衰落无疑会使社会陷入道德真空状态，社会成员失去了社会的凝聚力，在意识领域内各处闲散游荡。"① 在"我们是谁""共同体失语"的诘问与茫然中，道德的滑坡与人性的"恶"成了人们在发展背后争相诟病的社会之痛，"我该往何处去""我和谁是一伙？"（亨廷顿语）也成了"原子化个人"的不解之谜。公共生活在"公共善"的追寻中重拾"想象的共同体"，在"公众舆论"的批判与反思中重新找寻"正义"与"公正"的标尺，进而促进道德共同体的重构。

---

① 李汉林、渠敬东：《中国单位组织变迁过程中的失范效应》，上海人民出版社 2005 年版，第 8 页。

第二章 公共生活的界面
规定及价值实践

"公共"一词已成为学界的热门词汇，不同学科对其定义的路径与方法具有不同的习惯。作为人们在公共领域中所展开的各种活动的归纳，公共生活在不同语境中也具有不同指涉，给人一种纷繁复杂的图像。因此，为了对其有一个清晰的理论规定性，有必要先厘清与其相形而在的几个基本概念，并在此基础上对公共生活的界面规定进行共时性分析和历时性考察，以展示出公共生活的丰富性和多样性，在公共生活的不同界面规定的共同要素基础上，对公共生活进行现代赋值，来揭示其当今呈现出来的价值实践。

第一节 公共生活的相形辨析

作为与私人生活相对应的一个范畴，公共生活是在与私人生活相较而言中获得其原初规定性的，在此语境下，私人生活与公共生活如同一枚硬币的两面，为相对而在的相互性关系，并以不同的方式呈现出其不同的内涵。毋庸置疑，根据一国法律规范享有权利和承担义务且具有该国国籍的自然人即为公民。公民有作为个体（自然人）和作为群体（团体、集体等）的两种主要面相，公民身份的确立和认同是公共生活生成、丰富、巩固和发展的必要条件，是公共生活获得其原初规定性的前提和基础。就相关性程度而言，与公共生活的相形而在，且易被混淆的概念主要有"共同生活""集体生活""群众生活"和"社会生活"等，正如任剑涛教授所言："根据我们在政治哲学理论上需要辨析的相关性程度而言，与公共相关而容易混淆的主要概念有"群体"（community）、"集体"（collectivity）、"群众"（mass）、"社会"（society）、"整体"（the whole）。"① 基于此，有必要辨析与公共生活相形而在的几个基本概念，赋予公共生活一个清晰的理论规定性，以厘清相关概念之间的简单化混用，澄清人们的模糊认知。

一、共同生活与公共生活

共同生活与公共生活是一对既相互区别又相互联系的概念，其相互联系性主要表征为自主性是二者都不可或缺的一个结构性要素。人类生活经历了从共同生活到公共生活的演变，张康之教授在《公共生活的发生》一书中也从古代社会的共同生活、现代社会的公共生活和公共生活的衰落三个层面对共同生活到公共生活的演变历程进行了详细论证。②

公共生活是在与私人生活相较而言中获得其原初规定性的，是私人生活的一种抽象形态，共同生活并不能简单地化约为公共生活，因为共同生活只显示了其自主性，未显示其公共性，公共生活则是自主性与公共性的统一。公共生活与共同生活的区别则主要表征为以下几个方面：一是出场的时空差异。从二者的本源性语源来看，共同生活与公共生活是在不同的历史时空中先后出场的。在农业社会中，由于公共领域与私人领域未发生分化，所谓的私人生活与公共生活并不存在，所以，在国家与社会混为一体、尚未分化之前，是不可能出现以个人为基础和依托的公共生活形态与观念的，公与私并不能成为当时社会生活的划分标记。当然有人亦可能以

---

① 任剑涛：《公共与公共性：一个概念辨析》，《马克思主义与现实》2011年第6期。
② 张康之、张乾友：《公共生活的发生》，高等教育出版社2010年版，第202—212页。

"城邦生活=公共生活，家庭生活=私人生活"的误读来质疑这一论点，认为家庭与城邦的分化在当时是客观存在的，但家庭并不是私的形态存在且与城邦相对立的两个性质不同的领域，家庭是附属于城邦的，家庭只是城邦自足的一种表达而已，正如张康之教授所言："家庭与城邦的分化还只是一种实体性分化，而不是属于形态分化的范畴。……实际上，考察城邦一词的原意（共同体），我们就会发现，古希腊时期的社会生活，在实质上是一种共同生活。"[①] 作为一个现代赋值的术语，公共生活是现代化的产物，是国家与社会分化之后所生成、丰富、巩固和发展的。考察公共生活的本源发生，必须以考察私人生活的开始为切入点，因为公共生活是在私人生活的基础上生成的，是在与私人生活相较而言中获得其原初规定性的。根据学术界的通行解读，认为私人生活的载体和空间是市民社会，"在过去一切历史阶段上受生产力制约同时也制约生产力的交往形式，就是市民社会"[②]。它的出现是私人生活出现的脚注，然而市民社会则是工业化、城市化的直接成果，马克思亦从物质交往关系视域对其进行了阐释，"市民社会包括各个人在生产力发展的一定阶段上的一切物质交往。……但是市民社会这一名称始终标志着直接从生产和交往中发展起来的社会组织。这种社会组织在一切时代都构成国家的基础以及任何其他的观念的上层建筑的基础。"[③] 可见，人类历史步入现代社会的标记之一便是政治国家与市民社会相分离，作为市民的个人是公共生活发生的历史始点，在私人生活相较而言中获得原初规定性的公共生活则是现代社会结构分化的产物。二是彰显的特性差异。虽然公共生活与共同生活具有紧密的关系，农业社会的共同生活是我们考察现代公共生活生成的一个重要维度，但在农业社会中，无论是从古希腊时期公民的语源意义抑或罗马时期公法的语源内涵来看，当时公民并未涵盖所有的人，"单纯意义上的公民，就是参与法庭审判

---

① 张康之、张乾友：《公共生活的发生》，高等教育出版社 2010 年版，第 202 页。
② 《马克思恩格斯选集》第 1 卷，人民出版社 1995 年版，第 87—88 页。
③ 《马克思恩格斯选集》第 1 卷，人民出版社 1995 年版，第 130—131 页。

和行政统治的人"①。作为一个共同体，城邦是一个公民的共同体，其目的仅为公民阶层之共同善业，奴隶和女人则被拒之于门外，公民与非公民阶层之间是直接对立的关系。可以说，公元前594年的梭伦改革不仅调整了公民集体内不同阶层之间的利益关系，而且对严格意义上的公民阶层的形成有着关键性作用，确立了公民阶层与奴隶阶层的真正对立，奴隶阶层亦被得以固定化，以前公民自己所从事的家庭劳动工作则由奴隶阶层来完成，公民自身从繁杂的家庭事务中解脱出来，全身心投入共同生活之中。由于公民与非公民之间分属于不同的阶层，从理论逻辑来分析，公民、奴隶、女人分别有着自己的共同体，只属于公民的城邦共同体与另外两个共同体并不是包容与被包容的关系，其他两个共同体虽然存在于城邦，但并不包容于城邦共同体之中，公民与非公民所分别建构的不同阶层的共同体之间并没有一种可以真正抽象出来的以"均在""共有"之"统一性"为"芯片"的公共性的抽象形态。为此，共同生活有着共同体的一致性特征，是一种封闭、固化的同质化生活形态，是把社会纳入等级化构成之中的一种公共性阙如的产物。公共生活虽然亦具有一致性或同质化的某些特点，但其彰显程度远远逊色于共同生活，没有共同生活表现得如此淋漓尽致。在公共生活中，公民是对所有人开放的一个概念范畴，公民具有多元性、差异性特征，不论是作为个体的公民，还是作为群体的公民，其多元性和差异性特征决定了公民涵盖属于不同利益阶层的个体或群体，并不排除属于某些阶层的个体或群体的独特个性，对所有的个体或群体都呈一种开放状态，不问其出身何处，来自何处。为此，公共生活并不强求千篇一律的个体或群体风格，也不否定不同阶层自己共同的特殊利益，公共生活的参与主体都是处于一种平等、独立、自由的状态之中，都以尊重他者、包容他者为交往坐标，它是不同阶层的个体或群体之间为实现公共利益而采取的一种重构政治认同的公共行动过程。三是生成的基础差异。共同生

---

① ［古希腊］亚里士多德:《政治学》，颜一、秦典华译，中国人民大学出版社2003年版，第72页。

活是以身份共同体为基础的一种生活形态，滕尼斯在其《共同体与社会》一书中从社会学视域将共同体划分为血缘共同体、地缘共同体和精神共同体三种类型，其中"血缘共同体作为行为的统一体发展为和分离为地缘共同体，地缘共同体直接表现为居住在一起，而地缘共同体又发展为精神共同体，作为在相同的方向上和相同的意向上的纯粹的相互作用和支配。地缘共同体可以被理解为动物的生活的相互关系，犹如精神共同体可以被理解为心灵的生活的相互关系一样。因此，精神共同体在同从前的各种共同体的结合中，可以被理解为真正的人的和最高形式的共同体"①。马克思也把共同体作了"虚假共同体"与"真正共同体"的区分，认为只有共产主义社会才是"真正共同体"，以"共同体"这一概念来表明共产主义社会，并认为"在真正的共同体的条件下，各个人在自己的联合中并通过这种联合获得自己的自由"②。因此，此语境中的共同体概念既区别于西方资本主义国家所提出的"市民社会"，也区别于马克思所设想的未来的"自由人联合体"，而更多是指一种身份共同体，这种身份共同体小至家庭邻里关系，中至各种形式的协会或组织，大至民族国家。按照杰克·普拉诺的解读，它是"在认同、自我意识和共同利益方面具有同感的社会群体。一般而言，共同体成员都居住在特定的地域之内，拥有共同的机构，并指导大量的社会事务以便形成关于共同利益的认识。"③共同生活也正是以这种身份共同体为依托和基础的，现代社会发展是一个从"身份"向"契约"的运动过程，在此过程中也是身份共同体迈向公共共同体的历史，在身份共同体的不断解体中，公共生活也渐趋取代共同生活而成为社会生活的主要形态。公共生活则是以个人为基础的一种生活形态，公共生活是在与共同生活的较量中不断生成和发展的，以身份共同体为基础的共同生活的式微则隐喻着以个人为基础的公共生活的生成，且在从共同生活过渡到公共生

---

① ［德］斐迪南·滕尼斯：《共同体与社会》，林荣远译，商务印书馆1999年版，第65页。

② 《马克思恩格斯选集》第1卷，人民出版社1995年版，第119页。

③ ［美］杰克·普拉诺等：《政治学分析辞典》，胡杰译，中国社会科学出版社1986年版，第24页。

活的历程中，作为市民的"个人"的出现具有前提性价值，个人在摆脱身份共同体的束缚中，走出共同生活圈子，不断地发现自我，认识自我，彰显自我意识，与作为自我的其他个人进行独立、自由、自主的交往，公共交往亦具有了自主性与自由性的统一，在个人的自我动机的驱动下，如前所述，市民社会与政治国家分离，作为私人生活的载体和空间的市民社会出现，私人生活便在个人交往的基础上产生，且为了保证私人生活的进一步巩固和发展，公共生活也在私人生活的基础上获得了其原初的规定性而得以建构起来。由是观之，作为市民的个人成为公共生活的历史起点，公共生活是以个人为基础的一种生活形态，为此，近代以来许多思想家也正是以独立平等的个人为出发点来建构公共生活理论体系的。

二、集体生活与公共生活

集体生活与公共生活是一对既相互区别又相互联系的概念，其相互联系性主要表征为：二者都是现代大工业生产方式的产物，都是交往行动从偶然、零散式的交往活动迈入普遍交往的新型交往方式的内在诉求，都是以尊重他者且在与他者的自由交往中得以建构而成的，都是在共同的思想基础上以追求共同的社会利益为价值旨归的，无论是公共生活抑或是集体生活的成员都是以个体为基础而聚合起来的，都是不同的个体之间通过各种形式的互动而建构起来的生活形态，即使二者的成员是以群体公民形式出现，其最终也是由个体所构成的。

集体生活不能简单等同于公共生活，且与公共生活不能相提并论，二者之间亦存有较为显著的差异，主要表征为以下几个方面：一是结构形态的差异。集体生活是一种具有立体结构的生活形态，个体的依附性和不等性是这种立体结构的主要表征。虽然集体是由个体形成的，是在与个体相较而言中获得其原初规定性的，但作为与个体相对立的一个具有抽象道德意涵的概念，集体是群体的一种特殊形式，是群体发展到高级阶段的产物，是一种组织形式的团体，有社会性质团体和国家机构性质团体之分，高度团结统一性、高度整合动员性、高度组织分工性和高度集体倾向性等应是"集体"所必备的表征。由是观之，集体生活是一种有组织性的生活，在这种组织性的生活当中，往往存在具有权威的个人或组织去领导集体中的其他成员为完成鲜明的组织任务而展开共同的活动，在集体的共同规范和规则约束下，集体生活对集体内部各成员的约束性较大，各成员彼此之间联系较为紧密且互为依附，有较稳定的职能分工与职能合作，在集体生活中，有的成员是领导者、有的成员是倡导者、有的成员是活跃者、有的成员是附和者等等，在集体生活中成员之间所扮演角色的不同，恰恰隐喻着形成集体的个体之间存在不平等，尤其是当个体利益与集体利益产生矛盾、冲突时，应以集体利益为重，集体利益具有至上性和优先性，个体利益应让位于集体利益。因此，集体生活是集体内各成员在各自职能分工的基础上为了完成组织任务而通过互动合作所形成的一种以依附性和不平等性为表征的纵向的、垂直的、依附的立体结构的生活形态。公共生活是一种具有平面结构的生活形态，主体的独立性和平等性是这种平面结构的主要表征。所谓主体的独立性是指公共生活中的多元主体都具有自己独立的主体资格，相互之间不存在依附或隶属关系。所谓主体的平等性是指公共生活中的多元主体之间是一种"我—你"的平等关系，任何一方主体不能凌驾于另一方主体之上，不能以自己的意志强加于他者的意志之上或褫夺他者的意志，交互主体之间处于一种平等状态。为此，在公共生活中，不同主体之间呈现出一种主体间性的关系，交互主体之间是通过自由、平等的交流等自愿协商约定的对话方式，而非强势方的"盛气凌人"或弱势方的"忍气吞声"的方式来消解交互主体间思想价值观念的对立，寻求交互主体间的重叠共识或交集点，使相互性的公共利益和公共需求得以实现。可以说，"我—你"式的协商对话是解决现代公共生活中不同主体之间利益冲突和意见分歧的重要方式，是建构一种良序、和谐的公共生活所必需，因为"你的理解、观察、感觉和阐述，都是你的看法。这很重要，但它并不等同于事实。如果在谈你的看法时能意识到这一点，就不需要别人一定认同或者追随。你的话别人能够听得进去，因为这是你的想法，与别人无关，不存在对别人的指责或任何判断。别人与你的看法不一样，你的不必比别人正确，别人的也不一定就多差劲。你的看法背后是你的理解与思考，如果你能够完全对此负责的话，就不需要强迫别人认可它，就会在最大程度上减少为自己辩护的冲动。然而有趣的是，当你只是表达自己的想法而不求任何人认同的时候，人们将会更认真地听取你的每一句话"①。因此，在公共生活中，不同主体之间都能够彼此承认、尊重他者作为行为主体的独立性和平等性，并在相互理解、相互尊重、相互包容中获得思想的交集点，与集体生活中的以相互制约性和不平等性为表征的立体结构形态相较而言，公共生活则是以独立性和平等性为表征的横向的、对偶的、交互的平面结构的生活形态。二是经济基础的差异。集体生活是建立在现代公有制基础上的一种生活形态，集体生活的存在与发展必须以公有制的确立为其必要条件之一。马克思对集体进行"虚幻的集体"与"真实的集体"的两种区分，即在阶级对抗基础上形成的集体（私有制社会）和自由人联合体（公有制社会），"在过去的种种冒充的集体中，如在国家等等中，个人自由只是对那些在统治阶级范围内发展的个人来说是存在的，他们之所以有个人自由，只是因为他们是这一阶级的个人。从前各个个人所组成的那种虚构的集体，总是作为某种独立的东西而使自己与各个个人对立起来；由于这种集体是一个阶级反对另一个阶级的联合，因此对于被支配的阶级来说，它不仅是完全虚幻的集体，而且是新的桎梏"②。真实的集体是一种"控制了自己的生存条件和社会全体成员的生存条件的革命无产者的集体。"在其中，一方面个人能真正得到全面自由的发展，真正实现个人的自由，集体真正成为人的自由全面发展的组织依托；另一方面个人是集体的单元细胞，个人的全面自由发展必须植根于集体之

---

① ［美］埃利诺、［美］杰勒德：《对话：变革之道》，郭少文译，教育科学出版社2006年版，第155页。

② 《马克思恩格斯全集》第3卷，人民出版社1960年版，第84页。

中才能最终实现，集体是实现个人全面自由发展的温床和保障，倘若没有集体，个人自由只是一种乌托邦式的期盼，只有具有真实的集体，个人才可能实现其真正自由，并且各个个体在自由的联合中实现个人的全面发展，为此，脱离集体的个人是一种连根拔起的个体，是一种无根的漂浮的个体，是不可能有真正自由的个体，其似是空气中的一粒浮尘。因此，按照马克思主义的观点，私有制社会中不可能产生真实的集体组织形式，充其量在某种程度上有着集体组织的雏形，真正的集体组织形式只有在社会主义公有制社会中才能产生和实现，在共产主义公有制社会中实现全面发展和完善。为此，集体生活是以现代公有制为基础所呈现出来的一种生活形态，公有制的确立是其产生与发展的前提与基础。公共生活虽然在不同的历史时空中具有不同表征，公共领域的各种类型学划分均隐喻着作为人们在公共领域内所展开的各种活动归纳，公共生活具有一定的社会形态特质，但是从所有制结构来看，其并无严格的私有制与公有制的分野。考察公共生活的发生，如前所述，随着资本主义生产方式和交往方式的确立，资本的全球扩张和资本运行的普遍化，公共生活在与私人生活相对分离的基础上获得了其原初规定性，得以真正的原初发轫。可以说，如果没有原则上以个体为本位的现代发达、成熟和文明的私有制的确立和发展，人的积极性、自主性、创造性等宝贵的主体性资源也不可能从原始公有制的压抑中释放出来并得到真正开发，分工、交换和市场经济的进一步发展便可能成为一种"奢侈品"，公共生活的现代主体和场域亦踪影难觅，因为在私有制中孕育的以个体为本位的价值观恰恰是公共生活背后的重要隐喻。因此，在马克思恩格斯所论述的"虚幻共同体"抑或"真正共同体"时代，无论是从理论逻辑抑或是现实图景来看，公共生活都有其存在和发展的可能性和现实性。当然，在此强调私有制在公共生活发生中的历史合理性，并不是说要大力弘扬生产资料私有制，因为与现代公有制相较而言，它毕竟具有落后性和不可克服的弊端，正如哈贝马斯分析资产阶级公共领域的结构转型所揭示的一样，随着生产资料私有制弊端的充分暴露、影响和福利国家实行导致的国家社会化和社会国家化现象出现，资产阶级公共生活再封建化且渐趋走向衰落。为此，在现代公有制的基础上重建公共生活更是一种具有可能性与现实性的上策。三是交往对象的差异。从交往对象上来看，与公共生活相较而言，集体生活的交往对象更具简单性，其交往对象往往是熟人领域中的个体或群体。按照"集体"的概念规定，集体是群体的一种，但并不是任何群体都能称为集体，只有具备高度团结统一性、高度整合动员性、高度组织分工性和高度集体倾向性的群体才能称为集体，为此，在生活世界中，常常具体化为诸如"班级""车间""协会""队伍""公司""医院""银行""党派"等等的团体并不是一产生则成为一个集体，都是需要经过一定的发展时期才能成为一个有组织形式的团体，即集体。因此，作为一个与一般团体不同的概念范畴，集体成员之间联系的密切性和稳定性是集体的一大特点，因为一个集体应有健全的规章制度和严格纪律，内部成员之间往往有着一种稳定的职能分工协作关系和相互友爱的情感关系，在工作、生活和学习中相互之间往往是"低头不见抬头见"，成员彼此之间较为熟悉和了解，谁身世怎样、才能如何、品质怎样等大家都相互知晓，对于一些成员数量不多的小集体而言，甚或了然于心。所以，换言之，集体成员之间构成的是一个"熟人社会"或"准熟人社会"，当然这里所言说的"熟人社会"与传统时代中的"熟人社会"相比已有所不同，非同日而语，人与人之间的关系不再是简单地建立在血缘宗族关系上的熟人关系，而是因为共同劳动、工作、学习和生活而建立起来的一种相互熟悉和了解的熟人关系，为此，集体生活的交往对象比较简单和清晰，更多是熟人之间或准熟人之间的交往，集体生活所彰显的亦是一种熟人社会的同质生活形态。当然在市场化、全球化和网络化的今天，亦有论者可能以"网络集体"所呈现出的"分散性"和"松散性"特点来质疑这一论点，但是"网络集体"毕竟亦由有共同爱好、共同兴趣、共同情感的个体所形成的，从外形而言，个体之间互不相识；从共鸣而言，个体之间则相灵相识。随着市场经济全面铺展、现代科技迅猛发展和社会分工的渐趋精细，人们之间的交往密度和广度得以全方位地拓展，公共生活领域也得到了前所未有的扩大，从传统公共领域到现代公共领域，从现实世界到虚拟世界，以崭新面貌呈现于世人面前，向所有人开放，任何人不问其出身、财产、地位等都可以自由进入公共生活领域，公共生活领域正成为人们生活中的重要领域，且更似一个与"陌生人社会"相似又相异的生活领域，人们之间的交往不仅仅囿限于熟人之间的交往，还包括在陌生环境中的陌生人之间的交往，公共生活所彰显的更多是一个异质性和同质性共在的生活形态，其中其内在结构所决定的异质性是公共生活的本质要素，公共利益旨归所要求的同质性则是公共生活的形式表征，为此，与集体生活相较而言，公共生活的交往对象更趋复杂化、多元化、开放化和透明化。

三、群众生活与公共生活

群众生活与公共生活有一定的关联性但更具鲜明的差异性，其关联性主要表征为：一方面，二者都是工业社会的产物，群众生活、公共生活都不是凭空的无根的生活展开，而是在经济社会发展到一定阶段使然。另一方面，二者都在某种程度上以"集体"或"群体"等表象的形式为表达符号，因此在直观的活动归纳中群众生活与公共生活常常易基于此表象而混淆。涂尔干式的"集体欢腾""集体意识"，滕尼斯所言的"想象式的共同体"都在群众生活、公共生活中有所显现。

群众生活与公共生活也是有明确的界分，并不能简单等同。基于群众生活与公共生活的特质，考察群众生活与公共生活，不难得出，两者在展开主体、展开介质、展开旨归层面均存有差异。一是展开主体的差异。群众生活是浸润浓厚"盲众意识"的生活样态，其主体往往是孤立式或分子化的个人，而非自主性个体，正如阿伦特所言，群众"产生于高度分化的社会内，其竞争性结构和附带的个人的孤独，唯有通过在一个阶级内的成员资格才会稍缓。群众中的人的主要特点不是野蛮和落后，而是孤独和缺少社会联系。"① 群众一般是由社会权力等级结构所决定的群体，是在与"领导"相较而言中获得其原初规定性的群体，群众生活的展开往往是以非自主性个人形式来表达他们的梦想与情感，非理性、暴动、盲从等也因此常成为群众生活的符号。就主体而言，群众生活具有一定的模糊性，一般来说，凡是两人以上的个人集合组成而展开的活动即是群众生活，群众生活也因此成为时下最为泛化的语词之一。诚然，群众生活在不同时期，其主体的特质也呈现隐约的差异性，如在传统社会时期，以传统联结、血缘、宗缘为基础的时期，人与人之间的天然联结，使群众生活有天然的自发性。需要指出，这一时期，"君君、臣臣、父父、子子"的等级制泾渭分明，群体生活也仅仅是等级制下的集体展开。随着传统联结的解体，"家国同构"下的个人走向相对自主，血缘、宗缘、亲缘也随之淡化，"人在共同体的紧密结合中彼此承认的伙伴身份，以及透过集体目标来认同自己的深刻满足。在这一过程中，人逐渐被推向一个既冷酷又充满敌意的世界。在这其中，彼此相互陌生的人（即占有式个人主义的人）从事着各种交易活动。从此，这样的一个世界凌驾了社群的亲昵与温情。"② 在此背景下，群众生活的主体也不免刻上占有式个人主义的色彩。公共生活是公共领域展开的活动归纳的总和，公共生活的主体是具有公民特质的自主个体。其主体蕴含双重视域，一方面是公民特质。公民是依据法律规定享有权利和承担义务的人，公民意识与臣民意识等相对立，是一个国家的民众对社会和国家治理的参与意识。公共生活的主体是具有权利与义务且有公共参与意识的独立个体，也即蕴含公民特质的个体。公民特质是公共生活主体的最主要特性，因此，从严格意义上说，只有完备的公民，才可能有现代的公民生活，"参与公民生活是一个文明人最高级的活动了"③ 。

---

① ［美］汉娜·阿伦特：《极权主义的起源》，林骧华译，生活·读书·新知三联书店 2008 年版，第 413 页。

② Michael O.*On Hurman Conduct*，Charendon Press，1975.p.320.

③ ［美］詹姆斯·G.马奇、［挪］约翰·P.奥尔森：《重新发现制度：政治的组织基础》，张伟译，生活·读书·新知三联书店 2011 年版，第 46 页。

另一方面是自主特质。公共生活的展开是在自主、自觉、自愿意识下的展开，凡是渲染"不服从""不信任"或是盲从、听从等色彩来表达其梦想与情感等，都不能称之为公共生活，而只能以阿伦特所言说意义上的群众生活来命名。诚然，公共生活的自主特质，并非傲慢的以"自我"为中心的自我式自主，也非主体性高昂阔步的纯主体式自主，而是兼具"自我"与"他我"双重向度。因此，简单而言，公共生活的主体较之群众生活的主体，有更为严格的界定与素质要求，也正如此，群众生活与公共生活在展开的介质、展开的旨归呈现其特殊性。二是展开介质的差异。群众生活与公共生活就其具体的展开形态而言，不难发现，其展开介质有根本的差异。群众生活，就内容而言，有文化生活、精神生活、物质生活等，如常言所道之群众的文化生活、群众的精神生活、群众的物质生活等，然而，在此内容的附着之下，其展开的介质却无明确的限定性，换言之，群众生活展开的介质抑或是无条件式的生活，个人聚合即可展开，正如阿伦特所言："群众并非由于一种共同利益的意识才聚合，他们缺乏一种具体的、明确表现的和有限的实际目标的阶级组合。"① 按照哈贝马斯对活动展开领域（介质）的划分，即公共权力领域、公共领域与私人领域的三大类划分，也不难得出，群众生活既可以是公共权力领域中在公共权力指导下的生活展开，也可以是公共领域中群众的集合展开，亦可以是私人领域中两人以上的生活展开。因此，群众生活从展开介质而言，具有一定的宽泛性。诚然，在不同介质影响下展开的群众生活其所附带的属性会有内部的差异性。如公共权力领域中的群众生活，公共权力则在群众生活中发挥指引或渗透的作用，群众生活也略带一定的政治盲从色彩，单独的个体或组织缺乏政治理性，正如勒庞所言："他（群体领袖）的意志是群体形成意见并取得意志的核心。他是各色人等形成组织的第一要素，他为他们组成派

---

① ［美］汉娜·阿伦特：《极权主义的起源》，林骧华译，生活·读书·新知三联书店 2008 年版，第 407 页。

别铺平了道路。一群人就像温顺的羊群，没了头羊就会不知所措。"① 公共
领域中的群众生活，公共舆论、媒介、网络等要素则在群众生活中渗透并
发挥一定的效用，在现代科学技术、大众传媒、消费主义文化的共同裹挟
中，群众生活亦有可能受到权力和资本所结成的"露水婚姻"抑或"临时
夫妻"的宰制。私人领域中的群众生活，就其外部边界而言，则富有典型
的私密性与内隐性，这种群众生活往往是基于血缘、亲情等展开的，群众
生活也更多以一种熟人生活样态而呈现，是孤立式或分子化的个人之间因
血缘、亲情或现代意义上的业缘、学缘等集合而成的生活形态。总之，群
众生活的展开介质并不带有天然的先验或规定性，是较宽泛甚或无条件性
的聚合展开。公共生活是公共领域中活动归纳的总和，因此，公共领域是
公共生活的展开介质，且是唯一的展开介质，若脱离公共领域的"公共"
生活，都不能称之为真实的公共生活。因为如哈贝马斯所揭示的一样，作
为与私人领域相对的一个领域，公共领域是公共性本身的表征之一。② "所
谓'公共领域'，我们首先意指我们的社会生活中的一个领域，在这个领
域中，像公共意见这样的事物能够形成。"③ "有些时候，公共领域说到底
就是公众舆论领域，它和公共权力机关直接相抗衡。"④ 公共领域是相对
于私人领域而言的独立的领域，公众、媒介和公共舆论是公共领域的三个
重要质素，其中媒介是公共领域运作的纽带，媒介发展是公共领域演进的
重要因素。公共生活的展开则是公众的集合，以媒介为纽带，借助公共舆
论展开的生活样态。公共生活具有鲜明的公共性、公开性、公益性，公共
领域之介质是公共生活展开的唯一介质。在公共领域中，公共生活的展开
不是"嘈杂之音"的争吵，抑或"谩骂之声"的飞扬，而是借助公共理性
下的公共意见的达成。三是展开旨归的差异。展开旨归的差异是群众生活

---

① ［法］古斯塔夫·勒庞：《乌合之众》，冯克利译，中央编译出版社 2005 年版，第 96 页。
② ［德］哈贝马斯：《公共领域的结构转型》，曹卫东等译，学林出版社 1999 年版，第 2 页。
③ ［德］哈贝马斯：《公共领域》，汪晖译，载于汪晖、陈燕谷主编：《文化与公共性》，生
活·读书·新知三联书店 2005 年版，第 125 页。
④ ［德］哈贝马斯：《公共领域的结构转型》，曹卫东等译，学林出版社 1999 年版，第 2 页。

与公共生活两种生活样态最为根本的差异，以何目的而展开，往往影响展开的指向，展开的手段、方式、方法等。考察群众生活的展开旨归，其旨归存在随意性较大、目的范围大等特点。综观现实的群众生活，兴趣、爱好、休闲等可成为群众生活的旨归，政治诉求、文化情怀、物质利益等也可成为群众生活的旨归，简言之，群众生活的展开其目的指向并不具有明确的统一性，而是两人或两人以上基于某一目的的聚合即可展开，需要指出，此时的某一目的可以代指正面的或负面的、公共的或私人的、自我的或他人的等，有些群众生活的展开亦有可能导致群氓乱舞现象，正如塞奇·莫斯科维奇在《群氓的时代》一书中所言："一个群体或者一群民众就是摆脱了束缚的社会动物。道德的禁忌松弛了。人与人之间的差别消失了。人们通常都在暴力行为中表达他们的梦想，他们的情感，以及他们的英雄主义、野蛮残暴、稀奇古怪和自我牺牲。一个骚动的、情绪高昂的群体，就是这些人群的真正特点。它也是一股盲目的不可控制的力量，能够移山填海，克服任何障碍，甚至摧毁人类几个世纪所积累的成就。"[1] 尤其是群众生活被简单等同于群众运动时，则其不可驾驭之"野兽"抑或被人利用之"工具"极为可能沦为群众运动的危险符号，如古希腊时期苏格拉底的公决、罗马共和国时期提比略·格拉古之活活被打死、法国的雅各宾专政等便是群众运动中滥用"人民"的名义而导致民主权力肆虐的历史脚注。由此可见，同没有限制的个人权力容易走向专制一样，如果群众的民主权力没有受到公共理性的正确引导和法律制度的合理约束，群众有可能成为一群乌合之众，群众运动有可能给人一种"正义的错觉"，实则意味着暴虐的暗流涌动，转变为一种革命性的破坏力量，阿伦特在《极权主义的起源》、勒庞在《乌合之众》中对此现象也有过深深焦虑与揭示。因此，群众生活是一项包容面较广且目的性较为宽泛的生活样态。公共生活是以"公共善"为指向的生活样态，"公共善"是公共生活展开的内在旨归。"公

---

① ［法］塞奇·莫斯科维奇：《群氓的时代》，许列民、薛丹云、李继红译，江苏人民出版社2003年版，第5页。

共善"内在蕴含的双重维度，即一方面是指向公共的生活展开，另一方面是以"善"之取向为目的的展开，私人利益取向的总和或个体善的生活展开都不是公共生活的内在旨归。公平、正义、公正等则是隐约于"公共善"的内在品质，公共生活也由此获得与群众生活相异的本质特质，由此可得出，公共生活是有明确旨归且围绕"公共善"应对现实困境或寻求善之总和的生活样态，公共生活中的交互主体应是具有强烈的价值理性、公共理性、公共素养、公共关怀的主体，其是以"公共善"为旨归、以公平正义为原则而展开"我—你"式的商谈、对话，而决不简单地以某一精英人物提供的所谓"文本"或"说辞"为其两者之间商谈、对话的脚本。

四、社会生活与公共生活

社会生活与公共生活之间处于一个有着较强关联性且又相异性的复杂关系之中。公共生活是社会生活的重要组成部分，无论是阿伦特、罗尔斯、桑内特抑或是哈贝马斯等都在不同语境下的"社会"论域中阐释公共问题，其中阿伦特是在对"大众社会"批判的语境下来阐释其公共问题的，她认为"社会"的出现模糊了"公共"与"私人"的界限，公共生活在"大众社会"中难以发酵，因为"大众社会"中公民展现其卓越品质和自由个性的空间和舞台阙如，所以阿伦特是以一种排斥的姿态在"社会"中论述"公共"问题的。罗尔斯在"良序社会"语境下阐释了公共生活与社会生活的关联，认为公共生活是"良序社会"所需具备的一种状态，"良序社会"是公共生活和谐发展所显现的结果。桑内特是在"消费社会"的语境中阐释公共问题，认为消费社会中公共空间缺失，自恋成为消费社会的一大特征，进而导致"公共性丧失"。哈贝马斯是在"市民社会"语境中阐释公共问题的，认为政治国家与市民社会分化是公共领域产生的前提，政治国家则属于公共权力领域，市民社会属于私人领域，公共领域是位于二者之间的一个调停性领域。由此可见，无论他们从何种"社会"语境下阐释公共问题，都进一步表明了社会生活与公共生活之间具备的关联性。

社会生活并不能简单等同于公共生活，二者之间也有着一定的差异，主要表征为以下几个方面：一是起源脉络的差异。按照《现代汉语词典》的解释，"社会"是指由一定的经济基础和上层建筑构成的整体。人类社会有五种基本形态，即原始社会、奴隶社会、封建社会、资本主义社会和共产主义社会。按照美国生物学家威尔逊（Edward O. Wilson）的定义，"社会"是指一群以协作方式组织起来的同种生物。按照马克思主义社会观的解释，"社会生活在本质上是实践的。凡是把理论导致神秘主义的神秘东西，都能在人的实践中以及对这个实践的理解中得到合理的解决。"① 马克思主义社会观的确立，是对传统的神学社会观和理性主义社会观的一种超越，标志着人们开始真正科学地从实践上认识了社会。众所周知，社会是来源并依赖于自在之存在的自然界，是一个自为之存在，是来源于自然且超越于自然的一种特殊的自然，是历经长期演变而从自然界中分离出来的，人口、环境、劳动和文化是一个社会的基本因子，其中人是社会的首要前提，而劳动则是人类生存的本原性奠基，人也就是在劳动中才与动物区别开来，获得了其成为人的原初规定性，为此，探求社会的起源，必须打开这个"劳动"的"黑匣子"。换言之，恩格斯在《自然辩证法》中关于劳动在创造人本身和人类社会过程中的决定作用的论述，正确地揭示了人类社会的起源，科学地说明了社会生活起源所遵循的"猿→人"和"动物群体→人类社会"的脉络。公共生活则来源于社会生活，随着社会生活的发展而发展，在不同的社会时空中有不同的表征。从词源分析，古希腊词汇"pubes or maturity"和"koinono"是"公共"一词的两种渊源，但无论是来源于哪个词源，其背后都隐喻着非个体性抑或说社会性是"公共"所具有的原初规定性，以公共性、多样性和共在性等为表征，是社会性的一个重要组成部分，与阶级对立性一起内在地包含于社会性之中，公共性

---

① 《马克思恩格斯选集》第 1 卷，人民出版社 1995 年版，第 60 页。

是一种多样性的"共生"，它不仅是其构成要素之间的"共生"，而且是交往主体之间的一种"共生"，从民族国家来看，是一个国家内部的"共生"；从全球世界来看，则是全球人类的"共生"。"共生"隐喻着交往主体之间的一种相互尊重、平等合作的开放性结合方式。因此，作为一种以公共性为其内核的生活形态，公共生活则起源于社会生活，在某些情况下，社会性与公共性常常被误读为是等同的，体现在政治上为国家与社会的高度重叠、公共领域与私人领域的界限不清。但是总体而言，社会生活与公共生活是一般与特殊的关系，公共生活是对社会生活的抽象并升华，如公共交往过程中基于公共利益所达致的重叠共识或视域融合体现出了公共生活对社会生活的升华，公共生活促进了社会生活的和谐发展，是社会生活的一种升华表达，共同构成了社会生活的现代生动场景。二是内容结构的差异。在阿伦特的思想中，私人生活领域相应于家庭领域，公共生活领域相应于政治领域，从古希腊城邦兴起以来，家庭领域与政治领域一直是相分离的，二者是分别以不同性质与内容而得以存在的。[①] 阿伦特在《人的条件》一书中，进一步把人的基本活动区分为劳动、工作和行动三种类型，其中"劳动即是生命本身。"[②] "工作营造了一个与自然界截然不同的'人工'世界。"[③] 与劳动、工作不同，行动则是通过言行来展现自我风采的活动，最能体现人之为人的价值，一个只有劳动、工作，而没有行动的人，是不能称之为人的。与人的基本活动的三种类型相对应，在此基础上形成了私人领域、社会领域和公共领域，人类的行为亦发生于这三个领域当中。在哈贝马斯的思想中，公共领域的所指对象更为明确，其界限也较为清晰，正如其所言："由于社会是作为国家的对立面而出现的，它一方面明确划定一片私人领域不受公共权力管辖，另一方面在生活过程中又跨越了个人家庭的局限，关注公共事务，因此，那个永远受契约支配的领域将

---

① ［美］汉娜·阿伦特：《人的条件》，竺乾威等译，上海人民出版社1999年版，第62页。
② ［美］汉娜·阿伦特：《人的条件》，竺乾威等译，上海人民出版社1999年版，第1页。
③ ［美］汉娜·阿伦特：《人的条件》，竺乾威等译，上海人民出版社1999年版，第1页。

成为一个批判领域，这也就是说它要求公众对它进行合理批判"①。就其外部边界而言，国家与社会的分离使公共权力领域与私人领域区别开来，"私人领域当中同样包含着真正意义上的公共领域，因为它是由私人组成的公共领域。所以，对于私人所有的天地，我们可以区分出私人领域和公共领域"②。就其内部边界而言，哈贝马斯按照公共领域的内容，分为代表型公共领域、文学公共领域、政治公共领域，其中政治公共领域则又根据参与主体的不同，分为资产阶级公共领域和平民公共领域。随着历史的发展，哈贝马斯基于国家与社会关系的二元分析框架难以解释现代社会，不能对其给予简单套用或移植，现代公共领域更呈现出多元的维度。从外部边界而言，现代公共领域得以进一步拓展，公共领域也呈现出多维度类型，公共领域的现实载体也多种多样，公共领域的现实表现形态不是只有一个，而是呈现出一种复数形式，在政治与经济之间、政府与市场之间、政府与社会之间、政府与公民之间都有着公共领域的现实表现形态。从内部边界而言，现代公共领域也依据其内容得以进一步细分，哈贝马斯的文学公共领域、政治公共领域、资产阶级公共领域、平民公共领域的划分已难以解释当代社会发展现状与趋势。依据公共领域的现代内容，公共领域可以分为政治公共领域、经济公共领域、文化公共领域、社会公共领域、兴趣爱好者公共领域等；依据多元主体在网络舆论场中的话语权，公共领域可以区分为官方网络舆论场、草根网络舆论场、精英网络舆论场、大众网络舆论场等等。③ 因此，作为人们在公共领域内所展开的各种活动归纳，公共生活无论从其外部边界抑或从其内部边界来看，都是社会生活的一种构成类型，二者之间是一种一般与特殊的关系，构成其内容结构有着较为明显的差异。三是规定参数的差异。在历史长河中的很长一段时间内，国家与社会是重叠复合为一的，随着阶级的出现，国家亦随之产生，国家并不是

① ［德］哈贝马斯：《公共领域的结构转型》，曹卫东等译，学林出版社1999年版，第23页。
② ［德］哈贝马斯：《公共领域的结构转型》，曹卫东等译，学林出版社1999年版，第35页。
③ 郭彦森：《网络公共领域研究中的"哈贝马斯依赖"现象评析》，《郑州大学学报》（哲学社会科学版）2012年第4期。

从来就有的，是阶级矛盾不可调和和社会发展到一定阶段的产物，正如恩格斯所言："国家是直接地和主要地从氏族社会本身内部发展起来的阶级斗争中产生的。"① 国家与社会也往往被早期某些思想家混为一体或简单等同，混淆了二者界限，直到黑格尔才正式地从学理上对国家与社会进行了区分，19 世纪之后，许多资产阶级思想家把社会看作是与国家相对应的一个领域，马克思恩格斯基于历史唯物主义视域对国家与社会的关系及其运动规律进行了揭示，认为"国家决不是从外部强加于社会的一种力量。国家也不像黑格尔所断言的是'伦理观念的现实'，'理性的形象和现实'。确切说，国家是社会在一定发展阶段上的产物；国家是承认：这个社会陷入了不可解决的自我矛盾，分裂为不可调和的对立面而又无力摆脱这些对立面。而为了使这些对立面，这些经济利益互相冲突的阶级，不致在无谓的斗争中把自己和社会消灭，就需要有一种表面上凌驾于社会之上的力量，这种力量应当缓和冲突，把冲突保持在'秩序'的范围以内；这种从社会中产生但又自居于社会之上并且日益同社会相异化的力量，就是国家。"② 纵观国家与社会关系思想的变奏进路，其大致呈现出"社会混同国家（传统国家主义）"→"社会外于国家（近代自由主义）"→国家决定社会（黑格尔的国家理性主义）→社会决定国家（马克思的历史唯物主义）的嬗变进路。③ 由是见之，虽然从二者产生时间序列来看，社会较早出现，国家是社会发展到一定阶段的产物，国家也正是在与"社会"相分离的过程中而获得其原初规定性和地位的，换言之，人们常言所说的"社会"也正是在与"国家"相分离的过程中而获得了其更为清晰的承认，正如摩尔根所言："我们可以在这里提出一个前提：即一切政治形态都可归纳为两种基本方式，此处使用方式（plan）一词系就其科学意义而言。这两种方式的基础有根本的区别。按时间顺序说，先出现的第一种方式以人身、以纯人身

---

① 《马克思恩格斯选集》第 4 卷，人民出版社 1995 年版，第 169 页。

② 《马克思恩格斯选集》第 4 卷，人民出版社 1995 年版，第 170 页。

③ 郭强：《社会与国家关系思想的历史演进——从亚里士多德到马克思》，《湖北行政学院学报》2009 年第 5 期。

关系为基础，我们可以名之为社会。这种组织的基本单位是氏族；……第二种方式以地域和财产为基础，我们可以名之为国家。这种组织的基础或基本单位是用界碑划定范围的乡或区及其所辖之财产，政治社会即由此而产生"①。因此，作为人们在"社会"领域中的各种活动总和，"社会生活"正是在与"国家生活"的相较而言进一步获得其清晰的理论规定性和地位的，"社会生活"的规定参数乃为"国家生活"，如果没有"国家生活"一说，则难有"社会生活"之言。然而，如前所述，公共生活则是相对于私人生活（家庭生活或个人生活）而言的，私人生活是发生在私人领域中的活动总和，是具有一定的隐蔽性和封闭性的生活形态，与其相较而言，公共生活则是具有一定的开放性和透明性的生活形态，作为人们在介于国家与社会之间的公共领域中所展开的活动总和，公共生活正是在与"私人生活"相较而言中获得其原初规定性和地位的，公共生活的规定参数乃为"私人生活"，如果没有"私人生活"一说，则亦难有"公共生活"之言。

第二节　公共生活的界面剖析 ②

国家与社会的分化是现代公共生活产生的前提和基础，在不同的社会经济条件下，国家与社会之间有着不同的排列组合方式，为此，作为介于国家与社会的张力场中发展起来的公共领域亦有着不同的张力和流变。作为人们在介于国家与社会之间的公共领域内展开的各种活动的归纳，公共生活则具有国家公权力、私人权利、私人与国家发生关联之中间地带的相关面相。③ 公共生活亦分别从这三个不同的面相来展示出其丰富的界面规定性，换言之，当公共生活指向其不同的相关面相时，公共生活亦分别

---

① ［美］摩尔根：《古代社会》，杨东莼等译，商务印书馆1995年版，第6页。

② 文中关于公共生活的三个界面的分析，采用了任剑涛教授的《公共与公共性：一个概念辨析》一文中关于公共定义的观点。本部分内容刊发于《理论与改革》（2016年第4期），题为《公权力与私权利之间：公共生活的基本轮廓与流变》，刊发时已标注国家社科基金项目成果。

③ 任剑涛：《公共与公共性：一个概念辨析》，《马克思主义与现实》2011年第6期。

在相关面相中获得其原初意义性界面。为此，我们可以在公与私的"政治""道德"和"社会"的三个端点上来管窥公共生活的界面。

一、公共生活的政治界面

"所谓公共，就是在国家与社会之间，既规范国家公共权力，又保证公民权利不受侵害，更使国家与社会之间的张力关联性地得以呈现的特殊领域。"[①] 由是观之，国家与社会之间的张力和流变则定会使公共生活在国家与社会的不同端点上获得自己的公共定位，当公共生活在国家端点，即公权力端点上获得其公共定位时，公共生活的政治界面予以彰显，政治生活成为现代公共生活中的主要棱镜。自由主义公共政治哲学关于公共的规定是当今解读公共生活之政治界面的一个较好视角。17 世纪英国资产阶级革命前后，在反对封建专制制度和确立资本主义制度的过程中，自由主义才以其完整、系统的面目出现，作为西方社会的一种主流意识形态，自由主义理论是奠基于国家与社会二元对立基础上的理论体系，是现代西方社会的基本政治哲学，历经了古典自由主义向新自由主义的转变，继霍布斯、斯宾塞等人之后，洛克是历史上首次系统阐述天赋人权、社会契约的自由主义核心原则和价值的思想家，自然权利和社会契约学说奠定了近代自由主义的基本原则。18 世纪末 19 世纪初，随着资产阶级政治地位的确立，以斯密和李嘉图等为代表的自由主义思想家渐趋开始关注经济领域，主张"看不见之手"的市场机制，国家对经济活动不应过多干涉，而应奉行放任主义，否则个人权利和自由便不可避免地受到侵害。19 世纪中期后，随着垄断资本主义制度下社会贫富差距的悬殊过大，以密尔、格林等为代表的自由主义思想家渐趋开始关注社会问题，探讨个人自由在广阔的社会领域中如何获得更好的保护，密尔在《论自由》一书中对传统自由主义进行了重大修正，主张个人自由与社会的联系，主张国家的有限度的放任主义。也正是从此时开始，古典自由主义开始向新自由主义转变。19 世纪末，

---

① 任剑涛：《公共与公共性：一个概念辨析》，《马克思主义与现实》2011 年第 6 期。

社会自由主义抑或说福利自由主义的政治思潮开始出现，并在第二次世界大战以后达到高潮。20 世纪 70 年代末开始，罗尔斯、哈耶克和诺齐克则成为当代新自由主义的主要代表。罗尔斯在其《正义论》一书中力图从理论上澄明自由与平等的关系，建构了作为公平的正义理论。哈耶克则主张市场"自发秩序"的优越性和客观性，勾勒了一种市场"自发秩序"的清晰理论图谱。诺齐克的个人权利理论则主张权利的优先性，个人权利和个人财产神圣不何侵犯，"最弱意义的国家"便是最好的国家。管窥自由主义的演进史，其思想特征主要体现在：一是批评悲观人性论的观点，反对古典自由主义的极端个人主义，推崇"善"的最高准则和最终目的，强调作为公平的正义。二是反对消极自由，提倡积极自由，反对古典自由主义的消极国家理念，主张积极国家理念。三是反对通过激进的革命或变革措施来解决社会问题，提倡以温和的改良或改革措施来维护和扩大公民权利及其范围，实现社会的民主、公正、平等。同时，不难发现，原初状态和社会契约是论证和阐发自由主义中的一条基本路线，在这条基本路线的论证中，又有两条分支，一条分支是从悲观人性论中推导出来的"丛林状态"，主张国家的"巨无霸"或"利维坦"力量，从而维护社会秩序，这以霍布斯为代表；另一条分支是从乐观人性论推导出来的理性"契约状态"，主张公权力产生于私权利的让渡，继而组成政府，政府受人民的监督等。20 世纪 70 年代以来的新自由主义亦赋予了了自由主义新的时代内涵和韵味，与古典自由主义的个人与国家的紧张关系而言，其更主张个人与国家、社会的和谐，在国家的端点上，从国家职能发挥的视角对传统自由主义的完全放任市场的主张进行了修正，有着新转变和新认知。诺齐克的个人权利理论认为个人权利的不受侵犯是"最弱意义上的国家"或"道德合法上的国家"的必要条件。罗尔斯的国家正义理论则认为正义是社会制度的首要美德，国家应该关注作为公平的正义，公平的正义是国家合法且合乎道德的必要条件。但他们争议的背后，实质上都主张在国家不能觊觎个人某些基本权利的前提下，有限政府原则是国家的组织原则，国家干预个人自由是有着其清晰界限的。他们关于国家权力和公民权利之间关系的阐释则揭示出了公共生活的基本内涵在政治界面的展现，他们都是站在国家的端点上来论述公共权力领域如何不侵入、吞噬私人权利领域，目的在于明晰公共权力领域与私人权利领域之间的界限，无论是罗尔斯的建构主义理论抑或说"公平的正义"理论，还是哈耶克的进化理性主义理论抑或说"持有的正义"理论，他们理论的聚焦点或兴趣点都在国家公共权力领域，都是在努力论证国家公共权力领域不侵入、吞噬私人权利领域的是否可能与如何可能的问题，即使论述到私人权利领域等问题时，他们也并没有跳出国家公共权力领域来论述，也更多是在如何保持私人权利领域不受干涉的前提下来加以澄明。正如任剑涛教授所言的一样，如何有效限定国家公权、如何捍卫公民基本权利是自由主义理论的绝对关注点；自由主义理论对私人领域的公众道德生活问题关注度并不高，即使有之，亦在捍卫公民基本权利框架中予以展开。[①] 总之，管窥自由主义的理论进路，自由主义公共政治哲学始终是围绕国家这一端点，在国家公共权力与公民基本权利之间来澄明其关于"公共"的定位，使得"公共"在政治生活中获得其原初规定性，公共生活的政治界面予以彰显，政治生活成为现代公共生活中最基本和最重要的一道靓丽风景线，正如徐贲教授所言："政治是每个人的副业"。在现代公共生活中，作为一种最基本、最重要的生活样态，政治生活则主要表征为政治参与。作为发轫于西方的一个学术词汇，政治参与是考量政治文明水准的重要参量，是现代民主政治不可或缺的一个重要元素，"平等的政治参与让人们感受到了互相照顾的好处，消解了人们心中的冷淡和感情上的隔阂，放弃了原有的傲慢和轻蔑，都致力于相互帮助、共同治理国家。于是，利己主义失势了"[②]。何谓政治参与，学术界众说纷纭，有着诸多定义和多向度的解读。这里所言说的政治参与是对政府的公共政策制定、执行与实施产生影响的一种合法性活动，其主体为从事非政治职业行为的公

---

① 任剑涛：《公共与公共性：一个概念辨析》，《马克思主义与现实》2011年第6期。

② ［法］托克维尔：《论美国的民主》，张晓明编译，北京出版集团公司2012年版，第138页。

民；其客体为政府的公共政策制定与执行；其实践场域为介于国家与社会之间的公共领域，其目的为满足人民群众的根本利益。政治参与在现代公共生活中的作用和意义越来越受到人们的关注，主要有两种学术向路，一种是以熊彼特、达尔和萨托利为主要代表的精英民主理论和理性选择民主理论，它们主张最低限度的政治参与，认为"管理某些事务需要专门的才能和技术，这是实在的，因而不得不委托具有才能和技术的专家"①，政治权力的有效运用与行使只能由具有专门才能和技术的"专家""精英"或道德品质高尚的"贤人""圣人"来掌握，国家应该交给政治精英们来治理，但人民则有权决定或拒绝谁来统治他们。但熊彼特所支持的政治参与并不是一种广泛的政治参与，充其量是一种保障公民基本权利的最起码的政治参与，正如赫尔德所言："熊彼特对于民主的看法，充其量也只能是支持最起码的政治参与：一种能够被认为足以使竞争性的政治精英的统治合法化的参与。"② 另一种是参与式民主理论或强势民主理论，主要以巴伯为代表，这种民主理论主张最广泛的政治参与，要求公民是积极公民，而非消极公民，要求积极的公民直接、充分和详尽地参与公共决策的讨论、制定和执行等等，但不必局限于每个方面、每个具体事件中的微观管理。尽管这两种民主理论在参与范畴上给出了两种完全不同的答案，无论是精英民主理论还是参与式民主理论，都有其自身合理性，也有其自身局限性，因为良好的公共生活并不是少数精英的独唱，也不是广泛大众的喧嚣，更不是精英操纵下的大众盲从，而应该是精英与大众之间平等参与的和谐合唱。站在公共生活的政治界面上解读政治参与问题，政治参与在公共生活中的意义主要体现在：一是促进公共规则的运转。公民在政治参与中商讨公共事务，呼吁公共利益，捍卫公共规则的意识和行为自觉性等有助于建构与实现有序政治参与，从而塑造一种国家与公民都能够自觉遵守公共规

---

① ［美］约瑟夫·熊彼特：《资本主义、社会主义与民主》，吴良健译，商务印书馆2004年版，第371页。

② ［英］戴维·赫尔德：《民主的模式》，燕继荣等译，中央编译出版社1998年版，第228页。

则的政治文化，促进公共规则的有效运转。二是捍卫了公民个人的权益。在现代民主政治制度中，尽管制度的安排与设计使得大多数公民个人权益有了充分的保障，但是无论什么样的制度安排与设计，都无法使得全体公民的个人权益不受到任何伤害，在某些情况下，某些个人的权益受到伤害乃为日常生活中屡见不鲜的事实，因此，公民在政治参与中表达自己的意见，把利益诉求转化为权利诉求，并促使国家以法律形式来加以确证和保障，则有利于捍卫公民个人的权益。总之，自由主义公共政治哲学在国家的端点上获得自己的公共定义，揭示了公共生活在政治界面中的内涵，为我们解读公共生活的政治界面提供了一个独特的视角，在现代民主政治制度中的有序政治参与则为现代公共生活之政治界面的现实展露。

二、公共生活的德性界面

德里克·希特曾意味深长地指出："公民身份是人类尊严和世俗道德的基石。失去了这些价值，人类将蜕化到暴政与狂妄。因此，至关重要的一点在于，公民身份的光芒，唯有通过其多棱镜的耀眼照射，才能驱散这些邪恶的黑暗。"[①] 当公共生活在"私人权利"即公民身份权利端点获得其公共定位时，公共生活的德性界面予以彰显，德性生活成为现代公共生活中的一个最基本的展露。共和主义公共政治哲学对于公共的规定亦为我们提供一个较好解读公共生活之德性界面的视角。作为西方一种古老的政治传统，一般认为，共和主义由柏拉图创立，经由亚里士多德、西塞罗、古罗马法学家发展，到近代的马基雅维利、哈灵顿、弥尔顿，再到卢梭和雅各宾派那里终结，并在第二次世界大战后由阿伦特所复兴。共和主义传统、共和主义与新共和主义之区分，纵观共和主义的思想进路，可以看到共和主义公共政治哲学在"人是天生的政治动物"这一基点上对公共生活加以规定，共和主义德性话语一直成为共和主义思想的重要内容之一，其关于

---

① ［英］德里克·希特：《公民身份：世界史、政治学与教育学中的公民理想》，郭台辉、余慧元译，吉林出版集团 2010 年版，第 345 页。

公民美德与共和关系的理解等显示出公共生活在伦理界面的展露。公民美德也通常被言说为公民德性，何谓公民美德，不同的共和主义思想家有不同的解读。其中柏拉图在《理想国》一书中提出了"四种美德"，即"勇敢、节制、智慧、正义"，培养这四种美德是教育的核心内容、基本责任和最高使命。亚里士多德认为"人是天生的政治动物"，"政治"与"德性"是高度统一的，公民美德是指一种适合于特定城邦制度的品性和能力。西塞罗认为服务于国家是最高美德，为国家的实践活动而献身乃为美德，正如他所言："有关那些可以使我们对国家有用的技艺的知识；因为我们认为这是智慧的最高贵的功用，是美德的最高义务了，而且也是拥有美德的最好证明。"[①] 在古罗马时期，"波利比乌斯将罗马成功的秘密，归因于罗马的共和政体与公民的美德。"[②] 马基雅维利认为基督教道德与公民美德是截然对立的，其在批判、摒弃基督教道德的基础上，推崇的是古典共和主义的公民美德，公民美德与人性论、公私域的界分一道成为马基雅维利共和思想的三大理论基石之一，并阐明了法律、制度和习俗对培育公民美德的重要性。17世纪英国的哈灵顿面对专注于金钱而政治冷漠的有产阶级，其努力证明着"美德"取代基督教信仰的必要性和重要性。约翰·弥尔顿则认为美德是自由的实质，是通向上帝的阶梯，正确的理性、信仰和自制乃为至上的美德。在卢梭的政治思想中，公民美德亦具有很重要的地位，热爱自由、法律和祖国等成为公民美德的主要表征，自爱和作为荣誉的利益分别为公民美德的情感基础与动力机制。[③] 卢梭认为美德是一个人在与自身所固有的天性、激情、欲求等进行对抗或斗争中所获得的一种力量，践行美德即为卢梭所言说之"公意"的实现，公民美德在维系共和国政体的存在中具有重要的价值和意义，正如卢梭在《社会契约论》中所言："一旦公共服务不再成为公民的主要事情，并且公民宁愿掏自己的钱口袋而不愿

---

① ［古罗马］西塞罗：《国家篇·法律篇》，沈叔平、苏力译，商务印书馆1999年版，第31页。

② 李强：《群己论识》，中国法制出版社2008年版，第4页。

③ 刘训练：《卢梭论公民美德的情感基础与动力机制》，《世界哲学》2012年第5期。

本人亲身来服务的时候，国家就已经是濒临毁灭了。"① 考察宗教与民主的互补共生关系时，托克维尔曾明确指出："宗教不但没有与民主的一切本能对立，反而还利用、吸收了其中的一部分，并进而发挥了节制人们民主激情的平衡作用。"② 并且指出在民主共和政体下，当一个社会在政治认同弱化和政治纽带松弛时，如果道德认同和道德纽带没有及时得以强化的话，那么这个社会崩溃则是意料之中的事情。法国大革命期间，雅各宾派则将美德与恐怖焊接起来，出现了"美德与恐怖"相结合的"露水婚姻"下的道德专政，谁想阻扰雅各宾派所预设的那个瑰丽"道德蓝图"实现，谁将可能惹火烧身，甚或丢失宝贵的生命，可以说，雅各宾派的道德专政标志着古典共和主义思想的终结。第二次世界大战以后，汉娜·阿伦特的公民美德思想则复兴了共和主义的德性话语，阿伦特认为极权主义对公共领域的毁灭性吞噬，导致彰显公民美德的基本平台阙如，因此在阿伦特看来，维护公共领域的勇气、公民卓越行动的彰显、保持内心和谐的思考等则是公民美德的主要表征，为 20 世纪复兴共和主义思想提供了一定的思想启示。

　　面对人们日常政治生活的庸俗和堕落，当代共和主义者则以复兴"美德"话语为标志，重新呼唤一种新的"公民美德"，以消解公民的庸俗化和政治的流俗化，麦金泰尔的《追寻美德》、德沃金的《至上的美德》、曼斯菲尔德的《利的美德》、波考克有《美德、商业和历史》、理查德·达格的《共和主义公民权》、昆廷·斯金纳的《共和主义的政治自由理想》、沃尔泽的《正义诸领域》、德里克·希特的《何谓公民身份》、桑德尔的《民主的不满》、菲利普·佩迪特的《共和主义：一种关于自由与政府的理论》等都隐喻着一种呼唤新的"公民美德"的思想聚焦。麦金泰尔提出重叙亚里士多德式的美德伦理传统，以拯救启蒙运动以来"道德谋划"的失败，这里所言说的"道德谋划"即指针对"上帝死了"之后的统一性"道德规范"的境况阙如，从而诉求凭借普遍理性来建构普遍规范伦理，以重建现

---

① ［法］卢梭：《社会契约论》，何兆武译，商务印书馆 1982 年版，第 123—124 页。
② ［法］托克维尔：《论美国的民主》，张晓明编译，北京出版集团公司 2012 年版，第 120 页。

代社会道德秩序的一种理论认知和实践行为。德沃金认为关切平等是一种至上的美德，不关切平等的政府是一个没有美德的政府，是一个专制的政府。波考克认为公民美德即为公共善而献身，常与本性、本质、本质特征等词通用。理查德·达格认为"'真正的'或'正确的'公民权要求对于公共利益的责任承诺和对于公共事务的积极参与。也就是说，它要求公民美德。"① 昆廷·斯金纳认为作为公民投身公共事业时必备一种能力和品质，公民美德包括"保卫自由的勇气；维护自由政府时的节制和有序；能使我们的民政和军事事业达到最高成就的审慎。"② 沃尔泽认为"对公共事务的关注和对公共事业的投入是公民美德的关键标志。"③ 德里克·希特认为公民美德即义务履行，美德、忠诚和责任是好的公民的构成。桑德尔主张的公民共和主义也是倾向于美德论的进路来加以分析。菲利普·佩迪特认为公民美德是自由的代价，既保持对统治者的永恒警惕，又在信任政府统治中主动参与政府，乃是公民美德的内涵规定所在。总之，尽管公民美德在共和主义思想家那里有着不同的解读，但在共和主义思想家看来，公民身份应是法律维度与道德维度（精神气质或生活方式）的统一，常被定义为"爱国主义和热心公益的精神，即置公共利益于个人或家庭利益之上的崇高意愿。"④ 。当然，毋庸讳言，共和主义语境中的"美德"与中文语境中的"美德"并不是一个完全等同的概念，中文语境中的"美德"是一个具有强烈伦理道德色彩的概念，而共和主义语境中的"美德"更强调的是一种公民热衷参与共和政体的公共事务、献身共和政体的公共利益的一种品质和能力。

① ［美］理查德·达格：《共和主义公民权》，载于恩靳·伊辛、布雷恩·特纳主编：《公民权研究手册》，王小章译，浙江人民出版社2007年版，第202页。
② ［英］斯金纳：《消极自由观的哲学与历史透视》，载于达巍、王琛、宋念编：《消极自由有什么错》，阎克文译，文化艺术出版社2001年版，第114页。
③ 转引自［美］罗伯特D.帕特南：《使民主运转起来》，王列、赖海榕译，江西人民出版社2001年版，第100页。
④ ［英］戴维·米勒、韦农·波格丹诺主编：《布莱克维尔政治学百科全书》，邓正来译，中国政法大学出版社2002年版，第699页。

究竟何为公民美德，"所谓'公民美德'，简单地说，就是社会公民个体在参与社会公共生活的实践过程中，所应当具备的社会公共伦理品质或实际展示出来的卓越的、具有公共示范意义的社会美德。在伦理学的理论定位中，'公民美德'是与'人格（私人）品德'相互对照和相互匹配的，两者的区别与联系在于：前者只关乎社会公共领域或公共生活，而后者则单指私人生活领域的个体道德。"① 可以说，公民美德与公共利益是共和主义思想的两个重要维度或两大基点，公民美德对共和政体的存在起到一种重要的维系作用，因为公民美德是一种献身于公共利益的品德，正如美国学者戈登·伍德所言："古典共和主义所鼓励赞许的贤德是指公共美德。……公共美德是指为了社会利益牺牲个人的私欲和物质利益的那种美德，全心全意为公共福利服务的品德。"② 因此，与自由主义相较而言，无论是古典共和主义抑或是现代共和主义，都把公民美德视为共和政体存在和发展的重要支柱，都把"人是天生的政治动物"作为解读公民美德的坐标原点，强调参与政治性公共事务和投身于共和国公共事业是公民美德的"内容蕊片"，公民美德成为共和主义思想的一个核心概念，共和主义所关注的公民德性生活恰恰是自由主义所不太关注的，共和主义也正是从公民德性生活界面来展露其关于公共生活之定义的。总之，共和主义公共政治哲学在偏向社会的端点上获得自己的公共定义，揭示了公共生活在德性界面中的内涵，为我们解读公共生活的德性界面提供了一个独特的视角，在现代民主政治制度中的每个人的德性均与公共生活紧密相关，公共生活中的公民美德彰显成为现代公共生活之德性界面的现实展露。

三、公共生活的社会界面

当公共生活在"私人与国家发生关联之中间地带"即公共领域端点获

---

① 万俊人：《公民美德与政治文明》，《光明日报》，2007 年 6 月 19 日。
② ［美］戈登·伍德：《美国革命的激进主义》，傅国英译，北京大学出版社 1997 年版，第102、103 页。

得其公共定位时，公共生活的社会界面予以彰显，社会生活成为现代公共生活中的一个最基本的展露。当代新左翼公共政治哲学理论关于公共问题的阐释进路亦为我们提供了一个较好解读公共生活之社会界面的视角。这里所言说的"社会"是在"国家—社会"关系，即市民社会与政治共同体的关系中获得其规定性的，哈贝马斯亦是基于此视域，论证了市民社会与政治共同体之间的关系，在"社会"域中阐释了公共领域的结构转型。在继承共和主义的民主传统基础上，哈贝马斯认同自由主义所强调的法治和人权原则，建构了其社会民主主义理论，在自由主义制度的基本构架下，把共和主义所强调的主权在民原则巧妙地镶嵌于其中。与自由主义所主张的"权力制衡"即仅为在政治领域之中所设计的"权力←→权力"之间的制衡不同，以哈贝马斯为代表的新左翼公共政治理论则即在"权力制衡"系统中提出了"权利→权力"的制衡，即"社会→政治"的制衡。而实现这一制衡的路径则是凭借介于国家与社会之间的"公共领域"来实现的。考察公共领域概念的演进史，可以说阿伦特是最早提出这一概念的思想家，她认为劳动、工作和行动是人的三种基本活动，其中劳动和工作属于私人领域，行动属于公共领域。公共领域中直接参与的"行动"则是夯实公共权威之合法性基础即"持续同意"的重要体现，真实意见是通过公共领域中的"行动"来形成的，而不是通过"选民"的民意代表所形成的。可见，阿伦特在建构其公共领域概念上，也沿袭了一种共和主义思路，且是一种纯粹的政治领域的概念，公共领域即为政治领域，政治公共领域主要用来抵制公民私人主义和政党国家化对社会合法性的吞噬，让具有公民资格的公民个人或组织进行自我管理，并掌握国家权力。所以，在阿伦特那里，公共领域更多是一种政治性意义上的言说，而且阿伦特在其《人的条件》一书的第二章中则有意无意道出了公共领域（政治领域）与私人领域（经济领域）之间撕裂的必要性和重要性，且认为正是后来政治领域与经济领域之间的相互镶嵌抑或相互融合，才导致其所言说的"社会兴起"，也正是因为这种"社会兴起"造成了公共领域式微。当然这里需要指出的是，阿伦特所言说的"社会"并非是近代意义上的"市民社会"概念，而是一种吞噬个人或组织之个性的"群众社会"，在这种"社会空间"中实质上是不可能显现"公共"的，相反正如阿伦特所分析的那样，其极易可能成为催生政治极权主义的温床。阿伦特的公共领域概念在哈贝马斯这里得到了进一步的突破，基于历史学和社会哲学的视野，溯源了资产阶级公共领域的发生，其中从历史学视域，论证了"古典公共领域→代表型公共领域→资产阶级公共领域"的历史纵轴；从社会哲学视域，论证了"商品交换→市场→国家与社会分化→市民社会→资产阶级公共领域"的理论横轴。无论是纵轴的历史考察，还是横轴的学理建构，都是以社会结构为分析工具来考察公共领域的发端，其正是在社会结构变迁意义上阐释公共领域的生成史，公共领域成为哈贝马斯阐释社会变迁进程中的一个主导性概念。可以说，哈贝马斯的公共领域概念是集思想层面、政治层面和社会层面为一体的综合性概念，从思想层面来看，其具有批判的功能，是批判晚期资本主义社会弊病的一种理想类型的工具；从政治层面来看，其具有监督的功能，是关注公共事务和监督、制约公共权力滥用与错用的一种理想类型的工具；从社会层面来看，其具有调停的功能，是指其介于国家与社会之间，充当二者之间的调节器和修正仪的一种理想类型的工具。从社会层面解读，虽然私人领域是公共领域的来源，但二者并不能进行简单化约或等同，公共领域只是私人领域中聚众于公共事务的那部分，为此，从"国家—市场—社会"的三维向度解读，公共领域是一个能够形成公共意见的领域，从而实现公共领域、公共权力领域与私人领域的三者互动，为此"所谓'公共领域'，我们首先意指我们的社会生活的一个领域，在这个领域中，像公共意见这样的事物能够形成。"① 由此可得出，哈贝马斯所言说的公共领域概念虽然有其政治功效，但并不是一种与经济领域撕裂的纯粹政治领域，因为公共领域在国家与市民社会中有着不同的表现，其

① ［德］哈贝马斯：《公共领域》，汪晖译，载于汪晖、陈燕谷主编：《文化与公共性》，生活·读书·新知三联书店 2005 年版，第 125 页。

在国家层面上表现为公民角色的建构，在市民社会层面上表现为市民角色的建构，并且对市民角色与公民角色的利益诉求进行调节与均衡，进而使得私人领域包含着公共领域的内容，人们在私人领域中提出公共领域的要求，公共领域为私人领域提供保障，公共领域获得了其政治功能，公共生活在国家层面上以政治生活形式为表征。但是哈贝马斯也主要是在"市民社会"之中来对公共领域加以论述，公共领域更多是一种社会意义上的言说，是随着商品交换发展、自由市场兴起和市民社会出现之后，介于具有经济性质的市民社会与政治国家之间的一个中间领域，是以市民社会为其产生的必要前提和基础的，是近代以来以"私利"为基础的"私人"所构筑而成的市民社会的产物，其可以被理解为一个"私人聚合而成的公众的领域"。① 查尔斯·泰勒虽以哈贝马斯的公共领域理论为基础，认为公共媒介是公共领域的基本构成元素，但其聚焦的更多是现代社会条件下公共领域建制何以可能的问题，他通过引入"社会想象"（安德森语）的概念，把经由公共媒介所聚合而成的社会公众看作一个"想象的舆论共同体"，公共领域看作一个观念重塑的"社会想象"，从公共讨论的维度赋予公共领域一种新的规定性，认为"公共领域是透过非直接隶属于政治系统的媒体，或政治立场中立的媒体，进行分散讨论的公共空间"②。"公共领域所产生的'公共意见'是经由公共的讨论而来，即使参与者从未在同一时间地点聚会。"③ 为此，在泰勒看来，作为一种介于公共权力领域与私人领域之间的"元主题性公共空间"，公共领域更多是一种社会文化批判空间。因此，不难发现，新左翼公共政治哲学理论更多是从政治国家与市民社会之张力场维度，置于公共舆论的形塑上来获取公共的原初规定性。

考察市民社会的发展史，可溯源到公元前 5 世纪的希腊城邦和罗马

---

① ［德］哈贝马斯：《公共领域的结构转型》，曹卫东译，学林出版社 1999 年版，第 32 页。

② ［加］查尔斯·泰勒：《公民与国家之间的距离》，李保宗译，载于汪晖、陈燕谷主编：《文化与公共性》，生活·读书·新知三联书店 2005 年版，第 207 页。

③ ［加］查尔斯·泰勒：《公民与国家之间的距离》，李保宗译，载于汪晖、陈燕谷主编：《文化与公共性》，生活·读书·新知三联书店 2005 年版，第 203 页。

帝国，在此历史阶段，市民社会主要指政治共同体或城邦国家，在古希腊城邦和罗马帝国中维持着某种城市生活方式版图，产生了一种兼具"市民"（私人）与"公民"（公人）的自由民。随着历史的发展，在中世纪城市运动进程中，商人成为市民的主体力量，并产生了一个相较于封建主的领地、城堡而言的具有公民权的城市居民自治性社会，城市居民利用其经济上的优势和核心地位进一步把持着城市的政治组织，"在整个西欧，上层市民阶级从一开始就垄断了城市政府。城市生活的主要基础是工商业，凡是促进了工商业的人，无可置疑地要支配城市生活，这个现象是势所必然的。"[1]　可以说，在这一时期，市民社会与政府分离的表征主要为其影响和参与政治生活和社会生活上面。从近代开始，市民社会亦渐趋独立于政治国家，且与政治国家之间的界限也被明确划定。近代市民社会则形成于17世纪至18世纪，在洛克、卢梭等近代契约论思想家那里，而且是契约论思想家们拿来与专制王权与君权神授相对抗的一种思想刃具。现代市民社会是经由黑格尔提出并由马克思进行丰富和完善的一个概念，是对市民社会与政治国家相分离之现实的观念反映。黑格尔对政治国家与市民社会作出了明确区分，并从国家先于社会、国家决定社会的逻辑向度出发，建构了其市民社会理论；历史唯物主义则基于国家源于社会、社会决定国家的逻辑向度出发，建构了其市民社会理论，揭示"市民社会这一名称始终标志着直接从生产和交往中发展起来的社会组织，这种社会组织在一切时代都构成国家的基础以及任何其他的观念的上层建筑的基础。"[2]　"在过去一切历史阶段上受生产力制约同时又制约生产力的交往形式，就是市民社会……从这里已经可以看出，这个市民社会是全部历史的真正发源地和舞台，可以看出过去那种轻视现实关系而局限于言过其实的历史事件的历史观何等荒谬。"[3]　基于历史唯物主义的逻辑向度，市民社会理论在当代也

---

① ［比］亨利·皮朗：《中世纪欧洲经济社会史》，乐文译，上海人民出版社2001年版，第190页。

② 《马克思恩格斯选集》第1卷，人民出版社1995年版，第131页。

③ 《马克思恩格斯选集》第1卷，人民出版社1995年版，第87—88页。

得到了进一步拓展，当代市民社会理论在继承"政治国家—市民社会"的传统两分法的基础上，提出了"政治国家—经济领域—市民社会"的三分法，大大拓展和细化了研究市民社会的深度和广度。因此，管窥西方市民社会的发展史，其大致历经了一种"市民社会—政治国家"同一→"市民社会—政治国家"的分离→"市民社会—经济社会"分离的历史向路，其中"市民社会—经济社会"的分离在西方社会正处于现在进行时，葛兰西和哈贝马斯等的市民社会思想便是对这一历史进程的理论折射。其中哈贝马斯在《公共领域的结构转型》一书中把公共领域看作是市民社会的一种建构机制，认为市民社会由公共领域（社会文化生活领域）与私人领域（经济领域）所构成，把公共领域视为构成市民社会的结构要素之一，"无论如何，'市民社会'的核心机制是由非国家和非经济组织在自愿基础上组成的。这样的组织包括教会、文化团体和学会，还包括独立的传媒、运动和娱乐协会、辩论俱乐部、市民论坛和市民协会，此外还包括职业团体、政治党派、工会和其他组织等。"[①] 后来，哈贝马斯也以交往行动为切入视角，对系统世界和生活世界进行不同区分，并指出政治子系统和经济子系统构成了系统世界，其遵循的是以权力逻辑和金钱逻辑为基础的制度整合；生活世界则相当于公共领域，遵循的是以主体间性为基础的社会整合。由此可见，在哈贝马斯的市民社会理论中，公共领域是市民社会的构成要素和一种建构机制，哈贝马斯也自始至终是在对"市民社会"表现出非常浓厚的理论兴趣和现实关切之中来论述公共领域的生成和建构的，并通过把共和主义所强调的人民主权原则巧妙镶嵌于自由主义的基本制度架构之中，从而赋予了公共领域的独立建制和现代意蕴。总之，以哈贝马斯为代表的新左翼公共政治哲学在偏向介于国家与社会之间的公共领域端点上获得自己的公共定义，揭示了公共生活在社会界面中的内涵，为我们解读公共生活的社会界面提供了一个独特视角，以公共舆论为载体的"社会→政

---

① ［德］哈贝马斯：《公共领域的结构转型》，曹卫东译，学林出版社 1999 年版，1990 年版序言第 29 页。

治"的权力制衡向路则确证着公共生活在社会界面上的现实展露。

第三节 公共生活的价值实践

作为一个捍卫公共正义，维护公共利益，追求公共福祉的理性实践，公共善不仅是公民生活的内在本质，也是现代公共生活的直接面向，公共生活具有超越一定私人价值取向与私人偏好的公共价值，这是由现代社会的文明属性和公共福祉所赋予的。从某种程度来讲，个人价值与公共价值是公民生活的两重面相，二者是和谐统一的，个人价值实现是以公共价值为依托，公共价值确证是以个人价值为前提。为此，探讨现代公共生活的价值实践，不仅是科学解读现代公共生活的重要支点，也是对公共生活的认同建构，否则公共生活依然会是一个被遮蔽的话题。

一、创新社会管理体制

这里所言说的"社会"是一个与"国家"相对应的概念，因此，分析社会管理体制的创新，亦必须以国家与社会的关系为逻辑预设。关于国家与社会的关系类型，主要有以下四种逻辑预设，即"国家—社会"的对立、"国家—社会"的协作、"国家—社会"的消极互动、"国家—社会"的积极互动。创新社会管理体制则要求促进"国家与社会"的关系从"对立与消极互动"走向"协作和积极互动"。而在这一走向过程中，作为介于国家与社会之间并对二者进行调停的领域，公共领域及其功能运作将起到一个重要的作用，为此，作为人们在公共领域中所展开的活动归纳，公共生活的社会管理功能也越来越彰显。有的学者指出社会包括管理国家对社会的管理域、社会对国家的管理域、国家自我管理域和社会自我管理域的四个管理域。[①] 回答社会管理体制的创新，首先必须澄明三个基本问题，

---

① 胡全柱、葛蓓蓓：《基于社会管理视角下的公共领域的再阐释》，《新疆社会科学》2011 年第 3 期。

即管理的客体、管理的主体和管理的载体的三个子系统的问题，从而形成一条紧密的"主体—载体—客体"的逻辑链条，创新社会管理体制也就是要从这三个子系统切入，且三个子系统的互动机制的形成共同构成了社会管理体制的创新。其中创新社会管理主体，就是要形成一个多元主体合作共赢的互动机制；创新社会管理客体，就是要形成一个"国家—社会"积极协作的互动机制；创新社会管理载体，就是要形成一个多方利益合理博弈的互动机制。管窥这三个层面的互动机制的形成，公共生活与这三个机制的形成都存在着创新社会管理意义上的价值关系。为此，分别从公共生活与四个管理域之间的关系来分析公共生活在三个子系统的互动机制形成的价值效用。首先，从公共生活与国家对社会的管理域的关系来看，国家对社会的管理域中存在着四种状态，即在"强国家—弱社会"的状态中国家权威性吞噬社会自主性，在"强社会—弱国家"中国家权威性削弱，在"强社会—强国家"中国家权威性与社会自主性共强，在"弱社会—弱国家"中国家权威性与社会自主性共弱。为此，在国家权威性较弱而社会自主性相对较强的情况下，为了保持二者之间相对合理的张力，一个合理的调停领域必须在二者之间得以建构，公共领域则充当了这个空间的恰当角色，人们在公共领域中所展开的商讨、对话等公共生活实践则能为国家权威性和社会自主性之间保持合理张力提供一个合法性论证等。在这种公共生活实践中，无论是国家代理人抑或是普通公众，他们既能以自身原有角色，也能以相互置换后的角色进入公共领域中展开各种活动，建构起一种有序的公共行动，从而促进国家权威性与社会自主性之间的张力平衡，国家的意志得以较好地贯彻落实，从而有效实现国家对社会的管理。从公共生活与社会对国家的管理域的关系来看，社会对国家的管理域中存在着社会支持国家、社会反对国家、社会与国家的正和博弈三种状态，这三种状态都隐喻着社会自主性的增强，都表征着社会对国家的一种作用机制。按照哈贝马斯的分析，市民社会包括公共领域与私人领域，为此在社会对国家的管理域中，公共领域则是一种有效的机制，公共生活实践中所形成的公共舆论影响甚或左右公共政策的制定和执行，从而促进公共政策的制定和执行不断实现好、维护好、发展好最广大人民群众的根本利益，从而使得社会有效地实现对国家的管理。从公共生活与国家自我管理域的关系来看，国家自我管理域，即为民族国家行政系统的内部整合优化抑或说国家行政权力的自我治理。孟德斯鸠曾明确把国家权力划分为代表国家一般意志的立法权、执行国家意志的行政权、保护民众利益的司法权三种权力。与其他国家权力相比，执行国家意志的行政权则具有公共性、有限性和自我膨胀性等特征，在运行过程中会产生"双刃剑"的社会效用。为此，面对行政权力的负效用，诸如权力滥用化、权力流失、权力腐败等，权力制衡权力和权利制衡权力是国家行政权力自我治理的两个重要向度，然而，在国家与社会渐趋分化的现代条件下，权利制衡权力则必须通过独立于国家行政系统之外的公共领域来实现，因为人们在公共领域中展开的监督和反馈等公共生活实践有助于国家与社会之间的积极协作、互动，可以促进国家意志的执行更加体现民意、符合民意和彰显民意，使行政权力更具有合法性。从公共生活与社会自我管理域的关系来看，社会自我管理抑或说社会自治是社会管理的重要层面，其中利益整合则又是社会自我管理域的重要内容，从宏观层面来讲，也就是进一步明析政府、市场和社会三者之间的边界，优化它们之间的利益博弈，促进它们之间形成一种"我—你"式的平等互动的合作伙伴关系，而不是一种"我—他"式的谁管制谁的关系。因此，现代社会自治不再是单向度的一元主体的独唱，而是包括政府、企业、个体公民、社会组织等多元主体的合唱，而且要在多元主体之间建立合理的边界，从而减少多元主体之间的冲突和矛盾，促进多元主体之间更多的合作互动，协同共治。作为多元主体参与公共事务、讨论共同利益、形成公共舆论的一个领域，公共领域能使多元主体之间的个体利益整合为一个具有最大公约数的"集体利益"，因为多元主体之间平等、互动的理性辩论、协商对话使得利益整合和利益诉求都更加有序化和合法化，公共领域及人们的公共生活实践也就成为实现社会自我管理的一种重要机制，因为公共领域的人们聚合而成公众，就其普遍关心的利益问题进行交流、沟通、对话、讨论，形成一种大家共同认可的重叠共识，形成公共意见，民主监督国家权力的使用，防止公共政策偏离人民利益的轨道。

总之，基于社会管理视域来管窥公共生活，不难发现，作为一种具有介体性质的生活形态，公共生活与社会管理并非是一种对立的状态，而是一种相互建构的协作状态，这种协作状态也正是通过公共生活的社会管理功能而得以彰显和维持，公共生活与社会管理的四个管理域之间的相互建构作用，使得在创新社会管理体制中，公共生活的价值实践不仅存有理论的可能，而且是一种现实的镜像。

二、规制市场吞噬社会

资本市场的全球扩张进一步拓展和延伸了人们的交往坐标，现代公共生活也正是随着交往坐标的延伸而在资本主义时期获得其原初发轫，我们必须充分认识到这一点。但是随着资本的异化和非理性化，特别权力和资本所造就的"露水婚姻"也使得公共生活渐趋式微。作为一种能规避国家或市场吞没社会之功能的一种介体生活运行的实践状态，公共生活对市场的非理性化也具有反向作用。

市场经济体制已成为当今大多数国家的选择，市场经济是社会经济发展的历史进步，市场经济的出现不仅拓展和延伸了人们彰显自觉性和创造性的空间，而且在优化全社会的资源配置中发挥了积极作用。但是市场经济在优化资源配置中亦要遵循平等性、竞争性、法制性和开放性的规律，从而使得有限的社会资源得到最大限度的使用。尽管关于国家介入市场经济有着两种不同的向路，一种认为国家的脸谱是"善"的，国家是公共利益的总代表，国家有必要在市场经济失灵时承担其义不容辞的责任；一种认为国家的脸谱是"恶"的，国家对经济活动的干预往往导致经济走向衰退、政治走向腐败、道德走向沉沦的罪魁祸首，国家完全没有任何必要来插手经济活动，应让"看不见之手"充分发挥其作用。然而，纵观市场经济的历史演进，不难发现，市场经济的产生及发展一直都离不开国家与市场的双边互动，正如希克斯在《经济史理论》一书中回顾欧洲市场经济演进时，指出古希腊城邦国家促进对外贸易发展和近代欧洲民族国家创新市场经济的主要制度等都是国家介入经济活动的历史脚本。美国罗斯福新政也正是国家以宏观调控手段干预经济的成功例子，开创了国家干预经济的先河。为此，可以说，尽管关于国家是否有必要介入经济活动有着不同的争议，但在市场经济产生及发展的事实过程中，哪怕是在当今世界上最保守的政治哲学家也承认国家存在的意义和价值，也承认市场经济的发展需要国家的正当介入，需要国家提供某些公共服务，国家也出于维护自身统治地位的需要，需要建立健全各种符合市场规律的规则制度，发挥着"裁判员"的作用；社会中的各种市场主体则遵循国家制定的规则制度，按照市场经济的平等性、竞争性、法制性和开放性的规律，追求自身利益的最大化，也正是在二者之间的双边互动中，促进着国家与市场的发展，一方面是市场经济在国家公共服务的保驾护航下取得美轮美奂的发展，另一方面国家在市场经济支持中也获得了前所未有的权力；二者互动共赢的积极协作有助于促进国家与社会的关系走向"强国家—强社会"的互动格局。但是当国家与市场都变得强大起来以后，按照经济学中"经济人"的逻辑假设，与追求利益最大化的自然人一样，国家也有追求自身利益最大化的趋势。在国家与市场主体都追求自身利益最大化的过程中，国家与市场之间的龃龉和冲突亦时常发生，成为当下的一种隐忧，且这种隐忧也渐趋变为现实。因此，可以说，市场经济在国家与市场的双边互动中获得大多数国家选择的现实感，人们也在市场经济失灵的惆怅、慨叹中细细品味和审视其失灵背后的启迪，思考国家与市场之间的默契互动和分歧沮丧。

　　然而，在国家与市场出现分歧的沮丧之后，市场也会像国家一样对社会产生强大的挤压或吞噬，我们亦不要过度地迷信市场，正如法国前总理利昂内尔·若斯潘所言的一样，我们需要健全的社会主义市场经济，而不是一个扭曲的市场社会。因为在市场社会中，劳动力、土地和货币等本不属于商品的东西完全沦为了"虚构商品"，生活世界已经完全被哈贝马斯所说的系统世界殖民化了，无论是资本抑或是市场都妄图把一切变为利润的猎物，人们的美好家园被装进了资本和市场的口袋，炫耀性消费观念不断侵入人的头脑，人们变成资本或市场的附属物，资本或市场取代权力和宗教成为意识形态的生产车间，塑造、禁锢着人们的思想观念，渗入人们的生活世界和思想世界。在现代民主政体中，权力之恶关进制度的笼子之后，市场之恶或许是人们将来要面对的主要敌人。20 世纪思想家波兰尼针对市场过度膨胀的"市场社会"，提出了一个"能动社会"的概念，旨在通过社会的自我保护运动以规制市场吞噬社会的现象出现，让市场成为一个"受规制的市场"，但是波兰尼并不反对市场经济，而是反对资本和市场成为宰制人们生活世界的唯一组织原则，他认为需要终结的是市场社会而非市场，市场依然要作为一种资源配置工具在人们的消费自由、需求变化、收入变化等等中发挥着重要作用，但市场决不能异化为资源自我分配、经济自我调节的一种权力与资本相结合的喉舌。由此可见，波兰尼提出的"能动社会"便是规制市场吞噬社会的理论诠注。但是透视波兰尼的"能动社会"形成过程，也不难发现，能动社会要起到规制市场吞噬社会的切实有效作用，必须通过独立于市场系统之外的公共领域来实现，因为无论是工会、合作社、工厂运动组织抑或是其他反对资本非理性化的各种行动，都必须借助位于市场系统之外的第三方力量才能切实起到抵御和规制市场吞噬社会的现象，而介于国家与社会之间的公共领域及人们的公共生活实践则恰好充当了这种第三方力量，因为公共领域中多元主体之间就资本与市场侵入生活世界中所导致的公共问题，诸如环境污染问题、野蛮拆迁问题、道德沦丧问题等达成一种接近于公共舆论的底线共识和基于这种共识展开的各种公益行动则有助于迫使市场主体作出妥协或退步，进而促进公共利益的最大化，让非理性市场从社会中日益退出来，规制市场对社会的不良侵蚀。因此，我们不得不承认，公共领域及人们的公共生活实践是规制市场吞噬社会和防止市场专制主义的一种重要机制和行为实践，只是有时其功能尚未开启，或虽已开启但未完全彰显而已，但并不能因此否认公共领域及人们公共生活所具有的防止市场专制主义的社会功能。

三、型构决策的公共性

何谓公共决策，简而言之，即是运用公共权力对有限公共资源进行合理分配，科学确认和保障公共利益实现的一个过程。公共决策水平对于特定政治共同体的社会进步具有关键的支持作用，提高公共决策水平要求做到科学化与民主化的相辅相成，没有科学化，那只能是民主的形式化；没有民主化，也谈不上集思广益，不可能真正做到科学化。但是在公共决策过程中，科学化与民主化之间的偏差和冲突时有发生，诸如精英的专业判断与民众的实际认知之间的偏差和冲突；公共决策过程的封闭性与群众参与决策的开放性之间的偏差和冲突；决策者的公共利益考量与民众自身利益的偏好诉求之间的偏差和冲突；公共利益的客观性与决策者判断公共利益的主观性之间的偏差和冲突等等。因此，要提高公共决策的水平，就必须在公共决策的科学化与民主化之间找到一个合理的平衡点，从而促使决策过程中的利益平衡。公共决策过程是多元主体之间利益博弈的过程，任何博弈方都会通过各种方式来表达自己的声音，促使公共政策的制定和执行能使得公共利益和公共资源配置有利于自己，从而使得自己获得更多的价值分配和实现利益最大化。

王绍光把议程划分为传媒议程（大众传媒频频报道和讨论的问题）、政策议程（决策者认为至关重要的问题）和公众议程（引起社会大众广泛关注的问题）的三大类型。[①] 在自由主义民主模式中，特别是在政府主导的精英决策模式中，在多元主体的利益博弈过程中，强势方往往占有更多的话语权，弱势方则更多处于一种被动地位或"集体沉默"，从而使得政

---

① 王绍光：《中国公共政策议程设置的模式》，《中国社会科学》2006 年第 5 期。

策议程占有主导性和优先性，而公众议程则往往受到挤压和忽视。因为在公共资源极为有限的条件下，决策者需要根据公共资源总体情况与经济社会形势来加以判断，在追求自我利益的考量中，决策者可能选择把其认为至关重要的问题形成政策议程来加以决策，从而把引起社会大众广泛关注的问题过滤或忽视掉。换言之，纳入公共决策的议题大多是由政治系统内部的权力精英、政府官僚等出于政治折中考量而进行的利益诉求输入，而不是政治系统内部与政治系统外部之间的多元互动的利益博弈后的具有最大公约数性质的利益诉求输入，导致公众议程难以形成公共议题，造成公众与国家之间的距离越来越大的负面意义，"他们觉得现代的国家越来越无动于衷，越来越不能满足公民的需求与欲望，越来越受到自己内部的权力运作、官僚程序或精英政治所左右。'距离'所象征的意义，是表示政府机关已经与普通公民脱节了。换言之，公民觉得自己越来越无力影响政府的作为，也无法使自己的声音为政府所倾听。……它使得许多人对政治避而远之，不再参与，甚至不去投票，而最终使得这个制度的合法性大不如前。"① 同时，与之相伴而生的是，一个国家的人民也越来越对政府产生严重依赖，任何事情都指望着政府，都认为是政府的事情，都把自己的精力和时间专注于自己的私人行动而非公共舞台，正如托克维尔所言："这些国家的人民也越来越这样看待中央政府，他们已把政府视作自己的导师和向导，只要有需要就会向政府寻求帮助。"② "政府现在坐到了上帝的位置上，那么人们为了自己的利益，就肯定要把愿望诉诸政府。"③ 按照 E.R. 克鲁斯克、B.M. 杰克逊的《公共政策词典》中的解释，公共利益是"指社会或国家占绝对地位的集体利益而不是某个狭隘或专门行业的利益。公共利益表示构成一个政体的大多数人的共同利益，它基于这样一种思潮，即公共

---

① ［加］查尔斯·泰勒：《公民与国家之间的距离》，李保宗译，载于汪晖、陈燕谷主编：《文化与公共性》，生活·读书·新知三联书店 2005 年版，第 199 页。
② ［法］托克维尔：《论美国的民主》，张晓明编译，北京出版集团公司 2012 年版，第 192 页。
③ ［法］托克维尔：《旧制度与大革命》，陈天群译，江西人民出版社 2013 年版，第 55 页。

政策应该最终提高大家的福利而不只是几个人的福利。"① 由此可见，公共政策的价值取向是公共利益，公共政策制定和执行旨归即维护和捍卫公共利益的最大化，公共利益是公共政策的一种价值性表达。因此，在公共决策过程中应当将多元主体之间的利益博弈引入其中，规避精英政治打着实现公共利益的幌子把单向度利益诉求输入公共决策机制，应把多向度利益博弈后的具有最大公约数性质的利益诉求输入公共决策机制，把共生式的决策模式作为实现公共利益的重要途径。

哈贝马斯在继承共和主义民主传统基础上，通过公共领域的独立建制，把主权在民原则巧妙地镶嵌于自由主义制度的基本构架之中，在规范性上夯实了自由主义民主观的合法性基础。作为介于国家与社会之间的公共领域所具有的结合公民与国家的功能则为公众通过公共生活来影响公共决策的运作过程提供了一条管道，"在公共领域中，整个社会透过公共媒体交换意见，从而对问题产生质疑或形成共识"②。由此可见，作为一种具有重叠共识性的意见和态度的集合体，公众舆论是在公共领域的空间中生成的，作为私人聚合而成的公众是公众舆论的主体，问题的公共性与政治性是公众舆论的客体；社会内的沟通及其与国家间的互动是公众舆论的本质。③ 托克维尔在《论美国的民主》一书中关于立足于个人与中央政府之间的自发民间组织是民主政治支柱的论述，可以说公共领域具有结合公民与国家的功能的典范说明。公共领域结合公民与国家的功能则是通过建构影响公共政策制定与执行的公众舆论而体现出来的。作为一种民意表达形式，公众舆论对制定与实施公共政策具有一定的意义建构，"公众舆论决定着一项政策的成败，正像它决定着一位作家的成败一样"④ 其既有助于

① ［美］E.R.克鲁斯克、B.M.杰克逊：《公共政策词典》，唐理斌、王满传、郏斌祥、任小平译，上海远东出版社1992年版，第30页。
② ［加］查尔斯·泰勒：《公民与国家之间的距离》，李保宗译，载于汪晖、陈燕谷主编：《文化与公共性》，生活·读书·新知三联书店2005年版，第200页。
③ 龙欢：《公众舆论：国家与社会的互动》，《社会科学论坛》2007年第3期（下）。
④ 曾繁正等编译：《西方政治学》，红旗出版社1998年版，第138页。

避免公共权力领域侵犯私人领域，也有助于政府与公民的互动合作，拓宽利益表达渠道，缩短国家与公民之间的距离，促使公共政策更好地彰显民意，更好地与民众意愿相吻合。事实证明，无论哪个政党执政，无论国家政体为何，公众舆论一定会从多个向度影响着公共政策的制定与执行，正向的公众舆论是促进公共政策走向科学化和民主化的指示灯、度量尺与助推器，在推进公共政策的科学化和民主化，提高公共决策水平和工作效率等方面必然具有积极的意义，正如乔·萨托利所言："无论公共舆论作为政策制定的指标是多么不充分，谁也无法否定它在政治生活中的重要地位。即使是在极权主义国家，政策也知道取得公众支持、倾听持不同政见者的嘀咕是稳定统治的关键因素。"[①]

四、提升政党执政能力

"政党的兴起无疑是现代政府最显著的标志之一。事实上，政党起了民主政府的缔造者的主要作用。政党创造了民主，倘若没有政党，现代民主是不可想象的。"[②] 政党在治国理政中发挥主导作用的政党政治已成为当代社会的普遍现象和政治文明的重要构成部分，在当今大多数国家中，政党已成为建构现代公共生活不或缺的一个基本要素，"政党存在的主要原因就是沟通人民和政府之间的联系"[③]，政党是链接国家与社会之间的一座直通的桥梁，其通过社会动员，能把社会中的正能量输入政治体系之中，使政治体系能够得到有效运转，大大缩短了民众与国家的"间距"，从而有效地组织和领导着现代公共生活的建设与发展。为此，作为现代公共生活建构中的一支重要力量，政党在现代公共生活的建构中起着正确的领导作用，确保公共生活能有序和谐发展；反过来，现代公共生活的良性发展也对提升政党执政能力具有正面的反向作用。

---

① ［美］乔·萨托利：《民主新论》，冯克利、阎克文译，东方出版社 1998 年版，第 150 页。

② E.E.Schattshneider, *Party Governmen*.New York：Holt, Rinehart& Winston, 1942, p.1.

③ ［法］让·布隆代尔、［意］毛里齐奥·科塔主编：《政党与政府：自由民主国家的政府与支持性政党关系探析》，史志钦、高静宇等译，北京大学出版社 2006 年版，第 11 页。

　　世界政党政治的实践告诉我们，虽然各国政党的执政方式有所不同，但是几乎所有政党都非常注重一个国家的经济发展和社会进步，都声称其代表人民的利益，都力求争取人民的最大支持，以增强其执政的合法性和有效性。从世界政党执政成功的经验来看，政党在加强其思想建设、政治建设、组织建设和作风建设的系统工程中，争取民意和发展经济几乎成了所有政党执政的两个重要向度，因此，世界上任何一个政党执政都把运用民意和发展经济作为其加强执政能力建设的重中之重，任何政党上台执政都力求得到人民的最广泛支持和促进经济社会发展来证明其上台执政的合法性和有效性。一般而言，政党上台执政主要有革命与选举两种途径，在当代西方国家，尽管政体形式多样和选举方式各异，但西方政党往往被戏谑为"选举组织"，选举几乎成为西方政党上台执政的唯一渠道，能否在选举中争取公民的支持便成为其能否上台执政的关键，因为在现代民主政治体制中，每个公民都依法享有选举权与被选举权，投票选举也往往是每个公民所应尽的义务，选举政治构成了当代各国民主政治的一个核心内容。为此，在选举政治框架中，任何政治团体要想实现自己的预期目标，就不得不对其选民进行各种各样的动员，以得到绝大多数选民支持，获取绝大多数选票，从而赢得竞选。如詹姆斯·布赖斯所言："现代民主政治的竞争所用的武器不是枪弹，而是选票。"① 为此，为了获取和保持长期执政地位，世界上几乎所有政党都注重运用民意，尊重民意和关心民意，民意测验已成为政党政治的一种常态现象，且已渗入人们日常生活的方方面面，政党在领导政府公共政策制定与执行的过程中非常注重充分听取民意、参考民意、吸纳民意、引导民意和塑造民意等等，当民意与政党执政的意志和价值取向相吻合时，政党会听取民众的意见，以求顺应民意；当民意与政党执政的意志和价值取向有偏离时，大多数政党会力求引导和塑造民意，以使民意与政党执政意志和价值取向趋于同一，执政党也把其执

---

① ［英］詹姆斯·布赖斯：《现代民治政体》上，张慰慈等译，吉林人民出版社2001年版，第112页。

政意志与执政构想包裹在"民意"的合法性斗篷里,以此来限定民意与政党意志的偏离,缩小民意与政党意志的间距,其往往聚焦的不是去占卜人民的所思所想,做民意的盲目附和者或追随者,而是努力去引导民意,让民意与执政意志与执政构想实现汇流,以执政意志来引导民意的发展。按照政党执政具有理论合法性(宪法确定的合法性)和事实合法性(民心民意确定的合法)的划分,民意向背已成为政党执政是否具有合法性与有效性的关键因素,一个政党能否上台执政的根本在于其是否代表了民意,汇聚民意和集中民智是任何政党执政的重要事情,民意已成为政党执政的最宝贵政治资源和政党执政的标杆,政党也要最终把人民满意不满意、高兴不高兴、拥护不拥护作为其执政的始点和归宿,从而为政党执政夯实事实合法性基础。那么,作为民众与政府联系的桥梁,政党又是如何从民众中汲取执政智慧的呢?可以说在介于国家与社会之间的公共领域中就某一公共问题形成的质疑或共识是政党汲取执政智慧的重要渠道,因为在公共领域中形成的公共意见或重叠共识是一种具有最大公约数性质的民意整合。哈贝马斯在《在事实与规范之间:关于法律和民主法治国的商谈理论》中对公共领域的特征与功能进行了新阐释,论证了公共领域在晚期资本主义重获合法性中的资格问题及资格确证依据。他认为公共领域是社会问题的一种"共振板""传感器",是一个预警系统,公共领域不仅具有察觉和辩论社会问题的政治功能,而且具有使社会问题形成公共讨论议题的最基本的政治功能,能够为社会问题的解决提供建议,开出具有厚实民意基础的处方。① 同时,哈贝马斯还指出公共领域中形成的公共意见能够反思和审视公共权力是否具备民心民意所确定的事实合法性,为政治决策输送合法性信念,从而在民众与统治者之间搭起了一座"政治意志"与"统治理念"的沟通桥梁,"公共领域最好被描述为一个关于内容、观点,也就是意见的交往网络;在那里,交往之流被以一种特定方式加以过滤和综合,从

---

① 〔德〕哈贝马斯:《在事实与规范之间:关于法律和民主法治国的商谈理论》,童世骏译,生活·读书·新知三联书店 2003 年版,第 445 页。

而成为根据特定议题集束而成的公共意见或舆论……公共领域的特征毋宁是在于一种交往结构，它同取向于理解的行动的第三个方面有关：既不是日常交往的功能，也不是日常交往的内容，而是在交往行动中产生的社会空间。"[1] 因此，作为一种重构的政治公共领域，不但提供公民意见表达和利益诉求的公共空间，而且成为了现代社会中不同利益主体和不同社会阶层之间交换意见和表达利益诉求的重要渠道，汇聚了民意，彰显了民智，聚散着交往主体的利益诉求与利益博弈，促进着现代社会中民生政治发展，为夯实政党执政的事实合法性基础提供了来源，因为"在这个共同体中，公民可以自由、开放、平等、有效地针对一系列问题展开'政治辩论'，最终通过特定的'民主商谈程序'将整合后的'民意'上升为政权合法性的规范性来源。"[2] 因此，公共领域不仅有着体现民意、表达民意的内涵，是"民意、民智、民情"汇聚融合的领域，也同时对政权合法性具有一定的意义建构，公共领域及公共生活的良性发展对政党提升执政能力定会产生积极作用，引导公共领域和公共生活的新发展也渐趋成为政党执政的一项新职能和新任务。因此，作为沟通人民和政府之间联系的政治组织，政党要把引导公共领域及公共生活健康发展融入政党执政的理念之中，从而促进政党执政能力的提升，使政党执政更加科学化和民主化。

五、促进人的全面发展

"人的自由全面发展"是历史唯物主义的理论要旨与逻辑主轴，也是马克思主义人学理论的核心部分。考察人的全面发展纵轴，历经了三个阶段：一是在原始社会早期阶段，因没有脑体分工而导致的"原始的'全面'的人"，人的依赖关系是这一时期社会关系的本质特征，正如马克思

---

① ［德］哈贝马斯：《在事实与规范之间：关于法律和民主法治国的商谈理论》，童世骏译，生活·读书·新知三联书店2003年版，第446页。

② 张凤阳等：《政治哲学关键词》，江苏人民出版社2006年版，第332—333页。

所言:"在发展的早期阶段,单个人显得比较全面,那正是因为他还没有造成自己丰富的关系……留恋那种原始的丰富,是可笑的,相信必须停留在那种完全空虚之中,也是可笑的。"① 二是在前资本主义阶段与资本主义阶段,旧式分工主宰下的"片面的人",奠基于物的依赖关系之基础上的人的独立性是这一时期社会关系的本质特征。三是在共产主义阶段,生产力极大发展和社会关系的极大丰富条件下的"自由全面发展的人","在那里,每个人的自由发展是一切人的自由发展的条件。"② 马克思主义认为人的全面发展,即"人以一种全面的方式,也就是说,作为一个完整的人,占有自己的全面的本质"③。人的全面发展是人之需要、人之活动、人之能力、人之素质、人之社会关系、人之个性等多向度、全方位的发展。这个多向度、全方位的发展过程是一个动态性的历史生成过程,且与人类历史发展进程是相同步、相一致、互建构的。葛兰西曾指出人的问题"是任何哲学中头一个和基本的问题"④。然而人性问题是认识人的问题的突破口和关节点。关于人类自身本质的认识,有着不同的人性论假设,亚里士多德最早在《政治学》中提出人是天生的政治动物,并对"政治人"假设进行分析。亚当·斯密在《国富论》和《道德情操论》中分别提出了"经济人"和"道德人"的假设,但都由于理论上的瑕疵和实践中的困境而受到不同的诘难。梅奥基于人际关系学说的理论基础提出了"社会人"的假设。卡西尔在《人论》中提出了"文化人"的假设。从哲学上反思这五种人性论的假设,都具有特定的合理性和一定的针对性,但是它们也具有一定的理论片面性和实践误导性,都是从人的某一层面、某一向度、某一角度来认识人的本性,如"政治人"假设侧重于人的政治需要属性;"经济人"假设侧重于人的自利性;"道德人"假设侧重于人的利他性;"社会人"侧重于人的社会需要属性,"文化人"假设侧重于人的文化需要属性,这五种人性

① 《马克思恩格斯全集》第46卷(上),人民出版社1979年版,第109页。
② 《马克思恩格斯选集》第1卷,人民出版社1995年版,第294页。
③ 《马克思恩格斯全集》第42卷,人民出版社1979年版,第123页。
④ [意]安东尼奥·葛兰西:《狱中札记》,葆煦译,人民出版社1983年版,第34页。

论假设都没有真正勾勒出一个"完整人"的人性基础，都没有以一种"全面性""联系性"和"总体性"的立体视域勾勒出对人自身的本质认知。马克思指出："人的本质不是单个人所固有的抽象物，在其现实性上，它是一切社会关系的总和。"① 这告诉人们，人并不是单向度的政治人、经济人、道德人、社会人和文化人，而是这几类人的综合人，是追求"政治价值、经济价值、道德价值、社会价值和文化价值"之比例和谐的"全面性"和"整体性"的"综合人"，即全面发展的人。事实告诉我们，从社会价值论的角度来看，作为一种价值性的存在物，人亦具有"价值人"的属性与面相，实现人的自我价值与社会价值是人的一切活动的出发点与落脚点。② 因此，作为一种价值存在，人是一种兼具政治价值、经济价值、道德价值、社会价值和文化价值为一体的"价值人"，从人的本质发展来看，人也是追求多向度价值的人，只是在不同的历史时空中和不同的人身上，追求的某一价值在其追求的价值总量中的比重具有主导性、优先性，从而过滤或遮蔽了其他价值的追求，导致人的发展呈现片面性和撕裂性。

随着市场化进程的铺展，"我是一颗螺丝钉，哪里需要往哪里钉"已成为一种道德记忆，人的私利和物欲膨胀，资本的逻辑渗透到人们生活的方方面面，资本的魅力让人如痴如醉，以"经济人"的价值追求在人的全面价值追求具有主导性和优先性，从而影响着人们对政治生活的热忱，纵使有之，也是出于个人利益的考量而行之，哈贝马斯所言说"公民唯私主义综合症"和"政治参与冷漠症"均有不同程度的显现，"我行动故我在"成为一种现代性乡愁，从而使得人的价值追求比重严重失衡，导致人的片面发展，且愈来愈有向纵深推进之势，使得人的经济属性彰显过度，人的政治属性则严重式微，作为一种价值存在，人的"价值结构"之"整体性"和"全面性"亟待健全和完善，从而促进人的全面发展。阿伦特在《人的

---

① 《马克思恩格斯选集》第1卷，人民出版社1995年版，第56页。
② 庞井君：《价值人——当代社会发展的人性论基础》，《天津社会科学》2001年第1期。

条件》一书中把劳动、工作和行动作为人的三种最基本的活动，与之相对应，把人的活动领域划分为私人领域（劳动）、社会领域（工作）、公共领域（行动），发生在私人领域和社会领域中的劳动与工作呈现出来的是一种"消极生活方式"，发生在公共领域中的政治行动呈现出来的则是一种"积极生活方式"，只有"行动"才能真正彰显人的存在意义和价值，才能真正展现自己的个性，才能真正展示人之为人的完整性，正如阿伦特所言："一个人如果仅仅去过一种私人生活，如果像奴隶一样不被允许进入公共领域，如果像野蛮人一样不去建立这样一个领域，那么他就不能算是一个完完全全的人。"① 由是观之，阿伦特认为由行动所实现的公共领域在展示人的完整性方面具有非常重要的意义和价值，一个人只有迈出私人领域，步入公共领域，才能真正确证自己存在的真实性、现实性和价值性，才能过上一种属人的生活，正如其所言："这是一个人证明自己的真实的和不可替代的价值的唯一场所，正是出于对这种机会的珍视，同时也出于对国家的热爱（离开了国家，任何人都不可能获得这种机会），每一个人都或多或少愿意承担司法、防卫和管理公共事务的负担。"② 以现代眼光审视，阿伦特所说的"行动"彰显的是人作为一种"政治人"存在的价值需求，映射的更多是一种"政治人"影像，公共领域是公民展开政治行动的一种"敞开空间"。因此，在"我贪婪故我在""我自恋故我在""我消费故我在""我冷漠故我在"等等现代境遇中，在"不与陌生人说话"和"角色防弹衣"成为一种普遍现象的时代，适当提高人的政治价值追求在"价值总量"中的比重，无疑是促进人的全面发展的内在诉求。为此，作为展示人的独特性和优越性的行动场所，公共领域及人们的公共生活实践则能从化育合作理性、培育公共精神、养成公共信念、塑造政治人格等人

---

① ［美］汉娜·阿伦特：《公共领域与私人领域》，刘锋译，载于汪晖、陈燕谷主编：《文化与公共性》，生活·读书·新知三联书店 2005 年版，第 70 页。
② ［美］汉娜·阿伦特：《公共领域与私人领域》，刘锋译，载于汪晖、陈燕谷主编：《文化与公共性》，生活·读书·新知三联书店 2005 年版，第 73—74 页。

的政治价值需求维度去健全和完善人的"价值结构"，从而促进人的全面发展，正如赫尔曼所言："不是我能够改变社会，而是我在公共舞台上的工作和行动改变并且发展了我，而不考虑我取得成功的世界状态的任何实际变化。"①

①　［美］艾伯特·O.赫尔曼：《转变参与：私人利益与公共行动》，李增刚译，上海人民出版社 2008 年版，第 83 页。

第三章　公共生活建设的动力基础

　　现代公共生活建设是一个系统工程，离不开各建设要素之间的和谐共振，唯有如此，现代公共生活建设才能迈入正常的轨道。从某种意义来讲，公共生活是交往主体通过价值认同和行为选择的协调而在公共领域中所展开的一种建构公共利益，捍卫公共正义和促进公共福祉的活动。其中，提升现代公民人格可以夯实公共生活的人格基础；延拓现代公共领域可以夯实公共生活的场域基础；寻求价值共识可以夯实公共生活的价值基础。为此，探讨公共生活建设的动力基础，最终还是要运用辩证唯物主义与历史唯物主义的基本观点，立足当代中国国情与社会发展的实际情况，形塑一个"主体建设、场域建设和价值建设"的三位一体的运行机制，正确把握公共生活建设的动力基础，从而推动现代公共生活的和谐有序发展。

第一节　公共生活建设的主体论域 [①]

　　主体性，简而言之，即人的自主、主动、能动、自由、有目的活动的地位和特性。无论是汉娜·阿伦特从人的活动（劳动、工作和行动）抑

---

① 本部分内容刊发于《理论与改革》（2015年第6期），题为《公共生活的历史生成：主体性哲学视界的澄明》，刊发时已标注国家社科基金项目成果。

>>> 110

或哈贝马斯从人的交往结构对公共生活展开研究，都隐喻着一个重要的论域，即作为自由的公民的主体性品质。"主体性黄昏"抑或"主体性黎明"都表征着当代哲学对主体性的消解抑或重建态度，也传递着主体性问题依然是解读现代公共生活图像变奏所无法绕道的一个论域，因此，从主体论域来探讨公共生活的发展图景无疑是一个重要视角。人是历史性的人，人的主体性亦是历史性的主体性，历史乃为主体性生成之不可或缺的中介"底板"，因历史发展时空的不同，对人的主体性澄明亦不同。按照马克思关于人的发展的论述，人类的发展历经"自在的人→自为的人→自由自觉的人"的过程，与此相适应，人的主体性亦历经"集群主体→个体主体→类主体"的历史走向。观照公共生活的发展愿景，现代公共生活应是一种具有"主体间性"的公共生活，"主体间性"是现代公共生活的内在属性之一，但是在不同主体形态下，公共生活亦呈现出虚幻、消解与和谐的图像变奏。

一、自在的群体形态的主体性：公共生活的虚幻

"人的依赖关系（起初完全是自然发生的），是最初的社会形态，在这种形态下，人的能力只是在狭窄的范围内和孤立的地点上发展着。以物的依赖为基础的人的独立性，是第二形态，在这种形态下，才形成普遍的社会物质交换，全面的关系，多方面的需求以及全面的能力体系。建立在个人全面发展和他们共同的社会生产能力成为他们的社会财富这一基础上的自由个性，是第三阶段。"[①] 在人的发展的第一阶段中，人是一种自在的存在，是一种近乎于"自然"的存在，人生活在一种自然（地缘和血缘）的共同体之中，人与自然是直接同一的关系，"无论是个人还是社会，都不可能想象会有自由而充分的发展，因为这样的发展是同（个人和社会之间的）原始关系相矛盾的。"[②] 人与人之间只有相互依赖才能生存，集群主

---

① 《马克思恩格斯全集》第46卷（上），人民出版社1979年版，第104页。
② 《马克思恩格斯全集》第46卷（上），人民出版社1979年版，第485页。

体是每个个体的共同寄托，支配、影响着每个个体的生命活动，离开了集群主体，个体的生命活动难以得到延伸与拓展，个人只不过是"一定的狭隘人群的附属物"①，个人只能在狭隘范围、孤立地点和依附状态中自在存在，血缘和地缘维系、组合着人与人之间的关系，人是自然共同体中的人。因此，与人类社会发展的第一形态（表征为人对人的依赖关系）相适应，作为构成集群主体的基本元素，个体的主体性意义并没有得以真正建构起来，"虽然个人之间的关系表现为较明显的人的关系，但他们只是作为具有某种（社会）规定的个人而互相交往，如封建主和臣仆、地主和农奴等等，或作为种姓成员等等"②。在这一历史阶段中，人的存在是一种自在的存在，人的需要是一种"自然化"的狭隘需要，人的意识是一种"无我"的集群意识，人的关系是一种"依附"的社会关系，人只有在归属于集群层面上，才称之为"人"，换句话说，群体形态的主体性，亦是人的主体性历史生成中的原初形态，在这种原初形态中，正如马克思所言，人的发展表现为一种不值得留恋的原始的丰富，"留恋那种原始的丰富，是可笑的"③。

管窥人类思想史，在古希腊哲学中，亚里士多德是历史上第一个使用主体范畴的哲学家，他认为实体即主体，任何实体均可以作为主体存在，而且宇宙间存在着一个叫"隐德来希"或"至善"的引起万物运动而自身不动、永恒不变的实体。因此，亚里士多德是在本体意义上使用主体范畴，主体并不是一个特指人的属人性的哲学范畴，是一个对事物发展起支撑作用的永恒不变的"存在者"，主体与人之间的关系并不是直接同一的关系，实体和属性的关系在某种程度上涵盖了主体和主体性的关系，古希腊哲学亦因其"形而上学"思维方式的超验性而致使"主体—主体性"的关系在"实体—属性"的关系涵盖中陷入困境，进而得出人与万事万物之

---

① 《马克思恩格斯全集》第46卷（上），人民出版社1979年版，第18页。
② 《马克思恩格斯全集》第46卷（上），人民出版社1979年版，第110页。
③ 《马克思恩格斯全集》第46卷（上），人民出版社1979年版，第109页。

间同根、同源、同性的结论，人与物处于"未区分"的状态，外在的自然力量支配、统治着人类的生存，正如马克思所言："最初，自然界本身就是一座贮藏库，在这座贮藏库中，人类（也是自然的产物，也已经作为前提存在了）发现了供消费的现成的自然成品，正如人类发现自己身体的器官是占有这种产品的最初的生产资料一样。劳动资料，生产资料，表现为人类生产的最初产品，而人类也是在自然界中发现了这些产品的最初形式，如石头等等。"① 可以说，古希腊的实体主体说，一方面隐喻着主体性在本体论寻求中的发轫或启蒙，无法从价值关系范畴层面对主体性进行自觉的澄明；另一方面隐喻着人类个体凭借自身个人的力量无法从自然界获取生活资料来维系自己的生存，个体的独立生存空间稀薄，个体要依赖于血缘共同体、城邦共同体或其他形式的共同体（公社、国家、教会）来确证自己，个体是共同体建构的工具，个体只有按照血缘共同体、城邦共同体或其他形式的共同体（公社、国家、教会）所设定的利益逻辑和目标，把自己的本质、人格、个性和理想等等全部转让给共同体，共同体利益凌驾于其他一切利益之上，任何行为和目的都不能损害共同体的公共善，也不能破坏共同体的安定团结，任何行为和目的都应以国家的善治为轴心，任何个体只有在共同体中存在才能进一步确证自己的价值、身份、联系等，才能从中发现自己、澄明自己。概言之，在古代社会中，当人类凭借个体一己之力从自然界攫取生活资料时，个体是自然界的奴婢时，个体亦无法在共同体中昂首挺胸、阔步前进，社会所彰显出来的主体性亦只是一种群体主体性，而非个体主体性，个体完全消失在群体之中，个体只是群体主体的构成元素和附属物而已，个体自身并没有建构起一种真正意义上的主体，但个体主体性的萌芽在古希腊哲学中依然闪烁着耀眼的光芒，"人是万物的尺度，是存在的事物存在的尺度，也是不存在的事物不存在的尺度"（普罗泰戈拉）的著名哲学命题便是主

---

① 《马克思恩格斯全集》第47卷，人民出版社1979年版，第68页。

体性发展与历史同行的最好脚注。

历史总是螺旋上升，令人遗憾的是，与历史同行的主体性，在历史步入漫长的中世纪时期后，个体主体性受到进一步的压抑，主体性在宗教神学中迷失，"上帝之光"完全笼罩着个体的存在与发展，营造"上帝之城"成为中世纪时期的幽暗与冷艳，个体除了匍匐于群体之外，还要在创造出"上帝"之后，顶礼膜拜地跪倒在"上帝"的脚下，生为上帝，死亦为上帝，人是上帝的函数，人要通过上帝来证明自身存在。在中世纪时期，上帝具有无限主导性，上帝创造世界、主宰世界、统治世界，上帝乃为整个人类世界的中心，上帝无所不在，无所不能，是至高至善的人格神，个人匍匐着来到上帝面前，在上帝面前哭泣忏悔自己的灵魂，以求洗清个体灵魂上的"罪孽"，个人在上帝面前亦毫无任何真正的主体性，而更多的是一种客体性的呈现，个人只是把自己的本质、人格、个性和理想等再一次转让给了以"上帝"为中心的这一教会共同体而已。那么，是谁创造了"上帝"？毫无疑问，是人类创造了上帝，"上帝"的概念发端于人类对自然万物和自然规律的敬畏，是人的主体性的异化而创造了"上帝"这一至高至善的"人格神"，"无限的或属神的本质，就是人的本质，但是这个精神本质被从人里面分离出来，被表象成为一个独立的存在者"。① 可以说，上帝生成逻辑在某种程度上隐喻着中世纪时期人们对自身主体性的不自信抑或自卑，从而通过塑造上帝的无限主导性来淋漓尽致地展现人自身的主体性，人们幻想自身具有一种无所不能、自由自在、无拘无束的主体性，但当人们现实中屡屡遭受到主体性的无奈之时，便把这种幻想转换成上帝的无限主导性，人的主体性在与历史同行的过程中，从古代社会中的萌芽迈向了中世纪宗教神学中的迷失，"上帝的无限主导性彰显——人的现实主体性阙如"之间的矛盾难以调适，"上帝虚幻主体性"注定会成为一种历史宿命，"上帝死了""杀死上帝"等人的主体性的彰显注定要走向历史前

---

① ［德］费尔巴哈:《费尔巴哈哲学著作选集》下，荣震华译，人民出版社 1984 年版，第327 页。

台。诚然，人们大多诟病中世纪营造"上帝之城"的幽暗与冷艳，但并不能完全采取历史虚无主义来对待中世纪历史，中世纪的意识形态并非完全置之不理"人"之存在，在中世纪晚期，尤其是 13 世纪以后，人们的聚焦点开始从天国生活的"彼岸"转向尘世生活的"此岸"，更加关注和考量"此岸"的现实利益，"十字军"东征中刀光剑影背后的考量现实利益的世俗动因亦从侧面在某种程度上隐喻着中世纪晚期人的主体性的觉醒。一言概之，中世纪在宗教神学的整体框架中强调上帝面前人人平等的法则与理论，也为中世纪晚期人的主体性的觉醒和近现代社会以来人本主义的发展提供了重要的思想资源。

作为一个现代术语，以现代眼光审视，严格来说，公共生活是国家与社会分化之后的产物，公共生活的存在形态与观念在前现代社会几乎是"缺席"的，但这并不妨碍把城邦生活纳入"公共生活"的视域中进行考察，以探寻现代公共生活之源，考察公共生活的历史演进，正如哈贝马斯在《公共领域的结构转型》一书中把古希腊城邦纳入"公共领域"的视域中考察一样，古希腊城邦生活为我们探讨现代公共生活呈现了一个较为直接的镜像。考察前现代社会公共生活，在自在的群体形态的主体性的阶段，公共生活呈现出一种虚幻的图像，主要表征为以下两个方面：一是公共生活的封闭狭隘性。哈贝马斯认为，"在高度发达的希腊城邦里，自由民所共有的公共领域（koine）和每个人所特有的私人领域（idia）之间泾渭分明。公共生活（政治生活）在广场上进行，但并不固定；公共领域既建立在对谈（lexis）之上——对谈可以分别采取讨论和诉讼的形式，又建立在公共活动（实践）之上——这种实践可能是战争，也可能是竞技活动。"[①]由此可见，古代公共领域是界限分明、功能明确的，公共领域是由自由民建构而成的，私人领域是由个人拥有的，公共生活以及政治生活主要是在公共领域中展开，而经济活动则是在以家庭为基本单元的私人领

---

① ［德］哈贝马斯：《公共领域的结构转型》，曹卫东等译，学林出版社 1999 年版，第 3 页。

域中展开，公共领域活动基本不涉及经济活动，公共话语亦更多是一种政治话语，人的本质和意义亦在公共生活（政治生活）中得以实现，正如亚里士多德所言："人是天生的政治动物。"然而，以现代目光审视，公共生活应是一种开放性的、充满差异性的社会生活，正如阿伦特所言："公共领域实在性则要取决于共同世界借以呈现自身的无数视点和方面的同时在场，而对于这些视点和方面，人们是不可能设计出一套共同的测量方法或评判标准的。因为，尽管共同世界乃是一切人的共同会聚之地，但那些在场的人却是处在不同位置上的，一个人所处的位置不可能与另一个人所处的位置正好一样，如同两个物体不可能处在同一个位置上一样。被他人看见和听见的意义在于，每个人都是站在一个不同的位置上来看和听的。这就是公共生活的意义。"① 然而古代公共领域的开放性却不敢让人称赞，以古希腊城邦的公共生活空间为例，能够进入此类公共空间的仅自由民和成年男子，妇女、儿童、外国人和奴隶等并不获得"入门"资格，因此，在古希腊城邦生活中，"人民"和"共同善"均非现代意义上指向全体的无限制性的概念，而是仅限于自由民和成年男子的一个有限制性的概念，这是古代社会公共生活留下的瑕疵，但是亦不能因瑕疵而看不到古代公共生活的光芒。可以说，在古希腊城邦生活中，以善和正义为核心的公共精神所焕发的迷人光芒依旧为现代公共生活所应倡导和接续的。哈贝马斯亦分析了介于古希腊广场型公共领域与资产阶级公共领域之间的代表型公共领域，指出代表型公共领域具有公私界限趋向模糊、公共领域的形式性、公共领域的象征性等特点，封建专制控制着公私领域，代表型公共领域并无实质性内容，只是封建领主因封建专制需要而打着"公共名义"所人为制造出来的一种象征而已。因此，普通民众更是无法进入这种代表型公共领域，否则会认为是与封建领主争夺权力，普通民众是不允许染指任何权力，是完全被排挤在代表型公共领域之外的，"封建统治下的世俗领域其实

---

① ［美］汉娜·阿伦特：《公共领域和私人领域》，刘锋译，载于汪晖、陈燕谷主编：《文化与公共性》，生活·读书·新知三联书店 2005 年版，第 88 页。

就是古代的私人领域。它的特征是将所有的活动都纳入家庭的范畴，在这一范畴内，这些活动只具私人的意义，其结果是不存在公共领域。"[①] "在中世纪盛期的欧洲社会，没有证据说明已经存在独立的、与私人领域相分离的公共领域。"[②] 因此，在欧洲封建社会时期，代表型公共领域依然是一种具有封闭狭隘性质的公共领域，公共生活对普通民众而言是被排斥在外的，公共生活的开放性意义并没有得到充分展现。二是公共生活的公共性阙如。"公共性"是多元利益主体复杂博弈的结果，是现代公共生活的本质属性。[③] 何为公共性，这里取哈贝马斯的经典解读，他把"公共性"视为一个由公众（主体）、公共权力（客体）、公共领域（空间）、公众舆论（形式）、新闻媒介（中介）等结构因素所构成的社会整体结构，这些结构因素的不断变化导致了公共领域的不断转型。以现代眼光审视，在自在的群体形态的主体性阶段，公民主要包括自由民和成年男子，并不是指社会中所有的人，且个体消失在群体之中，个体并没有真正的主体性，更谈不上具有现代意义上的理性和批判性，个体对公共权力顶礼膜拜，没有真正展现出对公共权力的监督抑或批判意识，现代意义上的公众舆论也无从生成，以自由、民主、正义等为基石的具有批判和开放特征的现代公共生活更是令人难以想象。从现可查的史料观察，古希腊雅典居民中奴隶占到了成年人总数的过半，而男性公民人数仅不到30%。[④] 因此，古代社会中的公共生活有悖于向所有人开放的原则，是一种公共性严重阙如的社会生活，这种公共生活因其参与主体范畴的限制性，充其量只表征着人类生活史上的特殊性，而非普遍性，人类生活之公共属性无法在其中得以展现，其并非现代公共生活的建设憧憬，更多是共同生活的一种历史记忆，正如胡群英所言："以古希腊城邦的政治生活来理解公共性是不够的。城邦生

---

① ［美］汉娜·阿伦特：《人的条件》，竺乾威等译，上海人民出版社1999年版，第26页。

② ［德］哈贝马斯：《公共领域》，汪晖译，载于汪晖、陈燕谷主编：《文化与公共性》，生活·读书·新知三联书店2005年版，第126—127页。

③ 袁祖社：《"公共性"的价值信念及其文化理想》，《中国人民大学学报》2007年第1期。

④ ［英］约翰·索利：《雅典的民主》，王琼淑译，上海译文出版社2001年版，第95页。

活及其公共性质都具有不充分性。"[1] 古希腊城邦的公共生活（政治生活）更是一种城邦式、自主式、封闭式的公共性阙如的共同生活方式，是古希腊公民的自主存在和自主选择的结果，是一种组织化形式的单纯的生活需要，这种共同生活是为了追求至善和城邦的正义，共同的善是城邦共同生活的核心，从某种程度而言，城邦即共同体，共同体目标是追求共同的善，共同体中所有人的行为都是以他们所认为的"善"为轴心，为了实现共同的善和城邦的正义，城邦是公民的城邦，公民是城邦的公民，城邦中的个人是不存在自由的，个体自由对城邦中的公民而言是一种可望而不可及的奢侈品，而且城邦中的个人也根本不知道何为个人自由，更不知道何为生活自由、教育自由、信仰自由等等，他们只知道他们是属于城邦的，他们是城邦的人，为了城邦的需要，他们可以失去自己的一切，城邦也可以对他们的任何人、任何行为、任何目的进行制裁与干预，如果他们的行为和目的不利于城邦利益实现的话。古希腊人凌驾于自由之上的对自主的不懈追求所造就的民主形式亦以其极粗糙的行为表现出来，在这种民主政体下所建构起来的城邦生活也就难以有着公共性的实质建构，我们在迷恋于城邦生活的自主性魅力诱惑时，更要清晰看到城邦生活中自由与自主之间的严重撕裂，这种脱离自由之基石的城邦生活应当是一种共同生活形式，尽管这种城邦生活因其自主性魅力而成为许多人的诗意憧憬，但由于其自主与自由的撕裂，城邦生活并不是一种现代意义上的公共生活，而只是一种有着积极自由为支持的自主性彰显的共同生活。因此，把城邦生活纳入"公共生活"视域中进行考察，不难发现，广泛意义上所说的古代社会公共生活更多是公共性阙如的一种共同生活，隐喻着公共生活的一种虚幻。

二、自为的个体形态的主体性：公共生活的消解

个体是现代社会中个人存在的基本形式，个体化则成为现代社会中个

---

[1] 胡群英：《社会共同体的公共性建构》，知识产权出版社 2013 年版，第 103 页。

人生活的基本特征。西欧的文艺复兴运动使西欧社会从中世纪过渡到近代社会，史学上常把文艺复兴运动称为"人的发现"，"人的发现"是文艺复兴运动的重心，个人的现世替代个人的忽视。文艺复兴运动以后，理性地位确立，人成为自己的主人，一切外物均放置于理性法庭中予以裁决，人与物之间的关系成为"主"与"客"的关系，"理性为自然界立法"（康德）成为这一时期人们高唱的哲学信条，历史步入"理性的时代"，开启自为地设计、自为地规划、自为地描绘自己世界蓝图的征程，知识、理性、契约、法律等渐趋成为人自为存在的文化归因，自为的存在形态成为当时人存在的一种实然形态，作为一种实践存在物，人与人、人与社会、人与自然之间的各种关系在实践中发生流变，人以其强有力的主体姿态来确证自己的本质力量，人类社会进入其发展的第二形态（表征为以物的依赖性为基础的人的独立性），"人的依赖纽带、血统差别、教育差别等等事实上都被打破了，被粉碎了（一切人身纽带至少都表现为人的关系）；各个人看起来似乎独立地（这种独立一般只不过是幻想，确切些说，可叫作——在彼此关系冷漠的意义上——彼此漠不关心）自由地互相接触并在这种自由中互相交换。"[1]　自为的个体形态的主体性亦成为历史发展进程中占主导地位的时代倾向。在自为的存在阶段中，虽然超越了"自然"抑或"神"为存在者之终极存在者的观念"巢穴"，但却把主观意识的"自我"实体化为"主体"，陷入了"自我"为存在者之终极存在者的观念"巢穴"，围绕自我意识来追寻人的本性，确证人的价值，探究存在者之为存在者的根据，"主体乃是被转移到意识中的根据，即真实的在场者，就是在传统语言中十分含糊地被叫作'实体'的那个东西"[2]，"自我实体"成为人们思维的理所当然的前提，从此理性精神的奴役取代了宗教神学的束缚，"自我实体"取代"上帝实体"或"物质实体"，"当我们断言'某物存在'时，总是不可避免地暗含着一个无条件的前提，那就是这'某物存在'总是进入

---

①　《马克思恩格斯全集》第 46 卷（上），人民出版社 1979 年版，第 110 页。

②　［德］海德格尔：《面向思的事情》，陈小文、孙周兴译，商务印书馆 1999 年版，第 75 页。

人的意识领域为人所认识到的'某物'。"①由此可见，自文艺复兴后，以"自我实体"为标志的近代主体性哲学走上历史的前台，并历经康德自诩为"哥白尼革命"的人的主体性思想和理性原则的系统论述，黑格尔的人的理性为自然界创世主的阐释，近代个体主体性地位得以确立，个体超越了"群体"和"上帝"的束缚与制约而独立存在，近代哲学亦转向意蕴着"本体论"的"认识论"哲学，"本体论"无法绕开"认识论"而生效，理性的"自我"活动在改造客观世界的实践活动中具有的"生产力"的力量，自为的个体形态的主体性开始替代自在的群体形态的主体性。

毋庸置疑，自为的个体形态的主体性生成，亦具有双重效应，一方面，它冲破了"神"和"自然"樊篱的束缚，消解了古代社会中主客混沌、模糊不分的历史镜像，颠覆了中世纪以宗教神学为基点来解释世界的理论图景，人开始以理性的力量，高举科技理性之剑去解释世界、把握世界、改造世界、创造世界，随之而来的是社会财富的快速增长、工业化水平的迅速提升、现代化的大力推进，可以说，在西方工业化和现代化进程中，自为的个体形态的主体性思想是重要的动力之因。另一方面，它在促进西方工业文明进步的同时，亦潜藏着内在危机，其弊端不同程度显现，尤其是人类为满足自身扭曲的物质欲望，凭借其自身理性对自然界的主体性姿态改造和恣意剪裁，人与自然的关系也得以进一步恶化，田园诗歌般的自然美景亦成为人类的一种记忆或遥望，各式各样的生态污染、环境破坏、能源短缺等不得不令人瞠目结舌，前所未有的生态危机正向我们迎面扑来，人类对自身的生存环境充满着深深的忧虑与恐惧，并受到自然的惩罚和报复。为此，我们在从自然界攫取财富、获得利益的同时，要牢记恩格斯的振聋发聩的警言，即不要过分地沉浸、陶醉于我们对自然界所取得的胜利当中，不要把人与自然进行二元对立式的分裂，而应该在自然界面前放下智慧的傲慢，低下高贵的头颅，对自然界持有一份天然的敬畏

① 刘金萍：《主体形而上学批判与马克思哲学"主体性"思想》，中国社会科学出版社2009年版，第7页。

之心，学会与自然和谐共生，而不是一味地掠夺自然。由此，可以说，自为的个体形态的主体性时期，既是主体性高扬的时期，也是主体性自负的时期，我们不能只看到其令人欣喜的正面效应，也应看到其引人深思的负面效应。以现代人的现实生活图景为背景，反思和检讨近代工业文明以来人们高唱的主体性原则，尽管其是主体性得以全面实现所不可缺少的"桥梁"，但其致使人的能力的片面发展倾向则隐喻着自为的个体形态的主体性是一种带有瑕疵的主体性残缺，主体性的危机依然困惑着人类，主要表征为：一是个体主体性的物化。按照卢卡奇在《历史与阶级意识》一书中的解释，物化即"人自己的活动，人自己的劳动，作为某种客观的东西，某种不依赖于人的东西，某种通过异于人的自律性来控制人的东西，同人相对立。"① 而物化的终极原因则可以追溯到商品这一要素，从商品结构中找到答案，正如卢卡奇所言："没有一个问题不最终追溯到商品这个问题，没有一个问题的解答不能在商品结构之谜的解答中找到。"② 可以说，卢卡奇对资本主义社会"物化"现象批判与马克思对资本主义社会"劳动异化"现象批判在某种层面有不谋而合之处，马克思亦曾深刻揭示，商品经济社会对应于以物的依赖性为基础的人的独立性为表征的社会形态，在此社会形态中，呈现出人对"物"的过分依赖，人成为"物化"中的人，"活动和产品的普遍交换已成为每一单个人的生存条件，这种普遍交换，他们的互相联系，表现为对他们本身来说是异己的、无关的东西，表现为一种物。在交换价值上，人的社会关系转化为物的社会关系，人的能力转化为物的能力。"③ "我们生活在物的世界中，我们同物的唯一关系只是知道如何操作，或者如何消费。"④ 观照当今社会，资本主义社会中的"物化"抑或"异化"现象不但没有改观，反而愈演愈烈，从而扭曲、吞噬、隐没人在生活世界中的主体性，"文化工业"（霍克海默）的揭示、"单向度

---

① ［匈牙利］卢卡奇：《历史与阶级意识》，杜章智等译，商务印书馆1992年版，第147页。
② ［匈牙利］卢卡奇：《历史与阶级意识》，杜章智等译，商务印书馆1992年版，第143页。
③ 《马克思恩格斯全集》第46卷（上），人民出版社1979年版，第103—104页。
④ ［德］弗洛姆：《健全的社会》，孙恺详译，贵州人民出版社1994年版，第125页。

的人"（马尔库塞）的批判等都是这一事实的最好脚注。因此，在某种程度上，可以说，现代社会发展中的"物化"现象愈演愈烈，直接致使社会发展步入"单向度的人"抑或"半个人"（梁思成）的时代，人们精神生活的超越性式微、人们生存价值的意义性阙如，人们真正的自我性匮乏，"物"规定、制约、支配着人的精神世界，造成人的主体性的退隐和人类福祉的异化。二是个体主体性的矮化。矮化是一个生物学术语，其常指生物中所产生的矮小型。这里所言说的"矮化"，主要是指个体主体的人格缺陷，即确证经济主体的市场人格和确证道德主体的道德人格的二者分割过程。人既是"经济人"，亦是"道德人"，人的二重身份决定了"市场人格"与"道德人格"是互为前提和基础的，一方面市场人格的完善需要道德人格的升华，"正因为人性不完全是社会性的，才需要伦理来提出目的，需要道德准则来教诲行为。"① 另一方面道德人格的追求需要市场人格的质素，因为利益是道德的基础和动力，"'思想'一旦离开'利益'，就一定会使自己出丑。"② "一切社会变迁和政治变革的终极原因，不应当到人们的头脑中，到人们对永恒的真理和正义的日益增进的认识中去寻找，而应当到生产方式和交换方式的变更中去寻找；不应当到有关时代的哲学中去寻找，而应当到有关时代的经济中去寻找……这些手段不应当从头脑中发明出来，而应当通过头脑从生产的现成物质事实中发现出来。"③ 因此，只有真正实现二者相得益彰、和谐共进的双向完善，才是合乎个体主体性生成和发展的目的性与规律性，才能真正实现人的自由全面发展。人是社会的人，社会是人的社会，随着社会分工精细化的强势推进，人的全面发展亦存在着内在矛盾，即人对全面性的内在需求与社会分工对人的特定化框定之间的矛盾越来越突出，个体自我认同危机感抑或个体生活意义危机感的日渐凸显，"经济"抑或"利益"成为许多人思考世界、观察世界的坐标系

---

① ［英］伯特兰·罗素：《伦理学和政治学中的人类社会》，肖巍译，中国社会科学出版社1997年版，第30页。
② 《马克思恩格斯全集》第2卷，人民出版社1957年版，第103页。
③ 《马克思恩格斯选集》第3卷，人民出版社1995年版，第617—618页。

的原点，在权力和资本的双重挤压下，许多人选择了向权力和资本妥协或靠拢，为了求得更好地生存和发展，权钱主导人们的信仰世界，迷恋、追求资本和权力成为许多人一生夙愿，"威武不能屈，富贵不能淫，贫贱不能移"的精神、为共产主义事业而奋斗的理想被人们视为笑柄、弃之如敝屣，出卖灵魂、出卖自我、拒绝崇高、买卖爱情、为名利而甘愿堕落等成为人们生活中人格矮化的时代缩影与世情画卷。由此，"诚真"成为不合时宜的"另类"，病态"调侃"沦为呻吟般的快感，底线下移、思想缺失、人格矮化、精神沙化等成为生活世界中大行其道的一道丑陋的风景，人的尊严沦为了交换价值，良心的雷峰塔被推倒，各式各样的虚伪化表演成为个体主体性矮化的现实脚注。三是个体主体性的泛化。按照心理学的有关解释，泛化指"对相似事物还未完成分辨清楚时所作出的相同的反应。"[1]这里所言说的"泛化"，主要是指在人与自然的"主—客"关系中无限扩大人的主体地位、能力和作用等，人的主体性沦落为自由放任性的一个过程。人与自然的关系是一个具有多重面相和质素的复杂关系，"主—客"关系只是人与自然关系的基本范畴，并非全部范畴，从存在论的维度来观照，人与其他自然存在物同属自然生态系统的构成"细胞"，它们之间应是平等的合作伙伴关系，而非你死我活的弱肉强食关系，在存在论确证的"人—自然"关系中，很难区分人与其他自然存在物之间"谁为主、谁为客"的关系，因为人直接就是自然存在物，人是自然界的产物，人是存在于自然界的，不仅人的血肉，而且人的头脑都是属于自然界的，人是在人为世界与自在世界的和谐统一的环境中得以成长和发展起来的。从价值论的维度来观照，与其他自然存在物不同的是，人除了具有自然属性之外，还具有认识自然、利用自然和改造自然的主动性和创造性，从而为实现人类自身目的服务，实现人与自然的共生共在，在价值论层面确定"人—自然"之间的"主—客"关系，正如恩格斯所言："事实上，我们一天天

---

① 曹日昌：《普通心理学》，人民教育出版社 1980 年版，第 231 页。

地学会更正确地理解自然规律，学会认识我们对自然界的习常过程所作的干预所引起的较近或较远的后果……而那种关于精神和物质、人类和自然、灵魂和肉体之间的对立的荒谬的、反自然的观点，也就越不可能成立了……"① 由此可见，人与自然之间的共生共在的一体性，决定了存在论层面确证的"人—自然"关系中人的主体性应具有一定的阈限，但是事实告诉我们，在存在论层面确定的"人—自然"关系中，人类的实践活动不断地拓展和延伸，人的实践活动亦呈现出一定的主体性，人的主体性突破了其价值论意义的阈限而扩展到存在论意义的范畴中，对其他自然存在物乱施淫威，自由放任、为所欲为地掠夺自然、毒化自然、征服自然，人的主体性呈现出一种盲目、任意、自发的泛化状态。

在自为的个体形态的主体性阶段，一方面，个体性是现代公共生活建构的一个重要质素，阿伦特、哈贝马斯、桑内特都对"个体性"作为公共生活发生的历史基元进行了确证；另一方面个体主体性的无限拔高抑或扭曲发展，又导致公共生活往往是基于个体的私人利益而展开，致使公共生活呈现出一种私域性的样态，私人化、功利化的自我理解成为人们参与公共生活的始点和终点。因此，考察个体主体性镜像中的公共生活，其往往呈现出一种消解的图像，主要表征为以下两个方面：一是公共生活的殖民化。这里所言说的公共生活殖民化，即指现代公共生活受到权力因素和资本因素的共同侵蚀的现实镜像。如前所述，公共生活是人们在公共领域内所展开的各种活动归纳，而公共领域是介于私人领域与公共权力领域之间的中间地带，依此逻辑推演，公共领域的殖民化便是公共生活殖民化的最佳表征。哈贝马斯认为公众、媒介和公共舆论是公共领域的三个重要质素，其中媒介是公共领域运作的纽带，媒介发展是公共领域演进的重要因素，为此，当今媒介受到政治权力和货币资本的侵蚀便是描绘公共领域殖民化最恰当不过的脚本。美国传播学者阿特休尔在其《权力的媒介》一书

① 《马克思恩格斯选集》第4卷，人民出版社1995年版，第384页。

中指出任何媒介都不是独立自主、自为的，向来是某种权势操纵抑或控制的工具，这种权势可表征为宗教的、世俗的、党派的抑或经济上的权势。官方形式、商业形式、利益形式、非正式形式的主要财源形式决定了媒介的主要内容，媒介亦出于经济需要或政治用心而标榜其自身的客观性，资本、权力与媒介之间往往呈现出一种错综复杂的微妙关系抑或角色错位，正如赫伯特·席勒认为媒介与政治权力、经济力量之间都有一种紧密的共生关系，因为"信息的专门使用权被认为是通向权力的通道。对于传播媒介的控制通常是取得政治权力的首要一步。位于现代组织机构中心的信息机构传播信息的方式永远不是随意的。"[①] "由于从无线电广播的早期开始，报纸、无线电广播和电视就大量地用于市场营销，因此，美国的信息机构也更加合理地被理解为销售机构了。"[②] 事实亦证明，光影交错的形形色色的新闻报道，其报道的方向抑或内容并不是完全受记者个人好恶左右或控制的，而更多是受政治权力或经济力量所左右，不是新闻报道者的个人偏好、好恶，而是政府中的权力之争、市场中的利益之争抑或政治人物的欺骗技艺、新闻机构的自利驱动等影响、左右着各种新闻报道的方向，从而使得新闻机构或新闻报道者挖空心思寻找一些猎奇性的私人话题或戏剧性的公共话题以吸引大众的眼球，满足大众的欲望，以更好地迎合政治的需要或求得自身更好的生存。正如 W. 兰斯·班尼特所言："促使新闻机构不断发现新的、更为戏剧性的故事以满足挑剔的观众。"[③] 因此，媒介由于受到权力或资本力量的控制，媒介便失去了其应有的公共性，媒介既非社会公器，亦非正义诉求的公共舆论领域，而更多沦落为某些人抑或某些利益集团实现一己私欲的工具和渠道，媒介要么是在政治权力面前显示出无奈

---

① ［美］赫伯特·席勒：《大众传播与美利坚帝国》，刘晓红译，上海世纪出版集团 2006 年版，第 29 页。

② ［美］赫伯特·席勒：《大众传播与美利坚帝国》，刘晓红译，上海世纪出版集团 2006 年版，第 8 页。

③ ［美］W. 兰斯·班尼特：《新闻：政治的幻象》，杨晓红等译，当代中国出版社 2005 年版，第 34 页。

的屈从，要么在资本力量面前顶礼膜拜，很难对政治权力的无理或资本力量的蛮横展开独立的、持续的公共舆论批评或诘难，为此，作为媒介的天然属性，公共性则荡然无存。随着媒介商业化、市场化的推进，公共领域渐趋被殖民化，哈贝马斯所言说的公共领域之功能亦很难得以真正发酵，媒介如何在资本与政治两股力量之间维持一种独立的平衡亦是一个亟须破解的困境。二是公共生活的个体立场。这里所言说的个体立场，主要有两层意义，一方面是个体自身利益考量成为人们是否参与公共生活的动力；另一方面是个体皈依与崇拜"组织"是人们参与公共生活的旨归，而非以公共利益为旨归的人格独立的利益表达。众所周知，在主体多样性、利益多元化的时代，公共生活主体是差异共在的多元主体，多元主体之间能否在差异共在之间达致一种"最大公约数"应是公共生活能否得以健康发展的重要质素，公共生活的个体立场亦应植根于多元主体之间达致的"最大公约数"之中。然而，在自为的个体形态的主体性的阶段，主体性危机的出现导致多元主体之间"最大公约数"的达致与"价值丛林"中个体立场固守之间往往出现现代性吊诡，且脱离于"最大公约数"的公共生活中的个体立场固守往往消解着公共生活的健康发展，公共生活的公共性本质或公共性资源未能得到较好彰显或使用。公共生活的个体立场固然有其积极性意义，但是如果凌空于"最大公约数"之上的个体立场固守则如同朝向一无所有的远方"疯狂奔跑的马"，看不见公共生活背后的公共性图景，遮蔽了公共性目的的一种"无知"行动，公共生活中的个体利益考量或皈依与崇拜"组织"的旨归在无形中阉割了公共生活的公共性图景。阿伦特在《论革命》一书中亦指出："自由的实质内容是参与公共事务，获准进入公共领域。"[①] 在现代民主制度下，人们如真为自由之人，不但享有其进入公共领域的权利，也应尽快适应或接受公共领域具有的公共性"契约"，尽管人们的行动往往始于各怀心事的孤立的个人，但是在公共事务、公共

---

① ［美］阿伦特：《论革命》，陈周旺译，译林出版社 2007 年版，第 21 页。

生活的参与中，单个人的参与动机并不完全具有正当性与合理性。为此，人们要么在个体立场固守中令人不齿的怯懦或巧妙的逃避，要么是在个体立场固守中遥远的眺望或冷峻的分析，人们既不愿意为自己树立高大全形象而承担太多的公共责任，也不愿意用公共责任去绑架他人而把自己装扮成正义的天使，人们更多愿意回归到"做好自己"的生活样态，在公共生活中，既看不到人们在公共生活中基于"最大公约数"的无私合作，亦看不到人们在公共生活中对各种不正义，尤其是权力蛮横或市场专制的批判和争辩，更多看到的则是公共生活中的各种表面的喧嚣、冲动、凑热闹或对"圈子文化"式的"组织"的盲从，从而导致公共生活的本真性和公共性阙如，公共生活中往往呈现出个体性的私益考量与公共性的公益建构之间的不成比例的对抗，公共生活在他们的导演下更像是一场漠视公共性的歌颂欢呼、游行呐喊或狂欢的集体运动或激情游戏，而不是一场伸张公共性的充满热忱的自由论辩或思想交流的公众盛宴，直接消解着公共生活的本真性和公共性。

三、自由的类形态的主体性：公共生活的和谐

自由自觉活动是人的类特性，其生成与发展着人的规定性，丰富着人的生存内涵和根本意义。"一个种的全部特性、种的类特性就在于生命活动的性质，而人的类特性恰恰就是自由的自觉的活动。"[①] 自由的类形态的主体性是主体性生成的必然逻辑。无论是后现代"主体性黄昏"的呐喊，还是当代"主体性黎明"的呼吁，其背后均是对主体性彰显的现实隐喻。随着历史车轮的滚滚向前，现代社会的美轮美奂，人们对自由、解放、平等的渴望与祈求不仅没有放缓脚步或停歇，反而是在实践中急速流动，解读马克思主体性思想的真实内涵，自由与解放正是人的主体性的另一表达而已，人只有成为真正的主体，其才有可能得到自由与解放，因为"在主

---

① 《马克思恩格斯全集》第42卷，人民出版社1979年版，第96页。

体中自由才能得到实现，因为主体是自由的实现的真实的材料。"① 解读
后现代主义的"主体性衰落""主体性退隐"或"主体性黄昏"等消解主
体性的思想，其背后并不完全是彻底"否定"真正主体性的存在，而有
其特定含义，更多是指个体形态的主体性的衰落，多尔迈所言说的正在衰
落的主体性，并不是一种以自主性、创造性、自由性、平等性、意识性和
能动性为内核的现代主体性的衰落，而更多是指自我中心主义、人类中心
主义、主体间性缺失的单独主体性等等的衰落。后现代主义者所消解、否
定的主体性更多是一种狭隘、片面、极端、发展不成熟的主体性，并非完
全否定马克思所说的自由的类形态的主体性，反而把自在的个体形态的主
体性看成是迈向自由的类形态的主体性形成中的一个环节，正如多尔迈所
说："我们把现代性主体性的兴起和以人为中心的个体主义看作是一种可以
避免的错误，然而却是人的解放和成熟过程中的一个阶段——尽管这一个
阶段的内在缺陷现在已变得非常明显了。"② 马克思主义也认为，重新反
思主体性，并不是为了动摇、否定、颠覆人类在世界中的主体地位，而是
为了更好确证人类自身的主体地位，马克思亦从"实践"出发，找到了理
解主体性问题的"阿基米德点"，正如其所言："德国哲学是从天国降到人
间；和它完全相反，这里我们是从人间升到天国。这就是说，我们不是从
人们所说的、所设想的、所想象的东西出发，也不是从口头说的、思考出
来的、设想出来的、想象出来的人出发，去理解有血有肉的人。我们的出
发点是从事实际活动的人……不是意识决定生活，而是生活决定意识。"③
因此，我们不要完全误读后现代的主体性"黄昏""退隐""衰落"的消解
态度，而应深信人类在克服了自在的个体形态的主体性危机或缺点之后，
作为人的本质属性，自由的类形态的主体性一定能够得以健康发展，真
正实现人的个体主体性与类主体性的有机结合，这是主体性生成的历史

---

① ［德］黑格尔：《法哲学原理》，范扬、张企泰译，商务印书馆1961年版，第111页。

② ［美］弗莱德·R. 多尔斯：《主体性的黄昏》，万俊人等译，上海人民出版社1992年版，第1页。

③ 《马克思恩格斯选集》第1卷，人民出版社1995年版，第73页。

走向，也是社会发展的必然逻辑，也符合马克思所叙说的人的发展经历着"人的依赖性→物的依赖性→自由个性"的历史进路。在自由的类形态中，物的依赖性与人的独立性的矛盾得到合理消解，个体与共同体的关系得到和谐建构，人不再被物欲横流的现实所阉割或肢解，不再把自己的命运交给上帝或他者去决定，不再担心感觉不到"正确"的感觉，不再害怕在茫茫人海中失去自己心爱的那份眷恋，而是在实践的流动中不断生产与再生产着自身，建构着一条人为自己主人的叙事主轴。与自为的个体形态相较而言，自由的类形态的主体性主要表征有：一是具体的主体形态。现实的人及其发展是马克思主义哲学关注的焦点，在"主体性问题"上，马克思主义哲学亦实现了从"抽象主体性"向"具体主体性"转变的主体形态嬗变。可以说，在个体形态的主体性中，个体主体更多是一种单一、抽象、片面的理性主体；在类形态的主体性中，类主体则是全面、自由、具体的主体，是一种最完备的主体形态，"人的本质是人的真正的社会联系，所以人在积极实现自己本质的过程中创造、生产人的社会联系、社会本质，而社会本质不是一种同单个人相对立的抽象的一般的力量，而是每一个单个人的本质，是他自己的活动，他自己的生活，他自己的享受，他自己的财富。"① 为此，人也不再是"抽象的人"，而是社会关系中的"现实的人"。首先，现实的人有着自然关系、社会关系和意识关系的三重规定。现实的人是自然存在物与社会存在物的统一体，"全部人类历史的第一个前提无疑是有生命的个人存在。"② "各个人借以进行生产的社会关系，即社会生产关系，是随着物质生产资料、生产力的变化和发展而变化和改变的……古代社会、封建社会和资产阶级社会都是这样的生产关系的总和，而其中每一个生产关系的总和同时又标志着人类历史发展中的一个特殊阶段。"③ "思想、观念、意识的生产最初是直接与人们的物质活动，与人民

---

① 《马克思恩格斯全集》第 42 卷，人民出版社 1979 年版，第 24 页。
② 《马克思恩格斯选集》第 1 卷，人民出版社 1995 年版，第 67 页。
③ 《马克思恩格斯选集》第 1 卷，人民出版社 1995 年版，第 345 页。

的物质交往、与现实生活的语言交织在一起的。人们的想象、思维、精神交往在这里还是人们物质活动的直接产物。"① 其次，现实的人是一种关系性的存在物。现实中的人是处于具体时空和特定关系之中的人，人的存在与发展正是由各种社会关系进行建构的，合理社会关系并非是阻碍人的发展的异己力量，而是表现、建构和确证人的本质属性的力量，社会发展与人的发展过程是沿着同一条道路前进的和谐统一过程，为此"首先应当避免重新把'社会'当作抽象的东西同个人对立起来。"② 因为"要不是每一个人都得到解放，社会也不能得到解放。"③ 最后，现实的人是一种自由人的联合体。"自由人的联合体"是马克思对未来社会，即共产主义社会的一个美好预设，正如其所言："代替那存在着阶级和阶级对立的资产阶级旧社会的，将是这样一个联合体，在那里，每个人的自由发展是一切人的自由发展的条件。"④ 马克思所言说的"类"即为"自由人的联合体"的一种预设，自由人的联合体思想是一种以人的自由全面发展为逻辑起点、理论轴心和终级圭臬的思想体系，其揭示了"类"与个体不是对立的两极关系，而是一种相互建构的关系，在这种联合体中，个人真正成为自由的人，真正得到自由、全面的发展，个人自由、他人自由、社会自由之间协调一致、良性互动，"社会的每一个成员都能完全自由地发展和发挥他的全部才能和力量，并且不会因此而危及这个社会的基本条件。"⑤ 二是和谐的主客体关系。如前所述，在个体形态的主体性阶段，主体性陷入一种盲目、任意、自发的困境，一方面，人与物之间的关系往往被简化为"主"与"客"的对抗关系，人与自然之间是一种简单的征服与被征服、掠夺与被掠夺的关系，在人的眼中，自然被贬值为一种受支配的纯粹质料，毫无其他价值所在，于是人在与自然前行中，喊出了"人定胜天"的振聋发聩

① 《马克思恩格斯选集》第1卷，人民出版社1995年版，第72页。
② 《马克思恩格斯全集》第42卷，人民出版社1979年版，第122页。
③ 《马克思恩格斯选集》第3卷，人民出版社1995年版，第644页。
④ 《马克思恩格斯选集》第1卷，人民出版社1995年版，第294页。
⑤ 《马克思恩格斯全集》第42卷，人民出版社1979年版，第373页。

之声，正如比尔·麦克基本所言："我们再也不能认为我们自己是被巨大的力量抛来抛去的物种，现在，我们就是那些巨大的力量。飓风、雷暴和大雷雨已经不再是上帝的行动而是我们的行动。"[①] 但是实践告诉我们，自"人定胜天"发轫之时，人类便开始迷失了自我，失去了对大自然的崇敬，背离了自然的方向，人与自然之间沦为一种简单的"主"与"客"的对立关系，在人类看来，自然只不过是人类展示自身活动的舞台和道具而已，人类在以自己的方式征服自然、奴役自然的同时，亦不同程度地遭到自然界的惩罚与报复，结出了文明的"苦果"，为人类的生存带来了毁灭性灾难。《寂静的春天》（蕾切尔·卡逊）、《增长的极限》（罗马俱乐部）、《自然的终结》（比尔·麦克基本）等无不为人类敲响了生态警钟。在类形态的主体性阶段，人与自然的关系得以重新审视，人与自然之间不再是简单的"主"与"客"的对立关系，而是一种更高形态上的共生共荣共在的和谐统一、协调发展的关系，人类以更加宽容的姿态呵护自然、关爱自然、尊重自然，认识到人不仅是自然的产物，是与自己所处的自然环境一起发展起来的；而且人的存在与发展离不开自然，人的活动受自然界制约，为自然界深深地烙下自己的意志，人只有依靠以各种形式（食物、燃料、衣着、房屋等等）呈现出的自然产品才能完成自身的劳动力再生产，人与自然之间的关系必定会朝着更高形态的方向上和谐前行。另一方面，人与自然之间的"主"与"客"的对立关系，必然会导致人与人之间关系的异化，如前所述，在个体形态的主体性阶段，出现了个体主体性的物化现象，呈现出人对"物"的过分依赖，"物"成为人与人之间关系得以建构的"介体"，正如马克思所言："人与人之间除了赤裸裸的利害关系，除了冷酷无情的'现金交易'，就再也没有别的联系了。"[②] "对我们来说，我们彼此的价值就是我们彼此拥有的物品的价值。因此，在我们看来，一个

---

① ［美］比尔·麦克基本：《自然的终结》，孙晓春、马树林译，吉林人民出版社2000年版，第12页。

② 《马克思恩格斯选集》第1卷，人民出版社1995年版，第275页。

人本身对另一个人来说是某种没有价值的东西。"① 由此可见，人成为"物化"中的人，人与人之间的关系得以"物化"，"人—物"的关系（物质需要）远远高于"人—人"（精神需要）的关系，为此，主体在交往过程中，人与人之间亦不再是一种平等、合作的主体间性关系，而更多是一种你死我活的自我与他者的对立关系，自我往往把他者当成客体对象，企图实现对他者的掠夺、征服与控制，人不再成为马克思笔下的永远主体，而沦落为一种客体和手段。在类形态的主体性阶段，人与人之间的关系被置于主体间性中予以审视，人不再被看作为一种客体和手段，"主体（人）—客体（文本对象）—主体（人）"的"自我"与"他者"的交互关系替代了"主体（人）—客体（人）"的"自我"与"他者"的对立关系，最贴切、最现实注解了人的本质是一切社会关系的总和，在这种主体间性的交互关系性中，他者不再是简单地实现自我的手段，自我也不再是与异己性的他物打交道，而是与同质性的他者就共同的客体（文本对象）进行沟通、交流、对话，从而实现人与人之间的平等、自由、和谐的社会交往，真正体现"人是人的最高本质"。三是多元主体共生共在。近代个体形态的主体性确立，主客二分的思维方式，人的主体性得以过度扩张，致使"人类中心主义"代替了"自然中心主义"，甚至出现了"绝对人类中心主义"，在人类狂妄的理性指引下，人的主体性得到了淋漓尽致的发挥，超出了价值论意义的阈限，扩展到存在论意义的范畴上，人类自身欲望及其满足成为对待自然与他人方式的考量标准，"占有统治"观念亦成为人们日常生活中的思维范式的"蕊片"，人与自然、人与人、人与社会的关系往往演化为一种占有与被占有、统治与被统治的关系，贪婪的占有统治是"天经地义"的、是生活的价值内核，"物"的价值遮蔽了"人"的价值，"物性"消解了"人性"。在类形态的主体性阶段，生存论转向成为类主体哲学确立的基础，社会是共生的社会，人是共生的人，"人类主体，就其结构而言，在

① 《马克思恩格斯全集》第42卷，人民出版社1979年版，第37页。

生产过程中，不仅渐渐将自己的能力对象化而自我实现，同时还在情感上承认全体互动伙伴，因为他把他们当作是有所需要的共在主体。"① 由此，平等互动的"共生共在"观念成为人们日常生活中的思维范式的"芯片"，人与自然、自我与他者、个体与类之间更多是一种伙伴式的平等合作关系，是一个相互联系的有机整体，和谐合作、共生共在成为人类生存与发展的主流，共生文化成为人类文化的主流，共生成为人类价值观和行为规范重新建构的准绳，共生的良性竞争成为社会主流，人类社会建构成一个有机、完整的生命，"生命中心主义"代替"人类中心主义"，人类将以宽容的心态、整体的身份诗意地栖身于"自由人的联合体"之中，人与人、人与社会、人与自然、国家与国家、民族与民族之间更加得以相互依存、和谐共处，真正体现了"人和自然界之间、人和人之间矛盾的真正解决，是存在和本质、对象化和自我确证、自由和必然、个体和类之间的斗争的真正解决。"② 需要澄清的是，"共生共在"并非意味着交互主体之间没有差异、没有冲突、没有矛盾，而是交互主体之间的一种异质的多样性融合，是承认"多元差异"的共存、共在、共荣、共利，是交互主体之间通过价值博弈进程而形成的一种视域融合或重叠共识的基础上的共同生成、共同生存和共同发展。多元主体之间的差异消解亦是通过"对话"，而非暴力来达致，对话成为共生共在的智慧，对话代替了独白，协商代替了对抗，交互主体之间的对话型"我—你"的关系置换了独白型"我—他"的关系，正如布伯所言："当言及你，我是其对称词，我—你乃共言。当言及它，我是其对称词，我—它乃共言。我—你之基本词只能与其整个本质所言述，而我—它之基本词绝不可能与其整个本质所言述。"③ 为此，在类主体性阶段，多元主体之间的关系乃是一种真正相互敞开、真

---

　　① ［德］阿克塞尔·霍耐特：《为承认而斗争》，胡继华译，上海世纪出版集团 2005 年版，第 153 页。

　　② 《马克思恩格斯全集》第 42 卷，人民出版社 1979 年版，第 120 页。

　　③ ［德］马丁·布伯：《我与你》，陈维刚译，载于《马丁·布伯文集》第 1 卷，海德堡与慕尼黑 1962 年版，第 79 页。

诚对话的良性互动关系，交互主体之间以对话作为人之存在的一种智慧
而共生共在。

在自由的类形态的主体性的阶段，随着主体形态从单一、片面的抽
象主体性向全面、自由的具体主体性的转变，主客体二元对立关系向主客
体和谐互动关系的转变，"占有统治"的思维范式向"共生共在"的思维
范式的转变，公共生活愈来愈成为交互主体异质共在的平等对话平台和视
域融合抑或重叠共识形成的公共话语空间。因此，考察类主体性镜像中的
公共生活，其往往呈现出一种和谐的图像，主要表征为以下两个方面：一
是公共生活的公共性彰显。公共性理应为现代公共生活的本质属性，只是
在群主体性和个体主体性阶段，政治权力或经济力量出于自身利益或立场
的考量，对公共生活领域实施影响或操纵，其结果是导致公共性的实质
性意义未得以有效扩张，呈现出来的实则为一种虚假的公共性，公共生活
领域丧失了真正的公共性。在类主体性阶段，"各个人都是作为个人参加
的。它是各个人的这样一种联合，这种联合把个人的自由发展和运动的条
件置于他们的控制之下。""各个人在自己的联合中并通过这种联合获得自
己的自由。"[①] 人类步入一个更加自主、自觉、自由的类主体生活的全球
化时代，一种全球文化形态观念随之得以建构，人类也越来越注重从类存
在的维度把握、建构确证其生存和发展的坐标系，公共性的价值理念的追
求在公共生活中越来越得到彰显，公共生活日益"实心化"，人亦在更高
形态上占有自己的本质，因为"作为一个概念，全球化既指世界的压缩
（compression），又是指对世界作为一个整体意识的增强。"[②] "不同他人发
生关系的个人不是一个现实的人，同样，不同其他国家发生关系的国家也
不是一个现实的个体。"[③] 人类亦将在一个公共真实的自由人联合体中实
现着自身的生存与发展，个体真正融入公共和谐之中，开启了实现全面、

---

① 《马克思恩格斯选集》第 1 卷，人民出版社 1995 年版，第 119 页。

② ［美］罗兰·罗伯逊：《全球化：社会理论和全球文化》，梁光严译，上海人民出版社 2000
年版，第 11 页。

③ ［德］黑格尔：《法哲学原理》，范扬、张企泰译，商务印书馆 1979 年版，第 347 页。

自由发展的真正可能。如前所述，哈贝马斯把"公共性"视为一个由公众（主体）、公共权力（客体）、公共领域（空间）、公众舆论（形式）、新闻媒介（中介）等结构要素所构成的社会整体结构。在类主体阶段，从公共性的主体要素来看，人是社会发展的真正主体，人的发展从"必然王国"过渡到"自由王国"，人才能超越动物的生存条件，摆脱动物的原始兽性，真正迈入人的生存条件，成为一种自由自觉的类存在，置于一种自在自为的生存状态之中，促进人的自由个性发展与现实社会关系延展的和谐统一。人的个体存在与类存在得以真正有机统一起来，公共生活的主体不再是少数精英的专席，而是个体主体性与类主体性有机统一起来的全面自由发展的人。从公共性的客体要素来看，随着生产力的扩大，物质财富的增加，阶级差别的消失，全部生产愈来愈集中于个人手里，公共权力的政治性质得以失去，公共权力从原初形态回归到社会自治权力的更高形态，公共权力完全表征为社会自治权，社会自治权真正达到了最大值，一切公共权力归属于全体人民，真正迎来马克思所预言的"人民主权"时代，各种社会组织或团体将不再是人民的异己力量，每一个公民都可以直接参与公共事务和公共生活。从公共性的空间要素来看，作为消灭现存状况的一种历史运动，从某种程度而言，共产主义的实现过程即公共领域不断厚实的过程，公共领域以一种合历史规律性与目的性的动态形式出现，并贯穿于整个人类社会发展的历史，最终在自由人联合体中成为一股主导性力量，自由人联合体才是真正属人的、呈现公共性气质的公共领域。以往社会的公共领域只不过是被政治权力所狭隘、裹挟了，为此，只有在类主体阶段，"人的存在——自由人联合体——公共领域——私人的公共空间——公共生活"才真正达到了内在的有机统一。从公共性的形式要素来看，在自由人联合体中，"人终于成为自己的社会结合的主人，从而也就成为自然界的主人，成为自己本身的主人——自由的人。"① 公众舆论的形成更加诉

----

① 《马克思恩格斯选集》第3卷，人民出版社1995年版，第760页。

诸公众和理性，公众舆论的自主性、独立性和公共理性愈加清晰可见，公众舆论亦更具公共性气质。从公共性的中介要素来看，由于公共权力回归到社会自治权力的更高形态，新闻媒介不再受到政治权力或经济力量的左右、操纵，新闻媒介的公共性功能真正得以建构，正如马克思所言："真正的报刊＝自由报刊＝人民报刊"，新闻媒介将不再充当特殊利益集团的"喉舌"或"代言人"，也不是为任何团体或个体培植势力，不受任何经济诱惑或强力诱逼，而是真实地反映、表达人民的声音，以人民的公共福祉为价值芯片，当好党和人民的"喉舌"，在其"自由性"与"人民性"的内在统一中，真正彰显其公共性的本质属性和社会公器属性。因此，按照哈贝马斯的公共性的结构要素定义进行解析，不难发现，在类主体阶段，作为公共领域中所展开活动的一种归纳，公共生活的公共性将会更加彰显，表征着公共生活的和谐。二是公共生活的对话性转向。对话是和谐的本质特征之一，没有对话就没有和谐，和谐只有在对话中才会真正实现。文明的多样性是人类社会发展的重要动力和客观写照，不同文明之间的平等对话、共同发展将为人类危机的解决提供智慧，人类共同面临的许多全球性困惑、危机等都要在公共生活的平台上得到消解和解决。事实表明，多元文明之间的差异并不是观念的想象物，而是历史的生成物，也正是因为多元文明差异存在才展示了世界的丰富性和多样性，如果没有多元文明差异存在，人类社会将会是一个僵化简单的同一、甚或寂灭。现时代的全球化并不是单向的资本在全世界的扩张运动，而是全方位的，涉及政治、文化和社会的诸多领域的全球化，正如《共产党宣言》中所揭示："资产阶级，由于开拓了世界市场，使一切国家的生产和消费都成为世界性的了。……物质的生产是如此，精神的生产也是如此。各民族的精神产品成了公共的财产。"①　马克思当年所描绘的"世界历史"进程正在强势推进，其所预言的"世界市场""全球市场"也正在成为一个客观事实，生活在同一个

---

① 《马克思恩格斯选集》第 1 卷，人民出版社 1995 年版，第 276 页。

"地球村"也不再是离我们遥远的一个科普幻想，而是一个现实。然而，承认不同文明之间的差异恰恰是全球化的逻辑起点，全球化的发展趋势就是要缩小不同文明之间的差异，让各个文明在领略异域文明的无限风光的同时，承认全人类的共同利益的客观存在。当代全球化在人类历史进程迈向世界历史的过程中发挥了重要作用，为形塑人类共同利益夯实了主体基础，人类共同利益在全球化进程中变得更加清晰与可能，特别是各种全球性问题的出现，牵一发而动全身，任何一个国家都无法逃避全球性问题所带来的影响，为了规避这种不利影响，交往主体之间需要在全球视域下进行互动与合作，从而为人类共同利益的形塑提供了内在动因，使其成为一种客观的现实。由此可见，人类的共同利益在公共生活实践中是可能且客观存在的，对此毋庸置疑，需要考量的是在公共生活实践中以什么样的方式来更好地消解人类的共同危机，更好地寻求人类的共同利益。中外历史事实证明，任何一方主体企图采取把其文明或意志强加于另一方主体，进而褫夺另一方主体的文明或意志的"独白"的方式，均为一种不现实的选择或仅是一种乌托邦式的乡愁而已，注定是以失败告终。如前所述，在类主体性阶段，个人个性得到了全面发展，个体主体性与类主休性实现了有机统一，在"我—你"的关系中，每一个个体都需要把其意见加入其中，有意识建构并推动公共生活发展，为此，信息的交流、分享与对话就显得格外重要，历史已证明，不同文明之间的对话、交流、互动对促进人类文明发展起到了非常重要的作用，甚或在人类文明发展过程中具有里程碑式的意义。为此，在交互主体之间的这种交流、分享与对话的过程中，"我"与"你"同时得到了升化和超越，"我"与"你"之间更能相互进入对方语境、清楚明了对方话语，并据其话语作出清晰的回应，才能真正体现"让他人说话"的对话原则，破解对话过程中的"特洛伊木马"，真正会以对话形式来共同面对特定的客体或客体世界，促进公共生活主体之间的视域融合和相互理解，对话亦成为公共生活主体之间的强烈共识。

第二节　公共生活建设的场域论域 ①

作为国家和社会之间的公共空间，公共领域是现代公共生活的实践场域，它是随着人类"国家"和人类"社会"的出现而伴生的。"国家"的到来与"社会"的形成，为公共空间提供了存在的可能，为公共领域的生长提供了所需土壤。关于公共领域及其中国意义的探讨，学术界一直存有分歧，分别呈现出肯定论、否定论和中立论的三种观点。② 因此，以西方公共领域为参照系，从中国特色公共领域的主要面相来解读现代公共生活的发展，揭示公共生活的动力，是一个需要加以澄明的问题域。

一、公共领域的国家化植入：公共生活的附魅

人们通常理解的是，"原始社会""奴隶制国家"。这种数千年的教传，昭示在原始部落时期即有了"社会"；到了奴隶制时期，方才出现"国家"。因此，公共空间的生长，是先出现了"社会"，进而生成"国家"。人类社会，是随着人类的出现，经过一个不断由简单到复杂、由单一到群体、由独立到复合的一个漫长过程。恩格斯曾把以群居为生活样态的"古猿"及其群体关系分别称为"社会化的动物"与"社会本能"。国家不是从来就有的，关于国家的生成与出现，先后产生了诸多版本、多元视角的解读。马克思主义国家起源理论基于国家产生原因、运行规律、发展变化的基础上，提出国家是阶级矛盾不可调和的产物。与此同时，基于自身的

---

① 本部分内容辑录于《北京大学马克思主义学院访问学者文库》（2016 年 6 月），题为《公共生活的历史跃迁：公共领域视界的中国澄明》，辑录时已标注国家社科基金项目成果。

② "肯定论"认为虽然中国不具备西方公共领域的完全形态，但并不能以此否定中国特色公共领域的实体形态存在；"否定论"认为公共领域是一个西方概念，中国因为封建专制集权的挤压，市民社会的阙如，公共领域概念不具有中国适用性；"中立论"认为虽然公共领域是一个西方背景下的特殊概念，但并不能妨碍以其作为一个学术常识来分析中国问题，应根据具体情况来客观、谨慎待之。纵观学界分歧，其背后实质都并不是完全否定此概念的中国意义，而是对西方背景下的这个概念的具体效度运用和批判。

阶级条件，其他学者也在不同时代提出了不同的国家理论，其中神权论、暴力论和契约论是典型代表。随着生产力发展和人类社会大分工发生，古代国家在世界各地悄然出现。在中国，随着原始社会向奴隶制社会的跨越，在大约公元前 21 世纪，夏商周相继建立，国家的要素逐渐健全，国家的体系逐步建立，国家的雏形逐渐成熟。可以说，随着公共领域的国家化控制，公共生活也受到国家权力的宰制，公共生活的公共性严重阙如，公共领域的实体形态也更多是一种社会学意义上的公共空间建构，而非社会批判理论意义的舆论领域建构。据此，可以从以下两个方面来加以透视。

一方面是公共领域实体形态的中国殊相。随着国家雏形的形成、扩大与巩固，其与社会、私人领域之间，伴生了一些新鲜事物。这些新事物是居于国家庙堂之外和私人家庭寝居之外，具有鲜明的公共性，也是当今许多学者考察中国古代公共领域的重要切入点，诸如街市、茶馆、酒肆、商铺、庙会以及广场等，它们虽不具有西方公共领域的与国家权力相抗衡的面相，但并不妨碍其作为中国公共领域的实体形态加以分析。一是街市的产生。街市是介于国家和社会之间的最大空间，是承载其他微观公共空间的主要界面，可以说是公共空间的公共空间。原始的街市叫市井。"市"在中国古代也称作"市井"，源于远古时期最初的交易都是在井边进行的。随着第一次社会大分工、第二次社会大分工，市场被稳定下来，街市的规模也不断扩大，发展为城。早起的城市，具有特殊的功能，可以概括为：城载于国，国承于城。历史学、社会学、人类学、地理学等不同学科，对城市的起源先后产生了不同视角的解读。如考古学家柴尔德《城市革命》一书中，列举了城市起源的 10 条标准，即：在有限的区域中集中了较多的人口；手工业专门化；剩余产品由中央权力机关支配；存在公共祭祀建筑；社会等级差异明显；采用文字；科学研究发轫；自然主义艺术出现；存在对外贸易；栖居方式不再依血缘关系而定。[①] 国内有学者提出从定居、

---

① Childe. V. G. The Urban Revolu-tion. Town Planning Review, 1950, 21: 3-17.

粮食供应、手工业与市场、贸易、宗教、管理和防御几个方面考虑城市起源。[①] 事实表明，正是在诸种因素的共同作用下，逐渐有了城市的产生和发展。中国的市和城，随着夏商周数千年的演进，逐渐发育生成。到秦汉时，已经有了完备的市场管理制度，形成了功能多元的城市。南北朝时，在广泛制定的市场之外，出现了民间自发集聚的草市；唐代开始，随着经济发展水平达到一个新的高度，市场更趋向繁荣，出现了夜市与早市；进入宋代，中国古代的经济发展达到空前的高度，市场打破时空局限，市进入更细微的公共单位——坊。

历史有关资料记录了当时市的发育和生长。如《梦粱录》载，"杭州人烟稠密，城内外不下数十万户，百十万口。每日街市食米，除府第、官舍、宅舍、富室及诸司有该俸之外，细民所食，每日城内外，不下一、二千余石，皆需之铺家。"[②] 《梦粱录》还描绘到，"名曰肉市，巷内两街，皆是屠宰之家，每日不下宰数百口，俱系城内外诸面店、分茶店、酒店及盘街卖烤肉等人，自三更开行上市，至晓方罢市。"[③] 从这些市场的发育和城市的生长中，可以觑见街市的繁荣与细化，进而端倪公共生活领域的出现与扩大，公共空间的萌芽与生成。不仅在中国，从街市到城市的变迁，显现了人类社会的公共空间发展缩影。诸如在古代西方，古希腊和古罗马时期（古典时期），位于城市中心的神庙、剧场、竞技场等系列大型公共建筑构成了城市核心圈，普通民居则围绕着这个核心圈层层铺展开来。这种城市结构的构造是当时"神、统治者、普通百姓"之间关系的一种物象诠释，折射出公共性对当时社会的重要性。

二是茶馆、酒肆和客栈。当前面所述的交易出现时，就促进了人们的流动。当城市的承载力扩大时，就接纳了更多的城市投奔者。食宿的本能需求，促进了茶馆、酒肆和客栈的出现。纵观人类历史，如果说街市是人

---

① 陈淳：《城市起源之研究》，《文物季刊》1998年第2期。
② （宋）吴自牧：《米铺》。选自《梦粱录》卷十六，浙江人民出版社1980年版，第206页。
③ （宋）吴自牧：《肉铺》。选自《梦粱录》卷十六，浙江人民出版社1980年版，第206页。

类发展中公共空间的真实缩影，那么茶馆、酒肆和客栈的出现，就是最典型的微观标志。中国饮茶的历史久远，但茶馆的正式出现，要晚于饮茶风俗的兴起。有考证介绍，茶馆最早的雏形是茶摊。据《广陵耆老传》中记载，"晋元帝时，有老姥每旦独提一器茗，往市鬻之。市人竞买，自旦至夕，其器不减。所得钱散路傍孤贫乞人。"①可见，晋时，茶水已经走向集市，到了南北朝时，则出现了供喝茶兼住宿的茶寮。唐代经济繁荣、商业发达，推动了茶馆的发展，长安、洛阳等大中城市都出现了"茶肆"，茶馆在公共领域中占据了重要席位。如唐玄宗天宝末年，进士封演在《四库全书·封氏闻见记》中记载，"开元中，泰山灵岩寺有降魔师，大兴禅教，学禅，务于不寐，又不夕食，皆许其饮茶。人自怀夹，到处煮饮，从此转相仿效，遂成风俗。自邹（今山东邹县）、齐（今山东临淄）、沧（今河北沧州）、棣（今山东惠民）渐至京邑，城市多开店铺，煎茶卖之。不问道俗，投钱取饮。"②这种在乡镇、集市、道边"煎茶卖之"的"店铺"，正是茶馆的早期载体。此后，伴随茶圣陆羽《茶经》的问世，使得"天下益知饮茶矣"，茶馆在江南地区迅速普及，并快速流传到了北方。宋代以来，茶风更甚。"客至必设茶"，"人固不可一日无茶"，茶楼已经成为市井的基本消闲场所，并衍生了一系列特殊功能。一是休闲功能。无论是高尚之人还是社会底层，诸如工匠、脚夫、老板、学子等，不论富贵贫贱，都可以聚在茶馆，获得休闲的空间和休息的机会。二是信息功能。茶客来自东西南北、五湖四海，他们在饮茶的同时，相互高谈阔论，说今评古，发布大道新闻，传播小道消息；或添油加醋，表达各种意见和情绪，茶馆俨然成为了一个信息源和广播站。三是娱乐功能。戏曲、曲艺这些"俗乐中的雅乐"常与茶馆孪生。自宋代以来，在茶坊演出已成习俗。《武林旧事》记载道，"外此诸处茶肆，各有等差，莫不靓妆迎门，争妍卖笑，朝歌暮弦，

---

① （唐）陆羽：《茶经》，中国纺织出版社 2006 年版，第 24 页。
② （唐）封演：《封氏闻见记校注》，中华书局 1958 年版，第 46 页。

摇荡心目。"[①] 不少江湖艺人会到茶馆卖艺，说拉弹唱、品古论今，让茶客在听和看中，享受娱乐。另外，不少人会将玉器、烟壶、册页、扇面等小器件带至茶馆；或者提着鸟笼来喝茶，雀鸣莺转，群鸟争鸣，自得其乐。甚至茶馆还有小赌场，斗雀、玩蟋蟀、博彩等。四是商业功能。在不少地方，许多茶客，比如船主、货主、商贩，各行业往往以固定的茶馆为交易之所。以成都为例，皮鞋业在魏家祠茶社、中药业在椒子街天合茶园、干菜杂货业在北门大安茶社、茶叶业在东大街华茶厅，各业客商均有相应的茶馆作为交流和交易之所。

酒肆是古代公共生活中的另一个重要角色。中国是酒的故乡，酿酒在我国已有相当悠久的历史。夏商周以来，买酒、卖酒、饮酒的公共场所逐渐出现。到秦汉，酒楼的出现进一步增多。到"两宋"，由于商品经济的高度发展，酒肆的繁盛应声而起。在此，结合学术界的讨论，将这一时期的酒楼概括为三大种类：一是综合性的大酒楼。这类酒楼专门提供给社会上层人士，酒楼富丽高雅；二是普通酒楼。除酒外还供应零星小食物，是平民的消费场所；三是带有神秘色彩的酒楼。比如带有半妓院性的酒店，或是文人雅士经常举行小型聚会的酒楼。

客栈是古代人们流动时食宿的重要地方。由于交通不发达，外出、商贩、贸易等活动，需要有一个提供食宿的公共场地。古代客栈正是这样应运而生。客栈为客人提供短期或长期的服务，提供饮食或住宿，提供物品保管等其他有偿托付的事项。张择端的《清明上河图》生动描绘了我国宋代街市的繁华景象。《清明上河图》中有茶馆、酒肆、肉铺、菜场等，来往人员熙熙攘攘，可见客栈在流动人口不小的城市需求很大。与今天的酒店不同，古代的客栈有两个显著的特殊之处。一是客栈不仅开在人流聚集的城市，也开在相对偏远的乡镇和交通要道；二是客栈兼有现代物流的存储、转运、托运功能。中国古代的官方记载、民间记录、各类小说等都有

---

① （宋）周密：《歌馆》。选自《武林旧事》卷六，浙江人民出版社1984年版，第95页。

许多客栈的生动描述；现当代的不少电视剧、影视剧，假以古代客栈为载体，演绎了无数酸甜苦辣、悲欢离合的大事小情。

三是庙会和广场。庙会是中国自古以来延续不断的特有社会标志和文化现象，随着祭祀的兴起而逐渐出现。据有关文献记载，在我国唐代，庙会已经存在。"京师隆福寺，每月九日，百货云集，谓之庙会。"① 此后，庙会也从古代严肃的宗庙祭祀、社祭及民间的信仰中孕育诞生，历经各朝代的完善发展，公共性更加凸显，俨然成为人们经济生活、精神生活和文化生活的重要组成部分。新中国成立后，作为一种历史遗产和市集形式，庙会在有些地区亦不鲜见，祭神、娱乐和购物等系列活动有的继续以庙会名义展开，庙会在促进城乡交流和商品交换中也曾发挥着一定作用。古希腊和古罗马是欧洲"古典时代"的主要代表，作为一种公共空间，古希腊与古罗马的广场亦颇具特色。从近现代的考古发现来看，古希腊主要的公共建筑物遗址有神庙、剧场、会堂、竞技场等；古罗马建筑的公共建筑物遗址有广场、剧场、角斗场、庙宇、浴场等。其中，众所周知，公元前776年，古希腊隆重地在广场上集中召开了人类第一次奥林匹克运动会。古希腊的广场承载着很多活动，人们甚至可以在广场上自由演讲、集会、开会、表演等。不少学者认为，古希腊的广场正是当时民主的一个显著象征。古罗马的广场不仅是市场集会之地，也是住宅、商店、庙宇、宫廷等建筑围聚的核心，成为古罗马帝国政治、经济、文化和宗教的活动中心。同时，广场也成为市民集会、交流和联系的重要阵地，是古希腊与古罗马社交活动的重要载体。

另一方面是公共生活的政治化演进。人类社会的发展是一个由初级向高级发展的变迁过程。随着公共空间的缓慢生长，来自国家力量的控制，慢慢嵌入有限的公共空间及公共生活之中，这种日益深入的控制与公共空间、公共生活的缓慢生长交织并行。首先是对街市加强管理。街市是宫殿

---

① 李家瑞：《市肆》。选自《北平风俗类征》下，商务印书馆1937年版，第419页。

以外，承载公共生活的最大空间。在春秋战国时期，各国对街市的建设与发展就制定了具体的管理制度。既在街市的布局上进行宏观管制，又设置专门的官员驻扎其中，加强对街市活动的管理，强化对街市民众的监督。因此，无论是在茶馆、酒肆还是在庙会、广场，无论是在斗鸡、走犬还是六博、投壶，无论是在说书、演戏还是在听曲、赏艺，"芸芸众生相"都在官府的直接控制之下。甚至到了明朝时期，这种社会控制继续不断强化。明永乐年间，朱棣专门设置了东缉事厂，即臭名昭著的"东厂"，让宦官总理"缉访谋反大逆谣言、奸恶等事"，在全国建立特务组织，将专制和皇权渗透到细微之处。

与上述公开干涉公共空间、公共领域的表征不同，对公共空间深层的思想、言论等控制，则显得更加隐晦和重视。早在战国初期，辅佐秦孝公的法家商鞅已发出"壹言"的口号，统制社会舆论和民众思想。因此，有了后来秦孝公的"燔诗书而明法令"和秦始皇的"焚书坑儒"。据《史记·秦始皇本纪》记载，秦始皇采纳李斯建议，除秦纪以外，"非博士官所职，天下敢有藏《诗》《书》百家语者，悉诣守、尉杂烧之。有敢偶语《诗》、《书》者弃市。以古非今者族。吏见知不举者与同罪。令下三十日不烧，黥为城旦。所不去者，医药卜筮种树之书。"[1] 焚书坑儒的这种残忍与野蛮的思想钳制手段，不仅在当时伤害深重，更对后世产生了极为恶劣的示范效应。此后历代的"文字狱"、禁书、禁报等专制活动，都与此源出同处。甚至到了封建社会的末期，统治者仍在作禁书的最大努力。比如，《四库全书》的"寓借于征"达到登峰造极之处。乾隆皇帝以编纂《四库全书》的名义向全国广征书籍，所谓不利维系其统治的文献进行销毁和篡改。

保甲制度是中国古代以来监督民众、控制社会的沿用伎俩。从商鞅主张的连坐法到秦汉时期的乡里亭制度、魏晋南北朝时期的三长制、隋唐时

---

① 韩兆琦编著：《史记笺证》，江西人民出版社2004年版，第468页。

期的邻保制、明清时期的里甲制等都从地缘的角度建构了城乡社会控制的严密网络。另外，对公共空间的控制还体现在对民众的教化上，即礼教。西汉时期，汉武帝"罢黜百家，独尊儒术"，大力提倡董仲舒的新儒学，并深刻影响到此后几千年的中国历史。此后，"三纲五常"成为约束和控制民众的民间成文法，宗法制兴起，无论是在乡村还是城镇，在无形中强化了对公共空间的控制。

总之，政权对街市、广场等公开场合的控制，对茶馆、酒肆和客栈等的监视，对城镇、乡村的渗透，对言论、思想的管制与教化，严重干扰了公共空间的生长，使得公共领域置于皇权专制统治之下，人们在街市、茶馆、酒肆、商铺、庙会以及广场等展开的实践活动的公共性也令人大跌眼镜，其在很大程度上是一种共同性生活，而非作为国家与社会分化之后产生的现代公共生活，而且这种共同生活是以身份共同体为依托的，人们之所以能够聚合一起，很大程度上是一种相互身份认同的吸引和凝聚。所以，这种严密的国家化控制与渗透，使得私人领域消融于公共权力领域之中，公共生活也因为其受到权力的宰制而难以成为人们参与公共事务和影响公共权力的主要渠道，公共空间亦无法得到有效的生长，自由民主、市民社会等公共性追求无法获得进步与发展。

二、公共领域的社会化运行：公共生活的解魅

随着人类生产力的快速发展，社会公共领域日渐兴起，私人生活和私人领域显现得更加清晰，冲击了原有缓慢生长的公共生活，对公共领域产生了重大的影响。其中"个人"的孕育，使公共生活得以兴起；从家族到家庭的分化，使公共生活发生变迁；封闭性和私密性的趋向，使公共生活发生异化。可以说，随着公共领域的社会化运行，公共生活也开始以个人化为依托，附着在公共生活表面的"诸神"魅力被剥去。据此，可以从以下两个方面来透视它。

一方面是公共生活的个人化主体。人类的诞生和早期的存续，得益于

人类善于群居群生。发端于原始社会的部落群居，一直影响着此后衍生的乡村、城邦，最显著特点就是集中化和群体性。无论是历史文明的文字记载，还是现当代的考古发掘，都证明在中外文明的很长时间里，集中群居或相对聚居是共同选择。正是这种地缘的集中性，在历史的长期演变中，生成了遍布各地的多种族群（种族、民族）。在这个过程中，"个人"相对湮没在特定的公共世界里。从部落民众，到奴隶制国家和封建政权时期的臣民，"个人"始终未能获得独立的身份，总体依附在集权国家和政权之下。

"个人"的孕育得益于生产力的发展，特别是工业革命兴起后，在新的社会大分工中，加剧了"个人"的催生。工业革命促使人类由传统农业社会向现代工业文明转型，这个转型过程不仅促进了社会转型，也促进了社会的个体解放。这种重大变迁首先在西欧得到突破。在公元 12—13 世纪，封建主义经济秩序开始发生着"静悄悄的革命"，以商业贸易为核心的商业经济模式逐渐取代以庄园为核心的封建经济模式，中世纪西欧城市也伴之兴起，并为市民的存在创造了条件。这种"静悄悄的革命"不断在农业、商业、技术等领域调整传统的秩序，为数百年后步入近代社会和生发工业革命奠定了基础。

到中世纪晚期，爆发了绵延 14 世纪至十六七世纪的数百年的文艺复兴运动。这场运动最先发源于佛罗伦萨，后扩展至欧洲各国。文艺复兴运动的核心是对人性的探索及发现。人们撕开宗教的外衣，大胆地探索人的价值。人们慢慢认识到，人本质上是一个客观的具体存在，任何人都可以独立存在，而非封建领主、宗贵族的附属。前仆后继的人文主义者们用"人性"挑战"神性"，以"人权"反对"神权"。这种爆炸式的思想进步，最直接的成果就是撼动了神权主义，提出了人本主义观点。这种发现"人"，崇尚"人"，尊重"人"，保护"人"的思想，为"个人""个体"的强化和张扬奠定了基础。欧洲中世纪中晚期的城市私人生活变得更加显现。18 世纪中期，第一次工业革命在英国和欧洲大陆的兴起，机器大工业代替以手工技术为基础的工场手工业，"个人""个体"的身份进一步得到解放，"个人""个体"的价值进一步得到重视，以身份共同体为依托的公共生活进一步解体，以个人为依托的私人生活和公共生活进一步建立。

在东方的中国，这种变迁和转型也成为历史的应然路径。自从建立王朝政权以来，奴化思想绵延中国数千年。《诗经·小雅·北山》载"溥天之下，莫非王土；率土之滨，莫非王臣。"这句话折射出在我国封建社会中，天下之土地即君主之土地，天下之百姓即君主之臣民，天下万物皆为君主之私有财产，这种观念在实践中则表征为臣民的忠诚与依附。随着集权专制的不断强化，到宋朝以后，人性更是进入了它的最黑暗时期。这种对人性的压抑和束缚，直到20世纪初，随着中国近代社会的不断变革才逐渐得到关注。20世纪初，在中国爆发了一场反对封建文化的思想启蒙运动，这场新文化运动又被誉为中国的新文化运动。新文化运动的旗手鲁迅拿起手中的匕首，投向那个吃人的社会，向封建礼教挑战，为人的解放呐喊。不做"奴隶人"，要做"自由人"的思想在社会中蔓延，尊重人性、保护个人的共识得到了提高。广大农村的贫农、雇农和城市工场的包身工，纷纷在20世纪上半叶中国的历次大小革命中，趋近社区公共生活，逐渐渴望"翻身"、敢于"翻身"，并在新中国成立后，最终获得翻身而当家作主。

另一方面是公共生活的私人化殊相。社会学学科给家族和家庭赋予了较为贴近的定义，认为家庭是社会最基本的细胞单位，是在婚姻与血缘基础上凝结成的社会群体，而家族则是一种高于家庭的以血缘关系为纽带，并遵循一定规范结合而成的特殊的社会组织形式。家庭的类型学划分有多种，在社会学领域里，通常将家庭分为"核心家庭""扩大家庭""复合家庭""异常家庭"等类型。纵观整个中国传统社会，"聚族而居"和"累世同居"不仅是民俗风尚，更是一个清晰的历史演进路径。直到20世纪，在广大的乡村地区，依然牢固地维系和延续着。毛泽东于1928年在《井冈山的斗争》指出"但是无论哪一县，封建的家族组织十分普遍，多是一姓一个村子，或一姓几个村子，非有一个比较长的时间，村子内阶级分化不能完成，家族主义不能战胜。"[1] 在许多中国古典小说、戏曲和其他各种文体记载中，均有力刻画和呈现了家族（宗族）在中国的强大。一个家族是依照父系始祖繁衍的分支家庭组合而成，其中关系盘根错节，沿袭交错成一个巨大和坚固的群体。巴金的《激流三部曲》和老舍的《四世同堂》生动描绘也无不是大家族在 20 世纪的残存及其巨大影响力的文学脚注。

当然，家族无论是大还是小，其基本单元还是小家庭，即个体家庭。在家族与家庭的总体平衡中，家庭的生长始终没有停止过。这种生长既有被动的政治因素，又有自觉的经济因素。来自政治的因素主要包括，一是专制政权对基层社会的控制，历行数千年的保甲制度将触角一直渗透到个体家庭"户"；二是国家对赋税的征缴。虽然历朝历代对赋税征缴的方式方法不断进行调整，但对个体家庭"户"的管制，始终是强化赋税征收的重要基础。另外，尽管中国"重农抑商"，但历经汉唐盛世之后，到两宋，商品经济开始萌芽。特别是进入近代，自鸦片战争之后，中国逐渐被卷入世界资本主义市场体系，成为半殖民地半封建的社会，商品经济进一步不同程度地在中国各地获得发展。这种经济上的发展和独立，进一步促进了个体家庭"户"的分离。

20 世纪下半叶，由于政权政体的更迭，社会变迁、国家权力、村落场域、农民分层等多重因素相互交织，进一步影响家族与家庭的分化调整。特别是我国改革开放以来，随着城乡生产管理体制的调整，个体家庭从家族集群和公共集体中加速分化出来。"单位"受到市场的冲击，"单位人"的角色在不断蜕化，"单位"和"个人"不断剥离，"社会人"越来越多，城市居住小区网格化，人们分隔在不同的封闭的楼层中。乡村的村民更加专注小家庭的生计，宗族活动、集体活动越来越少，区域内的公共活动越

---

① 《毛泽东选集》第 1 卷，人民出版社 1991 年版，第 68 页。

来越难组织。传统家族活动由家族整体向小家族（近亲族）、小家庭分化。在早于中国数百年前的欧洲，从英国的圈地运动开始，随着第一次工业革命、第二次工业革命，从英伦三岛到欧洲大陆，工场取代工坊，工厂又再次取代工场。随着资本主义的快速扩展，资本主义生产方式和市场效应的席卷，催生了城市的产生与扩大，为劳动者获得小家庭独立存续提供了物质条件，小家庭在欧洲工业化、现代化的浪潮中快速生成。同时，将公共领域谋求私欲的症候昭然于世的现象，也在某种程度上，折射了公共生活的私域化，民国初年的洪宪闹剧便是其的一个很好的历史脚注。1913 年，袁世凯颁布"尊崇孔圣"的通令，在《大总统祭圣告令》宣扬"故尊崇至圣，出于亿兆景仰之诚，绝非提倡宗教可比。"1914 年决定恢复祀孔，并前往祭祀孔庙。1915 年，直接走向复辟帝制。当年 8 月，袁世凯授意其亲信杨度出面，拉拢孙毓筠、严复、刘师培等所谓"六君子"在北京发起组成筹安会，伪造民意，为袁世凯复辟帝制制造舆论。在报纸、会议等公共领域大肆聒噪，宣传"以筹一国之治安"，共和政体不适合中国国情，装模作样通电各省长官商会代表到北京请愿，改变国体。这种阴谋伪装，不仅受到社会各界的贬斥，也是把公共生活作为其谋取私人利益的工具。

　　总之，人类进入现代社会以后，由于生产力的快速提高，社会分工更加科学和具体，人进一步得到解放。人们在社会生活中拥有了更多可能，也激发了更多渴望。在城市的各类行业公会、同乡会、同学会、俱乐部、社团组织、NGO，甚至更加私密的小团体、小组织越来越多。在农村，人们更加专注核心小家庭的生产经营，建立了不同的专业合作组织，甚至各种宗教势力也广泛渗透。总之，无论是城市还是乡村，在社会大生产到来之后，在现代化浪潮冲击之下，社会的阶层越分越细，人们主动或被动地站到各种各样的圈子中，日常生活向家庭化或准家庭化的趋势迁移，公共生活也呈现出一种独有的家庭化殊相，渐趋实现其从宗族化向家庭化的变迁，这种变迁也正是公共生活私人化症候的一个切面缩影与现实隐喻。

三、公共领域的合理化确证：公共生活的返魅

伴随工业革命，人类进入近现代历史，社会空间分割为公共领域、私人领域和日常生活领域，社会生活也由公共生活、私人生活和日常生活构成。公共领域、私人领域在不同时期、不同地区先后彼此消涨。可以说，随着公共领域的合理化确证，公共生活也返回到其本来面貌，回归其自身正常发展的自然状态。据此，可以从以下几个方面来加以透视。

一方面是公共生活的组织化运行。近代以来，中国的社会发生巨变，但国家和社会的关系一直没有确证到一个合适的程度。晚清末年，政府疲于应付内忧外患，艰难维系风雨飘摇的政权，在皇权专制之下，现代社会空间难以生长。但随着新思想的输入，在清末的"新政"中国家第一次以近代化模式，在教育、科技、卫生、警察、市政、福利等方面做了初步考量与尝试。1912 年，中华民国在亿万华夏儿女的翘首企盼中艰难诞生，"共和""民主""民生"的理念，遍传神州大地。尽管北洋军阀政府和 1927 年成立的南京国民政府有着阶级局限性和历史反动性，但现代公共生活、公共场域的建设依然得到了一定提升。报纸、杂志、出版、学校、社团、行会，甚至集会、请愿、游行层出不穷，推动了那一时期的中国革命。新中国成立以后，国家与社会得以高度一体化，虽为"社会主义"，但社会则消融于国家之中，一个具有相对自主性的"社会"并不存在，国家与社会之间张力严重失衡。改革开放以来，中国及时调适了国家与社会的关系，建立健全了人民代表大会制度、政治民主协商制度、党内民主制度、基层民主自治制度，不断深入推进了国家法制建设和各级行政机构的改革。积极推动党、国家和社会的适度分离；促进中国特色社会主义社会组织的发展；建立了较为健全的法律体系，搭建起了依法治国的制度框架；扩宽了党内外的直接选举尝试，进一步扩大了城市和乡村地方自治的范围；切实推进政务公开，"三公"经费公开，建立服务型、阳光型政府，改善公共服务质量。

　　在国家的自觉调适中，从国家与社会关系的视角分析，主要取得了三个方面的成就，一是实现了国家与社会的互相增权。改革开放以来，国家与社会之间的关系不再是一种"零和"博弈的二元对立关系，而更多是一种国家权威性与社会自主性都得以同步成长的相互增权关系。从某种程度而言，中国式改革过程实质也是一个国家释权与社会增权的过程，为此，以国家与社会的有序互动和动态均衡为表征的互促型均衡结构的"强国家—强社会"关系则成为中国政治生态中的一种内在规定性。二是新型社会组织得以生成及运行。改革开放以来，中国社会组织得以进一步发展，许多新型社会组织得以生成及有效运行，成为我国"社会复合主体"的一个有机组成部分，一个独立于政党、国家、市场之外的社会支持体系正在蓬勃发展之中，并且在我国公共生活中正日益发挥着重要作用，社会支持体系所建构的公共性也日益彰显。三是国家与公民理性的共同成长。改革开放以来，随着我国政治改革与社会发育的双向推进，国家与公民理性也得到共同成长，面对社会的一些非理性行为时，同时可以看到、听到更多理性行为和理性声音，理性的力量也往往战胜非理性的力量，理性的成长正在成为社会进步的缩影，理性中国、理性社会、理性公民正在成为中国现代化进程中的一个靓丽标签，在喧嚣和迷狂中彰显着其可贵。

　　管窥国外，近代以来，国家与社会的调适经历了一个跌宕起伏的过程。20世纪上半叶的日本、德国、意大利、西班牙等，先后建立了高度一元集权的法西斯独裁政体，第二次世界大战盟国的胜利，宣告了法西斯的失败。前苏联和东欧的波兰、罗马尼亚、保加利亚、匈牙利、捷克、阿尔巴尼亚、东德、南斯拉夫等国家政权和社会高度融合，国家与社会渐成一体化趋势。苏联解体和东欧剧变后，上述国家纷纷仿效西方的主流价值观，走上了资本主义道路。纵观当下世界大多数国家，无论是政党制、议会制还是君主制，都取经民主。着意于在现代化和全球化的旗帜下，推进市场经济、民主政治和公共治理，夯实了理性公共生活生成的经济基础，塑造了理性公共生活生成的制度环境，发挥了公共权力机构的公共理性，促进了国家与社会的相互增权，提高了公共生活的组织化水平。

总之，世界进入近代文明以来，人类由农业社会向工业社会、经济社会和信息社会演进。尤其是商品经济时代，利益的不当分配，最大价值的攫取，增加了公共生活理性化的实现难度。因此，在看到公共生活私域化现象的同时，也要规避公共生活私域化的不当发展，杜绝公私利益集团的控制和公共价值的扭曲，积极建设一个具有相对自主性的主体性社会，有效规避国家吞噬社会、资本驾驭社会的不良局面，充分促进公共生活的理性化发展。

另一方面是公共生活的有机化建构。随着国家与社会之间关系的愈益和谐，"强国家—强社会"的关系格局一定会成为中国现代化进程中的一个内在规定性，公共生活的建构也不再是国家中心论抑或社会中心论的任何一方单向度建构，而必将是在国家与社会的和谐互动图景中的多元主体力量的建构，其中社会中的各种民间性组织力量在现代公共生活建构中发挥着越来越重要的作用，民间性社会组织力量的彰显正是公共生活的有机化建构的一个切面缩影和现实脚注。诸如中美民间乒乓外交便是国家与社会，政治与民间良性互动的一个很好的历史脚注，成为文化交流推动政治发展的一个重要事例。1971年，中国与美国两国乒乓球队互访的一系列事件，通过乒乓外交在实际上推动了20世纪70年代的中美两国的外交恢复。另外，一直对峙的朝鲜南北双方曾在1988年汉城奥运会、2000年悉尼奥运会和2004年雅典奥运会时共同入场。同时，双方互派代表团参加体育赛事。诸如2013年在平壤举行的亚洲杯举重锦标赛的开幕式上，朝鲜方面甚至允许韩国选手获胜时，在朝鲜升韩国国旗、奏韩国国歌。这些经常发生的正能量，正是民间力量推动国家与社会良性互动的深刻诠释。

民间交流涵盖大量演出、展览和学术活动，从环球航行、地理大发现以后，这种民间的自发交流就绵延不断。比如1984年9月至10月，中方邀请3000名日本青年访华，举行了盛大的"中日青年友好联欢"活动。日本青年组成217个代表团分4路来华，分别访问了上海、南京、杭州、西安、武汉、北京，参加了各地别具地方特色且丰富多彩的活动，与中国各地、各界青年进行了深入、热烈的友好交流。1985年，200名中国青年访问日本的活动不仅推动了两国青年之间的互相了解与友好互动，也进一步发展了两国之间的睦邻友好关系。当前，国际间、地区间青少年交流、妇女交流、文化交流、教育交流、商贸交流等非官方的民间公共活动，同样扮演了重要的角色，发挥了以民促官、官民互动的重要价值。

台海"两会"交流也确证了国家与社会之间可以有良性的互动共进。1990年11月，台湾方面成立海峡交流基金会，定位为台湾办理海峡两岸交流所衍生的各项事务的民间组织。1991年12月，大陆方面成立海峡两岸关系协会，定位为社会团体法人，致力于加强同有关社会团体和各界人士的联系与合作，以促进海峡两岸交往，发展两岸关系，实现祖国和平统一为宗旨。两个非官方组织设立后，开展了大量民间交流活动，推动了政治高层互动，为海峡两岸的和谐稳定，发挥了重要作用。如先后促成了著名的"汪辜会谈""唐焦会谈"和八次"陈江会谈"，取得了"九二共识""两岸三通"等丰硕成果。

美国工会在公共领域中代表职工与政府开展了诸多谈判与互动，为建构良性的劳资关系和稳定的社会经济作出了积极贡献。诸如9月2日是美国的劳动节，这正是1894年在美国工会的不懈努力下而成功争取到的。美国工会不是国家政权机关，其运转资金也不由国家或地方的财政负担，主要由会员们支付。工会一旦成立，就会代表会员与资方进行集体谈判，争取让工人获得更高工资、更高福利、更好社会保险以及更多其他合法权益，在社会中拥有很强号召力和影响力。

1863年2月在瑞士日内瓦成立的红十字国际委员会是人类迄今为止，在全世界最有影响力的非政府人道主义机构，被国际社会赋予了独一无二的地位，在各国公共生活中独树一帜，监督交战方对日内瓦公约的遵守情况，组织对战场伤员的救护工作，监督战俘待遇并与拘留当局进行保密交涉，协助搜寻武装冲突中的失踪人员（寻人服务），组织对平民的保护和救护工作，在交战方之间发挥中立调解者的作用等是其工作的核心。无论是第一次世界大战、第二次世界大战，还是地区局部热战；无论是贫穷困苦，还是自然灾害，在需要人道主义的地方，都能看到红十字会的身影。这是在国家强力政权支持之下，超越国界的庞大公共活动，是世界性的理性公共生活的代表。

20世纪80年代，政府服务外包成为全球化背景下政府改革取向之一。许多原来由政府承担的后勤性、技术性、公共性等服务都按照法定程序公开择优承包的方式，承包给有关市场主体和社会组织主体，美国、欧洲、加拿大、日本、澳大利亚等许多国家积累了丰富经验。近年来，中国在不少行业和地区也进行了相关实践，让更多的市场主体、社会组织主体参与公共治理。同时，网络公共领域也蓬勃发展，网络舆论也正在成为公共领域的一个重要面相，网络社会正在成为现代公共生活建设的一个重要载体。当然，与网络社会的正向效应不同，网络社会中也存在恶性冲击公共生活秩序等负面效应，如何有效地驾驭这把"双刃剑"是当今的一个重要命题。特别是近年来网络谣言甚嚣尘上。这些防不胜防的谣言，或对个人进行攻击，或公共事件进行歪曲捏造，肆意攻击执政党、政府和公民个人。这种虚拟世界的攻击，给现实社会造成了重大影响。不但给受害人造成极大伤害，也给社会稳定和国家治理造成损害，这种负面效应值得我们高度警惕和有效规避。考量内在元素之后，发现现代生活其实就是一种广义的公共生活。包括网络空间在内的所有社会空间，无论是作为公共领域还是私人领域，本质都是一种共同的公共生活场域。

总之，在哈贝马斯看来，人类先后经历了三种类型的公共领域，即这三种类型分别代表了古代社会、传统社会和近现代社会。其中，在古希腊公共领域里，它的主体只是人身独立的自由民所特有，且这种公共领域与他们个人所特有的私人领域之间分界清晰；封建代表型公共领域，掌握公共权力的封建领主是它的代表，但随着利益的冲突，封建领主内部走向瓦解分化；资产阶级的市民公共领域直接源于资本主义市场经济的契约精神，但随着国家社会化与社会国家化也渐趋走向衰落。哈贝马斯认为，在现代民主社会，任何人都可以对其关心的公共话题进行公开、自由、平等、深入地讨论，并能够自由地发表批判性意见、甚至反对意见，而不再像专制时期那样受制于政治权力、特权势力和传统观念的束缚。因此，在每一次场地不同、对象不同、规模不同的私人聚会，他们所形成公共主题的谈话，都在微观世界里促成公共领域的生成。但是作为公共生活建设的场域，公共领域在现实社会中往往会受到来自权力与资本的宰制，公共生活的附魅、解魅和返魅并不是一种单纯的线性式的纵向演进，而是在"附魅→解魅→返魅"主线脉络中的一种相互交织的网状式的横向铺展，并且在世界各个地区和历史各段进程中，又显现彼此差异。

第三节　公共生活建设的价值论域 [①]

公共生活是交往主体在介于国家与社会之间的公共领域内展开的各种活动的归纳，呈现为一种介体生活运行的实践状态。公共性是公共生活的内在价值表达，多元性是公共性的重要内涵和表征。罗尔斯的"重叠共识"、哈贝马斯的"商谈共识"、伽达默尔的"视域融合"、亨廷顿的"文明冲突论"等理论均对此作了脚注与参考，也为当代社会公共性建构提供了思想基础。审视公共生活实践，交互主体对公共性问题的认知与思量不免均有共性中的个人价值判断与自我意愿，然而对各种价值判断或自我意愿不能简单剪裁或主观武断，而应允许其正当与合理的反映。在利益多元共生共在的当今时空际遇中，交互主体历时或共时呈现基于强力的"价值附和"、基于利益的"价值分殊"或基于公益的"价值共识"的生成动态，与此相同步，公共生活则呈现偏好伪装、偏好乱象和偏好正当的图像变奏。

---

　　① 本部分内容已辑录于《2013 年全国哲学伦理学博士后学术论坛论文集》，题为《公共生活变奏的价值样态视域解读》，辑录时已标注国家社科基金项目成果。

一、价值附和：公共生活的偏好伪装

价值附和即主体对主观的价值判断与价值选择隐藏或沉默，主要呈现两种情形即交互主体对社会主流价值观的附和、交互主体之间对其中某一主体的价值主张或价值表达的附和。审视当下利益多元化、思想多样化的社会图景，价值附和的两种情形亦存在于公共生活实践中，然而必须指出，面对公共生活主体的异质共在，任何企图用单向度的利益或取向来凝聚或操纵"人民"都是人们运用理性的"致命自负"。管窥人类文明发展史，"上帝之死"说（尼采）、"大写主体之死"说（福柯）、"人类学的主体之死"说（海德格尔）①，这三个针对主体性问题发生的呐喊则鲜明地烙印价值附和的时代记忆与时代批判。"上帝之死"说是尼采面对传统价值观与神学的笼罩发出的呐喊，是对传统克里斯玛型因子对个体价值主宰产生的价值附和的历史谱系的抗争，在他提出"重估一切价值""上帝之死"时，即宣告基于"上帝"这一强力预设的传统价值观的崩坍和先前之价值附和的"消失"。"大写主体之死"说则是福柯针对传统主体性哲学的系统批判、是对传统先验主体之维对"他者"忽视，进而"他者"仅能对"主体"以附和的主体性哲学的有力回击，在他提出"人之死"之后进一步提出"主体之死"和"大写主体之死"，即对价值附和的反叛与"他者"的重估，试图在"主体范式→语言范式→结构范式"转换历程中重拾真实的"自我"与"他者"共在的主体，它以解构主义的思维进路，解构传统、权威和现代人类学主体主义，宣告"人之死"和"大写主体之死"，推进人的"救赎"和"解放"。"人类学的主体之死"说是海德格尔对所有形式的人道主义或主体性哲学的一种否定和批判，认为它们都是讨论主体之为主体的形而上学，是一种无根的"存在论"或"本体论"，其哲学使命便是为其找到"根"，从"此在""存在者的存在""此在的存在"等方面来思考人的本质，从而创建一种其宣称的"基础存在论"哲学。由此观之，

① 段德智：《主体生成论——对"主体死亡论"之超越》，人民出版社2009年版，第25页。

现代西方哲学家的"主体死亡论"之叙说历时与共时地呈现了价值附和的时代记忆与哲学批判。

回顾现实，正如亚当·斯密在《道德情操论》中所言："自爱、自律、劳动习惯、诚实、公平、正义感、勇气、谦逊、公共精神以及公共道德等，所有这些都是人们在前往市场之前所必须拥有的。"[①] 作为一种理性的动物，每个人身上都具有"美德袋"，没有人天生即为魔鬼与野兽的化身。然而，在权力和资本合谋的时空中，在某些强力的操纵、左右抑或压抑中，人们身上的"美德袋"被无情抛弃，以至难以发酵及生长，多少人无可奈何地听着谎言，讲着谎言，信着谎言，与谎言展开斗争，演绎着人具有"虚伪生活"的本能倾向，即屈从于某一特定强力而隐藏自己的真实意愿或想法，附和社会主流价值观念和他者价值观念的行为，"皇帝的新装"便是价值附和的最好讽刺与诠注。美国经济学教授第默尔·库兰在《偏好伪装的社会后果》一书中亦揭示了此观点，即面对强力的袭击或威慑，公共领域中的人们容易隐藏自己的真实想法，附和他者的价值观念。他同时指出，作为一种社会主流价值观念或公共观念不仅具有强迫他者沉默的力量，也具有使他者附和其的力量，如福柯所言"话语即权力"。依照经济学家第默尔·库兰的观点，偏好伪装是指在认识到社会压力的条件下，不如实地展现自己的想法。在基于强力预设的"价值附和"中，因真正抑或假想的公共压力，强权即真理被加以附和，库兰所讨论的偏好伪装便成为公共生活的一个重要表征。诚然，不容否认，面对公共生活中他者强力带来的公共压力，人们并非完全无动于衷，抗拒与挣脱也常如影随形。抗拒一般有硬抗拒与软抗拒的两种形式，其中硬抗拒即对现存公共生活秩序的一种盲目式的排斥，这种形式容易导致公共生活的间歇性"休克"；软抗拒即现存公共生活秩序的一种犬儒式的冷漠，这种形式容易导致公共生活的动力性"缺血"。

---

① ［英］亚当·斯密:《道德情操论》，樊冰译，山西经济出版社 2010 年版，第 6 页。

在基于强力预设的"价值附和"下，公共生活呈现出"偏好伪装"的时空图像，主要表征为：一是公共生活的伪善表达。作为一种以公共利益获得为终点的交互主体之间交往、对话和合作的实现过程，公共生活向所有公众开放，主体间关系是一种异质共在的交互关系，主体之间则凭借话语形式展开交往，围绕某一公共性问题而展开"众声沸腾"。然而在"众声沸腾"的时空镜像中，特定主体在信息压力或规范压力等公共压力的假想中，往往选择"伪善"这一无可奈何的表达形式。公共生活的伪善表达是向公共生活中的"群氓"示弱、向公共生活中的"伦理"低头。迫不得已做出与自己真实信仰相悖的表达，是公共生活中的"偏好伪装"的基本形式，公共生活中某些"认错"之举便是公共生活伪善表达的现实注脚。审视公共生活的现实，不难发现，无论是各国政要、各界名流，抑或是布衣百姓，在强大的公共压力面前，往往主动或被动地违背自己真实内心信念，无可奈何地选择公开"认错"和包揽责任的行为，然而这是一种"伪善"的与自己内心相悖的"认错"，是囿于特定时空中为了规避与其他价值观念不一致而给自己带来的"麻烦"或"不利"的犬儒伪装而已。因此，不得不提出，面对现代社会中盛行的"偏好伪装"，亦不要被那种伪善者或其拥护者所迷惑，规避沦为假装着他者的"假装"。二是公共生活的沉默表达。自恋症文化是现代社会中的一种新教伦理文化，美国著名社会学家桑内特在《公共人的衰落》一书中指出，入侵公共领域的人格导致公共生活的衰落，公共生活衰落的结果是导致一种新教伦理——自恋在现代社会中的普遍存在。桑内特以当时罗马人的公共生活透视当今社会，指出与罗马人相类似，如今公共生活也被视为一种形式上的义务，是一种"随大流"的事情，因此，在此境遇下，纵使人们是轰轰烈烈地参与公共生活，亦是带着一种"私密情感"的参与。在公共生活实践中，以"私密性情感"取代"公共性关怀"，亲密生活与公共生活之间界域模糊，人们不是以公共意义层面的规则，而是以个人情感意义层面的规划来理解、讨论和参与公共事务，这也正是罗马式"追求个人价值"的延伸和世俗化消解当今社会生活的脚注，"近年来由于个人意识的增强，造成了共同体和公共生活的弱化，以及自恋症增多的发展趋势。"[①]　诚然，个人情感在公共生活中出现无可争议，然而在公共生活中放大个人情感，依赖个人情感来理解、参与和实践公共生活则应不被提倡。事实已证明，在当今社会公共问题中，并非所有的公共问题都能激起个人情感，但有些社会公共问题被参与者误认为是个人事情时，个人情感则易被激起，此类"私密性情感"往往消解着公共生活的公共利益建构和确证，而最能表征"私密性情感"消解公共生活的现象，便是公共生活中的沉默表达。在公共生活实践中当有人对有瑕疵的群体的"众口一词"不作认可时，为了不导致偏离群体的恐惧或恍惚，一方面，人们用沉默来表达自己当时的想法和意愿，表示公共生活中自身的抗议；另一方面，人们用沉默来表达自己与他者意见或想法的间距，表示公共生活中自身的无奈，立起一道厚实的防护墙。

二、价值分殊：公共生活的偏好乱象

价值分殊即主体对主观的价值判断与价值选择迷茫或幻化，主要呈现两种情形即交互主体之间的价值观分殊（主要指两个以上的主体间的价值观分殊）与同一单个主体的自我内部的价值观分殊（主要指个体主体性与公共性在价值观领域的融合间距）。自启蒙运动以来，随着人们自我利益觉醒和利益分化加剧，不同人们何为"善"、何为"善"的生活产生分歧与殊异，在启蒙所规定的现代世界，往往通过预设普遍理性，建构普遍规范伦理，以弥补"上帝死亡"后的旧价值体系崩坍，重建现代社会的公共价值，探寻根本解决问题的终极答案。然而，这注定是难以越过的"卡夫丁峡谷"，基于利益预设的价值分殊和多元价值的共存亦注定是短期内一个无法消除的客观事实，"价值的冲突来自我们共同的人性的各种相互竞争

[①]　［英］保罗·霍普：《个人主义时代之共同体重建》，沈毅译，浙江大学出版社 2010 年版，第 33 页。

的需要。"① 任何一个共同体、一种文化传统抑或一种政权都无法为人类提供"善"之生活的全部实现，基于利益预设的价值多元主义成为当今人类社会发展中的一种客观镜像和不可逃避的社会状态，正如约翰·格雷所言："人类的善表现在各种彼此竞争的生活方式中。这不再只是道德哲学的一种断言。这是伦理生活的一个事实。如今我们知道，人类以各种相互冲突的方式成长，这并非出自一个理想观察者之超然立场的看法，而是一种共同的经验。由于移民和交往已将过去的那些特异与分隔的生活方式融汇起来，价值观念的竞争已然成为我们共同的状态。对我们来说，多元主义是一种历史命运。"②

价值分殊的另一种呈现形式即同一单个主体的自我内部的价值观分殊，即个体主体性与社会核心价值观的融合间距。此种形态的价值分殊，究其实质，是个体自身利益与个体所分享的公共利益之间的分殊。毋庸置疑，尽管公共利益与个人利益是一种相互依赖的同一性关系，个体利益与公共利益也存着相互离异、分化和制约的内在斗争性关系。在这种斗争性中，单个个体在尽量规避、反对从其个体利益中分离出一部分公共利益的同时，希冀从公共利益中多得到一份利益。为此，个体利益与公共利益的斗争性不仅得以形成，而且具有一定的普遍性，在资本主义社会和社会主义社会中都应存在，正如马克思和恩格斯在《德意志意识形态》中所揭示，如果没有外在社会分工的消灭、社会产品的极大丰富、人们觉悟的极大提高，个体利益与公共利益的斗争性关系就不会得以解构和消除，唯有在共产主义社会中，其才有可能得到真正实现。因此，同一单个主体的个体利益与公共利益的斗争性关系的长期存在，反映在思想价值观念领域，便是个体主体性与公共性在价值领域达成内在一致的纠结与矛盾，在公共生活实践中呈现的则是价值观的分殊。

---

① ［英］约翰·格雷：《自由主义的两张面孔》，顾爱彬、李瑞华译，江苏人民出版社 2005 年版，第 13 页。

② ［英］约翰·格雷：《自由主义的两张面孔》，顾爱彬、李瑞华译，江苏人民出版社 2005 年版，第 45 页。

在基于利益预设的"价值分殊"下，公共生活呈现出"偏好乱象"的时空图像，主要表征为：一是公共生活的尊严式微。徐贲教授认为维护尊严是好的公共生活的价值内涵，然而在利益预设的"价值分殊"时空情境中，国际间公共生活的尊严消解与国家内部公共生活的尊严消解正同步演绎。鉴于民族国家仍然是世界体系构成的基本单元，人类社会的治理基本以民族国家形式展开，公共生活实践是以民族国家为时空依托，民族国家设置和影响着公共生活所需要的基本场域，因此，在此也主要以民族国家内部为视域来考察价值分殊下公共生活的尊严式微。在民族国家的界域下展开的公共生活，每个主体都渴望得到承认，主体的责任应是积极责任（做什么）与消极责任（不做什么）的有机统一，其中消极责任（不做什么）是每个主体参与公共生活的基本条件，所以促进公共生活健康发展的不只是交互主体间共同恪守的伦理规范，也更多是交互主体间的公民基本权利和义务的确证。因此，可以说，公民基本权利和义务的合理确证是通向有尊严的公共生活的基础和前提，也是彰显公共生活之正义的内在诉求。然而罗尔斯的差异原则告诉我们，在公共生活实践中，交互主体不仅有充分表达自己意愿的自由，还有保护弱者的责任，否则公共生活的尊严会受到严重式微，交互主体的个人尊严也得不到保障。事实也表明，无论是当今国际间的公共生活实践抑或是民族国家内的公共生活，交互主体在公共生活中为了伸张自己的权利、得到他者的承认，往往只聚焦于"做什么"，而忽略了保护弱者的责任，即"不做什么"，进而使得"文化型暴力"成为公共生活实践中的一个"黑色幽灵"，使得公共生活的尊严遭遇式微的窘境。罗尔斯也曾从正义的解义中探讨正义的主题是公民基本权利和义务以及确定社会合作所产生的利益分配方式，然而利益预设的时空镜像中，当利益的伸张成为一种毫无掩饰的本能释放，社会合作所产生的利益分配方式就难以避免陷入困境与风险，进而难以避免陷入公共生活的尊严式微。二是公共生活的诚真匮缺。徐贲在《什么是好的公共生活》中指出好的公共生活的三要素为美德、尊严、真实。在此，主要从"诚"和

"真"两个层面来观照公共生活的偏好乱象，这里"诚"匮缺主要涉指公共生活中的"美德"式微，"真"匮缺主要涉指公共生活中的"真实"式微。徐贲认为鼓励美德是好的公共生活的伦理导向，推崇真实是好的公共生活的理智状态。事实证明，当今公共生活实践中，"共同之善"与"个人之善"都是公共生活的重要资源，私人空间的存在和交互主体之间的基本尊重，是实现好的公共生活的重要前提之一，但是现实图景却是"美德"和"真实"都处于一种严重匮缺状态，常常出现一种"善"凌驾或宰割另一种"善"之上，与公共生活所内在诉求的自由、开放、多元和宽容的品质严重相悖。作为一个思想自由翱翔的市场，公共生活是一个再现、探讨真实问题中彰显美德的活动过程，好的公共生活状态应是让每一个交互主体都能自由、平等地追求和实现其心中的个人美好生活，但是这种追求和实现应以美德的恪守为原则，以不伤害他者为底线，在宪法和法律范围内展开的活动，而不是以实现好的公共生活为幌子来左右或操纵交互主体实现其心中的个人好生活为代价，正如弥尔所言："国家意欲左右和控制公民，包括儿童的幸福观和好生活观的做法，都是可恶的，都是对个人选择的不必要的限制。"[1] 然而当下网络微博、网络论坛上的各种乱象，则是对当今社会公共生活中"诚"与"真"匮缺的最佳脚注。公共生活实践中，交互主体不是以"说话"，而更多是以谩骂无聊、出言不逊、娱乐调侃、抹黑唱衰、犬儒嘲讽、人肉搜索、隐私曝光、人身攻击等网络暴力形式来发表、讨论社会公共性问题，表面上给人一种思想争鸣、言论自由、捍卫真理、知识繁荣的"众声喧哗"情形，实则是一种与"诚"与"真"相悖的群魔乱舞的假象，这种"暴徒"制造出来的假象，不但无济于社会公共性问题的正确解决，而且往往侵犯他者的私人空间，影响或左右着执法者的正义实施，导致交互主体之间的思想撕裂，公共生活中的"诚"与"真"的品质不断受到挤压和边缘化，正如莱昂内尔·特里林所言："我们

---

[1] John Stuart Mill, On Liberty, chap. 5, para.13.

今天听到这个词时，会有一种恍若隔世的古怪感觉。如果我们说真诚，我们可能会不太自在或含讥带讽。"①

三、价值共识：公共生活的偏好正当

价值共识即不同主体在社会交往实践中对共享客体所达成的一种价值趋同的理解和见解。价值共识主要涉及价值观念共识和价值目标共识，其中观念共识是目标共识的前提，目标共识是观念共识的结果。寻求价值共识即要在观念共识与目标共识中找到一个交互主体能够普遍接受的"最大公约数"，以实现公共利益为轴心来实现社会价值与个体价值的统一。面临价值多元的"甚嚣尘上"，若无基本共识的整合，"诸神的争吵"只会流向"诸神的黄昏"与"智慧的飘散"。为切实厘清价值共识问题，有必要对价值共识形成的必要条件进行一个简明扼要的澄清。"思想、观念、意识的生产最初是直接与人们的物质活动，与人们的物质交往，与现实生活的语言交织在一起的……人们是自己的观念、思想等等的生产者，但这里所说的人们是现实的、从事活动的人们，他们受自己的生产力和与之相适应的交往的一定发展——直到交往的最遥远的形态——所制约。"② 可见，社会生产实践是特定价值共识产生和形成的基础，特定的价值共识只有在人们的社会交往实践中才能得以产生。诚然，多元主义者认为在不同文化、语言、范式间的价值共识是难以达致的，然而与多元主义相对应，更多学者倾向于价值共识在不同语言、文化和传统中是客观存在的，如爱德华·泰勒、伽达默尔、罗尔斯等。从人类学视角诠释，人类自诞生以来，价值共识则一直客观存在，否则无法想象人类能逃脱自身酿造的血雨腥风，共同栖居于同一世界。因此，特定价值共识的客观存在是我们无法回避的一个客观事实，只是在不同历史时空中维系其存在之"链"

---

① ［美］莱昂内尔·特里林：《诚与真：诺顿演讲集》（1969—1970年），刘佳林译，江苏教育出版社2006年版，第8页。

② 《马克思恩格斯选集》第1卷，人民出版社1995年版，第72页。

不同而已。

传统社会时期，上帝意志是社会实践产生的主要因果关系，由此通过各种社会庆祝仪式活动来发现或影响上帝意志，凭借共同信仰、宗教和宇宙观方式来促成价值共识的达致。然而，自尼采喊出"上帝死了"，"一切神都必然要走向死亡"之后，传统社会中的价值共识崩坍，"在'杀死上帝'的同时也就'杀死'了为上帝所创造、所体现、所维系的传统价值观所禁锢的人类（亦即"末人"）。"[①] 为此，人们更加世俗化理解社会实践的因果关系，认为自然法则和人类有意识行为的结合是社会实践产生的主要因果关系，由此通过人类理性的运用来促成价值共识的达致。与古代社会不同，在"价值输入"与"价值输出"之间对流的当下，价值共识亦具有独具的时代特征，一是价值共识是具体意义上的，反映当今人类文明进步、发展的"价值共识"，而非抽象意义上的西方鼓吹的所谓"普世价值"。二是价值共识是差异性共在基础上的价值共识，是对差异性价值的扬抑和完善。正如威廉·康纳利所言，"差异需要认同，认同需要差异……解决对自我认同怀疑的办法，在于通过构建与自我对立的他者，由此来建构自我认同。"[②] 三是价值共识是追求人类共生共在的价值共识，是对共生共在的一种价值自觉。全球性的现代性并非西方的事情，而是整个世界的事情，随着全球化进程的深度推进，民族文化发展也愈来愈体现为民族性和世界性的统一，不同民族和国家的文化共同构成了世界文化，共生共在愈来愈成为人类的基本生存方式。

在基于公益预设的"价值共识"下，公共生活呈现出"偏好正当"的时空图像，主要表征为：一是公共生活的真实合理。人们之所以能够聚合在一起，形成公众，其背后应有共同的世界观和价值观引领，否则公共生活中的参与主体便极易成为一盘散沙，公共生活的正当性亦会受到侵蚀，

---

① 段德智：《主体生成论——对"主体死亡论"之超越》，人民出版社 2009 年版，第 29 页。

② William E. Connolly, *Identity/Difference*: *Democratic Negotiations of Political Paradox*, Itha-ca, N. Y.: Cornell University Press, 1991, p.x.

其真实合理性难以真切展示。如前所述，基于公益预设的"价值共识"，既不是价值观强制下所达成的价值共识，也不是利益贿赂下所达成的价值共识，而是交互主体基于自由、平等的交往实践中所达成的一种尊重差异性价值基础上的具有底线意识的价值共识。在这种底线意识一致的价值观的引领下，公共生活中不会存在政治意识形态泛化所带来的惊恐抑或巧妙的利益贿赂所带来的违心的臣服，交互主体更倾向于用真实合理的话语或思想去与他者进行交流、互动，追求公共生活中的公共利益最大化，而非以假面化或谎言化的话语或思想去换取公共生活中的自我安全和一己利益，真实成为公共生活伦理的一个重要准则，公共生活在本质上是对意识形态泛化所带来的表面附和或利益贿赂所带来的谎言臣服的一种拒绝性的超越，在自由、平等、民主中表达个体之见与尊重他者之见中自发建构一个完整的公共领域，在这样的公共领域中，团结、文明、真实等会成为交互主体展开有效交往的基础，交互主体在真实中展现自我，确证自我，不与邪恶合作，不与伪善暧昧，既不会参与一切伪政治，亦不会对真正政治产生冷漠，交互主体能充分认知到真实合理对公共生活的重要性，从而自觉服从公共生活伦理秩序，追求"最大公约数"下的公共利益最大化，交互主体亦成为公共生活中的一种健康的公共元素，个体生活伦理与公共生活伦理达成一种均衡的有机统一。二是公共生活的理性话语。徐贲认为好的公共生活不是用暴力压制来解决问题，而是用说话来解决问题的一种生活方式，没有一个真实、理性、逻辑的公共话语，未必会有一个好的公共生活。为此，好的公共生活的建构，离不开一种真实、理性的公共话语。奥威尔亦曾指出，不诚实的政治语言是语言退化的最大始作俑者，一旦公共语言陷入此怪圈之中，公共生活的理性话语建构会愈加艰难，话语的非理性所带来的后果往往是导致交互主体在公共生活中的采取虚无主义或犬儒主义的态度。在基于"价值共识"的际遇下，价值共识不是某个单个个体通过左右他者的情绪或意向，以蛊惑人心的话语而形成的共识，而是一种理性说理形成的话语共识，它是一种政治性共识，"说理"是这种政治性共识形成与变化的机制，独立、自由和理性的思考个体是达致这种话语共识的主体前提与基础，只有具备这样的个体，这种话语共识与现代公共生活才有可能得以建构而成。为此，公共生活中的参与主体不是一种"我—他"的关系，而是一种"我—你"的关系，这种共识的形成，不是一方主体对另一方主体的价值褫夺或价值附和，而是交互主体之间基于一个共享客体（文本对象）而形成的一种尊重多元价值差异的价值共识，在现代社会中，不是美丽的神话抑或喧嚣的诡辩，而是基于自由、理性个人的公共话语乃为价值共识形成的重要因素。当然话语在价值共识形成中的作用并不在于话语本身，而是在于交往主体所拥有的话语能力，即在交往过程中，交往主体之间倾听他者说理的方法，辨析他者说理的真实，考量他者说理的要求等所具备的态度与能力，从而使得交往主体之间的"说理"越来越接近事物的真相，越来越符合事物发展的客观规律，越来越有助于遵循普遍的伦理要求，从而在一个自由、民主、平等、宽容的特定时空中，使得交往主体之间的真实的公共话语体系和视域融合得以合理建构，具有最大公约数的价值共识得以形成。因此，在基于公益预设的"价值共识"的际遇下，公共生活中的交互主体分析、解决公共性问题的更多是通过理性话语来进行，而非盲从或起哄式的话语表达或情绪宣泄来进行，社会公共性问题的解决亦不再是交互主体中一方的单向度胜利，而是交互主体中多方的符合公共利益最大化的多向度胜利，理性话语不仅成为公共生活伦理秩序的一个重要准则，也是基于公益预设下公共生活的一个重要表征。

第四章　当代中国公共生活建设的实践反思

　　辩证唯物主义告诉我们，时间和空间是一切物质的存在方式，二者因物质运动状态的变化而变化，是绝对性和相对性的辩证统一。作为一种物质运动，公共生活不仅具有时间上的维度，也具有空间上的维度，不仅在不同时空中有着不同的呈现方式，在同一时空中也呈现出个性化特质。作为一个发轫于西方的学术话语，西方公共生活的话语体系和实践演绎确实丰富了我们的理论智慧和学术场域，但并不能简单地以西方话语系统来裁剪中国本土的现实，也不能固步自封地以中国话语系统来抒写本土的空间焦虑与从容，而是必须在面对中国话语系统和西方话语系统的双重资源的境遇下，在坚守中国话语系统中扬弃西方话语系统的思维范式下，思考如何结合中国国情来获取公共生活建设的现代资源和价值支撑，并揭示公共生活建设的现实约束性，不至于中国特色社会主义公共生活具有明显"他国化"烙印和"失语症"困境，从而更为全面地理解时间维度和空间维度相统一的公共生活，使得我国公共生活真正"现代"起来。为此，很有必要立足于中国本土化的公共生活实践，梳理当代中国公共生活现状、困惑及问题成因，全面反思当代中国公共生活的科学性与合理性，探寻适合本国国情的公共生活建设之智慧，以指导当代中国公共生活的具体实践。

第一节　当前中国公共生活的现状审视

　　基于公共生活的政治界面、德性界面和社会界面的三个规定，扫描当代中国公共生活现状，呈现当代中国公共生活事实，勾勒当代中国公共生活面貌，是重建当代中国公共生活，提升政党执政能力，促进国家持续发展，保持社会和谐稳定中的一个根本性论题。改革开放以来，随着市场化改革的全面铺展，我国社会阶层结构从传统的"两个阶级、一个阶层"（工人阶级、农民阶级和知识分子阶层）向多个社会阶层转变，对此学术界也有不同观点，有七阶层说（孙立平）、十阶层说（陆学艺）和八阶层说（杨继绳）等不同观点。但是不管是何种划分，当代中国社会出现了若干种社会阶层已成是一个客观事实，社会阶层的分化和多元化亦客观影响着当代中国政治权力的配置，在权力重组中各个阶层的历史定位也愈益清晰。为了便于更加科学分析政治界面的公共生活现状，如何在不同社会阶层中选取重要阶层进行分析，透视不同社会阶层之间公共生活参与间距，以便更好解释当代中国公共生活现状，是研究中需要给予澄明的问题。为此，依据各个阶层在权力、财富和声望等方面占有资源的不同，在此选取公共管理者、私营企业主和农业劳动者三个阶层来考察分析当代中国公共生活现状。其中公共管理者是公共责任的承担者，是公共权力的受托者和行使者，是管理公共事务的政府公职人员，其扮演角色更多是公众期待的"公共人"伦理角色，在权力和声望上享有一定地位；私营企业主是改革开放以来新出现的一个社会群体，是"私营企业的私人身份的投资人"，[①]是当代中国最富裕的阶层之一，是当代中国社会经济地位较高的一个新阶层，在财富和声望上都享有一定地位；农业劳动者是指主要从事农林牧渔业生产，并以农林牧渔业生产收入为主要生活来源的农民，在当代中国人

---

　　① 陆学艺:《当代中国社会流动》，社会科学文献出版社 2004 年版，第 242 页。

员规模数量最大，在权力、财富和声望上的地位都很低，几乎不占有政治、经济和文化资源，是当代中国的一个弱势群体。因此，选取公共管理者、私营企业主和农业劳动者三个阶层来扫描当代中国公共生活现状，应能在某种程度上揭示和反映我国公共生活的当前镜像。

一、政治界面的公共生活现状

如前所述，当公共生活在公权力端点上获得公共定位时，公共生活的政治界面予以彰显，公共政治生活成为公共生活的一个基本展露和每个人的生存样态。作为现代民主的重要标志和实践方式，政治参与的广泛性与丰富性构成了政治生活，政治参与是公共政治生活的"内容蕊片"，因为一方面政治参与是促进公权力与私权利之间平衡的杠杆，健康、有序、民主的政治参与对于促进国家与社会的和谐互动具有十分重要的作用，能稳妥校正国家权威性与社会自主性之间的矛盾。另一方面政治参与能为公共政策的制定与执行奠定民意基石，有利于公共政策始终以公共利益为其中心界面，致使权力合法性基础更加厚实，权力运行体系更加科学合理。为此，在这里主要选取当代中国公民"政治参与"这一矢量进行分析，以"投影"或"映射"公共生活之政治界面现状。何为政治参与，学术界众说纷纭、莫衷一是，不同民主理论流派赞成和支持的政治参与行为不一样，诸如精英民主理论的参与投票、多元民主理论的影响决策、参与民主理论的参与决策、协商民主理论的政治讨论。[①]《中国大百科全书》中指出公民以各种合法方式自愿参与政治生活的行为，即为政治参与。[②] 在此，主要沿袭这种概念来管窥政治界面的公共生活现状。

改革开放以来，我国公民政治参与从动员式参与向自主式参与转变，

[①] 罗爱武：《何谓政治参与——四种当代民主理论的政治参与观比较》，《云南行政学院学报》2012年第4期。

[②]《中国大百科全书（政治学）》，中国大百科全书出版社1992年版，第485页。

从革命型参与向建设型参与转变，从激情型参与向理性型参与转变，从垂直型参与向扁平型参与转变。随着我国政治参与趋势的新变化，我国政治生活也正在呈现出新面貌，这隐喻着国家与人民权利的良性互动，表征着公权力与私权力的政治光谱之间的公民有序政治参与。随着当代中国国家与社会之间的亲和性分离，不难发现，一个容许多元阶层共在的公共领域也逐步形成，多元阶层之间在这一领域中通过公共话语的构建来实现他们之间利益的"正和"博弈，从而创造和谐有序的政治生活。但是"政治生活的麻烦在于它要么太吸引人，要么太乏味"，[①] 在肯定我国政治参与发展成就的同时，也不能忽视我国政治参与所面临的困境与矛盾，政治参与的深度和广度在我国依然显得较为有限，公民表达利益诉求的合法渠道与公民的政治需求之间的匹配度还不吻合，公民的许多意见和想法无法在第一时间内及时表达和传递给政府，从而致使政治生活中的"唯私症"和"冷漠症"在不同层面上得到显现，正如《政治参与蓝皮书：中国政治参与报告（2013）》中指出，"中国公民'政治参与行为总分'的得分在 2.80—10.00 分之间，均值为 6.18，标准差为 0.88。民众的政治参与状况不够理想，会对各种认同产生消极的影响，这是需要特别注意的现象。"[②]

公共管理者尽管承担着公共责任，"公共人"是其基本伦理身份，但客观来讲，在现实生活中，在特定环境下，公共管理者亦往往同时扮演多重角色，有时候公共管理者扮演的是自由自在的个体，有时候是家庭中的某一个成员，有时候是社会组织的某一个成员，有时候是某一学科领域、某一行业中的专家，有时候是政府组织中行使公权力的公务员，有时候是某一科层组织中的上下级成员，有时候是某一国家的公民而已等等。按照政治参与概念界定，公共管理者所从事的本职工作不属于政治参与范畴，因

---

① ［美］艾伯特·O.赫尔曼：《转变参与：私人利益与公共行动》，李增刚译，上海人民出版社 2008 年版，第 111 页。

② 房宁主编：《政治参与蓝皮书：中国政治参与报告（2013）》，社会科学文献出版社 2013 年版，第 29—30 页。

此，公共管理者的政治参与是指在其本职工作范畴之外的其他政治性活动的参与。考察公共管理者的政治参与现状，不难发现，大致呈现出以下几个表征：一是以社团会员或专家身份参与政治决策。专家参与政治决策已成为当代中国政治生活的一种常见现象，在促进当代中国政治发展中起到了十分重要的作用。清华大学朱旭峰教授指出，专家参与政治决策主要有直接咨询模式、迂回启迪模式、外锁模式和社会行动模式等四种模式。[①]近年来我国许多专家学者成为公共管理者的现象便是公共管理者以专家身份参与政治决策的一个佐证，且这一批公共管理者主要分布在教育、科技、文化卫生等科技性、专业性很强的部门，这些人员往往拥有高学历和高职称，既在政府机构中担任公共管理者的基本角色，但因其在某一研究领域中造诣较深，也是某科研院所中的某一领域的兼职教授或研究员，是某一相关学会或专业协会的成员，以其教授、研究员和协会成员的身份提供政策建议，参与相关政治决策，为制定和执行公共政策提供科学化、专业化意见。但大部分公共管理者因其繁忙的公共事务，其以专家身份参与政治决策的效果并不是很理想。如《政治参与蓝皮书：中国政治参与报告（2013）》中指出："公务员被试的'政治参与认知'得分在 2.00—4.60 分之间，均值为 3.21，标准差为 0.50；'实际政治参与'得分在 1.00—5.00 分之间，均值为 3.28，标准差为 0.71；'政治参与行为总分'的得分在 4.40—9.40 之间，均值为 6.49，标准差为 0.94。"[②] 在公务员、在校学生、务农人员、技术人员、其他职业、工商业人员的比较中，公务员的政治参与行为总分尽管得分最高，但与在校学生的政治参与行为总分之间的差异不显著。[③] 另外，调查报告还显示，比较不同单位性质之间的政治参与行为总分，发现组织社团总分要高于国家机关总分，且与国营单位的政

---

① 朱旭峰：《改革开放中的专家参与政治决策》，《南方都市报》2013 年 7 月 28 日。

② 房宁主编：《政治参与蓝皮书：中国政治参与报告（2013）》，社会科学文献出版社 2013 年版，第 198 页。

③ 房宁主编：《政治参与蓝皮书：中国政治参与报告（2013）》，社会科学文献出版社 2013 年版，第 203 页。

治参与行为总分之间的差异不显著。[①]因此，不难发现，作为具有较高政治素质的公共管理者，其政治参与认知和实际政治参与都应完全领先于其他人员，但从调查报告来看，尽管总体上公务员的政治参与行为总分得分较高，但与其他人员之间的政治参与行为的梯度间距并不是很大，其政治参与素质依然有待于进一步提高。二是以政治博客（微博）形式表达政治观点。近年来，随着网络技术的发展，网络化生存也成为人们生活世界中的一种常态和重要生存方式，与之相伴，政治博客（微博）在当代中国也渐趋兴起，不仅在普通大众中兴起，在公共管理者等政府公职人员中也不示弱，争相开通博客（微博），倾听民意，回应民生、与民众对话、沟通，在对话与沟通中表达其政治智慧，在反馈中彰显其政治认知，公共管理者通过博客（微博）这一平台实现"官"与"民"之间的互动，并表达自己的政治观点，博客（微博）已成为公共管理者政治参与的一个重要平台和载体。根据《2011上半年度中国微博报告》（上海交通大学公共关系研究中心、舆情研究实验室发布），截至7月6日，仅新浪微博上，政府机构微博数达4920个，政府官员微博达3949个。[②]据有关资料报道，政治／新闻博客最吸引人，其次为生活博客、科技博客和女性博客。[③]从某种程度而言，当代中国许多公共管理者开通博客（微博）有助于促进民主政治的发展，有助于开启中国政治个性化时代，有助于实现民众之间对话与沟通的"零距离"。但是从目前现状来看，我国公共管理者开通的个人博客（微博），则更多是集中在生活类、商业类或新闻类门户网站上，用来与民众实现政治互动，表达其政治观点的政治博客（微博）则存有"空壳博客"之嫌，《政治参与蓝皮书：中国政治参与报告（2013）》中也指出，在务农人员、工商业人员、技术人员、公务员、在校学生、其他职业的六

---

① 房宁主编：《政治参与蓝皮书：中国政治参与报告（2013）》，社会科学文献出版社2013年版，第247页。

② 陈潭、王烂辉：《微博问政与公众政治》，《人民论坛》2011年第36期。

③ 《美国博客研究报告》（2005年8月），转引靳平：《"政治博客"：值得重视的公民表达》，《浙江日报》2008年11月17日。

类人员中，"在互联网上发表个人意见"的政治参与态度调查中，公务员在这一项参与态度的调查中仅高于务农人员，均低于其他五类人员。[①]因此，作为当今公共管理者实现与网民互动和表达其政治观点的平台，政治博客（微博）的正规化、经常化和法制化有待健全和完善。当然，我们也要警惕政治博客（微博）沦为政客们骗取政治资本和操纵民意的政治秀场现象。

随着我国私营企业主经济地位的快速上升，私营企业主的政治地位也得以相应提高，党的十六大报告明确指出私营企业主是中国特色社会主义事业建设者，据国家工商总局公布数据显示，截至 2013 年 3 月底，我国私营企业 1096.67 万户，增长 1.01%，占企业总数的近 80%。[②]私营企业主的政治参与激情日益高涨，步入"激情燃烧的岁月"，成为各界注目的新焦点。为了正确看待私营企业主的政治参与现状，其"激情"状况则是一个需要给予澄明的题域。考察私营企业主的政治参与现状，不难发现，大致呈现出以下几个表征：一是政治参与热情与政治参与冷漠并存。自党的十六大以来，我国私营企业主的政治参与出现明显高涨趋势，政治参与从功利性向公益性转变，政治参与从零星式向组织化转变，政治参与从单一化向多样化转变等。据中国社会科学院调查报告显示，非党员私营企业主 40% 愿意入党，亿元规模私营企业主 53.2% 是中共党员。[③]另外有关部门调查也显示，私营企业主参加各级人大、政协、工商联等人数也呈现出上升趋势，成为私营企业主政治参与的重要形式。从 2008 年全国私营企业抽样调查结果显示，私营企业主在加入中国共产党、加入民主党派、担任各级人大代表、担任各级政协委员、担任各级党政职务中所占比例分别为 33.4%、6.9%、21.6%、29.7%、20%。[④]当然有的地方有的私营企业主

---

① 房宁主编：《政治参与蓝皮书：中国政治参与报告（2013）》，社会科学文献出版社 2013 年版，第 205—206 页。

② 《全国私营企业占企业总数近 80%》，工商总局网站 2013 年 4 月 19 日。

③ 龙玉琴：《非党员私企业主 40% 愿意入党》，《南方都市报》2012 年 12 月 20 日。

④ 陈光金：《中国私营企业主的形成机制、地位认同和政治参与》，《黑龙江社会科学》2011 年第 1 期。

也开始介入乡村基层政权，组建行业协会、社会性团体等来参与政治生活。因此，可以说改革开放以来我国私营企业主的政治参与呈现出逐渐扩大的趋势，其参政议政的积极性得到了很大提高，在政治生活中开始发挥着重要作用。但是总体而言，私营企业主的政治参与仍然有限，其大多数是功利型的经济性政治参与，参与的主要目的是为了维护和保障自身的经济利益，他们向往着成为真正意义上的官僚资本家，有些私营企业主并不真正关心政治，呈现出政治冷漠症状，正如托克维尔所言："他们把参与公共事务看作是浪费时间，他们总是沉溺于自我封闭的、狭小的、自私的堡垒里盘算着自己的个人利益。"① 《政治参与蓝皮书：中国政治参与报告（2013）》中也指出，在务农人员、工商业人员、技术人员、公务员、在校学生、其他职业的六类人员中，工商业人员的实际政治参与得分最低，在组织社团、国家机关、国营单位、其他性质、民营单位的政治参行为得分比较中，民营单位的实际政治参与得分也为最低，② 这些调查数据亦折射着我国私营企业主在政治表达的同时也表现出不同程度的政治冷漠症。二是安排性政治参与和非安排性政治参与共在。安排性政治参与是指私营企业主经组织推荐、基层选举等正当程序，在各级人大、政协、工商联等团体组织中担任一定职务等方式来实现其政治参与活动。非安排性政治参与是私营企业主自身要求加入中国共产党、民主党派、介入基层政治、组建行业协会或社会团体组织、评选劳动模范等方式来实现其政治参与活动。从整体而言，在安排性政治参与活动中，虽然大部分私营企业主政治参与热情很高，但由于人大代表、政协委员的数量和比例限制，并非每个私营企业主都能担任人大代表、政协委员等职务，表达其政治观点的安排性政治参与的机会依然较少。在非安排性政治参与活动中，但总体上由于私营企业主的文化层次参差不齐，初中以下文化程度的人数依然占有一定比

---

① ［法］托克维尔：《旧制度与大革命》，陈天群译，江西人民出版社2013年版，第76—77页。
② 房宁主编：《政治参与蓝皮书：中国政治参与报告（2013）》，社会科学文献出版社2013年版，第203、245页。

例，制约着私营企业主的政治认知水平，非安排性政治参与中的政治参与有效性和理性参政依然不尽人意，有待提高。

改革开放以来，传统农民亦分化了几个阶层，其中农业劳动者成为人口数量最大，但拥有权力、财富和地位却最低的阶层，是真正意义上的农民。随着市场化改革进程的全面铺展，前所未有地拓展了农民参政议政的空间和自由。众所周知，没有农业劳动者政治素养的全面提高就不可能有现代民主政治的整体发展，农业劳动者政治素养应是考量当代中国民主政治水平发展的重要矢量，其政治参与水平的提高则有助于推进中国特色社会主义民主化进程，优化中国特色社会主义民主制度系统。管窥农业劳动者的政治参与现状，不难发现，主要呈现出以下几个表征：一是政治冷漠的普遍性存在。农民的政治冷漠是指农民对政治生活的远离、逃遁或消极对待的一种状态。从现状来看，当前农民政治冷漠是一种普遍性存在的现象，具体表现为农民行使选举权积极性不高，参与村务管理的主动性不够、监督制约村干部的自觉性不强等，华中师范大学中国农村研究院《中国农民状况发展报告》课题组 2011 年 11 月 28 日发布的调查成果在横向上从"参加村委会投票、参加村民会议、在会议上提意见或建议、监督村务财务政务"的四个层面进行了比较，详情如下表。

参加村委会投票	参加村民会议	在会议上提意见或建议	监督村务财务政务
78.6%	53.7%	30.1%	28.1%

调查成果在纵向上从"村、乡、国家"三级进行了比较，发现"农民对国家大事和政策最感兴趣，对村庄的政治参与次之，对乡镇的政治参与情况最差"[①]。可以说，在一些"热闹""高参与率"的民主选举场面中，农民在投票选举中体现出来的蔑视投票形式、不屑于参与投票、起哄投票过程等都折射出很大一部分农民的政治参与冷漠和被动状态。二是政治参

① 谢湘：《农村青年政治参与度明显低于老年人》，《中国青年报》2011 年 11 月 30 日。

与的工具性明显。政治是经济的集中表现，考量自身经济利益是农业劳动者政治参与的直接动力和目的。从现状来看，农民主要是为了实现自身经济利益和其他与其密切相关的利益才去参与政治，对与其自身利益关联度不紧密的事务则有"随大流"或盲从式的政治冷漠表现，农民政治参与的工具性明显强于其目的性参与。中山大学行政管理研究中心郭正林教授在对 1852 名被访者关心村庄"集体财务、计生指标分配、宅基地使用、集体分红、农村治安、企业经营"的六个方面调查结果显示，考量个人自身利益的实现在农民政治参与中有着较强刺激作用，详情见下表。[①]

	村集体财务	计生指标分配	宅基地使用	集体分红	农村治安	村企业经营
关心	45.4%	26.0%	28.1%	40.1%	61.5%	25.0%
不关心	54.6%	74.0%	71.9%	59.9%	38.5%	75.0%

因此，可以说在政治参与过程中，农民主要把参与当成实现其自身经济利益或其他利益的一种工具，而非当成是一种目标追求，纯粹为政治而参政议政则较为鲜见，如当今农民针对土地征用、房屋拆迁等其他合法权益受损问题而展开的上访活动便是一个很好脚注。三是政治参与的抗争性危险。中国社会科学院于建嵘教授指出"日常抵抗""依法抗争"和"以法抗争"是当代中国维权活动的三种主要形式。[②] 在当代中国由于农民政治参与渠道的狭窄或堵塞，导致农民在通过正常渠道无法表达诉求时，一些抗争性政治参与就会趁机出现，抗争性参与成为农民政治参与的一个显著特征，如日常生活中被频繁言说的"钉字户""刁民""上访""行贿""闹事""静坐""示威"等词语便是折射农民抗争性政治参与的脚注。导致当代社会中有的农民已形成一种习惯性思维，当自己合法权益受

---

① 郭正林：《当代中国农民政治参与的程度、动机及社会效应》，《社会学研究》2003 年第 3 期。
② 于建嵘：《当代中国农民的"以法抗争"——关于农民维权活动的一个解释框架》，《文史博览（理论）》2008 年第 12 期。

损时，在诉诸正常渠道无果后，往往采取抗争性参与来争取自己的合法权益，甚或有些农民认为要想解决问题，达到自己的预期目的，只有不停地上访或者闹事，而且闹事程度、纠缠频率也往往与问题的解决是直接相关的，所以一旦出现问题时，有些人首先想到的便是闹，不管自己在问题产生中是有责任抑或无责任，如当今医闹便是一个较好的脚注。因此，可以说，尽管抗争性政治参与在解决农民合法权益受损问题上有时能取得较好效果，但也有可能是最危险的参与方式，特别是聚众闹事等暴力性的抗争性参与有可能进一步演化成社会群体性事件，从而危害到社会稳定。

二、德性界面的公共生活现状

如前所述，当公共生活在公民身份权利端点上获得其公共定位时，公共生活的德性界面予以彰显，德性生活成为其一个基本展露。改革开放以来，随着我国社会结构的全面转型，德性渐趋消解于人的物质欲望之中，公共生活中的德性价值褪隐或遮蔽。德性是人之为人的一种品格和内在规定，正如亚里士多德所言，"人的德性就是一种使人成为善良，并获得其优秀成果的品质。"[①] 因此，作为一种主体间性的交往活动，公共生活需要交往主体之德性的介入，以促进社会公共性的建构与增量。人是一种道德存在，德性是人之为道德存在的表征和诉求，是人从道德存在转化为道德行为的中介或桥梁，作为兼有具体性与个体性相统一的一种道德动力，德性是公共生活中交往主体应具备的一种道德品质，是在参与公共生活中得以建构与提升的，公共生活是德性建构与提升的实践基础，德性是与公共生活紧密联系在一起的一种道德品质，德性之好与坏也只有在公共生活中才能得到客观考量与评判，二者在本质上有着一定的契合度。因此，随着主体交往经度和纬度的延拓，作为公共生活的一个重要维度，德性的建构与彰显有助于促进公共生活的有序发展，德性始终会是公共生活的守望者，

---

① ［古希腊］亚里士多德:《尼各马科伦理学》，苗力田译，中国社会科学出版社 1999 年版，第 35 页。

为公共生活的现代建构提供意义支持和价值坚守。

公共生活之德性界面的当今表达即公共生活主体具有自由、民主、平等、宽容、理性等能力和智慧来参与公共生活的道德品质。作为现代公共生活是不可或缺的一个元素，德性的基本结构应由底线伦理、包容他者、公共关怀的三个基本维度构成。其中底线伦理是交往主体在公共生活中都要恪守的最低要求和基本的规范体系，是公共生活之德性界面的道德品质的根基，公共生活中的道德钟摆如果冲越底线，社会核心价值观则易受到颠覆，德性的根基则可能被连根拔起。在现代公共领域之中，社会公德则是公共生活之底线伦理的"内容芯片"。包容他者则是交往主体在尊重多元差异的基础上，通过平等对话而达致共识过程中所应具有的一种"他域性"的道德品质，是公共生活之德性界面的道德品质支柱；公共关怀是交往主体之间以实现公共利益为皈依而不停地反思平衡的一种道德品质，是公共生活之德性界面的道德品质指向，三者之间的良性互动将形塑一个合理的公共生活德性结构。因此，分析德性界面的公共生活现状，也主要以德性结构的底线伦理、包容他者和公共关怀的三个基本要素为切入点来进行分析。

公共管理者是"公共人"与"个体人"的统一体，作为公共权力的代理人和行使者，公共管理者的业务素质与道德素质的合理协调有助于确证公共权力的正当性与合法性，促使权力朝着公共性回归。当今公共权力异化固然是多种因素共同作用而成的，但是德性阙如或德性扭曲无疑是致使公共权力滥用与错用的一个重要变量，没有德性精神滋润的公共管理者，其政治人格和道德人格必定会被肢解或偏食，从而出现权力傲慢下的人格扭曲或贪污腐化等不当现象。考察公共管理者的公共生活之德性界面现状，不难发现，大致呈现出以下几个表征：一是道德高地与道德洼地的共存。改革开放以来，随着我国市场化进程的全面铺展，利益取向市场化成为人们生活世界中的一道"炫目"的风景，在利益取向市场化框图中，"经济地位"僭越或取代"政治地位"而成为考量人们社会地位的一张名片，成为人们孜孜以求的唯一夙愿。因此，面对利益取向市场化的挑战，大部分公共管理者能够在物质利益诱惑中做到出淤泥而不染，坚守着扮演"公共人"角色所应具有的"道德高地"，任劳任怨、兢兢业业地抒写着历史的画卷，政治人格与道德人格在公共利益实现中获得完美结合。但是也有一些公共管理者的"个体人"角色完全遮蔽了其"公共人"角色，公共责任早已被抛之九霄云外，在物欲横流中如痴如醉、欲罢不能，在权力傲慢中践踏民权、恣意妄为，权力异化为某些公共管理者捞取个人利益的工具，公共管理者的政治人格与道德人格产生裂变或病变，"道德洼地"亟待给予整平。二是包容他者与同化他者的共在。多元异质共在是公共生活的属性之一，公共生活的有序和谐则要在尊重多元差异中以"主体间性"思维来达致共同信念和展开共同行动，因此包容他者是公共生活建构中应具备的道德品质之一，哈贝马斯曾指出包容"是对他者的他性的包容，在包容过程中既不同化他者，也不利用他者"①。这意味着包容要做到尊重、善待和关爱有差异的他者。公共管理者承担的"公共人"角色决定着公共管理者应具有包容他者的道德品格，包容他者不仅应是公共管理者的一种德性，也应是公共管理者的一种义务和责任，当今大部分公共管理者能恪守包容他者的美德。然而，在公共权力异化为某些公共管理者攫取个人利益的手段或工具时，同化他者、利用他者则成为其道德失范的现实脚注。在公共交往中，面对差异维度和他者维度，他们要么是视而不见，要么是以强制手段来消灭差异、同化他者，否认差异和他者的存在，对异己之见予以排斥，容不下不同的声音和话语，以专断或霸权思维、以暴力手段来压制或褫夺其他声音和话语，制造一种表面和谐的虚假图像。三是公共关怀与私域聚焦的共有。公共关怀是公共管理者作为"公共人"角色所必备的道德品质，推动公共利益实现和维护公共价值是公共管理者所应担当的责任和义务，是公共管理者所应恪守的公共信念，当今大部分公共管理者在

---

① ［德］哈贝马斯：《包容他者》，曹卫东译，上海人民出版社2002年版，第43页。

公共管理工作中都能超越狭隘的个体私域、维护公共利益、关心公共事务、秉承公共信念、提供公共服务，等等。然而，公共管理者也是"个体人""理性经济人"，也有追求个体私人利益最大化的本能需求，在私人需要与公共需要的博弈较量中，私人需要遮蔽公共需要，公共关怀阙如和公共信念淡化在一些公共管理者中不同程度存在，个人私域僭越于公共利益之上，公共权力成为某些公共管理者攫取私人利益的工具，沉浸于个体利益的"桃花源"之中，聚焦于个体私域之中，盘算着私人利益的小算盘，公共决策和公共服务中往往掺杂着私人利益，在不同程度上致使公共政策的价值取向发生偏差或出现扭曲，造成公共事务管理中的公共性流失，诸如政绩工程、形象工程、面子工程等便是一个很好的印证。

在党和国家政策的引导下，私营企业主队伍得到快速发展和不断壮大，为我国经济建设、政治建设、文化建设和社会建设都作出了较大的贡献，私营企业主的社会影响力也越来越大，成为社会主义现代化建设中的一支重要力量，私营企业主的存在已获得我国政治、经济和法律的肯定和保障。可以说，私营企业主的发展和壮大为如何正确看待私营经济与社会主义道德要求之间的关系提出了新的理论思考，实践证明，私营企业与社会主义道德要求并非相悖而行，而是有着结合的可能性与现实性，私营企业主仍然要恪守和履行社会主义道德要求，弘扬社会主义道德亦需要私营企业主的大力参与。考察私营企业主的公共生活之德性界面现状，不难发现，大致呈现出以下几个表征：一是诚信经营与唯利是图的共在。追求私人利益最大化是私营企业主作为"经济人"的目标，当今大多数私营企业主在实现自身利益最大化的过程中，能恪守社会主义道德要求，做到义利并重、公平竞争、诚实经营、正确处理私人利益与公共利益之间的关系，以社会主义的道德风尚约束自己的不当、非法行为，不损害利益相关者的利益，体现出自己行为与社会主义道德要求的相吻合、相一致性，在广大私营企业主身上表现出良好的德性品质。然而，有些私营企业主在追求自身利益最大化的过程中，重利轻义等不良道德在他们身上不同程度存在，在私人利益与公共利益之间产生冲突时，他们的天平杠杆倒向私人利益；在私人利益与社会主义道德要求之间发生冲突时，道德要求被置之脑后，逐利行为中不良道德现象发生，从而损害利益相关者的合法权益，引起劳资关系紧张，如富士康的"十二跳"、三鹿奶粉事件、黑砖窑事件、多宝鱼事件、苏丹红事件、矿难事故等无不表现出私营企业主的道德人格的矮化或钙化。二是市场竞争与屈膝权力的共存。党的十八届三中全会公报描绘出我国全面深化改革的美好蓝图，从全面深化改革的视域出发，把当代中国经济社会发展的重要基础（公有制经济与非公有制经济）置于社会主义市场经济体系中进一步加以确认，明确指出二者均为社会主义市场经济的重要组成部分。可以说十八届三中全会关于非公有制经济的两个"都是"的一锤定音，不仅显示着我国非公有制经济地位的提升，也再次确证着我国非公有制经济与公有制经济都是市场竞争的平等主体，都应该有序进入统一的市场、在统一市场中公平参与竞争，当今我国大多数非公有制经济和私营企业主都能恪守市场竞争规律，坚持互利共赢的竞争理念，树立正确的市场理念和文化理念，充分地利用国际国内两个市场，在国际国内市场竞争中求得自己生存和发展，实现企业的整体发展目标，促进着企业的健康和谐发展。然而，在激烈的市场竞争中，有的私营企业主为了求得自己的生存和发展，通过资本与权力的"露水婚姻"来谋得一己之利，政治观的功利性浓厚，以屈膝权力的方式来换取政治庇荫从而规避市场竞争风险是他们逐取巨额利润的重要渠道，从而织成一张严密的"官商结合"网络，在屈膝权力中换来自己的利益，私营企业主的政治理念畸形，公平竞争的正义德性阙如。三是私益膨胀与公益式微的共有。照章经营和依法纳税是私营企业主应承担的社会义务，但是有些私营企业主在追逐自身利益最大化的过程中，往往把私人和企业的利益凌驾于社会公共利益之上，坑蒙拐骗、偷税漏税、走私逃税、假冒伪劣、商业诈骗、为富不仁、破坏生态、权钱交易等不当现象屡见不鲜，严重破坏了社会主义市场经济秩序，有损社会的公平正义，成为我国私营企业发展壮大过程中的一道丑陋现象和企业自身发展"短命"归宿，私营企业主的私益膨胀最终带来的是价值观的扭曲与异化，与其作为中国特色社会主义事业建设者的身份背道而驰，与社会主义道德要求格格不入，严重背离了社会主义道德规范的本质要求。然而，与私营企业主私益膨胀相伴而生的则是其慈善公益精神的缺乏，尽管相关调查显示私营企业主已成为我国慈善公益事业的重要力量，但不可否认的是，与其快速增长的经济地位相较而言，很多私营企业主并没有切实履行好其所应承担的公益责任，甚或有的私营企业主即使捐赠慈善公益事业，也并非是完全出于高度自愿、自觉的责任意识所驱动而为，而更多是在某种"被文化"促逼下的"被慈善""被捐赠""被公益""被志愿"的行为，有些私营企业主的个人价值与社会价值之间并没有得到较好的内在统一。

我国农业劳动者在社会公共生活中已继承、积淀了丰富的传统道德规范和品质，但是随着现代化进程的全方位铺展，农业劳动者为了适应经济基础的变化，农业劳动者的思想道德观念和伦理关系也有了新的道德诉求，如对现代科技的期盼、对社会公正的诉求、对自身素质提升的要求等等，对机会公平、权利公平和规则公平的期盼愈来愈强烈。然而在社会主义市场经济体制不完善、社会主义道德建设滞后、农业劳动者自身文化素质相对较低的"三位一体"的共同作用下，农业劳动者也正在经历着现代化所带来的经济憧憬与道德隐忧，农业劳动者的道德问题也不同程度地予以显现，农业劳动者的道德沙漠化等德性元素稀薄现象也时常出现，人们常称赞的忠厚纯朴、正直善良、吃苦耐劳、诚实守信、自强不息等良好道德风尚渐趋衰落与凋零，成为人们的一种"甜蜜记忆"而已。考察农业劳动者的公共生活之德性界面现状，不难发现，大致呈现出以下几个表征：一是公民向往与农民立场的共在。改革开放以来农业劳动者的物质生活状况有了明显提升，精神面貌焕然一新，现代新型生活方式正在成为大部分农业劳动者的选择，他们渴望自由平等、民主法治、公平正义等现代政治文明元素，向往得到全社会的承认，公民权不仅在城市居民中成长，也同样在乡村农业劳动者中发育，农业劳动者的公民性生长成为当代中国社会发展的一个重要表征，农业劳动者的自由平等的主体观念、权责对等的法治观念、交往合作的共同体观念、公平正义的道德观念等现代公民性的身份认同也越来越强烈，大多数农业劳动者能以一个公民身份充分行使公民权利，自觉担当社会责任与义务，成为一个新型的具有公民性的现代农业劳动者，彰显着农民身份的公民化向往。然而，由于历史与现实的各种因素影响，农民身份的公民化趋势依然缓慢，物质性的生存伦理依然主导着大部分农业劳动者的生存思想和行为，农民立场依然是大部分农业劳动展开生产劳动和交往实践的坐标原点，且在确证自身生存需要中拴牢其农民身份的感情纽带，农民身份背景下的物质性生存伦理是他们权衡是否参与公共生活、公共事务等的思维起点，公民身份背景下的公民伦理依然较为稀薄或式微。二是德性的内卷化与德性的开放化的共存。"一切以往的道德论归根到底都是当时的社会经济状况的产物。"① 为此，公民德性生成与发展，归根结底是发轫于其所处社会的经济关系及物质条件。当代中国的前现代、现代和后现代的相互交织的时空中，传统伦理道德不但没有因西方文化的入侵和冲击而完全消失或摧毁，而且大有萎缩于原子化和功利化的农业劳动者之中，且在现代文化和后现代文化的共同席卷之下，传统伦理道德变得更加无序和混乱。与建立在家族基础上的扩散化的小农伦理道德关系不同的是，在当代农业劳动者身上，建立在小农户基础上的伦理道德关系却常常萎缩到一个基本的家庭，呈现出一种表征为"内卷化"的"物象"与"意义"之趋势，在利益化刺激下的伦理道德关系很少扩展到自我之外的他者，农业劳动者之间的人际关系越来越隔阂、互助合作鲜为少见，内卷化的小农伦理道德关系成为当代中国农业劳动者参与公共生活的一个逻辑起点。然而，改革开放以来，随着我国以市场化为先导的社会结构全面转型，农业劳动者的伦理道德思想亦有从内卷保守迈向开放进

---

① 《马克思恩格斯选集》第3卷，人民出版社1995年版，第435页。

取、从依赖性迈向自主性、从单向度迈向多向度的趋势，呈现出"历史性、时代性和开放性"相结合的"物象"与"意义"，传统内卷化的熟人德性正在向现代开放化的公民美德转变，农村政治结构的调整、经济结构的完善、交往空间的拓展、文化生活的丰富等愈来愈促逼着农业劳动者的德性呈现出开放化的"物象"与"意义"。三是理性表达与奴性盲从的共有。理性是公民个体道德能力和道德自律的前置性假定，是衡量现代公共生活之德性彰显与否的一个重要标尺，也是现代公共生活建构所需要的核心元素，公民个体理性的正当运用有助于多元异质主体之间分歧与冲突的调和，有助于公共行动的完善和公共利益的增长。改革开放以来，农业劳动者的理性也经历了一个现代化时空嬗变，生存理性与发展理性成为其公共生活参与中的两个主要面相，且生存理性是发展理性的基础，发展理性是生存理性的提升。在现代公共生活中，为了充分满足个体生存的需要，农业劳动者能以"生存需要"为逻辑支点，理性地表达自己的生存利益诉求，提高个体自身的生存质量。但不可否认的是，为了实现个体发展的需要，有的农业劳动者也能以"个体发展"为逻辑支点，理性地表达自己的发展利益诉求，扬弃生存理性，丰富个体的生命意义。然而，作为一种认识能力，理性对客观世界的认识也并非无穷无尽和完美无缺，而是具有有限性特点，其作用的时间、空间和数量范畴都是有限的。正是因为理性的有限性，当公共生活中某些别有用心之人打着"公共""公意""人民"的名义操纵或褫夺他者的"个体理性"时，奴性盲从则极有可能成为个体理性不当运用的结果，在所谓的"领袖"与"规则"之间，他们选择了服从个人化身的"领袖"，而不是服从合乎规律的"约定"（规则），致使其奴性彰显、美德式微，这一点在有的农业劳动者身上表现得特别明显。

三、社会界面的公共生活现状

何谓"社会"，众说纷纭、尚无明确定义，根据马克思主义的解释，劳动是人类社会与动物社会相区别的主要特征和标志，作为与自然界相区别的共同体，社会是人们交互作用而形成的社会关系总和。从现代意义上解读，社会则可指有着共同价值观和价值目标的人为了实现共同利益而结成的联盟。卞绍斌博士从马克思的"社会"概念视域，指出重建公共生活是马克思"社会"概念的思想旨趣。① 如前所述，当公共生活在介于国家与社会之间的公共领域端点获得其公共定位时，公共生活的社会界面予以彰显，以促进社会利益和社会福祉为目的则成为现代公共生活之社会界面的一个最基本的函数与现实展露。人是一种群居动物，需要过上群体生活，群体生活建构需要公共场域供给，从而在公共场域中建构、彰显生活的公共性。在现代社会中，公共性是现代公共生活的"属性蕊片"，公共生活是一种维护、促进社会利益和社会福祉的实践活动，是在实现社会利益和社会福祉中表达其公共价值。在某种程度上，公众以共同努力建构公共生活场域即表达公共价值。"场域"是法国学者皮埃尔·布迪厄建构其社会学理论的一个核心概念和分析工具，布迪厄认为在一个高度分化的社会中，具有相对自主性的社会小世界具有自身运作的逻辑和必然性，但其自身逻辑和必然性成为支配、约束其他场域运作的那些逻辑与必然性，社会世界也正是由其自身运作的逻辑与必然性所构成的。② 由此可见，布迪厄认为整个社会是一个"大场域"，社会小世界为"小场域"，各个相互联系又相对自主的"小场域"构成了"大场域"。作为一种相对独立的社会空间，场域主要由物理空间、心理空间和行动空间的三个要素共同构成，且每个子场域抑或子空间都是一个开放性空间、关系性空间、争夺性空间，都有其自身特有的逻辑与必然性，每个人都在具体场域中得以生存与发展，场域成为人们展开社会交往、表达公共价值和建构公共行动的重要空间。可以说，人们在公共生活场域中表达利益诉求、完善个体德性、增进社会福祉、实现着个体价值与社会价值的双重建构，公共生活场域建构

---

① 卞绍斌：《马克思的社会概念》，山东人民出版社 2010 年版，第 91 页。
② ［法］布迪厄、［美］华康德：《实践与反思》，李猛、李康译，中央编译出版社 1998 年版，第 135 页。

着公共生活的界面展露，公共生活的界面展露同时优化着公共生活场域，二者之间为一种相互建构的关系，并在相互建构中促进着社会利益和社会福祉的完善与发展，公共生活成为表达社会利益的一种实然形式和应然期盼，以实现个体价值与社会价值之和谐为其基本的价值表征，这也正是公共生活之社会界面的现实脚注和重要函数。因此，分析社会界面的公共生活现状，也主要以交往主体在公共生活中关注社会利益实现程度为函数，以公共环境、公共秩序、公共交往、公益行动为指数的公共文明参与为切入点进行分析。

公共管理者作为"个体人"与"公共人"的统一体，他们在担当公共责任的同时，还存在着公职角色与社会角色的转变。我国法律规定公共管理者基于公共权力赋予和维护公共利益的需要，在公务活动期间承担着公职角色，在公职角色的承担中，毫无疑问，公共管理者是公共权力行使的受托者，是公共利益的具体维护者，是公共利益最大化的追求者，是公共价值的忠诚者，其自我利益与社会利益是融合统一的，自我利益的实现融合于社会利益的实现之中，这也是由公共管理者的职业操守所决定的。因此，公共管理者作为公职角色的承担者，其社会理性选择居于主导地位。然而，公共管理者在公共管理活动之外却承担着社会角色，而且每个公共管理者都必须不断地进行着公职角色与社会角色之间的互换，作为社会角色的承担者，他们也理应有效地实现个体价值与社会价值的统一，但在二者之间却往往未能有效地得以协调。考察公共管理者的公共生活之社会界面现状，不难发现，大致呈现出以下几个表征：一是社会理性选择与私人理性选择的共在。公共管理者由于其公职角色的担当者，在通常情况下，他们能做到恪守公共价值至上的共同信仰，努力践行公共意志，把私人利益实现真正融通于社会利益的实现之中，在以公共环境、公共秩序、公共交往、公益行动为指数的社会公共文明参与行为中能高度彰显其自觉性、主动性和积极性，为维护全社会的公平正义而挺身而出，为全社会公共品质的提升而恪尽职守，真正成为追求社会利益为最大化目标的社会人，成为国家利益与社会利益的强力捍卫者，心中永远装着国家、社会和人民的利益，社会理性选择明显大于私人理性选择。然而，公共管理者也是个体人，在其公共管理活动范围之外，他们也是普通的社会成员之一，他们亦有自己私人利益的追求，当然这里所指的"私人"不只是指单个的个体人，也指以小集团利益追求为核心的人格化的部门或集团组织。在现代社会中，每一个人都具有追求自我正当利益、维护自我权益的诉求和冲动，作为普通社会成员中的公共管理者也不例外，公共管理者作为纯粹的"公共人"的预设或假想或许是一种乌托邦式的美好想望而已，在现实生活中，其公职角色与社会角色之间互换的越位、缺位或错位，必然会导致私人理性选择大于公共理性选择，并在监督乏力的情况下，通过权力扩张来攫取私人利益的现象。二是垂直交往样态与扁平交往样态的共存。按照社会学关于当代中国社会阶层的划分，作为国家与社会事务的公共管理者居于社会阶层中的最上端，与社会其他阶层在权力和声望等层面具有一定的梯度和间度，因此，从社会阶层垂直体系内部结构分析，公共管理者与其他阶层之间的交往更多是一种垂直样态的交往，且有的公共管理者为了追求私人利益最大化，以公职身份参与普通社会关系建构时，则极易导致公共管理者与社会其他阶层建立一种难以言喻的身份机制，特别是当公共管理者的"公职角色"未能向"社会角色"及时转换时，则垂直样态交往会尤为突显，因为公职角色背后折射的是单一性、权威性，社会角色背后折射的是多元性、平等性。然而，当公共管理者以普通社会成员身份参与社会公共生活时，其在公务活动中所承担的公职角色需要及时褪隐，公共权力必须敬畏私人权利，交互主体之间的公共交往必须溢出基于各种主体所拥有的经济资源、政治资源和文化资源之梯度间距而形成的社会阶层垂直结构体系，在这种垂直结构体系之外展开扁平化的平等交往，使得公共管理者在与社会其他阶层之间的交往中更多是表征为利益表达扁平化、对话博弈平等化、身份认同普通化等扁平交往样态。三是身份取向参与与责任取向参与的共有。作为政府公共意志的执行者和贯彻者，公共管理者是现代公共生活建构中的一支重要主体力量，需要其以公共管理者的身份参与现代公共生活的建构，当今我国大多数公共管理者在公共文明行为参与中能够做到以"公职身份"为取向来参与现代公共生活，时刻不忘自己的公职身份，时刻注意展现公职身份的良好形象，争得公众对其公职身份的高度认同，并通过自己在公共生活领域的言谈举止来正面引导社会舆论等，为形塑良好、有序的公共生活而作出表率、模范作用。当然不可否认的是，在现代公共生活中，一方面有的公共管理者通过"公职"的"影子身份"做代言来谋取不正当的利益，从而使得公职身份发生变异，损害现代社会的公平正义；另一方面有的公共管理者为了躲避公职身份带来的各种"麻烦"，刻意隐匿自己的"公职身份"，诸如个别执法人员在公共场合下的"普通着装"便是一个令人深思的现象。然而，公共管理者作为普通社会成员中的公民个体，他们也要承担着其职责领域之外的个人责任和社会责任，以一个普通民众应有的社会责任意识参与现代公共生活建构。在我国现代公共生活建构中，大多数公共管理者亦能以"社会责任"为取向来参与现代公共生活，在追求个人正当、合法的权益中彰显个体的社会责任，"从自我做起""从小事做起""从身边做起"等自觉的公益行动也正在成为他们参与现代公共生活秩序建构的一道美好风景。

作为新出现的一个重要阶层，私营企业主阶层为我国经济社会发展作出了重要贡献，其社会影响力与日俱增，私营企业社会责任的履行与担当，即为私营企业主在现代公共生活建构中的社会界面展示。何谓企业社会责任，在不同历史时期有着不同理解，在我国计划经济时期，国有企业作为政府组织的附属物，"企业办社会"成为当时国有企业承担社会责任的重要表征，企业的社会化程度达到了登峰造极的地步。改革开放以来，随着私营企业的发展壮大和私营企业主的地位提升，私营企业社会责任再度成为人们热议的一个频繁词汇，引起社会各界的广泛关注，并在《环境保护法》等相关法律规范中有着明确规定。可以说，社会价值应是私营企业的核心价值之一，私营企业承担社会责任，关注社会发展并不是空穴来风的想当然的事情，而是一个有责任的私营企业得到长期可持续发展的内在诉求，是私营企业作为社会经济细胞时所担当的"社会人"所赋予的，私营企业在实现盈利的同时，主动参与公共事务，承担社会责任，实现社会价值最大化等也是其义不容辞的使命和担当。管窥私营企业主的公共生活之社会界面现状，不难发现，大致呈现出以下几个表征：一是经济地位提升与社会责任阙如的共在。改革开放以来，私营企业主在中国特色社会主义事业发展中作出了功不可没的贡献，他们的经济地位、政治地位和社会地位都有了明显的提升，成为推动我国经济又好又快发展的一支重要力量和社会主义事业的建设者。据有关资料报道，已登记注册的我国私营企业数量已经突破千万家，私营企业主阶层也不断扩大，私营企业经营的规模和数量不断地得以扩大和发展，对我国经济建设作出了重要贡献。私营经济也成为社会主义市场经济的一个重要组成部分，且其发展充满了生机与活力。为此，伴随着私营经济的快速发展，作为私营经济人格化的私营企业主阶层也正在快速地成长，私营企业主的经济地位明显提升。然而，需要给予澄明的是，私营企业主应把企业自身发展问题与社会责任问题同步统一起来，消解"企业发展在先，社会责任在后"的错位思想，把企业发展、社会责任、公众权益等纳入一个同步的战略框架之中。当今我国大多数私营企业主随着其自身经济实力的增强，法律责任、商业道德责任的认同度也在不断提高，能积极主动地参与社会事业、担当社会责任、关注社会发展，把实现企业发展、社会责任和公众权益的三者同步统一起来。然而，不容否认的是，也有不少私营企业主履行社会责任的自觉性和主动性明显缺失，在现代公共生活中履行社会责任的共同信念到认知实践、被动履行到主动履行、个体履行到群体履行、个人自律到交互辐射、效益论到义务论等之间都尚有一段距离，私营企业主在现代公共生活建构中主动承担社会责任的动力明显阙如，社会责任担当与经济地位提升的匹配度明显不够。二是主动履行责任与被动履行责任的共存。关于私营企业主履行社会责任现状，人们有着不同的理解，主要有两种截然相反的观点：一种是认为私营企业主已成为我国社会公益事业发展的重要力量；另一种认为私营企业主履行社会责任的客观情况不容乐观，亟需提高。可以说，强调作为私营经济人格化的私营企业主应该履行和承担更多的社会责任是这两种观点背后的共同点，它们都对私营企业主应当履行和担当社会责任持高度的认同度。但是事实告诉我们，我国私营企业主履行社会责任现状有着被动履行与主动履行之分。一方面，在抗灾救民、慈善捐赠、扶贫救弱、人文关怀、环境保护、医疗卫生、文化教育等诸多公共生活领域中许多私营企业主扮演着"社会公民"的主体角色，他们的"社会公民"身影活跃在许多公共生活领域之中，并以各种方式践行作为一个"社会公民"所应担当的使命与责任，赋予了私营企业主的新形象和新风尚，这也正是私营企业主出于"社会公民"隐喻下的主动履行社会责任的行为。另一方面，有的私营企业主对于社会责任则是一种被动履行或担当而非主动嵌入，与社会责任的本质要求尚有一定的差距，他们要么是出于"权力"影响下的私营企业主的无可奈何行为，要么是私营企业主出于隐性利益冲动而确证身份或恢复形象的行为，这两种行为实质上都是一种"权力隐喻"或"身份隐喻"的被动履行社会责任的行为，或者说是某些个人或团体打着"社会责任"名义绑架或迫使私营企业主从事社会公共事务的行为。三是长期公益行动与短期公益行动的共有。从企业发展与社会责任的内在逻辑关系来看，二者之间是"内生根植"还是"外部回应"关系将在某种程度上预制着一个企业公益行动的短期性与长期性。当今我国有的私营企业为了拓展企业发展空间，谋求企业更好发展，正在朝着集团化、规模化、公司化和产业化的方向发展，企业治理结构也愈来愈走向正规化和系统化，在企业发展与社会责任之间建构为一种"内生根植"的关系，在企业治理结构中找到社会责任的应有位置，把企业的社会责任"内生根植"于企业发展的理论与实践体系之中，为企业长期的公益行动寻求制度性支撑力量，从而使企业长期公益行动有着足够的内生动力，能够积极主动参与公共事务，彻底履行社会责任。然而，不可否认的是，我国私营企业发展参差不齐，有些私营企业还处于初期发展阶段，离现代企业制度的要求尚有一定距离，其企业发展战略目标和企业内部治理机制尚不完善，在企业发展与导致有些私营企业主的公益行动更多是表征为行为层面的被动回应的短期行为，而且这种行为多是在巨大社会压力情境下而展现的一种公益行动，这种公益行动随着重大事件发生而发生、消逝而消逝，具有短期性和即时性，缺乏可持续性和长期性，是一种不彻底且常相互矛盾的社会责任履行，如富士康 2010 年捐赠 3000 万元用于玉树抗震救灾的履行社会责任与其"十二跳"事件中违背社会责任的背道而驰现象便是一个较好的现实脚注。

农业劳动者在中国现代化进程中也获得了更多自由流动空间，但是在城乡二元分割体制尚未取得根本性突破的情况下，农业劳动者依然是以农村公共空间为场域来建构公共生活。新中国成立后，农业劳动者的公共生活主要表征为国家力量强行"植入"于农村社会的强制性共同生产和共同劳动等，当时人们的集体生产与集体生活基本是融为一体的，由于这种"权力"隐喻下的集体生活系统并没有很好地与"乡村文化"隐喻下的传统公共性实现成功互嵌与对接，一些传统公共生活形式亦沦落为政治宣传的工具，致使其在改革开放后的农村社会中陷入"凋敝"之困境。随着我国现代化进程的全面铺展，在现代性因素挤压下，农村公共空间的结构与功能在整体上正悄悄发生着令人忧虑的变化，一方面为农村公共空间越来越稀薄，另一方面为农村公共空间的传统功能弱化，渐渐淡出人们的公共生活领域，已成为一种"温暖记忆"。与此相同步，我国农业劳动者的文化生活也有走向原子化、私域化、功利化的膨胀趋势，并享受着这种文化生活带来的所谓"惬意"，为此，在现代性促逼下告别"乡土黄昏"的同时，也需要在国家主流意识形态引领下建构新型的农村公共生活。考察当代中国农业劳动者的公共生活之社会界面现状，不难发现，大致呈现出以下几个表征：一是宗族仪式样态与生活闲暇样态的共在。改革开放以来，农村宗族公共空间和公共仪式活动在广大农村之所以能得以迅速复兴，其原因是多维的，但从文化意义解读，是因为宗族成员间有着链接传统与现实的同一文化根系，从功能意义解读，是因为宗族成员在这一共同体内部能获得某些精神需要和公益需求。关于农村宗族复兴问题，主要有两种截然相反的态度，这两种态度背后所折射的实质是农村宗族复兴已是一个不容否认的事实，也隐喻着农民"家族式集体主义"认同情结的强化和建国后以"人民公社"为表征的集体主义认同情结的弱化，农业劳动者也在重温"家族式集体主义"的"旧梦"中建构着以宗族性公共仪式样态为表征的现代公共生活。然而，改革开放以来，随着农业生产条件的改善和农业科学技术的推广运用，农民的闲暇时间增多，有更多可自由支配时间来从事一些消遣娱乐性、庆典仪式性等公共活动，诸如打麻将、闲待闲聊，红白喜事仪式、广场舞等等，而且祖坟山、红白喜事、小卖部、村民会议等则充当了仪式化的公共空间、约定俗成的公共空间、商业附属性的公共空间和制度化的公共空间，农业劳动者亦在这些乡村公共空间中建构着以生活闲暇样态为表征的现代公共生活。当然，村民从事的一些赌博等非法活动亦值得警惕和打击，引导和鼓励村民回归"广场式闲暇"的公共生活更为当务之急。二是乡土文化属性与宗教文化属性的共存。文化即为一种生活样式，公共生活样式的不同展现会赋予文化以不同属性，为此，乡土文化属性与宗教文化属性成为当前我国广大农村公共生活样式的重要面相。我国广大农村都具有乡土特色浓厚的民俗文化传统，且成为维系农村公共生活的一个重要文化元素，庙会、祭祖、年戏、民俗节庆、社火、舞龙等等各种以宗族性公共仪式样态为表征的公共生活都明显烙有乡土文化属性，乡土文化正在作为"历史之根"推动着农村公共生活的建构，但不可否认的是，以宗族性公共仪式样态为表征的这种神圣性公共生活也难免有世俗化痕迹，诸如红白喜事中"随份子"问题带有一种世俗化的攀比心理，成为一种伤不起的"人情债"和惹不起的"烫手山芋"。然而，我们在看到农村公共生活的乡土文化之根的同时，也要关注农村公共生活的宗教文化之流，现代农村公共生活建构也就是要在传承"历史之根"与扬弃"外来之流"的平衡中为其重新编译新的"文化密码"。近年来，作为一种外来文化，基督教相遇于农民对未来生活不确性的焦虑之中，在中国农村亦显大跃进之势，具有"中国特色"的乡村教堂日渐增多，基督教形塑的公共空间与日俱增，成为村民的重要公共空间之一，许多农民亦通过基督教意义系统来建构他们的行为方式与公共生活，且与乡土意义系统所建构起来的公共生活产生碰撞与互嵌，在基督教形塑的公共空间中建构的公共生活样式无疑具有宗教文化的属性。三是熟人情感维系与生人契约确证的共有。当代中国农村社会依然是一个熟人社会（自然村）或半熟人社会（行政村），人们之间在物理空间、心理空间和行动空间中的自我界线依旧较为模糊或破碎，左邻右舍都是温暖的"一家人"，人们在既"面熟"又"心熟"的人之间建构起一个较为庞大的"关系束"，增加了人们之间交往的情感容量与厚度，人们也正是在这种"熟人情感"的社会网络之中展开共同行动，发生着熟人情感维系的社会交往，在情感与原则的相互纠结之间建构着公共生活的独特画面，农村公共生活依然富有情感的温度和亮度。然而，在市场经济大潮的洗礼下，随着农民流动自由度的增加，当代中国农村社会关系也呈现出新的特征，农村社会异质性凸显，其中"熟人情感维系"走向"生人契约确证"便是一个重要表征，左邻右舍关系由温暖的"一家人"变为陌生的"异家人"，人们交往结构不再是局限于同村人、亲戚等社会交往的单向网络结构，而是呈现出一种社会交往的多元网络结构，人们的自我空间定位不再是情感温暖的村落共同体，而是陌生人自由穿梭的流动空间，即使是在同一村落共同体内部，许多人之间更多是一种"面熟心不熟"的"似曾相识"的"生人"关系，他们在一起所开展的共同行动，并不是以情感为原点，而更多是以"契约"为原点。当然，此处所言的"契约"更多指是一种心理空间上的"契约"，而非法律意义上的"契约"，人们也正是在这种"契约"中建构着现代公共生活。

第二节　当前中国公共生活的困惑分析

改革开放以来，一方面，我国国家与社会之间渐趋出现亲和性分离，为公共生活的现代建构奠定了前提和基础，公私领域在社会变动中重新定位自己的边界，公私领域的内部结构与总体面貌也呈现出令人欣慰的现代性愿景，公共生活更具公共性的容量与厚度；另一方面，我国社会结构在再分化逻辑中再生产着社会生活的各个领域，多元化与多样化成为当今时代的重要表征，混合与零碎成为后现代主义所强调的一种新的现代性，理性的逻辑判断与情绪的喜好判断在社会领域之中交叉并存，公私领域在再分化中内在衍生着现代性的隐忧，公共生活的公共性容量与质素式微。因此，在公共生活之愿景与隐忧共在的当今社会时空中，我国公共生活困惑的当前特征可以从以下几个方面加以阐述。

一、公共生活的世俗化与公共生活的殖民化并存

作为一个与超越性相对的概念，世俗化表征着人们对现实之"善"生活取向的聚焦和关注，在西方语境下，世俗化是指文艺复兴以降，西方文化从神学与宗教统治中渐趋脱域的过程。在当代中国，解放思想、实事求是思想路线的重新确立，为中国改革开放和现代化建设提供了强大的思想动力。从十一届三中全会到 20 世纪 80 年代末，在践行解放思想、实事求是的生动过程中，我国亦历经了一场类似于西方世界的"祛魅"的破除封建迷信和极"左"宗教化革命意识形态的世俗化运动，与此相适应，一种以革命式群众运动为表征的极权化"公共活动"渐趋褪隐，另一种以平等理性交往为表征的祛宗教化"公共世界"复兴，自我与他者的公共交往得以拓展，当代中国新的公共性开始生成，且物质主义、利己主义和私人隐秘经验的掣肘和影响的密度较为稀薄。20 世纪 90 年代初开始，随着我国市场化改革进程的全面铺展，中国世俗化也非同日而语，物质主义、利

己主义、消费主义和自我迷恋等共同裹挟着中国的世俗化进程，在此世俗化进程中，不仅生活世界中神圣性消解，而且公共性亦开始褪隐，人们的精神世界颓废、公共世界荒芜，人们更多是沉浸于个人的物质生活和私域世界之中，自我与他者的公共交往萎缩，自我成为一个戒备森严的"自我"，而非开放坦荡的"自我"，头顶之上的"利剑"成为了内心之中的"利剑"，"自我"成为生活世界的"原点"，桑内特所言的亲密性自我成为大多数人趋之若鹜的选择，尼采所喊出的"上帝之死"虽然消解了宗教权威，显现了人的意志，但这并不意味着人在世俗公共世界与公共生活中能很好地确证自我、实现自我，并不意味着人在确证、实现自我的过程中体现出一种"他我""共我"的"为他"的公共属性，并不意味着人在自我确证和实现中积极关注公共事务，参与公共生活，建构其意义世界，成为一个具有公共精神的现代主体，而更多是意味着人重新回归到人的身体和私人领域，回归到一个只知他人为己、不知自己为他的私密性的关系网之中，人在自我确证和实现中也过多倾向于猎奇他者隐私，过度关注他者私生活和私人领域，在寻找感观刺激中遮蔽自己的孤独。因此，可以说，改革开放以来，随着我国市场化改革的全面启动，人们在拒绝"上帝"（超越性的中国式宗教迷信）的同时，投靠的却是"凯撒"（世俗化的中国式物质享受）。

在当代中国世俗化的整体社会文化时空中，实现利益最大化的"内在合理性"成为人们建构生活世界依据和准则，个体的独立、自由和理性是人们在生活世界中建构价值与秩序的前提和基础，寻求基于理解的"现世"而非"彼岸"的共识是人们在生活世界中获得认同的途径与渠道。人们在生活世界中展开的公共行动更多是与现实的"凯撒"建构起来，而非与彼岸的"上帝"联系起来，换言之，公共行动是现代性背景下"内在合理性"体系的拓展，而非"上帝"之神圣性的当下延伸。在这套"内在合理性"体系拓展中，实用理性的狡黠僭越宗教信仰的高贵，实用理性的"脱魅"消解朦胧神圣的敬意，神的理性让位于人的理性，现世幸福的追求高于来世彼岸的永生。因此，在世俗化的这一语境中，我国公共生活也开始呈现出世俗化特征，主要表征为：一是公共生活的脱域化。"脱域"是吉登斯提出的一个重要概念，"所谓脱域，我指的是社会关系从彼此互动的地域性关联中，从通过对不确定的时间的无限穿越而被重构的关联中脱离出来。"① 以此推理，公共生活的脱域化则主要是指在中国世俗化过程中，随着个体化社会降临，极左的宗教化革命意识形态等背景性元素渐趋从公共生活中脱离出来，公共生活愈来愈非神圣化或祛魅化，人们参与公共生活更多是出于现世幸福的考量，更多是忘乎所以地关注、聚焦于现世的愿景与隐忧，实现从来世永生"彼岸"到现世幸福"此岸"的着陆，如当今社会中盛行的消费主义的"生活美学"、美容化妆的"身体美学"抑或说自我迷恋的"性感自拍"等不得不说为公共世界中的一种滑稽与悲哀的印证。公共生活场景不再囿于单向度的宗教化革命意识形态语境之中，不再受到神圣力量支配与操控，而是人们一种自主、自由的视域融合的多元场景、言说姿态和优美表达。二是公共生活的专业化。吉登斯曾区分了象征标志和专家系统的两种"脱域"类型，其中象征标志是指人们用来相互交流的像语言、货币等类似的媒介；专家系统"指的是由技术成就和专业队伍所组成的体系，正是这些体系编织着我们生活于其中的物质与社会环境的博大范围"② 。生活世界中的个体必须在与他者的交往中才能获得其存在价值与意义，"象征标志"成为自我与他者交往中不可或缺的元素，是自我与他者顺利交往的桥梁，是前现代社会、现代社会抑或后现代社会中的一个永续存在，而并非现代社会的"专利品"。然而，当今社会是一个科技和知识高度专业化的社会，行业和领域的分化越来越细，专业化更加凸显和清晰，"专业化"和"精细化"的现实律动成为我们所处时代的当今隐喻，人们亦分化成了若干不同专业习惯、不同文化属性、不同职业特点的交往群体，而且人们之间亦往往是以"专业"或"职业"为基点而拓展

① ［英］安东尼·吉登斯:《现代性的后果》，田禾译，译林出版社2000年版，第18页。
② ［英］安东尼·吉登斯:《现代性的后果》，田禾译，译林出版社2000年版，第24页。

自己的交往范畴，交往主体不再是一个完全同质的文化群体，而是一些由不同专业文化背景、职业特点所构成的集合，这个集合则可能按照个人兴趣、爱好、专业、职业等不同标准细分为若干个子集，不同的子集有着不同的"专业惯习"诉求，且在"专业惯习"诉求中表现不同动机和行为，公共生活愈来愈呈现出专业化趋势，公共生活中的人文情愫和从容惬意渐趋萎缩。

与公共生活的世俗化同步而行，如果现代"知识人"因囿于工具理性而沦落为"没肝没肺"的现代"专业人"的话，则可能使得某些本应可以凭借"社会想象"而建构的专业知识，在此时如同装在针管中的"药液"被生硬地注入普通人身体之中，普通人的生活世界则极有可能受到吉登斯所说"象征标志"和"专家系统"所构成的"抽象系统"的"殖民"，现代公共生活亦面临着被殖民化的现代性问题，公共生活从"解放"逻辑的愿景重新步入"死亡"逻辑的忧虑之中，公共生活也往往沦落为一种盲从权力和顺从资本的朦胧表达，是哈贝马斯所言说的"系统世界"侵蚀"生活世界"的现实"脚本"。因此，在这一现实境遇中，我国公共生活也开始呈现出殖民化特征，主要表征为：一是市场体系对公共生活的控制。市场体系是现代社会的主要系统之一，当代中国社会也不例外。市场体系对人的影响主要表征为通过"资本逻辑"来影响和宰制着人的行为和生活世界。在现代社会中，"资本逻辑"在以盘古开天地的巨大能量承载和显示着理性之力量，使得社会财富获得了前所未有增长的同时，它以其赤裸冰冷强力摧毁和颠覆了生命超验价值，使得人类更深远的力量出现了凝固。在"资本逻辑"失控的负面效应下，不仅人的价值简化为物的规定，人的尊严简化为交换价值，而且破坏和颠覆了传统社会秩序的神圣意义，围绕利益争夺的诸神狂欢与群魔狂舞成为当今时代"众声喧哗"的价值表达和主观臆想，从而造成生活世界中的内在意义式微、价值根基坍塌，公共空间匮乏，等等。为此，在"资本逻辑"荡涤一切旧的社会价值秩序的同时，公共生活也往往被巨型利益集团组织所俘获，公共生活也往往从公平正义的支持者、维护者、捍卫者转变为集团利益的吆喝者、鼓吹者、扶植者，诸如当代中国各种传媒中刺激人们眼球的各类广告的宣扬便是资本逻辑介入公共生活的一个现实脚本。二是科层行政体系对公共生活的控制。作为现代社会的另一个重要系统，国家机关以其权力指令或权力密码影响着现代公共生活，操纵或宰制着人们的行为和生活世界。在现代社会中，生活的权力化与权力的生活化往往是生活世界中的两个面相，权力操控生活世界成为一种司空见惯的现象，生活世界成为一个严重权力化的世界，人们无时无刻不感受到自己生活在权力阴影的笼罩之下，权力渗透到生活世界中的每一个角落，成为影响人们甜蜜或痛苦、悲伤或快乐的无处不在的"幽灵"，权力操控人的思想编码或支配人的行为图式的痕迹在每一个体身上不难寻觅。众所周知，权力固然有多维度的运作方式，其中意识形态的奴役便是现代社会中权力运作的一种巧妙形式，在这种权力运作方式中，交互主体的精神世界成为权力作用的领域，权力必须将其所设定的价值图式移植于交互主体的精神世界之中，在其设定的价值图式中规范、引导着交互主体的意识与行为，重新编码着交互主体的思想价值观念，实现着交互主体的思想价值观念与权力所设定的社会价值秩序的同声演绎，使交互主体能够在公共生活中自动地表达统治者的意志，这便是现代科层行政体系操控公共生活的巧妙介入和现代脚本。

二、公共生活的私人化与私人生活的公共化并存

公共生活的私人化与私人生活的公共化是两个平行的过程，且随着现代信息技术发展而更加愈益凸显。当今时代是一个信息化时代，信息网络是当代社会发展的一个重要"细胞"，是我们的天命，在信息化浪潮的席卷下，信息网络技术强劲地影响、渗透到人们日常生活世界中的各个领域和各个时段，正展现出平民化、全民化和普及化的现实镜像。在信息网络化生存成为当今人类生存的一种重要生存方式的现实时空中，一方面，信息网络技术的运用发展给人类生活世界带来了许多福祉，使得人们的生活

世界呈现"时空脱域"图景，拓宽和延伸了人们生活世界的经度与纬度，生活世界呈现出扩散化和便捷化趋向，昔日"坟墓"中的"神祇"登上历史前台，人们利益诉求和意愿表达也更即时和顺畅，公共生活参与也更加迈向公开化、透明化、个性化和民主化等，任何时空、任何地点都可以实现交往主体之间的即时交流与互动，人类信息获取、传输手段和途径也发生了前所未有的变化，人们的公共交往内容和形式进一步拓展，"此处"与"彼处"的交往时空界线得以消解，交互空间经度和纬度得到了延伸，人们交往的时间与距离渐趋接近于"零"，马克思·韦伯所言说的生活世界之"祛魅"进程进一步加速，平面化、碎片化、去中心化成为当今生活世界中人们交互的一个重要表征，网络社会在某种程度上成为人们的开放性本质力量建构的实践场域之一。另一方面，信息网络技术的运用发展也给人们的生活世界带来了许多异化危机，使人们的生活世界笼罩着阴影，处于现代性的忧虑与担心之中，人类也正面临着前所未有的诸如隐私曝露、信息污染、信息安全等一系列信息网络环境难题，引发了系列吊诡现象。

　　按照哈贝马斯的公共领域概念，当今网络公共空间似乎已接近于一种理想的公共领域范型，成为一个具有高度自主性、自由性和开放性的讨论、交流场域，交互主体可以自由进入和退出各种网络公共空间中的各类公共讨论区域，表达和阐释自己的看法和建议，但是网络穿越时空、公私界线模糊、交互主体自由切换等系列特性的可能性也挑战着哈贝马斯所言的公共领域理想范型的建构，"把自我从它的私人精神空间扩展到联机共享的精神空间，同时为隐私保留目前的社会空间。"① 为此，公共与私密在网络公共空间里的交叠或兼具，使得交互主体可以自由地建构新的自我认同，在新的自我认同建构中亦往往导致公共生活衰微和私人生活膨胀的两个平行现象出现，在此两个平行过程中，有可能出现交互主体中私人生活之弊端与公共生活之公共式微的暗合现象，致使公共利益有可能简化为

---

　　① ［加］德克霍夫：《文化肌肤：真实社会的电子克隆》，汪冰译，河北大学出版社1998年版，第264页。

私人利益，工具理性有可能消解价值理性，公共领域与私人领域的交叠，从而给人们的生活世界带来异化危机。因此，在信息网络化的生存时空中，在生活世界出现异化危机的际遇下，我国公共生活也开始呈现出私人化特征，主要表征为：一是公共参与的私密化。随着信息技术的突飞猛进和互联网的广泛普及，网络环境也呈现出一个公私混杂的复杂环境，挑战着人们关于公共生活与私人生活的传统理解，显示着私人信息与公共信息的矛盾性组合，人们往往在诸如家中书房、客厅等各自的"私密场所"进行着交互主体之间的在线交流、讨论和闲聊，等等。为此，一方面想象我们使用计算机或智能手机的情境，通常情况下，计算机或智能手机都是个人的私有财产，是一个人工作、学习和生活的私人工具，且往往被其使用者赋予了各种复杂的进入密码，只有输入正确密码才得以使用它，计算机或智能手机成为个人的一种极其"个人化"或"私密化"的使用工具，通过这些使用工具从事的任何活动都具有较强的私密性，通过计算机或智能手机所从事的各种活动基本上是使用者个人私密的经验，当今社会中智能手机或计算机中的各种隐私曝露事件便是一个很好的现实脚本。另一方面想象我们置身网络世界的情境，"开机启动"→"输入密码"→"本地链接"→"输入网址"等等，此时此刻"ID"代表坐在计算机面前的"人"，成千上万的各种人穿梭于一部大型主机之中，来自天涯海角、四面八方的形形色色的各种人群在其中"众声喧哗"，发出各自的声音，进行着"在场"抑或"缺场"的个人表达和公共讨论，交互主体之间彼此闲侃、交流、讨论甚或谩骂等，电子邮件、讨论组、聊天室、博客、论坛、播客、QQ群、虚拟社区等等都成为一种具有社群性质的在线交流、讨论区域，交互主体通过发信件、发微博、发帖子、直接对话等其他形式就大家共同关心的事情进行个人表达和公共讨论，这些个人表达和公共讨论的内容也往往具有一种公共性，但不可忽视的是，所有线上参与者都是在各自"私密场所"进行着这些活动的参与，哪怕是在像"广场式"的公共场所中，他们也是在"个人化"的各自计算机或智能手机上进行这些活动的参与，换言之，是通过带有相当私密性的"个人化"使用工具进行着"幽暗处公开表达"的诡异现象，虽然交互主体讨论的发言数量和言说内容都有着一定的公共性，但无论是从计算机或智能手机的使用情境，抑或是交互主体置身于网络世界的个人表达或公共讨论情境来看，在公共空间与私人空间交叠的网络空间中，公共参与都具有私密化的趋势，正如赫尔曼所言："完全沉浸在私人生活中不仅对个人而且对全社会都被感觉为一种释放性经历"①。二是公共话题的私人化。私人话题的公共化是现代社会中的一个常态现象，特别是在网络空间扩展和膨胀的当下时空中，"开放性基因"成为网络社会的一个源基因，不仅塑造了一个自由、平等、开放的人际交往范式，也有时使得私人性在公共界面暴露无遗，特别是在"鼠标德性"阙如的生态中，网络空间成为私人性的泄露场，私人性的"安全屏障"崩溃，任何人都有可能成为猎奇和窥视他者私人性的主体，在公共空间中，个人的秘密和隐私也不再是一种私人产品，而是一种见怪不怪的公共产品。可以说，在现代社会中，商业利益诱惑、受众猎奇心理和个人情感诉求的三者吻合，对私人话题的公共化起到推波助澜的作用，众所周知，随着媒介消费主义的兴起，"私人性"也变得具有"商业价值"，为了获得受众和广告商之两个"上帝"的青睐，实现商业价值的最大化，大众媒体则以暴露私人性的各种绯闻、各种逸事来迎合受众的猎奇心理，致使"媚俗化"成为有些大众传媒的一个不当现象，尤其是一些商业性网络媒体，受众也往往在猎奇中得到感官刺激、心理"按摩"和生活"放松"。同时，中国现代化是在"高度压缩"时空中的现代化，在此时空境遇下，人们学习、生活和工作节奏加快，实在自我成为符号集合，现代人一方面享受着物质丰盈所带来的形形色色的"外表光艳"和感官刺激，另一方面亦不得不面临着"精神感冒"所带来的千奇百怪的"内心阵痛"，风险社会所带来的各种"不确定性"亦致使人们面临选择中的无助、迷惘和焦虑，"集体感冒"

---

① ［美］艾伯特·O.赫尔曼：《转变参与：私人利益与公共行动》，李增刚译，上海人民出版社 2008 年版，第 121—122 页。

或许是当今社会中前现代之弊端、现代性之隐忧和后现代之病灶的三者吻合所带来的一种现实镜像，现代人的自我认同愈来愈陷入支离破碎的境地，在朝着以物质主义为取向的成功抑或幸福目标的一路狂奔的奋斗中，各种压力铺天盖地涌向现代人，压力洪水裹挟中的自我也比以往任何时候都更需要泄压排洪，以至于从自我的震撼和沉醉中走向迷失和倒毙，为此，许多大众传媒瞄准着情感倾诉、压力情诉、心理倾诉、生活调解等类似私人性与公共性二元交叠的肥沃土壤，各方齐集聚光灯下的私人生活日益失去私密性，各种各样的私人话题被搬上网络、荧屏和电视镜头，借助现代媒介让私人"故事"进入公众视野，让私人遭遇在公共领域中得以讨论，以求一个公正合理的矛盾化解。近年来，网络媒体津津乐道的"艳照门""身体写作"现象和广播电视频繁策划的访谈倾诉栏目等不得不说是私人话题公共化的一个现实脚本。

与公共生活的私人化如影随形的是，我国私人生活也开始呈现出公共化特征，主要表征为：一是私人生活的解密化。作为一种"墙壁后的生活"，私人生活具有一定的封闭性和隐蔽性，是人们生活的一种内向性版本，但是在科技日益发达、社会日益透明的今天，私人生活的封闭性和隐蔽性往往受到权力、商业和技术的渗透和侵袭，私人生活内蕴的"隐蔽性""私密性"也常在公共生活的幌子或名义下得以解密化，且大有异化为人们茶余饭后津津乐道的伪公共生活之态势，诸如各种私人性事件的频频曝光和私人信息的大量泄露等都是私人生活得以解密化的现实脚注，人们各种"隐私"的屏幕被掀开，特别是随着市场经济进程的推进，人们对公共领域的关注转化为对个人各种隐私及其变体的津津乐道，私人领域中的各种"隐私"及变体也往往在"文化产业化"和"产业文化化"的诱惑下而成为文化市场中的一座被人淘取和深挖的富矿。特别是网络化生存成为人们生存方式的今天，一方面，互联网使得人与人之间的联系更加频繁，人们的生活演绎拥有了更多精彩，释放了更多的魅力，丰富多彩的生活成为广阔文化市场的来源；另一方面，似乎每个人都可以轻易地注视和洞穿他人的生活，每个人都在为防止"隐私"泄露而绞尽脑汁地设置"密码"，人们的情感需要和娱乐消费需要也往往成为当今各种网络媒体吸引人们眼球，赚足注意力的重点区域，以提高媒体自身的商业效应，一个看上去是高度隐蔽的私人生活世界正在被权力、技术和商业所劫持，即使是人最后的私域——婚姻和性也往往频频在各种网络媒体或舞台荧屏遭遇解密，成为所谓台上"主持人、当事人、专家、观察家、志愿者"等以解决情感纠纷等共同探讨的话题，"婚姻""性"等本应具有高度隐蔽性的字语却越来越成为人们闲暇生活中的热衷话题，人们的私人生活被各种富有创意的方式所猎奇和窥视，人们私人生活中的"隐蔽性""私密性"在各种社交媒体、即时分享工具之下亦越来越具有"褪隐""解密"之意，从某种程度而言，在人们对其津津乐道的同时，这或许是以私人性去反判公共性的一种时代误读。二是私密空间的消逝化。私人空间通常是指属于个人且不被任何他者所了解、知道的个人性空间，它是建立在个体人格独立之基础上的一个空间，它是作为交往主体的私人所展开活动与交往的一个空间。个人日记、内心世界和私人活动场所、私人交往场域等都是人们日常生活世界中私人空间的重要表征。在数字化生存日益成为现实的今天，随着现代社会中高科技的快速发展，一方面给人们的生活带来了前所未有的便捷、高效与乐趣；另一方面也给人们的私人生活带来了前所未有的严重冲击与安全挑战，诸如高清摄像头、夜视监控器、电话窃听、红外线扫描、人肉搜索、网络追杀等等各种现代高科技手段的非法使用，使得人们的私密空间越来越稀薄，似乎没有太大的私人藏身之地，隐蔽与暴露的界域重置，在人们尚未做好充分准备的情况下，改写着人们的生活体验，每个个体在公私界域模糊际遇中成为"看"与"被看"的统一体，每个个体在窥视着他者私密空间的同时，其私密空间也随时被他者所窥视和洞知，维系和存留私密空间似乎显得与周围环境脱嵌或格格不入。在失去隐私的新媒体时代，自我与他者的秘密往往是纠结在一起的，每个人都既是私密空间的制造者，又是私密空间的挖掘者，无论是熟人交往抑或陌生人交往过程中，交往主体之间的思想交流、话语沟通看似表面和谐，实则上要么是一方刺探或打听另一方私密空间，要么是一方向另一方逐步暴露、敞开自我内心世界，从而导致交往主体私密空间的揭开，个体的私密暴露在人们目光下，且在人们目光中达成了共享，以满足人们的猎奇心理抑或畸形的刺探心理，带来一种感官的刺激或视角的冲击。但是人们在自己感官或好奇心得到满足的同时，自我与他者则在"注视"与"被注视"的目光交错中成为私密空间中双方之间行动和思想的挖掘者。为此，涉及私人生活内容的网络私人空间究竟是"全裸"抑或"半裸""裸"抑或"不裸"也往往成为网络社会中人们所面临的一种艰难选择，"私密空间已消逝""隐私已死亡"不仅成为许多人常常发出的一种慨叹，也是私人生活公共化的重要表征。

三、公共生活的假面化与公共生活的表演化并存

以工具理性为内在支持和以价值理性为内在支持的生活样态在当今社会并存，工具理性与价值理性之间张力的合理建构是公共生活健康发展的逻辑确证。然而在当代中国社会转型的时空中，工具理性与价值理性之间的失衡，工具理性僭越价值理性是当今社会公共生活假面化与公共生活表演化的重要根源之一。因为公共生活本应以确证社会公共利益为旨归，而在工具理性僭越价值理性的情境下，权力和资本的合谋中，公共生活则极有可能偏离社会公共价值，沦为实现某一私人利益的一种"公共"幌子，从而导致公共生活要么呈现出公共权力强制下的假面化或表演化特征，要么呈现出资本逻辑劫持下的假面化或表演化特征，公共生活的方向、张力和意义都不同程度地出现偏离，也表征着公共性的枯萎。众所周知，在现代社会中，权力和资本的合谋往往控制垄断着公共生活领域，并且打着公共性的旗号为自己进行道义包装，从而导致公共生活的强制假面化，这种公共生活的假面化，主要表征为：一是公共生活的同质化。在个体主体性日益觉醒的现代社会中，公共生活主体应是一种主体的多元异质共在，因

不同主体对同一客体具有不同的认识，为此，公共生活也应是以不同认识主体在对同一认识对象的不同认识基础上形成的一种以"重叠共识"为其价值观的引领和支持的生活样态，是一种多元中形成共享而非形成共同的生活样态，是一种以实现公共利益为旨归的多元异质共在的统一性与多样性相统一的生活样态。众所周知，现代媒体是公共舆论领域的现实形态，多样性是媒体的固有属性和重要表征，丹尼斯·麦奎尔也曾在《大众传播学理论导论》一书中不仅把"多样性"作为评价媒体行为的重要指标，而且把"多样性"划分为"内在多样性"与"外在多样性"，主张实现媒体的多样化。但是在资本和权力合谋下而形成的"露水婚姻"的裹挟中，尽管以各种媒体为表征的公共舆论领域关注的领域由日常生活圈子转向更为广泛的公共生活领域，能够站在公众立场上，发出自己的声音，表达自身的意见，引导公民参与公共事务的作用也越来越凸显，前赴后继地投奔"市民生活"，出现公共舆论领域同质化的市场化竞争，公共生活则呈现出同质化的危机现象，进而削弱公共舆论领域反映和揭示社会公共问题，促进社会公共利益的丰富性和多样性。因为同质化的公共舆论领域必定是以同样的文本形式来反映同样的公共题材、表达同样的思想内容和传播同样的生活方式等为表征的煽情性或猎奇性的"哗众取宠"式报道，这容易致使其在引导公民参与公共事务中出现注意力和想象力的程式化与格式化，生动感性背后遮蔽着理性的阙如与苍白，本应为丰富性与多样性相统一的现实则在同质化的公共舆论领域中成为一种虚张声势的假象和作秀，公共舆论领域并没有真正彰显多元异质主体之间的"众声喧哗"和"百家争鸣"，并没有切实做到针砭时弊，积极启发人们参与公共事务，理性反思社会现实，与公共舆论领域本应具有的社会使命背道而驰，从而消解人们的想象力和批判性，侵蚀文化的丰富性和多样性，致使人们更多地成为一种消费的受众，而非一种批判的公众，正如哈贝马斯所言，人们也就从文化批判的公众成为了文化消费的大众。因此，实现公共舆论领域的多样性与丰富性不仅具有重要的社会意义，也是一个现实的紧迫课题，是规避当今社会公共生活同质化困境的重要举措。二是公共生活的虚伪化。当今社会有一种公共权力的滥用被称为"都是为你好",这是当今打着"公共幌子"的权力滥用的现实脚注,在权力和资本的合谋下,公共生活也往往在"都是为你好"的一种意识形态的宣传和鼓噪中走向虚伪化,因为出于对权力的恐惧和被资本的绑架,人们在公共生活中往往并没有表达其真实想法,而是为了遵从权力或资本的要求而必须做出某种举措,有时这种举措尽管显得荒唐、滑稽、可笑,但又是一种不得不例行的公共事务参与,因为如果不参与这种"都是为你好"的例行公事,就有可能被他者看作是"不识好歹"而给自己生活带来不必要的麻烦,人们的日常生活或许会因此而受到牵连,在一个人要想顺利生存而不得不例行参与公事的社会环境中,人们对权力或资本的效衷或诏媚也往往采取实用主义态度,把这种例行公事当作自己体面生存的一种"护身符"或"挡箭牌","都是为你好"的意识形态并不是通过其道德感召力的逻辑力量而深入人心,从而使得权力或资本获得人们的内在认同或信奉,而是通过其携带对人们生活的影响力甚或杀伤力而致使人们不得不服从,人们是出于个人或私人的利益计算而服从权力或资本,人们参与公共生活也正是因为权力或资本在"都是为你好"的意识形态影响人们物质生活的护航下而出现的一种虚伪化的例行公事行为,人们在这种虚伪化的公共生活参与中隐匿自己的真实声音和切实想法,采取一种并不光彩的"权宜之计",对"都是为你好"装作笃信不疑的样子,认认真真地走过场,切切实实地走形式,正儿八经地说谎言,表面生动且丰富多彩的公共生活背后掩盖的是理性的阙如与苍白,而权力或资本自编自导的公共生活采取默许或随大流的例行公事式参与,虚伪成为"都是为你好"与"个人生存"之间的一种润滑剂,成为人们对待公共生活的一种深藏态度和生存技巧,"说一套做一套"也就往往成为了那些被人们称赞的"很会活的人"的冠冕堂皇的生存逻辑。正如哈维尔在《无权者的权力》中所言,在后极权社会中,统治者往往把一切对人的权利的剥夺都宣称为是"为人民服务",尽管人们内心中并不高度认同,但有时为了出于"生活政治"的考量，人们却不得不装作十分笃信之，或默默忍受之，因为在权力滥用与错用的社会环境中，与其持"不同政见"来表达自己的声音，争取自己的权利，还不如相信"都是为你好"或"为人民服务"，因为这样或许更能得以非常实用地生存，在这种非常实用的生存中，公共生活则往往呈现出一种虚伪化的表征。

与公共生活的假面化如影随形的是公共生活的表演化，这种表演化主要表征为：一是公共生活的标签化。在集权社会或后集权社会，喊口号、贴标签已经成为公共生活中的一种常见现象和纯粹表演，而且是一种毫无创意的反复表演。在当今公共生活舆论领域的浮躁生态中，公共生活针砭时弊、彰显公共性的品质和能力有时实在让人不敢恭维，而公共生活中显现的编新词、贴标签、造口号的现象却有时让人眼花缭乱，如公共生活中出现的"蚁硕""屌丝""公知""五毛""摊二代""捏捏族""表哥""房嫂"等一些新口号、新标语、新名词、新概念等实在是让人应接不暇，人们在新口号、新标语、新名词、新概念等共同编织的魔幻现实中往往显得力不从心、无所适从，并且在现实生活中，每个人也常被莫明其妙地贴上各种各样的标签。毫无疑问，在网络化的时空中，通过简短的口号或标签来获取人们的注意力，是实现眼球经济效应的一种重要手段，在商业利益的驱使下，作为公共舆论的重要载体——现代媒体充当社会公器的功能式微，反而是乐于使用"标签化"伎俩，沦为"标签化"的推手，从而使得公共生活不是一种展示理性对话、沟通协商的交流场，而是一种唾沫横飞、硝烟弥漫的战斗场。众所周知，公共生活中固然需要某些能够引领人们思想、激励人们智慧的口号或标签的宣传号召，但在口号与标签的宣传号召背后更需要的是人们理性的公民精神或价值共享，而非是某些哗众取宠的煽情式宣传号召的泛滥。当今有些口号或标签在初现之时确实能折射某种社会现象，但是毫无节制的乱喊口号，乱贴标签则并不利于公共生活的健康发展，因为人们在编织新口号、新名词、新标签、新概念的过程中，往往有一种先入为主的价值观或二元对立立场的预设，对事物认知并非全面、客观的，极有可能的掺杂着各种偏见的先入为主的刻板认知，导致口号或标签的迷雾极有可能掩盖事实的真相，在这种因贴上口号或标签而发酵形成的公共事件或公共生活中，人们极有可能是只见其树木不见其森林，无法在公共生活中形成充分的理性交流和讨论，从而极有可能会出现一种对价值观的褫夺，并左右着人们的价值判断，影响人们对事物真相的客观认知和正确审视，破坏公共生活中的和谐交流，人们在这种口号或标签所带来的无限形象中所拼凑或编织的碎片认知则有可能无法全面还原事件真相或人物本性，人们更多是在公共生活中以一种"语言狂欢"的方式释放着一种集体的焦虑或无奈，或是人们在公共生活中的一种自我解嘲、自我安慰、自我宣泄的犬儒式的对抗性表演。因此，公共舆论空间逼仄和公共生活标签化的情况下，许多社会公共事件成为人们之间纯粹的一种嘲讽、暴戾、谩骂、攻击的语言表演。二是公共生活的形式化。哈贝马斯在《公共领域的结构转型》一书中考察公共领域的历史兴衰，分析了历史上曾出现过的古典公共领域、代表型公共领域和资产阶级公共领域的三种类型，并指出随着社会国家化与国家社会化的双向运动，国家与社会的渐趋融合，导致公共领域的"再封建化"，市场对于公共领域的生成和发展是一把"双刃剑"，即促成了公共领域的形成，也最终使公共领域的再封建化。在现代社会中，虽然人们开始寻求国家或家庭之外的另一番生活，但在商业主义的浸染和政治权力的挤压下，现代公共领域初露哈贝马斯所言的"再封建化"端倪，以现代传媒为物化形态的公共舆论领域也开始成为各种商业力量角逐和政治权力展示的竞技场所。一方面，商业逻辑与市场规律已深深嵌入文化作品的深处，成为文化创作的内在驱动力，特别是在消费文化盛行的今天，商业逻辑与市场规律已成为文化作品传播、选择、装潢、设计以及生产的轴心。另一方面，随着公共舆论领域的影响力渐大，政治权力也开始涉足其中，通过"过滤""屏蔽"等现代技术手段，人为设置可供讨论的公共议题、阻碍着公共舆论领域中讨论公共议题的自由交流、理性沟通的畅通性和可行性，极有可能导致人们对公共问题的碎片化认知，进而使得公共生活的意义和内涵在碎片化或残缺化的认知中仅获得的一种形式化的暗示，公共生活的公共性表达并没有得到更好的升华，公共生活在某种程度上是一种隐喻性的表演而已。因此，在现代社会中，随着商业主义的浸染和政治权力的挤压，人们可以如同瞻仰宫廷一样瞻仰公共舆论领域中政治权力所展示出来的威望，但不能对其自身提出批判，发出不同的声音，各种商业力量或利益集团则出于其经济性或政治性的考量而"制造"或"生产"公共性，各种公共舆论的宣传活动沦为一种大力"制造"或"生产"公共性的活动，正如哈贝马斯所言："'宣传工作'一词即已表明，公共性过去是代表者表明立场所确定的，并且通过永恒的传统象征符号而一直得到保障，而今，公共性必须依靠精心策划和具体事例来人为地加以制造。今天，认同的动力只能有待于创造——公共性必须加以'制造'，它已不再'存在'。"[1] 为此，在利益分化的现代社会中，各种利益集团为了实现自身利益，则通过政治手段或经济手段来操纵公共舆论领域，大力开展各种宣传活动而"制造"一种表明自己能够代表公共利益的"公共性"，并通过这些公共性使那些原来赋予宫廷贵族的"光环"和"声望"转为被赋予其自身，公共舆论领域则变成为特定利益辩护的工具，公共舆论也并非是在多元主体之间理性商谈而形成理性共识的基础上建构起来的，公共生活也渐趋呈现出一种形式化的表演而已，正如美国学者桑内特所担心和忧虑的一样，公共生活趋于形式化在现代社会中已初露端倪，在商业主义和政治权力的双重影响甚或操纵下，尽管人们参与公共生活的欲望被撩起、搅动和挑拨，公共生活虽然表面轰轰烈烈，但实则是一种不同利益集团"制造"出来的公共性的形式化表演，是公共生活的理性和意义缺失的隐喻表达和形式化存在，公共生活并没有理性共识的强力奠基，也没有公共性建构的真正表达，更没有公益确证的现实隐喻，而更多只是一种形式化的表演和象征而已，尽管今天看来，公共生活

---

① ［德］哈贝马斯：《公共领域的结构转型》，曹卫东等译，学林出版社1999年版，第235—236页。

的形式与范围都得到前所未有的丰富与拓展，令人应接不暇，但是公共生活的内涵与实质却在日益淡化，其自主性内涵与自由性魅力也在日益褪色，人们参与公共生活更多是一种被参与，或是迎合某种特殊原因的自主性阙如的义务性参与，人们并不能在公共生活中真实、充分地考量公共善的意义，人们所讨论的公共话题内容与质量也大大降格，甚或不再是一个追求公共善的公共话题，在许多公开场合中，秘密或隐私则往往占据了公共话题的中心，公共生活在人们"兴趣"的极大惯性促逼下正静悄悄地发生异化。

第三节　当前中国公共生活的问题根源

在历史与现实中寻找事物发展中问题产生的根源，才能突破问题的症结，力促问题得以最终解决，指导事物朝着科学方向发展，使事物不至于在泥潭中挣扎、徘徊而停滞不前。正如恩斯特·卡西尔所言："除非我们成功地找到了引导我们走出迷宫的指路明灯，我们就不可能对人类文化的一般特性具有真知灼见，我们就仍然会在一大堆似乎缺少一切概念的统一性的、互不相干的材料中迷失方向。"① 因此，正确揭示当代中国社会公共生活的问题根源，乃是摆脱当今社会公共生活的发展困惑，指明其发展方向的前提和基础。作为现代社会发展进步的一个重要坐标，当代中国社会公共生活也面临发展中的问题，这些问题存在乃是多种因素和矛盾相互交织的作用合力而导致的，既具有当代中国传统社会的历史预制性影响，也具有当今中国社会体制运行不完善的现实内在性制约；既具有公共生活自身的结构性短缺，也具人类社会发展时空的外部性诱因。为了正确揭示公共生活发展中问题存在的深层次根源，以便为公共生活的健康生成与科学发展提供具有启发性和借鉴性的价值思路，在此，主要从国家、市场和社会

---

① ［德］恩斯特·卡西尔：《人论》，甘阳译，上海译文出版社1985年版，第30页。

的三个要素来分析公共生活式微的"源""流""形"，以揭示当前中国公共生活的问题根源。

一、国家、市场和社会的结构失衡：公共生活式微之"源"

一个国家的成功现代化离不开社会基本系统要素之间合理结构的建构，尤其是国家、市场和社会之间合理权限的划定，即卢曼所言的政治系统、经济系统和民间组织系统之间的关系。合理界定国家、市场和社会三者的权限，实现三者之间的高效分合与有效互动，是衡量一个国家和社会现代化程度的重要标志。纵观世界各国现代化进程，凡是未能成功实现现代化的国家或地区，国家、市场和社会三者之间必定是一种"零和博弈"或"准零和博弈"的状态，主要有两种基本的情况，一是国家吞噬市场和社会，国家权力介入市场领域和社会领域，市场和社会的空间被高度压缩为零，权力逻辑渗透于社会的一切领域，包括人们的日常生活领域，国家是一个全能主义国家，诸如苏联发展模式便是一个很好的历史脚注。二是市场吞噬社会，民间社会组织也基本不存在，在国家、市场和社会的三者力量博弈中，市场是一个绝对赢家，国家只是为保护私有财产和财权而履行一些基本的职能，充当一个守夜人的角色，是一个无所事事的国家，诸如原始资本主义发展模式便是一个很好的历史脚注。在现代化国家或地区中，由于各国历史文化传统、现实国情、发展模式和现代化进程的差异性，尽管各国国家、市场和社会的关系呈现出不同的形态且各具自身特色，但都有一个共同的面相，即凡是成功实现现代化的国家或地区，国家、市场和社会三者之间必定具有一个合理的权限，首先是有一个清晰的行政权力界限，即国家领域的基本任务是什么有一个清晰划定；其次是市场经济也有一个清晰的界限范围，在这些界限范围中，市场机制直接主导着经济活动，国家只是充当经济运行的宏观调控者，而不能直接充当经济运行的微观参与者；最后民间组织也有一个合理的界限，在民间组织的社会领域中，政治权力和市场原则不能随意介入和干涉该领域范畴内的活动，而应当是实行充分的社会自治。在任何一个成功挤入现代化行列的国家或地区中，国家、市场和社会三者之间的基本关系，主要呈现出以下几种模式，即弱国家—强市场—强社会的模式，如美国；强国家—中市场—弱社会的模式，如日本；强国家—中市场—强社会的模式，如韩国；强国家—强市场—弱社会的模式，如新加坡；弱政府—强市场—强社会的模式，如中国香港；强国家—弱市场—强社会的模式，如法国；强国家—弱市场—弱社会的模式，如瑞典；强国家—强市场—强社会的模式，如德国。[①] 从这些基本模式来看，由于国家、市场和社会三方之间力量博弈样态的不同，每一种现代化模式都具有自身的特色，但是这些模式的丰富多彩的个性背后都有一个共性，那就是区分和划定了国家、市场和社会的基本关系和权力界限。

按照卢曼的社会发展观，人类社会的演进历程可分为：区隔分化社会、阶层分化社会和功能分化社会的三种形态。其中在功能分化的社会中，政治系统、经济系统和社会组织系统都是一个有着自身运行机制和逻辑原则的功能系统，各个系统都有着自己独立的运行机制、运行逻辑和运行边界，扮演着自己独特的功能角色，演绎自己独特的字符编码，拥有自己独特的语言格调，镶嵌自己独特的本质属性，等等。因此，可以说，按照卢曼的功能分化的社会理论，政治系统、经济系统和民间社会系统之间应是每个系统完全独立运行且又相互依赖的开放性系统，各个系统之间应有一个明确的运行边界和活动范围，各个系统之间不得相互干预和取代各个系统本身的运作机制和逻辑原则，唯有这样，一个国家才真正开始进入了一个功能分化的社会，才真正开始步入现代文明的行列，才真正开始掌握现代文明的内核。作为一个后发现代化国家，经过改革开放以来的发展，我国已形成了一条具有中国特色的社会主义发展道路，实践证明这条道路也是一条正确的、行之有效的道路，是我们必须长期坚持的一条道

---

① 参见刘涛：《中国崛起策》，新华出版社 2007 年版，第 126—146 页。

路。中国特色社会主义道路的形成，也告诉我们，实现中国现代化必须立足本国实际，放眼全球世界，按照符合本国国情和民族实际的社会发展道路而推进中国特色社会主义的伟大事业。但是我们在看到中国社会发展模式所取得的巨大成绩时，我们也不要被"中国模式""中国奇迹""中国经验""中国道路""北京共识"等乐观称赞所冲昏头脑，而是要对中国社会发展模式持一种客观的审慎态度，充分认识到中国社会发展模式所面临的各种风险与挑战，科学破解当代中国发展中的现代性难题，有效促进干群关系与劳资关系的和谐，努力推动中国现代化事业科学发展。然而，破解当今中国社会发展症结的核心和关键还是在于如何界定和区分国家、市场和社会的基本关系和权力界限，形成国家、市场和社会之间亲和性的高效分合与有效互动，形塑一个卢曼所言说的功能分化的社会，确定现代社会各个基本系统的独立边界。

　　管窥我国国家、市场和社会三者关系的嬗变历程，不难发现，新中国成立后30年期间，由于社会结构的高度一体化和政治化，政府俨然如一个全能型"大家长"，市场和社会的功能全面萎缩，几乎不存在国家、市场和社会的关系。改革开放以后，特别是党的十四大明确提出建立健全社会主义市场经济体制以后，市场的作用得到高度肯定和认可，国家、市场和社会之间不再是过去那种简单的对立关系，三者之间开始走向分化，从以前的"政府专制统治、市场和社会全面萎缩"的被动接受关系渐趋走向现在的"市场自由发展、政府宏观调控、社会广泛参与"的积极互动关系。但是在中国社会转型的过程中，国家、市场和社会三者之间关系的错乱、边界的模糊则在许多领域中依然存在，三者之间的权力边界并没有得到有效、清晰、合理的界定，致使其成为当今中国许多干群矛盾和劳资矛盾爆发的直接原因。按照波兰尼在《大转型》一书中的观点，国家不仅要维护市场秩序的良好运行，也要规避市场侵蚀社会，在市场和社会的双向运动中，国家既要有一定自主性，其触角也要有合理限度。但是长期以来，国家要么是吞噬市场和社会，要么是在市场秩序的良好运行或社会的自治面前未能保持一个良好的距离而越位、错位或缺位，三者之间的关系往往是交织混合、纠缠不清、边界模糊，尚未完全形成一个按各自运行机制和逻辑原则而独立运作、自治分化的功能系统，三者之间的混合交织是当今社会一些令人触目惊心的腐败产生的温床。为此，党的十八届三中全会明确提出了全面深化改革的目标，如何正确处理好国家、市场和社会三者之间的关系，明确三者之间的权限，是十八届三中全会提出的全面深化改革的一个核心和关键的问题。为此，我们必须清楚地认识到，国家、市场和社会各自管的到底为何，一言以蔽之，国家管的是公权力，市场管的是私权利，社会管的则是自治，而社会要真正实现自治，则必须明确划分哪些属于社会拥有的权力和社会中享有的权利的合理界限，否则难以谈得上社会的真正自治，国家、市场和社会之间的相互交织和边界模糊依然难以得到科学性的校正，国家、市场和社会之间的高效分合与有效互动依然是路漫漫。当然，在界定国家、市场和社会的基本关系和权力界限的过程中，我们有必要澄清几个认识误区，一是界定国家权限并不是单纯地减少国家权力，而是在权力正当行使、权力不当行使、权力滥用错用等之间作出一个明确规定，建立一个服务型政府；二是界定市场权限并不是完全放任市场，而是转变政府职能、尊重市场规律，充分发挥市场在资源配置中的决定性作用；三是界定社会权限并不是以社会组织来抗衡国家力量，而是充分发挥社会组织在社会管理创新中的作用，彰显社会组织在参与社会治理、承担社会责任、促进社会发展中的意义建构，形塑多元治理主体有机互动的"网络式"社会治理结构，促进权力的交互式运行。为此，立足于中国本国国情和社会发展实际情况，思考如何正确界定国家、市场和社会的权限，三者之间到底应呈现出一种什么样的合理形态，国家系统在三者中该有如何的分量、社会组织系统在三者中该有如何的位置、市场系统在三者中该有如何的程度，三者之间的力量博弈该有如何的结构等等是促进当今中国国家治理能力与治理体系现代化的重要题域，也是促进当代中国公共生活的健康生成与科学发展，从根源上拯救当代中国公共生活式微的重要题域。

如前所述，市场是一把双刃剑，一方面，市场是国家与社会分化的驱动器，市场变迁直接推动着国家与社会的关系变迁，从而夯实着公共领域发展及公共生活生成的现代性前提与基础；另一方面，在资本和权力合谋的境遇中，随着国家社会化和社会国家化的同步进行，公共领域产生的基础得以破坏，公共领域呈现出再封建化端倪，现代公共生活也只能是一种想望而已。因此，作为一种位于国家生活与私人生活之间的生活样态，当代中国公共生活的健康生成与科学发展同样需要国家与社会之间的亲和性分离与有效性互动，同样需要国家、市场和社会都应具有各自的相对独立性和自治性，同样需要三者都分别是一个具有独立运行机制和逻辑原则的功能系统，否则国家、市场和社会的基本关系和权力界限必然是相互交织、混乱不清的，国家、市场与社会之间的结构必然是处于一种失衡样态之中，这必然会导致现代公共生活的式微，成为现代公共生活式微的重要根源。

二、过度的市场化与假面的社会化：公共生活式微之"流"

如果说国家、市场和社会的结构失衡是当代中国公共生活式微之"源"的话，那么在这一结构失衡中出现的过度市场化和假面社会化则是当代中国公共生活式微之"流"。如前所述，按照波兰尼的观点，作为位于市场与社会之上的国家，应有保护市场秩序良好运行和社会自治的功能，但是在结构失衡的样态中，国家有何种分量、社会组织系统有何位置、市场经济有何程度均不明确，过度的市场化与假面的社会化则成为当今一个司空见惯的现象。

哈贝马斯指出资本主义市场体系既催生了公共领域诞生，又致使公共领域瓦解，在公共领域兴衰演绎中起到双刃剑作用，对公共领域的"再封建化"表现出深深的忧虑和进行了独特的反思。按照哈贝马斯的解读，资本主义市场之所以最终导致公共领域的再封建化，是因为随着资本主义市场竞争的加剧，垄断资产阶级的产生，在商业原则和政治权力的双重挤压下，国家与社会之间渐趋融合、相互渗透，公共领域不可避免地受到私人资本主义商业功能的侵犯和公共权力机关的争夺，为此出现社会的再封建化和政治公共领域的再封建化，因为"按照自由主义公共领域模式，这种具有批判精神的公众机构应当掌握在私人手中，不受公共权力机关的干涉。但是，过去一百年来，由于商业化以及在经济、技术和组织上的一体化，它们变成了社会权力的综合体，因此恰恰由于它们保留在私人手中致使公共传媒的批判功能不断受到侵害。与自由资本主义时代的报刊业相比，一方面，大众传媒的影响范围和力度达到了前所未有的程度——公共领域本身也相应地扩展了；另一方面，它们越来越远离这一领域，重新集中到过去的商品交换的私人领域。它们的传播效率越高，它们也就越容易受某些个人或集体的利益的影响"[①]。因此，按照哈贝马斯的分析，正是因为资本逻辑所驱动的过度商业化和市场化侵蚀了民主的基础与原则，文化批判的公众渐趋成为文化消费的公众或被"麻醉的公众"，公共性受到资本和权力的操纵，成为一种被操纵的公共性，进而使得公共性的中立原则和特征被褫夺了，公共领域的公共性受到其"经济人"属性的制约或左右，公共领域成为各种利益团体的竞技场，资本力量和市场力量深深地侵蚀和宰制着它，公共领域受到了强烈的考验和严重的冲击，公共生活也渐趋受到威胁或侵蚀，公共表达渐趋淡化，以公益建构为旨归的公共生活在商业资本或政治权力面前往往亦显得苍白无力，当今事实亦表明，许多交往体之间的交流、讨论、对话等等在很大程度上都是由大众传媒所传播、解释、引导甚或操纵、左右的，而当大众传媒受到经济诱惑或强力诱逼时，它们并不能当好人民的"耳目喉舌"，坚守人民的立场，而是往往立足于市场领域，特别是私营媒体机构，屈膝于商业资本或强力政治，成为权力或资本魔棒下的奴仆，任其随心所欲地摆弄。为此，哈贝马斯关于公

---

① ［德］哈贝马斯：《公共领域的结构转型》，曹卫东等译，学林出版社1999年版，第224-225页。

共领域结构转型的睿智分析对于当今思考中国过度市场化带来公共生活的式微仍然具有重要的借鉴意义。

从计划经济体制向市场经济体制的市场化转型取向，拓宽了社会发展的自由度与生命空间，释放了市场要素潜力，激发中国经济活动的活力，中国经济获得了前所未有的高速度增长，成为世界规模最大的经济体之一，并被西方相关人士或媒体称之为"中国速度""中国奇迹"，成为世界经济发展史的罕见现象。管窥中国市场化历程，不难发现，市场这只看不见的手替代了政府这只看得见的手，成为资源配置的主要力量，且在资源配置中将进一步起到决定性作用，从整体和长远来看，中国市场化改革道路是符合中国国情的，总体上是成功的。但是市场化改革进程中也出现了发展中的许多突出问题与矛盾，这些突出问题与矛盾的存在并不是市场化本身的痼疾，而是市场化作用未得以充分、自由、完全的发挥所致，是由于中国经济发展中非市场化因素过多所致，党的十八届三中全会提出全面深化改革要将市场在资源配置中的基础性作用上升为决定性作用，中国全面深化改革需要更加合理、更加科学地界定政府与市场的关系，已深刻表明中国共产党对这一问题有着高度认识和自觉把握，进一步明确了市场化改革的取向，对进一步释放市场活力、解放生产力，优化资源配置等都具有重要的作用和意义，将为中国经济社会的新一轮发展注入新的活力和血液。

但是在看到中国市场化改革不完善的同时，也要充分看到当今中国许多社会领域过度市场化现象的出现，充分认识到全面深化改革并不是简单等同于过度的市场化，政府并不能充当"甩手掌柜"，同样需要承担一定的责任和义务；市场也要保持一定的审慎和克制，同样不能完全放任自流，在合理界定政府与市场的合理权限时，政府宏观调控应以是否能有效激活经济活力为均衡线，当政府宏观调控能进一步激活经济活力时，应加大宏观调控力度；当政府宏观调控将窒息经济活力时，则应充分发挥市场的作用，减少政府对经济活动的干预。但是令人痛心的是，我们需要的只是公平与效益和谐统一的市场化，而非公平与效益相脱节的过度市场化，可是当今我国有些东西不该市场化的也被市场化了，甚或过度市场化了，许多行政权力被市场化所左右，行政权力出现交易等便是一个鲜活的过度市场化或泛市场化的脚注。看病难、住房难、上学难等许多社会问题的出现不能不说是过度市场化所带来的现象，我国市场化中的权力过度嵌入和社会化中的权力过度脱嵌不得不说是导致当今中国问题出现的重要诱因。可以说各级政府长期在社会发展等于 GDP 增长的思想指导下，把经济领域与社会领域混为一体，导致社会领域的过度市场化，直接损害了现代公共生活健康生成与科学发展的社会基础，在权力与资本合谋所造就的"露水婚姻"中，公共舆论领域也往往被资本力量所操纵，公共政策或社会政策的确立被利益集团所绑架，各种传播公共舆论的媒体也被资本所操纵，成为各种利益团体的代言人，而非是公共利益的建构者，从西方式自由主义在中国发展也不难以看到这一点。西方式自由主义在中国并没能攻克经济领域，是因为国有企业占主导地位，国有企业强大的行政和政治力量对西方式自由主义有着强大的抵制作用；但是西方式自由主义却深深地影响着我国许多社会领域，且有大行其道、愈演愈烈之势。在西方国家由政府投入和提供法规保障的许多公共产品、公用事业、公共保障等许多不该市场化的公共服务或公共产品却过度市场化了，落入了西方式自由主义所鼓吹的过度市场化的陷阱之中，破坏着当今中国社会公共领域的发展，导致公共生活的式微和社会问题的出现，吉登斯在《第三条道路》一书中也认为政府是可以抑制市场垄断、防止公共领域受私人操纵的，市场是不能在这些方面来取代政府的，因此，当今中国社会领域的过度市场化不得不说是政府责任缺位、错位或越位的表征。

与过度市场化相伴而生的是，当今中国许多领域也开始出现过度社会化的现象，在某种程度上影响和制约着当代中国社会公共生活的健康生长与科学发展。作为个体对社会的认识和适应，社会化是人的社会行为的模塑过程，其中政治社会化是人的社会化的一个重要维度，也是现代公共生活建构的一个重要维度，因为公共生活的现代建构离不开健全的政治人格支撑，而健全政治人格则必须依靠政治社会化来获取和形成。改革开放以来，我国成功地实现了从集体化社会向社会化社会的过渡，人们参加各种社会活动不再单纯地以集体为基本单位作为永久性依托，"单位"不再是个体生于斯、死于斯的一个永恒不变的共同体，人们冲破了"单位"，获得了更多生存和发展的空间，人们交往的经度和纬度也得到了前所未有的延伸，利益主体从一元变为了多元，人们在流动空间、资源获取、利益选择等方面也获得了较大的自主权和自由度，人们不再以集体和单位为生存和发展的唯一寄托，而是整个社会范围都成为人们生存和发展的活动场所，集体也不能随意干涉个体的私人领域和人们交往的自由，人们自由、平等、独立地交往为现代公共生活的建构提供了前所未有的主体确证。但是在强调社会化的同时，我们也要充分看到在社会化的过程中，人们的集体意识淡薄、公共精神缺乏，公共责任感匮乏、公共人格扭曲、公共关怀欠缺等等公共性的严重萎缩和消解与公共生活技能的阙如已成为一个不争的客观现实，是当今中国市场化和社会化的双向运动过程中所不得不严肃应对的一个问题。然而，吊诡的是，在公共性的严重萎缩和公共生活技能阙如的同时，集体价值、权威价值在某种程度上出现了一种变形的宣扬，为了集体价值而牺牲个体价值成为某些人获取私利的口号或护身符，许多往往是在扭曲中谈论集体，在自我沉迷中高喊集体，在满足自我中高谈奉献，许多人并未能正确地处理个体与集体的关系，自私与贪婪成为其交往活动的坐标体系，在乐善好施、为他人着想的背后却把自私与贪婪展现得淋漓尽致，致使其成为现代公共生活建构的绊脚石，成为压垮公共人格的最后一根稻草。许多表面打着公共利益的旗号，内心深处却烙印着反社会化的自私、贪婪之物性，表面上每个人都是在为社会发展服务，为实现公共利益而努力，为承担公共责任而参与，积极认同主流意识形态，积极参与现代公共事务，为解决公共问题而发表自己的意见，但是这些高举"公共"、扛着"集体"、名为"合群"的表象背后却是为了实现自己的私益，为了膜拜资本或权力而特意制造出来的公共性假象，实则是资本或权力面前的主体意识、公共人格的扭曲表现，人们参与公共生活往往是出于服从集体组织的权威或组织领导的权力而进行的一种被动参与，人们也并不愿意把自己真正的想法和意见交出来进行公共讨论，往往是在集体价值或权威价值的变异宣扬中而人云亦云、随声附和，只不过是为了掩饰自我观点的需要，展示自我能力的需要，引经据典或旁征博引常常成为当下"人云亦云"的一种美轮美奂的工具而已，这也正是当今假面社会化的重要表征，也是造成现代公共生活式微的一个重要原因。

三、权力的资本化与资本的权力化：公共生活式微之"形"

虽然我国经济体制改革取得了很大的成就，经济实力大大增强，人民生活水平迅速提高，全社会正在朝着全面建成小康社会的奋斗目标前进，但是我国经济领域中的市场化改革尚未完全完成，依然是一项未竟的事业，正处于一个"正在进行时"的阶段，计划经济体制遗留下来的有些弊端还有待于进一步进行根本性的改造，政府的职能还有待进一步的根本性转变，政府与市场的基本关系还有待进一步厘顺，十八届三中全会提出的全面深化经济体制改革，便是对此问题的一个清楚认识和自觉把握。可以说，我国改革开放以来，特别是党的十四大以来，打开市场大门，建立健全社会主义市场经济体制已成为促进我国经济发展的首要选择和主要向度，但是我国经济发展依然未完全摆脱政府主导的经济增长方式，市场经济在很大程度上仍然是一种政府主导型的市场经济，即一方面政府依然拥有较大的资源配置权力，另一方面各级政府的政绩目标成了发展的动力和方向。这种政府主导型的经济增长方式虽然在中国经济起飞中扮演着重要的角色，发挥了一定的作用，为此国内外也有一种倾向，把改革开放以来中国经济的高速增长归功于政府主导，把政府主导作为中国模式的重要构成要件，甚或被简单地等同于中国模式，这种倾向很值得进一步分析和讨论，如果把政府主导型的经济增长方式简单地固化为中国模式的话，不但有可能不利于中国经济体制的全面深化改革，不利于中国经济发展方式的转变，而且极有可能曲解和误读中国市场化改革，使中国市场化改革的真正功效难以得到充分、全面的发挥。众所周知，经济高速增长的中国式发展，固然政府宏观调控起了很重要的作用，在中国经济转型过程中，需要政府的力量来加以推动，但是政府并不能代替市场，也不能简单地把中国经济增长归于政府主导，中国经济起飞在很大程度上也正是由于改革开放以来我国市场化改革为中国经济增长创造了良好的社会主义市场经济体制基础，政府主导型的市场经济只能是一种过渡性的经济体制，其发展向度主要有两种：一是政府在市场成熟起来以后，及时转变自身职能，加快自身改革，从直接调控转为间接调控、微观管制转为宏观调控，政府回归公共服务职能，从而迎来一个全国统一开放、竞争有序的市场体系，建立健全社会主义市场经济体制；二是政府进一步介入市场经济活动中，加强对市场的干预和微观经济运行的管控，政府主导型的市场经济变为国家资本主义经济。党的十八届三中全会提出要把市场在资源配置中起基础性作用上升为起决定性作用，这不仅意味着中国共产党对政府与市场的关系有一种理论自觉和现实把握，也意味着我国政府主导型的市场经济的发展前景将会朝着第一种向度迈进和前行。但是我们也要看到中国经济在发展过程中也出现了许多问题，有些问题还非常严重，如果不及时有效遏制这些问题，则极有可能破坏我国经济发展和社会进步，葬送我国改革开放以来的来之不易的成果，这绝非危言耸听。可以说，中国经济发展中出现的问题，归纳起来，主要表现为权力的资本化与资本的权力化。权力资本化与资本的权力化是同一过程的两个不同方向，权力与资本的相互结合可以说是中国改革进程中的一大沉疴。

作为一种特殊的权力存在形态，权力资本化在中国社会转型过程中表现得尤其突出，且在不同的历史时空中分别表征为价格双轨制带来的权力资本化和政府财力集中后的权力资本化。[①] 所谓权力资本化，简而言之，是指利用公共权力来为某一利益个体或利益共同体谋取权益和资本收益的过程和行为。权力资本化体现着政治权力向经济领域的渗透与侵蚀，是政治系统侵蚀市场系统的一个重要表征，是权力的一种异化存在形态，为此，权力资本文化成为当代中国政治文化中的一个重要现象或构成要素。可以说，中国改革开放以来出现的社会利益主体多元化，打破了高度一体化的政治经济文化体制，具有历史进步的意义和价值，为市民社会的形成打下了良好的基础，为当代中国社会发展提供了激励动力；但是社会利益主体多元化也容易导致社会的碎片化现象出现，激发社会矛盾与摩擦，因此，社会利益主体多元化具有双重效应，需要正确地加以看待。管窥当代中国社会利益主体多元化的生成路径，其并非完全是由市场经济公平竞争的属性所导致的，在很大程度上，权力的至上性成为当代中国利益集团的一大特点，是权力造就了一部分既得利益者和催生了一部分强势的利益集团，许多强势利益集团的形成是权力资本化的结果和产物，它们是以权力作为起点来造就市场的，而不是依靠自身的正当能力与合法资本来造就市场的，它们的形成和发展是内生于权力、依附于权力，是凭借着特殊的权力背景而形成的，我国计划经济时期国有经济的积累成为许多强势利益集团的主要资源，大量的强势利益集团在国有企业、国有经济的转型过程中产生了便是当代中国权力资本化的一个典型。因此，可以说，当代中国改革中出现的大量利益集团在某种程度上是拥有或支配公共权力或公共资源的部分人或社会阶层，这些利益集团基本都是以权力为起点来造就市场，利益集团之间的博弈异化为权力的博弈，权力变成了农业资本、商业资本、生产资本、金融资本等等，通过把权力输入市场能谋取资本的收益和共同体权益，权力在其资本收益中有着极强的主导性，为其资本的收益保驾护航，权力被异化为一种特殊的资本形态，市场经济规划让位于权力规

---

① 毛晖、汪莉：《论中国转型期的权力资本化》，《江汉论坛》2012 年第 9 期。

则，产业的发展受制于权力博弈而非市场规则，从而损害中国社会的公平正义，诚实守信成为人们生活世界系统中的一种稀有品，无论是经济领域的商业欺诈，还是政治生活中的缤纷谎言，抑或家庭生活中的亲子鉴定等等，无不折射出当下的信任危机已弥散于社会每个细胞之中，信任成为当今人们眼中的一种奢侈品。令人欣慰的是，今天中国共产党已深深地意识到权力资本化的严重性，提出要把权力关进制度的笼子里，让权力置于阳光的监督下来遏制权力资本化的发展和蔓延。

与权力资本化相伴而生的是资本的权力化，所谓资本权力化，简而言之，是指金钱或资本向公权力领域的渗透，以攫取更多的金钱或资本，实现金钱或资本的保值和增值。作为人类社会发展的物质条件，资本是以追求效益为目的的，但在现代社会中，资本并不能为所欲为，资本运行也有着其自身的合理性、自律性以及自我调节的有效性，要遵循内在的规范和受到外在的法律约束，应具有一定的内在合理性和外在合法性。但是资本渗透于公共权力，影响公共权力的运行，操纵公共政策的实施的资本与权力合谋与交易的现象是当今世界各国发展中所面临的一个共同现象。中国自市场化改革启动以来，市场经济的基本观念早已深入人心，但随着市场经济的进一步发展，令人忧心的"拜金化"倾向也在部分公职人员的思想中发酵，甚至"金钱"魔力在某些人眼中被得以"神化"，控制和摆布着某些人的大脑和双手，他们的价值观被牢牢地拴在狭隘化的金钱的泥潭中，用金钱来考量所有的一切，考量生命的价值与意义，考量生活的水准与质量，拥有金钱成为人生成功的重要标志，金钱吞噬了灵魂、吞噬了道德、吞噬了良知，甚或吞噬了人性，为了获得更多的金钱，他们不停地思量着如何以钱来换取更多的钱，甚至不惜一切代价来换取更多的金钱，把手中的金钱作为一种"资本"来投资于政治领域或扶植自身利益的代言人，把个人财富渗透于公共权力领域，以图换取更多的各种政策优惠，得到更多的政策支持，攫取更多的"不正利润"，导致资本与权力的"乱伦"。诸如陕西省府谷县发生的4名煤老板当上"县长助理"的"商人红

顶化"现象便是资本权力化的一个切面缩影;当今中国社会许多私营企业
主热衷于当人大代表、政协委员等在某种程度上也不得不说是资本权力化
的一种潜在暗示或正面隐喻;当今中国社会许多安全事故的频繁发生也不
得不说是资本与权力联姻的现实标本;当今中国各类选举中贿选问题的发
生也不得不说是资本意淫权力的一种现实脚注。

　　为此,在权力资本化和资本权力化的双向过程中,在强势权力集团和
强势资本的合谋与交易中,强势资本集团为了攫取更多的资本回报,千方
百计向强势权力集团输送利益,寻求资本保值增值的靠山或保护伞,而强
势权力集团则在利益输送的糖衣炮弹的诱惑下而成为俘虏,甘愿成为强势
资本集团的代言人或护身符。因此,在权力与资本所造就的"露水婚姻"
中,许多公共空间、公共场所、公共产品等也往往被私有化与商品化,弱
势群体无法与强势利益集团之间展开自由、平等的对话与交流,无力与强
势利益集团进行有效的博弈,这些强势的利益集团往往是打着公共的名义
左右或操纵各种公共舆论,从而影响或左右着公共政策的制定和实施,使
得公共舆论、公共政策等更好地维护或实现本集团利益,损害公共利益,
当今我国各种腐败案件发生的背后也无不闪着权力与资本的"乱伦"幽
灵,无不闪着红顶商人化与商人红顶化的罪恶联盟,折射着权力资本化和
资本权力化的怪影,在这种怪影的作用下,以建构公益、确证公益为旨归
的现代公共生活难免渐趋萎缩、式微和苍白,在某种程度上,现代公共生
活的式微也正是权力资本化与资本权力化的结果。

第五章　中西公共生活建设的
比较拓展

　　他山之石，可以攻玉。作为一种思维方法，比较研究是人类认识事物、区别和确定事物异同的一种重要研究方法，要想清楚认识自己，就必须具有他者意识，在与他者的比较中发现自己的优劣。比较研究可以区分为纵向比较和横向比较，其中纵向比较有助于清楚认识同一事物在不同时间里的发展变化过程，从而揭示事物发展变化的规律与特点；横向比较有助于清晰了解同一事物在不同空间中的特性差异，从而为事物发展找到更好的借鉴与启示。因此，对同一事物展开比较研究，可以更好地认识同一事物的本质，帮助我们更好地认识事物发展变化的客观规律，认识事物发展的多元化色彩和本土化特点，把握事物发展的利弊得失，从而推动事物更加科学发展。在中外不同社会历史时空中，公共生活的实践方式同样有着不同的自身面相，公共生活从而具有不同的表征。可以说，任何一个国家、一个社会的公共生活的健康生成与科学发展都是特殊社会历史时空的产物，但无法否认的是这些特殊社会历史时空中产生的特殊经验也具有一定的理论价值与实践意义。当今西方文明依然为一种强势文明，探讨当代中国公共生活发展的坐标，在防止片面陷入"他国化"陷阱的同时，也要树立一种开放的全球视野来比较中外公共生活之间的实践差异，唯有这样，才能实现对公共生活的本质性认识与科学性建构。

第一节　中国公共生活的实践形态演进

公共生活是以介于国家与社会之间的一种具体介体性质的生活形态，作为市民社会的"次生性层级"，① 现代公共领域是公共生活的实践场域，按照哈贝马斯的经典阐释，无论是他把"社会"定义为包含了由私人集中形成的公众而构成的"公共领域"之私人领域，还是他把公共领域看作是介于国家与社会之间进行调节的一个领域和"社会"只是包括商品交换和社会劳动领域，以及家庭、个体私生活、狭小的内心世界等私有领域来定义，都隐喻着公共领域容易受到来自"社会"侵蚀，社会发展样态将在某种程度上预制着公共生活的实践形态。因此，公共生活的健康发展有赖于保持国家与社会之间协调、平衡与合作的张力，国家与社会行使各自的职责与边界，它是公共生活健康发展的重要支撑。国家与社会在其实质内涵上表征于社会对国家的自治性与社会与国家的互动性。考察当代中国国家与社会之间的张力关系，大体是沿着国家与社会之间的"同质同构→亲和分离→相互建构"的逻辑嬗变，与之相伴，我国整体社会亦分别呈现出总体性的社会、个体化的社会和社会的组织化的发展样态，公共生活的实践形态亦呈现出"异化虚妄型→内爆私域型→有机互动型"的历史嬗变。

一、总体性的社会：异化虚妄型的公共生活

1949 年新中国的成立，标志着新民主主义革命的胜利，中国传统的血缘宗族关系的伦理身份被打破，但是随着高度集中的计划经济体制和高度集权的政治体制、高度集中的计划经济体制的确立，中国社会并没有如期实现梅因所言的"从身份到契约"的转变，而是出现了政治、经济和文化三大结构高度重合的"总体性"社会结构形态，主要呈现出以下两个主

---

① 王新生：《现代公共领域：市民社会的"次生性层级"》，《教学与研究》2007 年第 4 期。

要特点：一是个体的依附性存在。众所周知，传统中国是一个家国同构的宗法伦理型社会，整个社会是一个等级有序、壁垒森严的金字塔系统，每个个体均处于特定的等级关系之中，个体无自由和独立之精神，一种臣民型的依附性人格在传统中国人身上演绎得淋漓尽致。按照社会学理论，社会分层往往沿着"血统分层→政治分层→经济分层"这样一条主线来演变的。[①] 新中国成立后，虽然小农被有组织化的动员，中国共产党的权威得以确立，但在高度集中的计划经济体制下重新划定的一系列新身份替代以血缘宗法为纽带划定的旧身份，并在高度集权的政治体制下重新建构了一套新的身份系统，实现了血统分层向政治分层的转变，但是经过对农业、手工业和资本主义工商业的成功改造，社会主义制度迅速得以确立。但是由于当时对社会主义认识的偏差和失识，把"一大二公"当作社会主义的本质，认为公有化程度越高就越是社会主义，搞纯而又纯的公有制，不允许商品关系的存在，忽视商品经济和价值规律在社会主义建设中的功能与作用，进而导致由商品经济所孕育和滋养的新的阶层结构和社会力量难以发酵，从政治分层向经济分层的历史过程被人为斩断，在高度集权的政治体制和高度集中的经济体制的相互作用下，地主、富农、贫下中农的阶级分层和干部、工人、农民的家庭出身则成为当时政治分层的重要标志，人们因阶级分层或家庭出身而获取的政治身份则成为人们日常生活世界中的标签或标记。同时，由于城乡二元户籍制度的实施，"户籍身份、政治身份、干部工人身份"等共同构成了当时中国一个组织更为严密、覆盖更为广泛的身份社会网络，中国整个社会依然呈现出一个身份社会的面貌，当然与传统中国的伦理身份社会不同的是，它是一个计划身份社会。在这个计划身份社会中，个体不再是依附于传统的家族，而是依附于整个国家，每个个体所享受的权利与义务都是国家所预先给定的，国家则在农村通过人民公社制、在城市通过单位制来分配每个个体所拥有的资源，个

---

① 参见庞树奇、范明林主编：《普通社会学理论》，上海大学出版社 2011 年版，第 259 页。

体更多是"国家人"或"单位人","个人单位化、生活政治化、行为国家化"是当时个体依附性存在最好的历史注脚。当然,我们亦不能随意解读历史,计划身份社会的形成、个体的依附性存在并非当时中国共产党执政和重建社会的本意,中国共产党的执政过程中也从未提出重建身份社会的口号、规划和目标,当时身份社会的形成更多是高度集中的计划经济体制和高度集权的政治体制之间相互作用的客观产物而已。二是社会日益国家化。正确处理国家与社会之间的关系,是有关国家现代化和社会稳定发展的重要题域。历史事实证明,作为一个以农耕经济为主体的国家,与西方社会迥异的是,中国并没有如期实现从乡村社会向工业社会的自然转型,而是靠行政吸纳社会,国家机器驱动社会生活的运行,全面严格控制着社会生活,国家在社会发展中起主导作用的模式来实现对全社会的有机整合,进而获取现代民族国家建设所需要的经济、政治和文化资源等。关于社会的日益国家化和党派化问题,学术界通常认为其发轫于晚清,强化于民初,成形于新中国成立后。新中国成立后,中国共产党全方位地开展人民民主专政的政权建设工作,以"基层政权"来代替"士绅"的空间位置,"国家—士绅—小农"的社会结构走向终结,"国家—基层政权—小农"的社会结构登上前台,中央行政权力全方位向乡村社会渗透下沉,以"士绅"为纽带的传统乡村社会秩序被摧毁,传统的社会控制手段受到国家行政权力的冲击,国家在城市通过单位制和在农村通过人民公社制对乡村社会进行行政控制和社会动员,最终致使国家与社会的同质同构,党、国家和社会形成高度一体化格局,行政权力在社会各个领域中蛮横地挥舞得淋漓尽致。其中在城市基层社会,每个社会成员牢牢地被束缚在一个个具体的单位组织中,单位行使国家权力赋予每个个体特定的权利和义务,撑握着其所在的每个成员发展的机会、资源和利益等等,单位并非一般意义上的社会组织,其更多是充当了一种基层政权的政治意义上的"延伸",行使着党和政府所赋予的组织、动员和控制的行政权力,兼有经济组织、政治组织、社会组织的安全生产、学习教育、政治动员、社会保障等无所不包的功能，"生是单位人，死亦单位鬼"成为当时"单位人"的一句口头禅和单位制功能的贴切比喻。因此，单位制的确立，最终使得在城市基层社会治理中形成一条个人依赖单位组织、单位组织依赖国家、国家依赖单位组织来控制社会的紧密链条，单位组织成为国家实现对城市基层社会治理的组织化的中介或工具。在农村基层社会，新中国成立后，党在农村建立了人民政权，乡与行政村同为行政区划，都被纳入国家政权体系之中。其中 1954 年宪法和地方组织法首次明确规定，乡镇是我国最基层的政权组织，村一级退出政权体系；1958 年在乡一级建立了"组织军事化、行动战斗化、生活集体化"的"政社合一"的人民公社体制，兼具国家行政管理和集体经济经营管理的双重职能，国家行政权力与社会权力在人民公社的政社合一体制中实现了高度统一，从而全方位确保着国家行政权力对农村基层社会的强力控制，成功重构了中国农村社会组织的基础，农民与国家之间出现了前所未有的紧密联系。当然，在分析国家与社会之间的关系时，我们不能忽视中国共产党这一重要因素，可以说，当代中国国家与社会的关系重构，都是在中国共产党的领导下进行的，与国家行政权力向乡村社会渗透下沉相伴的是，中国共产党无论是在城市单位组织抑或是农村人民公社体制中的村一级都最终普遍地建立了党支部，亦形成了一个组织系统非常严密的党群组织网，有的学者把其称为"第二行政网"，并指出多层级的"行政网""第二行政网"和"压力型体制"所构成的"三位一体"的政治生态是半个世纪以来中国乡治的三个主要特征。[①]

因此，在党、国家与社会一体化格局中，整个社会处于一个总体性的社会结构形态，我国公共生活呈现出一种异化虚妄的时代特征，主要表征为：一是公共生活的异化。在组织化社会中，在党的领导下，单位制和人民公社制分别成为当时党和国家控制基层社会的主要组织工具，且通过高度集权的政治权力把人们的生产空间、生活空间和公共空间在同一层面进

---

① 陈子明：《中国乡治的回顾与展望》，《战略与管理》2003 年第 1 期。

行强力衔接和高度黏合，单位空间或生产空间代替了人们的公共空间，除了党组织控制下的工青妇团等官办组织和某些农村隐藏的宗族组织外，其他社会公共组织踪影难觅，为此，单位共同体生活为城市公共生活的主要形式和内容，并塑造着城市人的生活样态和价值观念；社队共同体生活为农村公共生活的主要形式和内容，并塑造着农村人的生活样态和价值观念，无论城里还是农村的公共生活空间都被泛政治化，人们的公共生活是在一个严密的政权组织网或党群组织网中得以展开，单位制组织和人民公社制组织是人们参与公共生活的重要载体和途径，各种形式的公共事务活动，纵使是左倾思潮盛行时期的群众批斗会运动也都是以党组织或行政组织的名义进行，人们参与公共生活并非能真正就某一社会公共性问题发表自身的看法和意见，表达自身的利益诉求，正如托克维尔所言："在18世纪的时候，法国的中央政权还没有建立起以后的那种很完善的政治体系结构，不过因为社会中间的行政部门都已经被中央政权毁灭了，所以介于个体和中央政权之间的，只剩下宽阔的空白，在个体看来，社会前进的动力就剩下了中央政权，而且只有它才能打理社会生活的秩序。"① 反过来，单位共同体或社队共同体也并非是要求人们表达自身利益诉求，听取人们的声音或意见而就某一问题作出决定，在这种以组织名义进行的公共生活中，更多是一种关于思想政治教育、国家方针政策的动员宣传等群众性学习运动，各种群众性的政治学习运动嵌入于各级不同性质的单位组织之中，"在比较大的工厂、企业中，可设立职工业余政治班，吸收有相当文化程度的职工参加，进行有系统的政治理论教育，以培养职工中具有初步理论知识的干部"② 。因此，在组织化的社会中，公共生活的公共性往往是由党政组织的单向度建构，公共生活也往往被异化单位共同体生活或社队共同体的组织性生活，公共生活的组织与安排完全是依托单位制或人

---

① ［法］托克维尔：《旧制度与大革命》，陈天群译，江西人民出版社2013年版，第53页。
② 中共人民政府政务院：《开展职工业余教育，争取三、五年内使职工中的文盲能阅读通俗书报》，《人民日报》1950年6月4日。

民公社制为基础的党政组织来进行的，公共生活的良好愿景亦完全希冀于政权组织网或党群组织网，单位制组织和人民公社制组织成为当时公共生活领域中的主导性实体组织形式。但是我们亦不能否认，中国共产党凭借单位制组织或人民公社化组织所开展的大规模的以思想政治教育为其核心内涵的公共生活运动，有助于当时人们走出家庭或家族的私人领域，积极参与政治生活和基层公共事务，人们的政治参与意识得以增强。二是公共生活的虚妄。公共生活参与主体并非基于个体利益与公共利益的有机确证而自愿参与的，更多情况是在政治高压下慑于权力而主动或被动的一种动员式参与。可以说，在我国"左"倾思潮猖獗时期，教育内容主要是以灌输无产阶级革命和以阶级斗争为纲的政治意识形态为主线，以培育公民意识、公民素质和公民能力为核心的教育内容严重亏损，政治伦理教育的阶级斗争与无产阶级革命取向在整体上消解了其公民权利与社会责任取向，其应彰显"成人"的"意义场""价值场"荡然无存，陷入"泛政治化"误区，公民身份认同严重萎缩，泛政治化萦绕生活的每个空间，社会生活常被贴上"政治标签"，保障根本利益和耕耘精神家园不再是政治文化生活的要旨，政治文化生活要旨更多是泛政治化的叙事归谬，通过"斗私批修""狠斗私心一闪念""灵魂深处闹革命"的思想革命理想化运动，造成表面上人人"公而忘私"，实则私欲隐蔽宣泄的病态悖论。在以"政治挂帅"为口号的时代环境下，人们貌似主宰着政治，实则沦为阶级斗争下的政治表达工具或革命叙事附庸，在狂热与喧闹的政治运动下参与的群众实则是盲动、非自主性的，政治编码显性或隐性地主宰着每个人的生活世界及行为方式，主体性的"我"在泛政治化中自我赋值或异化迷失，其行为实则已被政治逻辑密码所预设，无论是政治权力的"弄臣"、英雄模范的"顺民"、唯首是从的"群氓"抑或是独善其身的伪"圣者"，看似为公共生活的积极参与者抑或是对"出污泥而不染"的圣者人格坚守，实则多是对当时公共生活之现实的一种无可奈何的慨叹或惆怅自怜，公共生活的公共性本质发生偏离与异化，公共生活沦为凌空于个体利益与公共利益相确证之根基的活动展开。因此，可以说，在组织化的社会中，国家与社会之间的距离得以进一步缩短，最终致使国家吞噬社会的同质同构状态，群众运动和阶级斗争成为当时公共生活的异样表达，并且通过这种异样表达，权力逻辑成为社会分层的主导力量，社会运动的动力源于权力指令下的各种群众运动或阶级斗争，公共生活异化为权力话语或权力逻辑的虚妄，许多时候人们是在疲惫和抵触之中参与公共生活，在沉默和迎合之中参与公共生活；而不是在个体利益表达中参与公共生活，在社会公益确证中建构公共生活，表面上喧嚣热闹的公共生活之异样表达，实则是遮蔽了公共性的一场虚妄的沉默式的大合唱，以实现其在权力逻辑支配中的温暖的合群，正如犹太裔学者伊维塔泽鲁巴威尔所揭示的"房间里的大象"现象，尽管人们无法回避公共生活中的"大象"（虚妄），但人们在权力逻辑下，能若无其事与其共处，且竭力合作以掩盖"大象"踪迹。

二、个体化的社会：内爆私域型的公共生活

"社会学家齐格蒙特·鲍曼认为，人类历史上发生了三次个体化进程。第一次个体化发生在社会生产大量剩余之后。这一次分化进程的机制和原因是社会剩余，整合机制是家庭和封建关系；这一时期社会的特点是差异和尊卑。第二次个体化进程发生在启蒙运动之后。这一分化进程的机制和原因是商业贸易和工业生产，社会的整合机制是社会化大生产和制度机构；这一时期社会的特点是平等和个性。鲍曼认为，我们的世界现在正在经历第三次个体化的进程。这一时期社会的分化机制是社会流动性，而整合机制暂时缺失；这个时期社会的特点是碎片化，个体独自面对困难。"[①]改革开放以来，随着我国以市场化为先导的改革进程推进，传统单位社会对个体的束缚和界定渐趋解构，个体的生存与发展状况更多由个体自主决定，个体与社会的关系重置，个体化行为渐趋成为当代社会生活棱镜，人们以传统单位为生活、工作等轴心的集体性行为或结构受到了削弱，传统

---

① 童世骏、何锡蓉等：《中国发展的精神因素》，上海人民出版社 2012 年版，第 180 页。

单位制强加给人们的桎梏被粉碎，社会赋予了人们追求个人生活方式的更多自由和选择，曾给人们带来稳定性、舒适性和安全性等诸多传统实践和制度已不复存在，在市场化、全球化和网络化的当代时空中，个体只有变得更加独立自主，才能更好适应当代社会的发展变化，社会结构逐步趋向个体化的社会。但毫无疑问，个体化带来的反传统性亦有其某些负面效应，人们相互合作、共同生活赖以存在的某些社会资本受到了销蚀，如诚信、友谊、协作等，身份焦虑、现代隐忧、无根飘浮等生动刻画着当下生活图景，公民共同体生活正面临着个人主义的现实解构，人们的共同体符号认知模糊，生活中少了一份以集体语境为索引，多了一份以个人语境为索引，公民的公共生活呈现出内爆私域型的表征。从总体上来看，个体化社会呈现出以下两个主要特点：一是个体的原子式存在。市场铺展和市场机制健全，强劲地挑战了社会组织的传统性，理性和科学成为主导人生存和发展的重要因素，人们曾深度敬畏的传统神圣与生命根系亦飘零凋落，乡村共同体随着工业化、城市化进程的加快得以加速瓦解和崩溃，在此进程中，传统制度、道德和权威形式渐被弃之，正如保罗·霍普所言："在目前的历史时期，市场化准则几乎渗透于生活的所有方面。在当前这个后现代时期，传统的权威形式已经被简化成了这个商品化市场中的商品，它进一步地削弱了旧有的权威及其氛围。"[①] 为此，神圣神灵的庇佑和血缘宗法的桎梏已不再是人们寻求稳定性和安全感的寄宿，人们被无情地抛入个人主义的竞争境地，成为一个某种意义上无依无靠的、孤独的、独立的原子式个体。随着市场化、全球化和网络化的强劲发展，传统性的渐趋衰落成为当今时代的重要表征，尽管反传统性或传统性的衰落有其积极、开放的诸多功能存在，赋予了人们一种开放的生活体验和个体责任的提升，正如保罗·霍普所言："反传统性为进一步的意志自由和——如我们前面所谈到的——自我内省铺平了道路。个体不再备受传统权威的束缚和禁锢，却

---

① ［英］保罗·霍普：《个人主义时代之共同体重建》，沈毅译，浙江大学出版社 2010 年版，第 25 页。

拥有更大的自我抉择与选择自己生活方式的自由。"① 但是传统性的渐趋衰落，也在某种程度上使得个人主义进一步发酵，"这是因为，传统即是一种集体意识，或如迪克海姆（Durkheim，1961）所说的'集体观念'；它是共享的价值和准则。迪克海姆确信：倘若没有这种集体意识，就不会有社会，也不可能有社会生活。"② 因此，在当代社会中，乡村共同体的崩溃和原子式个体的形成所带来的图景并非民主制度的美好实现抑或自由社会的真正发轫，更多是导致个人主义的进一步发酵和生长，推动个人主义行为方式的发展，从而销蚀与削弱着公民的共同体生活发展或公共精神、社会意识的生长。正如保罗·霍普所言："反传统性带来更为严重的问题是：共同的道德规范和行为准则的消失，将会导致以自我为中心的，甚至是自恋的行为方式。人人都专注于自我，于是就产生一种极其排他的个人主义行为方式。"③ 事实亦表明，随着我国人口流动进程的加剧，城市化进程的加速推进，个体的原子化生存也得以加剧，芸芸众生汇聚而成的都市，孤独的灵魂、淡漠的态度、无助的生活如挥之不去的"幽灵"在都市中飘荡，为自己而活，为自己而死，是他们每天生活的全部内容，他们看不见传统，亦找不到秩序，成为世界上最"个人主义"的一个群体，个体的原子式存在是他们的主要生存样态，灵魂的孤独无助远远胜于肉体的形单影只。阎云翔先生在《中国社会的个体化》一书中亦指出中国个体化进程面临着三重魔障：缺乏秩序的个人化、自私的个人化和组织缺位的个人化。二是社会的原子化。社会原子化是指因处于国家与公民个体之间的系列中间组织的解组或缺失而导致的个体与个体、个体与社会之间关系的疏离和社会失范的一种社会危机状态，这种状态常产生于社会剧变时期。可

---

① ［英］保罗·霍普：《个人主义时代之共同体重建》，沈毅译，浙江大学出版社 2010 年版，第 26 页。

② ［英］保罗·霍普：《个人主义时代之共同体重建》，沈毅译，浙江大学出版社 2010 年版，第 27 页。

③ ［英］保罗·霍普：《个人主义时代之共同体重建》，沈毅译，浙江大学出版社 2010 年版，第 31 页。

以说，社会中间组织的阙如为社会原子化危机的实质，当然，我们所言说的社会原子化，并非完全否认社会组织的存在，更多是指社会组织的联结功能式微，社会整合度不高，公民与国家的间距缩短或为"零距离"状态，出现局部范围和一定程度的社会失范。在当代社会，社会原子化不是智慧逻辑下的延续产物，而是社会结构变迁的直接产物，亦是社会图景的真实变动。改革开放以来，特别是 20 世纪 90 年代以后，中国社会的基础构造出现重大变动，单位体制渐趋走向终结，"国家—单位—个人"的社会联结模式受到消解，社会联结机制匮乏，大量松散个体游荡于社会阶层序列之外，出现了"国家—个人"的"零距离"的"中间组织贫困"的光怪陆离险象与乱象，个体之间微妙的"协作关系"抑或"伙伴关系"，并非我国后集体主义时代的新形式，与经济繁荣的向心力、个人自由度空前拓展等相伴而生的是社会的离心力。正如保罗·霍普所言："后福特主义的转型，在让人们获得个人自由和潜在利益的同时，也伴随着许多令人忧虑的负面因素。这些因素包括：社会共同体随之消失；新的社会分化随之产生；协作性行为方式随之弱化；社会不平等日益突出；一个下层阶级业已出现；职业越来越无稳定性；新的剥削形式不可避免；对许多人来说，与他人之间的疏离感愈加强烈。"[1] 社会结构呈现出碎片化、原子化危机，个体独自面对组织化的权力，个体生活的各个层面都依赖于市场，处于自由和选择的危机之中，货币促逼了个体化、碎片化和原子化，大量"单位人"并未成功转换为"社会人"，而更多是脱离地面的"半空人"，单位制解体后的城市则表现出社会原子化的趋向，交往主体之间的交流与联系渐趋弱化，个体更多被抛入市场之中，在市场中寻找自我的确证，在市场中来也匆匆，去也匆匆，却恨不能相遇，"不和陌生人说话"往往成为交往主体自我保护的交往标尺，为此，个人与共同体变得越来越撕裂，个人与共同体的间距也越来越大。面对当代中国社会个体主义时代的到来，有人为利益凸

---

① ［英］保罗·霍普：《个人主义时代之共同体重建》，沈毅译，浙江大学出版社 2010 年版，第 14 页。

显而高歌、为自由选择而吟唱；亦有人为社会的原子化而忧虑、为社会的碎片化而彷徨。与西方社会原子化进程迥异的是，当代中国社会原子化并不是社会组织发展、成熟起来之后的个体与集体的博弈过程，而是社会流动性瞬间即逝、整合机制严重匮乏、个体独自面对困难的碎片化进程，人们开始变得远离公共世界、逃离公共事务，为自己而生抑或为自己而活亦成为人们短暂无常的希望，为自己且生且死成为人们心中的一条不成文戒律，"生产的不断变革，一切社会关系不停的动荡，永远的不安定和变动，这就是资产阶级时代不同于过去一切时代的地方。一切固定的僵化的关系以及与之相适应的素被尊崇的观念和见解都被消除了，一切新形成的关系等不到固定下来就陈旧了。一切等级的和固定的东西都烟消云散了，一切神圣的东西都被亵渎了。人们终于不得不用冷静的眼光来看他们的生活地位、他们的相互关系"①。

因此，在中国共产党的正确领导下，国家与社会有限分化的格局中，整个社会渐趋走向一个个体化的社会结构形态，我国公共生活呈现出独具的内爆私域型的时代特征。一个是公共生活的内爆。作为一个物理学概念，作为与外爆相对应的一个概念，内爆原本是指一种向内的聚爆过程。根据后现代主义辞典的解释，事物因内爆而导致原本清楚的界限崩坍瓦解，原先飘散、孤零、散开的事物则因明确界限消逝而在混乱与无序中聚合为一。加拿大学者马歇尔·麦克卢汉在其《理解媒介》一书中提出了传播学意义上的"内爆"概念，法国学者鲍德里亚进一步拓展其含义，并用于描述后现代社会状况，认为后现代世界亦是一个剧烈"内爆"世界，由"拟像、内爆和超真实"三个部分组成，购物商场便是内爆的很好注脚。按照鲍德里亚的观点，后现代社会是一个消费主导的社会，他在其《消费社会》一书中提出了"消费社会"的概念，它是指西方发达国家因为物质丰盈而确立起来的以"消费"编码而成的一种组织系统与符号系统，在此

① 《马克思恩格斯选集》第1卷，人民出版社1995年版，第275页。

系统中，消费诠注的符号秩序与意义秩序成为人们生活的中心界面，成为交互主体间对话、交流的工具，成为人们社会身份或地位得以认同、接纳和确证的符号。鲍德里亚认为，西方发达国家语境中的消费社会具有日常生活世界商品化及商品同质化、人际关系冷漠化和消费欲望无穷化的表征，消费社会中的商品更彰显的是其符号价值，而非其使用价值和交换价值，而且它们之间关系发生重置，符号价值成为商品的主要价值，生活世界俨然如一个符号帝国，人们在消费编码中建构着自我的身份认同和意义世界，体验着消费的快感，主体性的"我"在消费编码的诱惑中走向迷失，人们拼命消费商品，呈现出消费社会中"商品拜物教"的一种新型"迷狂"，从而使自己获得更多的社会符号，得到社会的认同和确证等，现代西方发达国家亦凭借商品的符号价值的实现，通过其系统化的物的系统来更加有效地对社会施予控制，"物之活与人之死"的现代性悲哀或许是消费社会中的一种可能镜像。自20世纪90年代以来，随着市场化、全球化、网络化进程的推进，中国在某种程度上渐趋显现消费社会的雏形，消费也正在以其无法抗拒的魔力渗入社会中的每一个细胞，人们在消费中享受着快乐，体验着自我价值的实现，感受着时空差异的消逝。如前所述，公共领域和交互主体是公共生活顺利进行的必要条件，它们分别是公共生活的实践场域和发动者、实施者。因此，公共生活的内爆，主要表征为两个层面：一方面是公共领域内爆为私人领域。无论是麦克卢汉还是鲍德里亚对此均有揭示，麦克卢汉认为媒介创造了一个无陌生人的世界，并驱动着社会的统一化，作为人的延伸，媒介可以消除人们的时空概念，粉碎距离隔阂，使得人们可以穿梭历史隧道、环游世界，正如麦克卢汉所言："今天，经过了一个世纪的电力技术发展之后，我们的中枢神经系统又得到了延伸，以至于能拥抱全球。就我们这个行星而言，时间差异和空间差异已不复存在。"[1] 鲍德里亚认为，大众传媒亦往往把私人空间本应具有的私密性

---

[1]　[加] 麦克卢汉：《理解媒介——论人的延伸》，何道宽译，商务印书馆2000版，第20页。

给予曝光，赤裸裸地展露在公众的面前，迎合公众的猎奇心理，禁忌不再成为禁忌，隐私不再成为隐私，一切都可以成为滥娱乐和商业化之对象，且仪式般地呈现出于公众面前。[①] 从而使得公共领域得以彻底重构，甚或走向消亡，公共领域内爆为私人领域或哈贝马斯所言的公共领域的"再封建化"，"充斥市面的几乎全是些关于流行歌星、名流和体育明星等人的消息。一些人甚至宁愿去聆听流行歌星谈论关于如何吸毒，也不愿去理睬政治家或主教的说教"[②]。另一方面是大众的内爆。按照鲍德里亚的观点，无论是当代社会的听众、受众、观众抑或是大众，他们都是由大众传媒所建构而成的，因为，大众传媒把大众的思想观念抑或日常经验加以一体化建构，从而建构大众一体化。同时，在这种大众一体化的建构过程中，虽然大众接受着传媒提供的各种内容，但是未能真正知晓其意义，抑或泯灭或消除内容中的意义，而是过于聚焦其"诲淫"的内容或意义，造就成"大多数人的沉默"，制造出一个膨大的无差异的大众，大众参与公共生活积极性消解，把自我内爆为无文化批判的"单向度的人"，批判的大众成为消费的大众，大众被动穿梭于所谓民意测验、民意调查、民意反馈等"集体恍惚"的公共生活之中。同时，大众传媒为了追逐其商业利益，提高收视率，亦常投其所好地大量复制着迎合大众的心理、口味、兴趣或生活方式，制造一些娱乐或花絮新闻，追求各式各样的娱乐效果，从而使得信息内爆为娱乐、政治内爆为娱乐，真实内爆为拟像，传媒资讯与社会现实之间的边界模糊，甚或消失，从而导致大众公共生活参与主动性和积极性大为下降，正如帕特南认为，电视的普及大大降低了人们的社会参与性，使得人们更倾向于退隐到狭小的私人空间，美国及其他西方发达国家企图通过"用按钮开关操纵的民主"来激励更多的人参与地方和国家的政治，便是这一事实的很好隐喻。二是公共生活的私域。作为公共生活的本质属性

① ［英］尼克·史蒂文森：《认识媒介文化》，王文斌译，商务印书馆2001年版，第245页。
② ［英］保罗·霍普：《个人主义时代之共同体重建》，沈毅译，浙江大学出版社2010年版，第25页。

和价值旨趣，公共性是相对于私域性而言的，其彰显的是社会共同体利益和意志，主要包括民族国家之间的公共性和一个民族国家内部的公共性的两个层面。为此，相对于全世界的公共性而言，国家具有私域性；相对于整个国家而言，地方具有私域性；相对于人民利益而言，私人利益具有私域性。这里所探讨的主要是"人民利益（公域）—私人利益（私域）"下公共生活的私域性。改革开放以来，虽然我国国家与社会出现了有限分化，社会活力显著增强，但与此同时，现代国家自主性受到了某种程度的削弱，何谓国家自主性，不同学者有着不同解读，这里所言说的国家自主性，主是指国家能够超越于不同社会力量或特殊利益集团的左右或操纵，代表公共利益而自主行动的意志与能力。当代中国国家自主性的削弱主要表征为体现公共利益的公共政策或公共标准被私域利益绑架，然而，利益集团影响公共政策制定、实施，吞噬国家和人民利益的境况便是公共政策或公共标准被私域绑架的很好脚注或诠释。根据西方政治学理论，公共政策的制定和实施等过程乃为多种因素、多种力量交互作用的动态过程，特殊利益集团的存在和活动必然会对公共政策的制定、实施等产生影响，而且在当今中国语境下，"权力精英—资本精英—文化精英"结成了一个紧密的"铁三角"同盟，甚或成为特殊利益集团表达其意志的代言人，正如米切尔斯所言："权力精英并非孤独的统治者。幕僚和顾问，发言人和舆论制造者，常常是他们更高层次的思想和决策的指导者。以及那些以各种奇特方式混迹其间的社会名流，他们常常有能力转移公众的注意力，或蛊惑民心，或直接为掌权者出谋划策。"[1] 近年来，我们特殊利益集团对公共决策的控制和操纵，亦已为一个显而易见的事实。特殊利益集团操纵或影响公共决策主要表征在两个方面：一方面是当公共决策有利于其私域利益的实现，他们便会通过各种途径和形式促使这种公共政策或公共决策的出台，以便维护其既得利益或更好实现其私域性利益，使某些公共决策沦为特殊

---

① ［美］杰伊·沙弗利茨等编：《公共政策经典》，彭云望译，北京大学出版社 2008 年版，第 86 页。

利益集团实现自己私域利益的工具，如房地产调控政策背后的强势房地产商之"幽灵"随处可见；另一方面是当公共决策不利其私域利益的实现，他们便会为了维护其既得利益或更好实现其私域性利益而涂抹一层意识形态的合法色彩，以消解或推迟公共政策的制定、执行、实施等，如某些把持着国家经济利益的垄断集团亦通常打着"国家经济安全""产业安全""支柱产业""经济发展""国际惯例""中国特色""社会转型"等冠冕堂皇的公共性口号，通过各种途径或形式来寻求国家政策的庇荫，以求巩固或获得自身更大的私域性利益。可以说，特殊利益集团为了更好实现其私域性利益，无论是促进公共决策的尽快出台抑或是抵制公共决策的延缓出台，都是特殊利益集团的私域性利益与整个社会公共利益之间的博弈，在这种博弈过程中，特殊利益集团的"声音""意见"或"建议"往往被政府所采纳；而普通大众的"声音""意见"或"建议"则在公共生活的"喧嚣场"往往被"湮没"，从而成功地影响和控制着公共决策走向和俘获政府意志，把自己的私域性利益装扮成代表全体人民的国家利益。因此，公共生活的私域性使得公共生活的公共性本质抽离，未能有效实现人民的根本利益和公共利益，使得某些本该以公共利益为价值取向的公共政策在特殊利益集团的影响或左右中流产或难产，抑或某些出台的公共政策因受到特殊利益集团意志的影响或左右，使其看似是彰显公共性的公共政策，实则是披着公共政策之外衣来攫取一己利益的私域性政策。

三、社会再组织化：有机互动型的公共生活

马克思·韦伯曾指出："组织化是当代社会最重要的特征，它塑造了当代人类社会的政治、经济、文化模式。"超越社会原子化危机，必须重构一个充满活力的中间组织体系，对社会进行再组织化。当然，此处所言说的社会的组织化，既非传统单位化的社会组织的翻版，亦非以"政治为纲"的极端的社会组织化的再造，而是遵循社会主义市场经济和当

代社会发展的要求，重构、形塑介于国家与社会之间的由社会自组织、民间社会组织、非政府组织等构成的一个中间组织系统，即"国家——中间组织——社会"的社会结构形态。这套中间组织系统既具有监督、制约国家权力的滥用与错用，防止国家吞没社会的功能；亦有规避资本的蛮横无理和无穷贪婪，防止市场吞没社会的功能。通过中间组织系统之功能的发挥，从而促进国家与社会之间的有效互动，减少公民非理性行为的发生和降低政府的行政成本。当然，面对当今社会再组织化的诉求，有人指出互联网社会的发展，是对社会"去组织化"的一种隐喻，并据此提出了一种激进的预言：解构组织化是组织化社会的未来，社会的组织化不但难以增加自由的机会，反而可能严重威胁着自由，造成自由的式微，导致自由的终结等等。为此，实现非组织化是建构和保护个体自由的一种最佳状态，也是自由主义追求的一种经典的乌托邦理想，其作为一种终极目标和理想，在历史上的今天展现出诱人的优雅魅力，放射出醉人的肉香，令人如沐春风、心驰神往。但是作为现代社会发展的灵魂，社会再组织化是增强国家自主性和构建和谐社会的当务之急，我们亦有理由相信，作为一个激进的社会预言，解构组织化或许是"历史终结论"的另一种翻版而已，这种翻版最终同样会陷入福山以其"不可意料"来再审视其"历史终结论"的否定命运。总体而言，社会的组织化呈现出两个主要特点：一是个体的结社性存在。人是群居结社的动物，我国宪法明确规定公民有结社自由，结社自由是社会再组织化的基本要素之一，健康、有序、良好的中间组织是现代社会发展的主要表征。公民的结社自由是指公民为了共同目标的实现而自愿缔结建立各种社会团体的自由权，公民结社自由既是公民实现自我价值的必需品，也是民主政治建构的必需品，有利于维护个人利益和防止各种专制主义。托克维尔曾亦指出："对于民主国家来说，结社是一种最为基础也最根本的知识，其他一切知识的进展都取决于对结社这种知识的理解与运用。如果人类想维持本身已取得的文明成果并继续走向文明，那就必须要随着身份平等的扩大不断发展和完善人们结社的规则与艺术。"① 20 世纪 70 年代以来，西方社会经过"社团革命"，公民结社自由得到较好发展和运用，各种社团组织的身影活跃在政治、文化、卫生等各个领域当中，结社权也在人们日常生活中得到了较好的运用，也有助于把公民个体的力量汇聚成一种组织的力量，正如托克维尔所言："在民主社会里，公民既是独立的，又是软弱的……如果他们不能在日常生活中养成结社的习惯，则社会的存在本身就会受到威胁。"② 聚焦当代中国，随着我国传统单位制的解构，"单位人"渐逝，"社会人"尚未生成，许多"孤独个体"成为两脚悬空的"空中人"，在这一社会转型的过程中，因利益结构调整而凸显的各种矛盾、危机极易集中爆发，引起社会动荡，社会处于"高风险"处境，仅仅依靠政府力量来建构、拓展和满足个人生存、发展的空间，远远只是一种不切实际的主观臆想而已，需要中间组织系统的进一步建立健全。事实表明，在利益多样化的今天，利益分散的个体在维权的战场上往往毫无战斗力，多以留下落寞身影的失败者而退场，为此，如果个体利益得不到有效组织化，个体维权会更加艰难，遭遇更多辛酸。为此，只要各种合适的条件具备，众多分散的利益主体会基于其利益的基本一致性而自愿缔结建立各种社团，有一种自由结社的内在需求，以更好地维护其个体利益，这将会是一个行动的趋势，有助于克服"乌合之众"的情绪化问题和"集体行动的困境"，③ 因为各种自由结社不仅是民主的表征，也是民主的源泉，自由结社有助于把分散、零星、原子式个体集合起来，从而形成一种组织化力量与国家进行互动合作，从而缩短公民与国家的间距，缓冲国家与社会之间的紧张。譬如当今群体性事件的化解，则有待于众多分散个体的公民自由结社，因为各种社团活动有助于培育理性、负责的公民精神，在这种精神的引领下，公民更多选择英雄之举，而非残暴无情。当今我国也正在努力营造公民自由结社的氛围，注重其层党组织

---

① ［法］托克维尔：《论美国的民主》，张晓明编译，北京出版集团公司 2012 年版，第 141 页。

② ［法］托克维尔：《论美国的民主》，张晓明编译，北京出版集团公司 2012 年版，第 140 页。

③ 参见 Gustave LeBon, The Crowd: A Study of the Popular Mind., Marietta, Georgia: Larlin(1982)。

工作的加强与改进，注重群众组织和社会组织作用的发挥，注重社会自治和服务功能的彰显，注重社会治理与社会服务合力的形塑等都已获得我国政治上的认同。因此，为了消解国家专制主义和市场专制主义对人的自由全面发展的消解，甚或吞噬，促进公民的福祉实现和社会的安宁有序，只要公民结社自由的条件具备，公民都倾向于自愿结成社团，并参与各种社团活动。事实证明，改革开放以来公民自愿结社，自愿成立各种社团，通过其在社团来介入社会生活，参与公共事务，成为公民的一种生活常态，各种类型的社会组织的"几何级数增长"已成为一种客观事实。这亦表明，公民自由结社，通过社团参与社会生活和维护个体利益，正在成为个体结社生存的一种客观样态。二是现代社会组织的生长。20 世纪 80 年代以来，"结社革命"浪潮在全球铺展，社会组织如雨后春笋般地在全球成长与发展。当然，不同的政治学流派对现代社会组织与民主政治发展之间的关系有分歧，主要有三种观点：一是认为现代社会组织在民主政治建设中具有积极作用，如多元主义、市民社会理论、法团主义等政治学流派；二是认为现代社会组织在民主政治建设中具有负面作用，有碍于民主的发展，如雅各宾主义、反多元主义、民粹主义等政治学流派；三是认为现代社会组织与民主政治建构并无必然的相关性，如美国政治学家西奥多·洛威和萨拉蒙等。在本文中，笔者也基本上持第一种观点。观照中国现实，改革开放以来，我国社会组织发展历经了初步恢复、快速发展、规范发展和战略发展四个阶段，中国社会组织的发展实现了从社会主体到国家意识的嬗变，是发展中国特色社会主义的一支重要力量，社会组织在中国共产党的坚强领导下，也将会与政府、企业之间实现良性互动、和谐共在、合作共赢。[①] 特别是党的十八大报告提出要"加快形成政社分开、权责明确、依法自治的现代社会组织体制"，"引导社会组织健康有序发展，充分

---

① 参见葛道顺：《中国社会组织发展：从社会主体到国家意识》，《江苏社会科学》2011 年第 3 期。

发挥群众参与社会管理的基础作用"①。可以说，党的十八大报告为我国社会组织的进一步发展提供了政治保证，也表征着党从战略的高度来看待社会组织的发展，党对其领导下的国家与社会之间关系的重构亦有了更加清晰的认识，现代社会组织的发展在中国特色社会主义建设中的地位和作用得到了充分的认可和重视，我国社会组织的发展不再是自说自话，中国共产党领导下的国家、市场和社会之间的有机互动、合作共治的模式亦成为我国社会建设的基本逻辑，现代社会组织的"社会技术性"渐趋增强，社会参与水平明显提高，国际影响力也日益扩大，但同时我国社会组织发展亦面临着合法化困境、主体地位缺失、依附性发展等不利局面，这直接制约着公民参与社会管理的水平和质量，影响着我国社会发育与生长。但毋庸置疑，我国社会组织的发展，是我国国家与社会关系亲和性分离的产物，是中国经济、政治和文化发展到一定阶段使然，尽管社会组织的发展成熟，尚有一段路程要走，但随着我国经济、政治、文化的发展，有理由相信，当代中国社会组织的向前发展趋势是不可逆转和更易的，其发展前景主要表征为以下几个方面：一是社会自由度的增强。随着国家与社会的有限分化，国家对社会各种资源的垄断渐趋减弱，从以前的"全面单位化"走向"选择性嵌入"，主要表征为主控政治领域，与政治自由度相较而言，公民的经济自由度、文化自由度、社会自由度会大大提升，公民的自由活动空间会得以大大拓展，国家与社会之间亲和性分离下呈现出有机互动，将会释放更多的"自由流动资源"，提供更广的"自由活动空间"，从而使得整个社会的自由度不断拓展和增加。二是社会自治的增强。随着市场经济的发展，经济自由的扩大，国家与社会之间的分化会更加凸显，社会自身领域亦会渐趋扩大，社会组织或民间组织将进一步发展，一个与国家相对而言的"主体性社会"日渐生成，社会自主性程度及自治能力都得以大大提高，公民与政府、国家与社会之

---

① 胡锦涛：《坚定不移沿着中国特色社会主义道路前进 为全面建成小康社会而奋斗——在中国共产党第十八次全国代表大会上的报告》，《人民日报》2012 年 11 月 18 日。

间以维护与捍卫公共利益为轴心而展开良性互动，成为一种友好的建设性合作伙伴关系，共同促进社会"善治"的实现。三是社会自组织程度增强。提高整个社会的自组织程度是发展社会主义市场经济的客观要求，是创新我国社会管理的重要途径和主要任务，因为畅通多元利益主体有效参与社会管理的渠道，保证多元利益主体的诉求得以表达，促进公民的民主参与，与"被组织"相较而言，"自组织"不失为一种可取的方式，我们相信，随着中国特色社会主义经济的发展，国家与社会的进一步分化，我国社会的自组织程度必将大大增强。四是国家与社会关系的重塑。重塑国家与社会的关系是发展中国特色社会主义的必然，这种新型关系不再是"强国家—弱社会"的国家消解社会的关系，也不是"强社会—弱国家"的社会反对国家在关系，而是一种"强国家—强社会"的相互建构，良性互动的合作伙伴关系。一方面市场领域、公共领域和私人领域在不同程度上"漂离"国家领域；另一方面国家也在与市场、社会的良性互动中重塑国家治理。

因此，在党的坚强有力领导下，国家与社会的相互建构、良性互动的合作伙伴格局中，整个社会渐趋走向一个再组织化的社会结构形态，在这种社会结构形态中，社会力量的主要载体不再是原子化的个体，而是由公众自由、平等、自愿组成的组织、团体和结社等，与之相适应，我国公共生活呈现出独具的有机互动型的时代特征。一是有机的公共生活。有机的公共生活是指国家与力量有机互动、共同建构而成的，其本质体现为国家与社会的相互依赖、公共利益与个体利益的相互依存，它是经济、政治、文化和社会发展到一定阶段的使然。观照我国现实，当代中国已具备有机的公共生活的现实基础，主要表征为：一是国家与社会的良性互动。"国家与社会"的理论模式在中国历经了一个"'市民社会'的引入与讨论→'国家与社会'的二元范式→'党、国家与社会'的三维分析"的内在演变过程。学术界指出，改革开放以来，国家与社会的转型，从宏观结构维度分析，党、国家与社会三者的关系结构从中国共产党控制下的"蜂窝状结构"渐趋走向中国共产党领导下的"三角形结构",国家与社会从过去的"零和式"的相互抗衡走向"增权式"的相互建构;从微观自治维度分析,农村村民自治和城市社区自治的成功实践则离不开国家与社会的共同推动,也为实现国家与社会的"增权式"的相互建构提供了经验层面的注脚。二是公民精神的彰显。增进公共利益不仅是实现个体利益的必要条件,也是有机的公共生活中的公民精神的核心。公民精神的彰显在中国传统社会中几乎不太可能出现,改革开放以来,无论是经济改革、政治改革抑或社会改革,其历史方位都是以落实、保障公民的经济权利、政治权利或社会权利为终极选择目标,党的十八大报告亦明确指出,要使权力正确、科学运行,公民的知情权、参与权、表达权、监督权需要得到维护与捍卫,并在实践中给予贯彻落实。我们有理由相信,随着我国"五位一体"的现代化建设的推进,中国的国家形态应会转向落实、保障公民权利的现代公民国家,在主权与民权的共同支撑下,一个兼具主权国家与公民国家的现代国家形态必然出现,为促进社会和谐发展和人的全面发展而谋划的公民精神必将会更加彰显。三是 NGO 组织(非政府组织)的成长。一个发达的社会需要发达的 NGO 组织,志愿精神是 NGO 组织参与社会公共生活的原动力,NGO 组织是公民参与社会生活的基本组织形式,也是现代公共生活的主体之一,在现代民主国家,NGO 的成长水平往往表征着一个国家有机的公共生活发展程度。改革开放以来,我国非政府组织得到迅速发展,面临前所未有的机遇和挑战,成为中国经济、政治、文化和社会改革的助推器,其活动领域也出现了前所未有的多元化,广泛活跃在多个领域,积极参与社会公共事务,在创新社会管理中起着日益重要的作用,正日益成为驯服强权的基点和重要主体,NGO 组织亦从最初"洪水猛兽"成为今天一个备受人们关注的时髦"话语",据统计,"十一五"时期,我国目前登记注册的社会组织数达 44.6 万个。中国民政事业发展"十二五"规划中明确提出,"社会组织布局更具合理、结构更为优化、质量更加提高，基本实现健康有序发展，在经济社会发展中的作用发挥更趋明显"① 。这是十二五时期民政事业发展的主要目标之一。同时指出要"建立政府资助机制，推行政府购买社会组织服务，扶持社会组织发展公益项目，实施社会组织孵化培育工程。引导社会组织参与社会管理，支持社会组织进入群众生产生活性服务领域"② 。因此，我们有理由相信，随着党和政府对社会组织的认可和支持，NGO组织的发展空间将会进一步扩容，其参与公共生活的水平和质量亦将大大提升。四是政党的统一领导。按照社会学的解读，政府组织、市场组织和社会组织分别是第一部门、第二部门和第三部门的主体，我们分析、预测国家与社会的关系走向时，决不能撇开中国共产党的因素，决不能忽视党在其中的重要作用和特殊地位，因为作为社会主干的党组织与作为社会发展之主题的非政府组织并不是毫不相干的东西，党要加强和协同对三个部门的坚强、有力的统一的政治领导，积极探索领导三个部门的新方式，正确处理政党与社会之间、政党与市场之间、政党与国家之间的关系，以保证三个部门始终能在合作模式中健康运行。中国特色社会主义政治制度，即中国共产党领导的多党合作和政治协商制度，在增进公共利益，谋求公共利益等方面都发挥着重要作用，直接为创造有机的公共生活夯实制度基础，营造了良好的制度生态。事实表明，作为有机的公共生活的重要支撑力量，中国共产党能正确地处理公共利益与个体利益的关系，当今中国共产党"立党为公、执政为民"的执政理念和"科学执政、民主执政、依法执政"执政方式的有机统一，不仅使有机的公共生活成为可能，而且为有机的公共生活提供理性的政党政治基础。五是协商民主的发展。作为一种新的民主理论范式，协商民主于20世纪后期在西方兴起，它的提出标志西方民主政治实践的进一步发展。何谓协商民主，学者们有着不同维度的解读，其中亨德里克斯则认为"在协商民主模式中，民主决策

---

① 《民政事业发展第十二个五年规划》，民发［2011］209号，2011年12月20日。
② 《民政事业发展第十二个五年规划》，民发［2011］209号，2011年12月20日。

是平等公民之间理性公共讨论的结果。正是通过追求实现理解的交流来寻求合理的替代，并做出合法决策"①。为此，协商民主模式下的交往主体则定以自由平等的对话、交流、讨论等形式和有序的方式参与公共生活，为公共生活赋予更多的合法性与合理性，协商民主的发展必将为创造有机的公共生活提供前提和基础，带来的应是公共利益与个体利益的双赢局面。协商民主理论自提出后，不仅备受国内学者的广泛关注，也体现在中国共产党的有关文献之中，也表明改革开放以来，中国共产党非常重视协商民主的发展，将协商民主与选举民主一道并列为中国民主建设的重要议题，党的十八大报告从健全社会主义协商民主的视域，在横轴上提出了推进协商民主发展的"广泛"要求，在纵轴上提出了推进协商民主发展的"多层"要求，并贯彻于协商民主的制度化建设之中，全面赋予了中国特色社会主义民主发展的新内涵与新方向。从某种层面来说，中国特色社会主义民主政治制度的新发展，必定有利于拓展公民有序政治参与的渠道，也必将为创造有机的公共生活提供政治前提和现实基础。六是互动的公共生活。改革开放以来，我国逐步进入利益多元化、文化多元化、行为方式多元化、生活方式多元化等为表征的一个多元社会状态，公共生活实践亦呈现出多元性的表征，公共生活的主体不再是一个单向度的抽象话语，而是一个多向度的异质共在，公共生活内在需要交叉线的思维方式，而非单行线的思维方式，良好公共生活的发展涉及政府、市场、社会不同力量在公共生活中的互动，即公共权力领域、私人领域和公共领域三者的互动。公共生活的创新和发展，从某种程度来讲，即要充分、合理运用政府、市场和社会各种力量的结合，推动公共生活的水平和质量提升，使公共生活的公共性得以确证。观照公共生活实践，从主体视角分析，公共生活主要有三种建构机制：一是公

---

① Carolyn Hendriks. The Ambiguous Role of Civil Society in Deliberative Democracy, (Refereed Paper Presented to the Jubilee Conference of the Aus2t ralasian Political Studies Association) Canberra : Aus2t ralian National University, October, 2002.

共生活的权力建构机制，其突出的是以政府为主体、以权力运作方式为载体的实践机制，在此机制中，公共权力领域吞噬私人领域和公共领域，公共生活主体大多成为权力逻辑叙事下的主动或被动的服从主体，如新中国成立后的三十年中，在我国国家与社会高度一体化时期，公共生活是在"权力指令"中运行，按照预定的权力逻辑而展开，公共生活被简化为公民与政府之间的互动。二是公共生活的市场驱动机制，其突出的是以市场交换优势为主体、以市场运作方式为载体的实践机制，在此机制中，私人领域消解公共权力领域和公共领域，公共生活主体大多成为资本逻辑叙事下的无聊或假面的作秀主体，如我国社会转型过程中出现的资本权力化或权力资本化现象便是这一事实的最好脚注，虽然认识到公共生活需要公共权力领域与私人领域的分离，但公共生活更多体现为资本逻辑下的私利表达。三是公共生活的社会建构机制，其突出的是以社会组织为主体，以自主治理方式为载体的实践机制，在此机制中，公共领域是介于公共权力领域和私人领域之间并对二者进行调停的一个领域，公民在自愿、平等的基础上以其为实践场域开展公共生活，公共生活的质量取决于公共权力领域、公共领域和私人领域三者之间互动的程度和质量，公共生活更多体现为多元主体之间的价值对流和共识达致。管窥这三种机制，不难发现，差异性主要体现在两个层面：一是公共生活的主要角色为谁？二是公共生活的运行方式为何？这种事实差异折射出对公共权力领域、公共领域和私人领域之间的互动关系的不同解读。改革开放以来，党正在努力探索领导公共权力领域、公共领域与私人领域的新方式，加强和协调对政府组织、市场组织和社会组织的统一领导，"中国共产党、国家、市场与社会"之间正在渐趋走向一个"正三棱锥"的格局，直接为更好地理解公共生活的互动提供了一个新的视角和新的分析范式。在此"正三棱锥"的格局中，公共生活多元主体间形成不同性质的互动关系，最主要的是公共权力领域、公共领域和私人领域三者之间的关系，它们之间的良性互动决定了它们各自的责任要求和行为边界，且每个领域都有各自的主要行动者、利益追求和目标，在公共权力领域，政府组织是关键行动者；在私人领域，经济组织是主要行动者；在公共领域，社会组织是主要行动者。从某种程度上来讲，在中国共产党对国家与社会的坚强有力领导下，从长远利益和根本利益来看，三个不同领域的行动者最终的关注点是一致的，即社会公共利益的追求和确证。但是作为各个不同领域的行动者，它们之间亦有各自不同的利益和目标，从某种程度而言，不同的利益和目标直接为其互动准备了前提条件，建构了现实基础，促使其共同形成一个互动三角，在互动三角中，国家治理重塑，有助于"善治"的实现。公共生活实践中，因责任要求和行为边界的不同，公共生活中的不同行动者都拥有各自的权利与责任，公共生活的多元良性互动需要多元主体恪守各自的权利与责任，多元主体之间相互监督和制约，从而形成以政府组织为主导，社会组织、市场组织以多种形式参与其中、主动协同政府组织形成和谐互动，权责分明的良好公共生活局面。其中作为公共生活的主导者，政府在良好公共生活形成中起着非常重要的作用，必须运用公共权威来保障公民权利的实现和社会秩序的有序运行，使权力的运用不错位、不越位、不缺位，真正做到权为民所用、情为民所系、利为民所谋。作为公共生活的参与者，社会组织对良好公共生活形成具有规避国家吞没社会或市场吞没社会的功能，因为更贴近民间和公众，有利于整合和调动民间社会资源，发挥公众的志愿精神，提高公众的公共参与意识，在良好公共生活形成中发挥着越来越重要的作用。特别值得一提的是，作为社会信息的载体，媒体是介于政府与公众之间的一股重要的社会力量，是非政府组织的成员之一，深刻影响着政府组织、市场组织和社会组织之间的行为方式，一个良好公共生活的形成，离不开政府与媒体之间的良性互动。作为公共生活的参与者，市场组织是良好公共生活形成的不可或缺的一部分，在公共生活危机事件发生后，企业也是利益相关者，企业也应参与公共生活危机治理，积极承担社会责任。从长远利益出发，以社会和公众的利益为重，更多地体现出企业的社会责任感，从企业参与公共生活的"象征性价值"向"实体性价值"转变，从而节约政府公共生活危机治理的成本。作为集合在一起，自由平等地讨论、交流的人们，以私人聚合而成的公众在良好公共生活形成中亦是重要的一环，在公共生活中起着举足轻重的作用，在公共生活实践中，公众参与公共生活通常是一种自发性的集体行为，公众参与的形式，容易形成公共生活实践中的一般强大力量。总之，公共生活的三角互动，是社会再组织化发展的一个必然要求和趋势，在以多元性为表征的公共生活实践中，政府组织不再唱独角戏，而是同市场组织、社会组织和公众一起互动式地建构良好公共生活。与此同时，市场组织、社会组织和公众亦不再是政府组织的"附庸"或权力叙事下的"婢女"，而是与政府组织在主体地位上平等的良好公共生活的重要建构力量，它们之间的有效互动是良好公共生活形成的重要条件和必由之路。

第二节 西方公共生活发展的实践特质

"人的本质不是单个人所固有的抽象物，在其现实性上，它是一切社会关系的总和。"[①] "人的本质是人的真正的共同体。"[②] "共同体是人的类存在的基本方式。"[③] 据此，人的发展总是与共同体的变迁相伴之，马克思曾将人的发展概述为"人的依赖关系""以物的依赖性为基础""自由个性发展"的三阶段，与此相同步，从共同体视角审视西方的共同体，可将其概述为历经"'家元共同体''族阈共同体''合作共同体'"的三阶段。[④] 在某种程度上，生活共同体是公共生活的承载体，其折射出公共生活的实

---

① 《马克思恩格斯选集》第 1 卷，人民出版社 1995 年版，第 56 页。
② 《马克思恩格斯全集》第 3 卷，人民出版社 2002 年版，第 394 页。
③ 胡群英：《社会共同体的公共性建构》，知识产权出版社 2013 年版，第 11 页。
④ 此类划分采用了张康之教授在《公共生活的发生》（高等教育出版社 2010 年版）一书中的观点。

践形态，公共生活的实践演进与生活共同体变迁具有内在的一致性与自洽性。据此，与共同体变迁相适应，不难得出，西方公共生活也呈现共同性、个体性、公共性的实践特质。

一、家元共同体：公共生活的共同性特质

考察现代"民族—国家"建构前的西方历史，人们往往是基于血缘、地缘、亲缘、宗教的纽带关系及其交往而相互交织的，在此基础上链接了氏族、部落、城邦、教会等"家元共同体"。需要指出，西方的"家"与中国的"家"所指与特指仍有所不同，在此，对西方的前"民族—国家"时代描述为"家元共同体"，主要指群体性而非个人主体意义上的构成形态。"在西方古代世界的社会实践中，单个个人的群体认同，或者他的我们—认同、你们—认同和他们—认同，还担任着比自我—认同重大得多的角色，以至于不可能需要一个把单个个人表示为准—非群体实体的普遍概念。"[1] 家元共同体中真实的独立的个体并不存在，而是层层的包裹于"家元"这一共同体中，埃利亚斯曾论述了家元共同体在西方社会大体表征三大形态，即城邦、氏族与教会。古希腊被视为西方文明的源头，城邦文化也成为西方古代文明的一大符号。古希腊时期，成为城邦的一分子是每一个体的追求，在城邦中跳出"必然律"的控制，谈论政治与哲学，寻求精神的智者与时代的战士。然而，尽管有着百般神境的"城邦"仍然未跳出"家元共同体"的范畴，在城邦中个体仍是集体的"所指"（德里达语），城邦中的个人并不是独立的自主的个体，而是依附于城邦的集体下的"个体"。氏族部落中的个体则更是裹附于氏族部落的集体领导中，氏族首领具有绝对的权威性，氏族中每个个体的生活、发展都紧紧与氏族相关，可以说，氏族之于个体具有绝对的代表性，个体也仅仅是集体性的指代"符号"。历史步入漫长的中世纪，神学的魔棒则正式地全权地渗入于人们的

---

[1] ［德］诺贝特·埃利亚斯：《个体的社会》，翟二江、陆兴华译，译林出版社2003年版，第181页。

生活之中，教会成为个体依附的"家元共同体"。尽管中世纪在不停息的争斗中教会与世俗国家有所分离，"上帝的归上帝、恺撒的归恺撒"，但在西方的中世纪教会仍然具有绝对与至上的权威，上帝与恺撒的二分仅是"貌离神合"的迷幻。由此，个体在教会中也从未获得真实的主体地位。乌尔里希·贝克、埃利亚斯、吉登斯等在谈及个体化进程中都不同程度的指出，个体化进程是随着民族—国家崛起相伴相生的产物，这也从另一层面解注"家元共同体"中"不可能需要一个把单个个人表示为准—非群体实体的普遍概念"[①]。简言之，家元共同体是群体性非个人主体意义上的构成形态。

从资本运行的视角探析公共生活的原始发生，即"资本出现—剩余价值—交换需要—公共交往—公共生活"，家元共同体下个体依附于群体中，其公共交往与公共生活必然是矮化与不充分的。因此，以现代眼光审视，严格意义上来说，家元共同体下不具备真实的公共生活。然而，历史不是突如其来或毫无根基的随意演绎，而是连续性的片段总和，是接续与重构的运动进程。审视历史的碎片，家元共同体中亦有公共生活的萌芽，且呈现共同性特质，具体表征为：一是公共生活主体的群体所指；观照家元共同体时期公共生活的主体无不刻上群体所指的烙印，无论是城邦的"公民"、氏族的"族民"抑或教会中上帝的"子民"，其在公共生活的参与中从不代表其自身，而是以其背后的城邦、氏族、教会等群体所指为真实意涵。城邦的"公民"在公共生活的参与中时刻以城邦的荣耀为责任，因独立自主的公共生活主体的缺失，城邦制下公民在直接民主的一片"热血沸腾"中往往被所谓的"公共意志"所绑架或走向"多数的暴政"，苏格拉底之死则是对其最有力的证明。氏族的"族民"无一不是以氏族的兴衰为己任，在氏族部落中氏族首领享有绝对的权威，"族民"公共生活的开展也仅是绝对权威下的"调剂"。教会中上帝的"子民"更是受教会所严控，

---

① ［德］诺贝特·埃利亚斯：《个体的社会》，翟二江、陆兴华译，译林出版社 2003 年版，第 181 页。

其参与公共生活也更多是对教会权威的注脚与证明。二是公共生活空间的共通一体；依据哈贝马斯在《公共领域的结构转型》中对领域的划分，其大致可分为公共权力领域、公共领域与私人领域。从理论上叙说，公共领域是公共生活展开的空间归纳。然而从公共生活空间审视，不难发现，家元共同体中公共生活的空间是共通一体的，公共权力领域、公共领域、私人领域无明显界分且是以公共权力领域渗透于公共领域、私人领域为主线的空间展开。城邦、氏族、教会，从空间意指上言说，其已是公共权力领域的另一代名词。当个体进入城邦、氏族、教会，已受到其监控与束缚，且城邦领域、氏族部落、教会场域可对其"公民""族民""子民"的私人生活、日常生活、公共生活以完全的监控与指令，形同于福柯所言的"监狱式社会"。尽管现代"民族—国家"建构前的西方历史，城邦、氏族、教会由于缺乏现代韦伯式所述的"官僚科层制"，权力的触角并不能真实地进入人们生活的每个细孔，然而其在精神义理上的监控与渗透却是毋庸置疑的，由此观之，家元共同体中公共生活空间并没有分疏与隔离，而是共通一体的。三是公共生活指向的集体归属。家元共同体中主体的群体所指与各领域的共通一体下公共生活指向的实则是集体的归属而非个体的权利。"公民""族民""子民"参与公共生活无不指向着城邦、士族或教会的利益，个体权利在公共生活的参与中既被忽视也不被允许。简言之，家元共同体中公共生活主体的群体所指、公共生活空间的共通一体、公共生活指向的集体归属的三者互动架构形塑着公共生活的共同性特质。"在不同的占有形式上，在社会生存条件上，耸立着由各种不同的、表现独特的情感、幻想、思想方式和人生观构成的整个上层建筑。"① 与家元共同体相同步，公共生活呈现出共同性特质也有其深刻的社会根源。一是共同的经济基础。家元共同体是依"家"为元素而建构的群体性形态。家元共同体的支撑也是建基于共同劳作、共同支配、共同占有的经济基础。城邦、氏族、教会无不是以共同

---

① 《马克思恩格斯选集》第 1 卷，人民出版社 1995 年版，第 611 页。

的经济基础为支撑，就城邦而言，"城邦简而言之就是其人数足以维持自足生活的公民组合体"①。在土地与财产的分配上，如亚里士多德所言："土地应当属于武器的拥有者和参加了政体的成员。"② 土地和财产的分配与占有或是否能获得公民资格都是在城邦的共同经济基础下来决定的。以血缘为纽带的氏族组织则承袭着共同的生产、共同的军事、共同的生活模式，其实质是对资源共同配置的组织形态。教会则是在"上帝"的神佑下对共同的生产资料共同生产与支配。二是集中的政治制度。家元共同体由层层叠织的"家"而交织，在层层的叠织中也不断地将权力走向集中。氏族社会中氏族贵族拥有绝对的权力，它以改组氏族部落的名义将氏族的执政权集中于贵族首领中，议事会也由此形同虚设于转换为贵族权力的助力。城邦，尤其是古希腊城邦被认为是西方文明的源头，也是现代民主政治的源头，其大众的参与式民主至今仍是广为称道的政治形式。然而，不可否认，民主的背后是被选民的挑选，权利仅限于公民所享有，占人口大多数的奴隶、外邦人和妇女都被排除在外，在此体制下权力实则也集中于少数有选民资格的城邦公民手中。教会则更为经典地诠释了集中政治制度的内涵，教会的最高首领以"上帝""附魅"等名义对人们的一切生活进行监控与渗透，且对教会的一切事务具有绝对的决策权与处置权，哥白尼、布鲁诺因挑战教会的权威而受到的暴虐则是教会绝对权威的最佳诠释。三是统一的价值指引。氏族、城邦、教会等家元共同体的变迁形式在其价值形态上都隐喻着对统一价值观的追求，并以统一的价值指引在"家"的裹伏中将群体以联结。氏族部落为将"族民"统一于秩序的管理中，要求全体族民遵守氏族的规定与族长的统领，并以统一的价值理念以引导与教化。城邦则以"最高的善"之追求为价值指引，以"公民"身份的跨越为成员的向往，在"德性之邦"的光环下寻求理性主义、客观主义之统一的

① ［古希腊］亚里士多德:《政治学》，颜一、秦典华译，中国人民大学出版社 2003 年版，第73 页。

② ［古希腊］亚里士多德:《政治学》，颜一、秦典华译，中国人民大学出版社 2003 年版，第247 页。

价值理念。苏格拉底的"知识即美德"、柏拉图的"理想国"、亚里士多德的"城邦主义"都内含对价值统一性的追求。中世纪教会神学统治时期，则将基督教的教义理念推至绝对的价值统治地位，将其他思想一律以"异端""邪念"来加以处置。简言之，共同的经济基础、集中的政治制度、统一的价值指引是家元共同体中公共生活呈现出共同性特质的深刻根源。

二、族阈共同体：公共生活的个体性特质

"'族阈共同体'是在民族国家的框架下由形形色色的领域化的、专业化的族群所构成的社会，每一个族群都可以看作是一个共同体，而整个社会又是这些分散的、个别的共同体的总和。"[①] 族阈共同体是在经历文艺复兴、宗教改革、启蒙运动、市民社会的兴起、人的自我意识的觉醒等一系列历史的推动下自主建构的，它是工业文明的产物，是由"我们""你们""他们"走向"我""你""他"的个体意识强化的过程。族阈共同体中"个人的我们—认同虽然毫无疑问仍一直在场，但它在人的意识中却常常由于现在的那种自我—认同，而被遮蔽，或完全被湮没"[②]。族阈共同体既是一个共同体，又有与家元共同体所不同的族阈式特征。就其共同体面向而言，族阈共同体中个体所生存、生产、生活的联结方式与交往方式仍是共同体式的，而非断裂的、反本质的、脱离式的散状体。就其族阈式特征而言，它不同于家元共同体由"家"展开的层层叠叠的统一的一体式整体，而是由工作层面、生活层面、交往层面等不同的族群构成，且围绕着不同的轴心原则而运作，正如贝尔所言："社会有三大领域，一是技术经济领域，其轴心原则是效率和效益；二是政治领域，其轴心原则是民主和平等；三是文化领域，其轴心原则是自由和自我实现。"[③] 族阈共同体中技术

---

① 张康之：《论族阈共同体的秩序追求》，《社会科学战线》2007 年第 1 期。

② ［德］诺贝特·埃利亚斯：《个体的社会》，翟二江、陆兴华译，译林出版社 2003 年版，第 227—228 页。

③ ［美］丹尼尔·贝尔：《资本主义文化矛盾》，赵一凡等译，生活·读书·新知三联书店 1989 年版，第 26 页。

经济领域、政治领域、文化领域三者构成不同的族群且彼此相对地分开。个体在技术经济领域、政治领域、文化领域跳出或跳入，但不同的领域又使个人的生活呈现"碎片化"。因此，族阈共同体既造就了独立自主的个人，却又使个人陷入"非完整"式生活的异化样态。在从家元共同体走向族阈共同体的过程，也使镶嵌的身份决定式走向角色标签式的多样"族阈"分式。然而，"随着分工的发展也产生了个人利益或单个家庭的利益与所有互相交往的个人的共同利益之间的矛盾；……正是由于特殊利益和共同利益之间的矛盾，共同利益才采取国家这种与实际的单个利益和全体利益相脱离的独立形式，同时采取虚幻的共同体的形式，……把自己的利益又说成是普遍的利益，而这是它在初期不得不如此做的"[1]。族阈共同体并非完满的组织形式，而是个人独立与觉醒后充满私人利益与公共利益矛盾的"虚幻的共同体"，也是个人在寻求解放后所面临的既自主决断又渴求庇护的"悖论式共同体"。

族阈共同体并不是自发生成的，而是建构生成的。管窥族阈共同体的建构历程，可以概述为启蒙运动是其建构的起点——自主意识的个人；市民社会是理解其生成的钥匙——联结个人与民族—国家的中介；民族—国家是其建构的内容——共同体中的个人。族阈共同体中个人从群体中走出，但其走向的独立并非完整的独立，其面向的生活并非完整的生活，因此可以说，族阈共同体中开启了现代公共生活，但此时的公共交往与公共生活仍是生长与异化并存的，呈现个体性特质。具体表征为：一是公共生活主体的个体性彰显与自主茫然性共存。族阈共同体的建构孕育于人的自主发展的主体性之中，并在主体性的一路高歌猛进中呈现族阈的分化与增强。个体性是族阈共同体的特质，在公共生活的参与中同样推演出个体性彰显的特质，然而正如贝克夫妇所担忧的，现代化进程中个体性彰显的同时，自主茫然性也如影随形。传统的家元共同体主体独立的决断力阙如、

---

① 《马克思恩格斯选集》第 1 卷，人民出版社 1995 年版，第 84—85 页。

独立的生长性缺失，然而无论在血雨腥风的冲突中抑或是迷意朦胧的岁月中，家元共同体始终为主体提供了一道防护墙与保护带。脱离于家元共同体的族阈共同体中个人的个性与自我得到了伸展，但同时在面对弱肉强食的竞争与"诸神争吵"的价值世界则亦陷入茫然性之谜局。简单来说，族阈共同体中公共生活的主体一方面以积极的自主的姿态参与公共生活，但面向公共生活的复杂情境与冲突混乱时也不免呈现茫然失措的慌恐。二是公共生活空间的相互分离与互相渗透并存。家元共同体中公共权力领域、公共领域、私人领域是共通一体的，族阈共同体下随着技术经济领域、政治领域、文化领域的分离，公共生活的空间也呈现分离的趋向，即公共权力领域、公共领域、私人领域的相互分离，公共领域在公共权力领域与私人领域的亲和性分离下获得了生长的空间，公共生活实践场域得到了实质性发展与正义性建构。"所谓'公共领域'，我们首先意指我们的社会生活中的一个领域，在这个领域中，像公共意见这样的事物能够形成……国家的强制性权力恰好是政治的公共领域的对手，而不是它的一个部分"[1]。然而，在个体解放、消费至上、娱乐至死愈发前行的当下，西方也呈现出公共生活空间再一次共通与渗透的风险，如对公共事件的娱乐化、对私人事件的猎奇性，私人领域呈现向公共权力领域与公共领域强势进攻的态势，至此，公共领域的公共性也即受到诘问与质疑。三是公共生活指向的个体权利与公共追求并存。公共生活是以"公共善"为旨归的活动归纳，然而个体性高歌猛进中在其参与公共生活时，其指向不同于传统家元共同体的集体指向，而呈现向个体权利的伸张发起攻势的特质。主体参与公共生活，在公共生活中寻求个体的生存权、发展权、教育权、享受权等，在一片"个体之环"的闪耀下投入公共生活。然而，不可否认，当前西方非盈利性的社会组织、志愿队伍等发展壮大，在社会权利的关注下其公共追求的指向亦有所突显。简言之，族阈共同体中公共生活主体的个

---

① ［德］哈贝马斯:《公共领域》，汪晖译，载于汪晖、陈燕谷主编:《文化与公共性》，生活·读书·新知三联书店 2005 年版，第 125 页。

体性彰显与自主茫然性共存、公共生活空间的相互分离与互相渗透并存、公共生活指向的个体权利与公共追求并存，三者的互动架构形塑着公共生活的个体性特质。

与族阈共同体相同步，公共生活呈现出个体性特质亦有其深刻的社会根源。一是市场经济的狂飙突进。有学者将 1500 年作为东方衰落、西方崛起的时间节点，其核心即在于西方在市场经济的狂飙突进中使其富强并不断地占领、不断地向世界开拓。"资产阶级在它已经取得了统治的地方把一切封建的、宗法的和田园诗般的关系都破坏了。它无情地斩断了把人们束缚于天然尊长的形形色色的封建羁绊，它使人和人之间除了赤裸裸的利害关系，除了冷酷无情的'现金交易'，就再也没有任何别的联系了。"[①] "资产阶级，由于开拓了世界市场，使一切国家的生产和消费都成世界性的了"。[②] "物质的生产是如此，精神的生产也是如此。"[③] 这一时期西方在不断"扩大销路需要"的市场开拓中将传统的经营方式替代、传统的生活方式变革、传统的分工协作形式排挤掉，人们在以效率为原则的前浪中分工与合作，由传统的统一的"共同体"而生成分工的族阈型共同体，西方也在市场经济的狂飙突进中既开拓了公共生活的生长空间，也使公共生活追求的"公共善"在无情与赤裸的关系中消磨与淡忘。二是民主政治的初见雏形。"资产阶级的这种发展的每一个阶段，都伴随着相应的政治上的进展。"[④] 崛起的资产阶级为寻求政治上的话语权，纷纷以代议制或民主制替代君主制或等级制的方式来谋求自我的政治地位和政治空间，民主政治在这一时期陆续成为西方主导的政治形态。伴随着市场经济的狂飙突进与民主政治的初见雏形，个人自主的伸张获得其经济与政治基础，在公共生活中则突显其个体性特质与个体性向度。然而"现代的国家政权只不过是管理整个

---

① 《马克思恩格斯选集》第 1 卷，人民出版社 1995 年版，第 274—275 页。
② 《马克思恩格斯选集》第 1 卷，人民出版社 1995 年版，第 276 页。
③ 《马克思恩格斯选集》第 1 卷，人民出版社 1995 年版，第 276 页。
④ 《马克思恩格斯选集》第 1 卷，人民出版社 1995 年版，第 274 页。

资产阶级的共同事务的委员会罢了"①，在此背景下公共生活不免烙上阶级差别与阶级利益的印记，公共追求则相对阙如。三是文化价值的多元分化。族阈共同体下传统的社会价值体系"不再是一个统一的整体，而只是各种局部的共同体，且出现了'社会化'的社会关系以及与之相应的目的理性和价值理性的行动方式"②。"分散的、个别的共同体的总和"与传统的神权与族权统一的价值统领不同，与之相应的是价值的多元分化与多元的价值诉求。正如本尼迪克特·安德森所言："只有宗教共同体、王朝以及神谕式时间观念这三者构成的神圣的、层级的、与时间始终的同时性旧世界观在人们心灵中丧失了霸权地位，人们才可能开始想象现代国家这种世俗的、水平的、横向的共同体。"③ 族阈共同体是在现代民族—国家中生成建构的，也是在宗教共同体、王朝以及神谕式时间观念等没落后生成的。宗教共同体、王朝以及神谕式时间观念为传统社会提供了统一与权威的价值观，其没落从另一角度也表达着传统价值的一统的殒落与现代价值多元的分殊。在文化价值多元分化的理论预制下，公共生活既有现代生长的张力，也呈现内在的混沌与模糊。简言之，市场经济的狂飙突进、民主政治的初见雏形、文化价值的多元分化是族阈共同体中公共生活呈现出个体性特质的深刻根源。

三、合作共同体：公共生活的公共性特质

合作共同体是对家元共同体的"自发"性与族阈共同体的"创制"性的超越，是创制秩序与自发秩序相互补充与相互支持下的互动共生的共同体。从学理上解读，家元共同体式的"自发"秩序不利于市场对等秩序的健全、在公共领域中易走向工具理性与目的理性原则的破坏，族阈共同体式的"创制"秩序则将完整的生活"碎片化"、自主的个体"僭越化"，在公共领域中易走向工具理性与目的理性的混沌与混淆，"具体的人作为特殊

① 《马克思恩格斯选集》第1卷，人民出版社1995年版，第274页。
② ［德］马克思·韦伯：《经济与社会》上，林荣远译，商务印书馆1997年版，第70页。
③ ［美］安德森：《想象的共同体：民族主义的起源与散布》，吴叡人译，上海世纪出版集团2005年版，第8页。

的人本身就是目的……在市民社会中，每个人都以自身为目的，其他一切在他看来都是虚无。"[①] 合作共同体在"以自身为目的"的自我意识的超越基础上、在非完整的生活秩序创建中走向新的统一与秩序，个体在新的统一与秩序下走向真实完整的生活，并在此境遇中实现独立、自由与自觉。合作共同体其核心旨义为合作与互动，需要指出的是，合作共同体对合作与互动旨义的诉求并非表达家元共同体、族阈共同体中合作与互动的空白，而是其量与质上存在根本的差异。在合作共同体中主体间的合作与互动既非家元共同体下依附型的合作与互动，也非族阈共同体中分裂式目的指向下的合作与互动，而是共生共在的共赢性追求下的合作与互动。家元共同体、族阈共同体、合作共同体中的主体面向亦整体上契合历史唯物主义视域中的社会发展与人的发展趋势，即从必然王国向自由王国的飞跃，从片面的人向全面的人的提升，从物的依赖关系向自由人联合体的演进。合作共同体的主体面向即非依附型主体或自我式主体，而是一种共生共在的自由个性全面彰显与提升的"完整式主体"，与"建立在个人全面发展和他们共同的社会生产能力成为他们的社会财富这一基础上的自由个性发展"相契合。然而，合作共同体并非"族阈共同体"的复制，也非"族阈共同体"的延伸，而是在新的秩序上的超越。合作共同体也并非西方实然的现成图景，而是在家元共同体与族阈共同体的逻辑推演下的想象图景与谋求趋势，在合作共同体下公共生活的公共性特质亦是学理的解读，而非西方公共生活的实然生态。合作共同体的界定与"合理想象"既是对西方家元共同体、族阈共同体历史变迁的推导，以期能为当代中国公共生活的生长境遇提供有力借鉴。

　　合作共同体是自发秩序与创制秩序相互支持与相互补充建构的。管窥合作共同体的应然图景，公共精神是合作共同体中主体的应有素养，公共领域是合作共同体中互动生长的空间，公共话语是合作共同体中互动共生的交流中介。合作共同体是对家元共同体与族阈共同体的挣脱与超越，合

---

　　① [德]黑格尔:《法哲学原理》，张企泰、范扬译，商务印书馆1979年版，第197页。

作共同体中延续着现代的公共生活，且此时的公共交往与公共生活是理性与自觉的，呈现公共性特质。具体表征为：一是公共生活主体的包容"他者"。"他者"是"自我"的先决条件，也是"为人"的存在，"通过他者，你可以被听到，也可以被认知。"① 他者视界即"我"与"他"在对等地平线上的投射与展开并以"为人"即"他者"对"自我"的超越为考量标尺的生成视域。交往主体也唯有在"他者"视界下才能跳出"我思""为我"的主体性自恋情结，跳出传统与现代纠结出的主体困境，跳出家元共同体的主体依附性与族阈共同体的主体唯我性，在"他者"视界下获取公共生活的资格并书写真实的公共生活。"人类在他们的终极本质上不仅是'为己者'，而且是'为他者'，并且这种'为他者'必须敏锐地进行反思。"② 黑格尔的主奴辩证法、弗洛伊德的精神病理学分析、拉康的镜像理论、赛义德的后殖民主义理论都隐含对"他者"理论的探讨，列维纳斯则将"他者理论"走向更远，阐明责任担当是主体应有的伦理精神，并以此走出"主体暴政"的泥淖，公共生活主体的包容"他者"则是以责任为义理的包容"他者"的担当。二是公共生活空间的合理互动。依据哈贝马斯对场域的划分，公共生活空间的合理互动主要指公共权力领域、公共领域、私人领域的合理互动，既规避公共权力领域的僭越，也规避私人领域的狂妄，而是以公共领域为结点的公共权力领域、公共领域、私人领域的互动生长。三者的合理互动的实体面向即是公共社会组织的发展，公共社会组织近年来在西方社会发挥了一定的促进作用，也为公共生活空间的合理互动提供了前提基础。三是公共生活指向的"公共善"。"公共善"并不是各个人善的总和，而是以共同体的共同善、最大多数人的最大幸福建构的"构成性的善"，"乃政治正义观念对社会基本制度的要求所在，也是这些制度所服务的目标和目的所在。"③ "公共善"曾被视为与"社群"生活

---

① ［英］达瑞安·里德：《拉康》，黄然译，文化艺术出版社 2003 年版，第 58 页。
② ［法］列维纳斯：《塔木德四讲》，关宝艳译，商务印书馆 2002 年版，第 121 页。
③ ［美］罗尔斯：《政治自由主义》，万俊人译，译林出版社 2000 年版，第 225 页。

相恰切的价值产品，随着民族—国家的推进、个人主义的兴起、共同体的式微、工具理性的偏好至上，"公共善"也随之退隐甚或抛弃，纷纷抛出利益至上、制度主义等现代性产品。然而，在以利为轴心原则一路高歌猛进的现时代，意义的丧失、联结的松散，使寻求归属的"共在感"困境日益突显，寻求"公共善"再一次成为破解现代性困境的主题。当代公共生活的建设本质是在"社会公共善"与"个人权利"合理张力下的展开，是以"他者"为标尺的公益实践，"公共善"是公共生活的实质指向。简言之，合作共同体中公共生活主体包容"他者"、公共生活空间合理互动、公共生活指向"公共善"的互动架构形塑着公共生活的公共性特质。

　　与合作共同体相同步，公共生活呈现出公共性特质亦有其深刻的社会根源支撑，与公共生活的公共性特质的应然社会图景相呼应，当代西方既有之萌芽，亦有之成熟，也有之未充分，因此合作共同体下公共生活的公共性特质亦是"想象的共同体"中的公共生活，然而明晰合作共同体中公共生活之公共性特质展开的社会根源，是使之发展的前提性基础。从应然层面反思诘问，不难得出，市场经济的互动共赢、民主法治的制度安排、文化价值的理性共识是合作共同体中公共生活之公共性特质的应然社会图景。一是市场经济的互动共赢。实践已证明，市场与计划两种手段，市场手段更利于效率的提升。然而面向市场经济下存在着"单向度的人"之风险、"被围困的社会"之无奈、"物质利益枷锁"之困局，推进市场经济的互动共赢则是经济层面应然社会图景的努力方向，以效率与公平的标尺衡量利益活动，在"每个人追求的都与利益相关"的利益法则下注重公平与公正。若唯利益一维的伸张，则公共生活只能沦为"房间里大象"式的"沉默伪装"或"娱乐至死"式的"消费狂欢"，其互动共赢式的推进才能将其真实走向"公共性特质"。二是民主法治的制度安排。宪法至上，以宪法的权威管理政事，依法治国，是现代社会进步的文明表征。民主法治，即在宪法的纲领下民主管理、民主治理、民主服务。公权力与私权力、公权利与私权利、私权力与私权利之间能够合理互动，公权力是私权利让渡的来源物，公权力在权力与权利的张力中导向"公共善"。尤其需要指出,"正义是社会制度的首要价值,正像真理是思想体系的首要价值一样。"[①] 为此,现代民主政治的制度建构亦需要以"正义"为轴心,在"正义"轨迹中铿锵前行,以寻求公共生活的"公共善"之制度支撑。三是文化价值的理性共识。"诸神争吵"已然是祛魅后现时代的生动图景,然而"诸神争吵"并未使"诸神狂欢",而是"诸神渴了"的无助,"诸神渴了"更是对当下价值虚无的现实写照。然而,不可否认,"诸神争吵""诸神渴了"都无助于个体的价值支撑,寻求理性共识是公共生活彰显公共性特质的文化根源。如何寻求价值共识,爱德华·泰勒、黑格尔、泰勒、伽达默尔、罗尔斯等都开出了各自的处方。然而,不论是何种路径,价值共识的达成并非抽象意义上的西方鼓吹的所谓普世价值,而是在人类理性的运用下达成的,是一种差异性共在基础上的价值共识,差异与认同是相互建构的,二者并不是一种简单的二元对立,而是一种互补的嵌入式关系,"差异需要认同,认同需要差异……解决对自我认同怀疑的办法,在于通过构建与自我对立的他者,由此来建构自我认同。"[②] 简言之,市场经济的互动共赢、民主法治的制度安排、文化价值的理性共识是合作共同体中公共生活呈现出公共性特质的应然社会图景。

第三节 中外公共生活发展的差异辨析 [③]

中西有着各自固守的极富个性的文化面相和本土色彩,各自坚持着自己的文化理念、生活方式、社会认知等,为此,中外公共生活发展的内部机制和外部表现也自然存在着共性中的个性差异。因此在中外不同经济、

---

① [美]罗尔斯:《正义论》,何怀宏、何包钢、廖申白译,中国社会科学出版社 1988 年版,第 3 页。

② William E. Connolly, Identity/Difference: Democratic Negotiations of Political Paradox, Ithaca, N. Y.: Cornell University Press, 1991, p.x.

③ 本部分内容刊发于《南昌工程学院学报》(2015 年第 2 期),题为《廓清与厘定:公共生活发展的中西差异辨析》,刊发时已标注国家社科基金项目成果。

政治、文化和社会的时空镜像中，公共生活发展亦呈现出一定的中外差异。管窥公共生活发展的中外历史脉络与现实镜像，中外公共生活发展的差异呈现出多维度的个性特点，为此，在此主要比较中外公共生活发展的主体、场域和价值的三个动力支点，阐释三者之间差异，从而达致一种视域融合，更好建构适合当代中国社会的公共生活体系。当然，接下来所展开的具体差异性分析，并非是指二者事物之间的绝对的二元对立，而主要指在二者事物之间博弈的过程中，事物一方对事物另一方的偏胜而已。

一、公共生活的主体发展差异

作为自由的公民的主体性品质是现代公共生活的内在诉求，主体间性是现代公共生活的内在属性。主体间性是 20 世纪西方哲学中凸显的一个范畴，它强调的是交互主体之间的对话沟通、视域融合、相互指涉、意义生成的一种共生共在的动态过程，它需要主体在交往活动中构建一种民主平等的新型交往关系，交往主体之间是一种充满理解与合作、民主与平等、对话与交流、尊重与信任、融洽与和谐、共生与共赢的现代主体关系，交往主体之间能够切实以人的生存与发展、人的尊重与价值为交往的起点和归宿。从主体间性来管窥公共生活主体的中外差异，主要表征为以下两个方面：

一是平等意识与等级意识的差异。作为现代公共生活的发动者、实施者和创造者，交往主体之间平等意识的确立是现代公共生活的前提和基础，没有交往主体之间的现代平等意识的确立，现代公共生活就难以真正得以建构和顺利展开，公共生活中必然会出现一方主唱，多方附和的现象。考察西方人的平等意识经历了"自然面前人人平等→上帝面前人人平等→法律面前人人平等"的嬗变历程，西方平等意识发轫于古希腊，其中智者派和斯多亚学派都主张在自然面前人人平等，他们在自然哲学方面孕育了丰富的平等思想，其中普罗泰戈拉和安提丰在自然法则的基础上首先提出了平等的思想，柏拉图提出了性别平等的思想，亚里士多德根据正义法则明确提出了平等思想；斯多亚学派从理性即自然法的角度阐释了平等的含义，认为人类应具有同样同等的理性，因此人与人之间应是平等的，呈现出一种朴素的平等观。受古希腊人政治法律思想的影响，西方人的平等意识在古罗马时期慢慢得以普及，如西塞罗的法律思想中则蕴含着丰富的平等思想，他认为"事实上有一种真正的法律与自然相适应，它适用于所有的人并且是不变而永恒的。"① 在古罗马法学家看来，每一个人都是受自然法指导的，每一个人在法律面前都是平等的，平等思想在法律范畴或领域中得到了较好的体现，也正是在这种平等观念的基础上，逐渐产生了以私有制作为其基础的最完备的法律形式，正如恩格斯在《反杜林论》中所言："在罗马帝国时代……这样，至少对于自由民来说产生了私人的平等，在这种平等的基础上罗马法发展起来了，它是我们所知道的以私有制为基础的法律最完备形式。"② 只是后来随着西罗马帝国的消亡，从古希腊传承而来的西方平等意识亦停滞不前。历史进入中世纪以后，随着基督教中平等思想的倡导，平等意识在中世纪得到了恢复与发展，上帝面前人人平等的超验主义平等观得以确立和发展。同时，罗马法的复兴运动也在人们面前再次展示了平等的法治理念，再次点燃了人们对平等的渴望。文艺复兴运动时期所宣扬的男女平等、人类平等，倡导的人本主义和个人主义等是对"人的发现"的一次伟大历程，直接为后来的平等思想奠定了基础，进而促使西方平等观念在17、18世纪得以确立与完善，如霍布斯基于自然状态的角度论证了其平等观；洛克提出在政治领域中每一个人都是平等的，主张法律面前人人平等，他认为"公民社会中的任何人都是不能免受它的法律的制裁的。"③ 孟德斯鸠则提出在民主政治中，爱民主政治即

① ［古罗马］西塞罗：《论共和国·论法律》，王焕生译，中国政法大学出版社1997年版，第120页。
② 《马克思恩格斯选集》第3卷，人民出版社1995年版，第445页。
③ ［英］洛克：《政府论》下，瞿菊农、叶启芳译，商务印书馆1964年版，第59页。

爱平等，伏尔泰认为"一切享有各种天然能力的人，显然都是平等的。"①
卢梭认为平等是天赋的权利，私有制的产生是导致人类不平等的根源，社
会契约的确立也最终使人类从不平等回归到更高级的社会公约平等，社会
契约成为了卢梭平等思想的重要内容之一。随着后来资产阶级革命的不断
胜利，平等观念被载入资产阶级宪法，受到了资产阶级宪法的认可与保
护，成为资产阶级法制中的一项重要原则，平等观念真正以宪法和法律的
形式确立起来，法律面前人人平等渐趋深入人心，平等是人们一种与生俱
来的不可剥夺的权利。

　　与西方社会相较而言，尽管中国历史上众多学派也曾在某种程度上提
到过平等思想，"均贫富""等贵贱"等平等观念在中国民间也具有一定的
基础，表征一定的正义价值。考察中国平等观念的嬗变，作为一个基础性
的价值话题，平等观念在当代中国并没有得到很好的解决与妥当的实践，
在制度设计与生活世界中也没有得到很好的植根与施行，平等的价值证
成更多是一种形而上的抽象思辨式证成，而非一种形而下的生活实践式证
成，尤其是在古代中国，人们也更多是基于人的相同性而非权利正当性与
不可侵犯性来证成平等观念的理论取向与实践导向，这种平等观念更多是
一种"出世"的超越此岸世界的平等观念，而不是一种深深嵌入于人们生
活世界的观照此岸世界的现代平等观念，这种平等观念也没有创制性转换
为生活实践中人们恪守的规范准则。历史步入 20 世纪以来，平等观念虽
然渐趋成为现代观念谱系中的重要因子，改变着人们的生活世界与精神世
界，激起了人们的平等意识，剥离着人们的等级意识，但是人们的平等观
念与价值结构依然具有独特的中国本土面相。相较于西方植根于契约基础
上的平等观念，在平等观念的价值诉求序列中，分配正义上的经济平等主
导着人们的平等观念，而非政治正义上的政治平等或文化认同下的身份平
等；平等观念更多是权力编码下"平等对待"的观念，而非真实的集体主

---

① 北京大学哲学系编译：《十八世纪法国哲学》，商务印书馆 1963 年版，第 88 页。

义编码下的"平等合作"的观念；平等观念也更多是一种内卷化的"熟人平等"的观念，而非开放化的"陌生人平等"的观念。中西历史上的主流意识形态所倡导的"平等"观念在分享共性的同时有着各自不同的殊相，为此，当现代观念谱系中"平等"与"秩序"等进行相互的价值博弈时，对"平等"的价值证成的庸俗化直接导致了分配上的平均主义泛滥，对"秩序"的价值证成的简单化直接误读为一种权威指令下的等级意识固化，并没有在生活世界中很好地建构起一种以权利为轴心、以制度为正义、以人的发展为旨归的平等观念结构。人们权利意识阙如，等级意识根深蒂固，"级别情结"成为挥之不去的幽灵，平等观念并没有最终升化为法权上的平等，天生不平等被视为理所当然的事情。在历史上，平等观念要么常被庸俗化、简单化地理解为平均主义，要么是改革开放成果在实践中没有由全体人民共享。现代平等观念长期以来处于短缺状态，等级观念深深地浸淫着人们的头脑，平等观念依旧是一种稀缺物品，人们并不能把平等当作人人都拥有的合法权利并加以捍卫和保护。当今社会阶层固化的忧虑也正是一种事实上的侧面缩影，为此，倡导与发展一种包含经济正义、司法正义、分配正义、文化正义等多维界面组成的平等观念一直是中国共产党人的具有现实意义的政治主张与实践行动。

二是个体意识与群体意识的差异。现代公共生活是孕育于市场经济和多元社会之中的，公共生活是独立自由个体生存和发展的一种不可缺少的生活样态。独立自由的个体是现代公共生活发端的先决条件，只有个体的人格、权益和地位得到切实尊重和维护，个体主体性与独立性的精神气质得到彰显，现代公共生活所需要的公共人格与公共精神才有可能得以产生。因此，可以说个体的主体性与独立性是现代公共生活的前提和基础，且这种个体的主体性与独立性是以彰显个人尊严和价值的"个体意识"的面貌出现的，在某种程度上，现代公共生活的形成与发展正是公民个体意识自由彰显和正当升化的表现。考察中国文化整体结构属性，不难发现，个体意识与群体意识是西方人和中国人的文化属性差异的表征之一，即西方人的个体意识较强，中国人的群体意识较强，强调个体意识是西方人现代化的主流，注重群体意识则是中国人现代化的主流。个体意识是以个体自由和发展为本位的一种意识，是理性个体本位超越于极端个体本位的一种意识，个体意识意味着每个个体都是一个独立自由的个体，都具有独立的人格和自由的意志，都有权自由决定和选择个人的行为，社会正是由这样一些不可再分割的个体所构成，个体是构成社会的最小单位。考察西方个体意识的嬗变历程，西方人从古希腊时期就注重追求个体的自由独立、维护个体的价值，个体意识渐趋觉醒与萌芽，个体的自由之花得以浇灌。但整体而言，古希腊罗马时期在政治上还是强调政治整体主义的，古代雅典民主制度、罗马共和国和罗马帝国等都是当时政治整体主义的一个历史脚注。但是毫无疑问，在古希腊社会孕育个体意识的同时，古希腊哲学思考的目光也开始集焦于生命个体，普罗泰戈拉的"人是万事的尺度"、苏格拉底的"认识你自己"、恩培多克的"四根说"、阿那萨哥拉的"种子说"、德谟克利特的"原子说"、亚里士多德的"第一实体说"等均表征着注重个体价值的追问与探寻，关注生命个体的存在。历史进入中世纪后，整个中世纪成为西方社会整体主义的一个历史典型，个体意识渐趋消解于整体意识之中，个体意识得以禁锢，个体自由得以约束，个体完全消融于教会共同体之中，个体的理性精神也被严重窒息和泯灭，人们只是奴隶般的服从和效忠于教皇和国王，个体意识完全消解于教会共同体的整体意识之中。中世纪之后，文艺复兴运动以"发现人"和"复兴人"为其价值己任，强调尊重和关怀人的价值，呼吁以人的地位替代神的地位、以人为世界的中心替代以上帝为世界的中心，使得发轫于古希腊时期的个体意识在此期间获得了迅速发展，为现代个体意识的确立和发展埋下了思想的种子。文艺复兴运动之后的宗教改革运动，进一步打破了教会一统天下的权威，个人的生存尊严、个人的世俗生活、个人的信仰自由等在宗教文化领域中获得了进一步认同与运用，个体意识获得了进一步确认，但是就整体而言，个体意识并没有获得全面、丰富的内涵，直到18世纪启蒙运动的兴起后，才从文艺领域的唤醒和宗教领域的深化，全面迈向各个思想领域的铺展，升华为一种现实的精神力量。20 世纪 70 年代以来，个体的解放与自由在西方社会得以空前呈现，个人主义成为西方社会的一种主流价值观，尊重个人价值、维护个人权利成为振聋发聩的社会口号，个人价值和个人权利获得了全面胜利，从而使得西方社会公共生活有了更加坚实的个体基础。但是在看到西方社会理性个体本位意识彰显的同时，也要看到现代西方社会中出现的公民责任心和社会责任感的丧失、个人主义危机的现代性之隐忧，以极端个人主义为表征的不负责任的个人主义危机必将会消解公共生活的主体基础，并不利于现代公共生活建设，这是值得警惕的一个现象。

相较于西方社会而言，突出群体、强调群体的思想价值观念是中国传统文化的基因式认可和主流价值观建构的基点。群体意识强调个体为群体的构成单元，群体利益即个体利益，群体价值即个体价值，群体利益与群体价值具有优先性和至上性，个体价值必须满足于群体价值，个人意志必须服从于群体意志、个体利益实现、个体价值判断等均得以群体利益实现、群体价值判断为考量标准，个体的价值与幸福只有在群体中才能真正得以实现，修身、齐家、治国的最终目的是为了平天下。但是需要澄明的是，中国人的群体意识并不是一个真正整体，而是呈现出"块状型"的结构，犹如一块块石头，从而导致中国形成了块状型而非个人化的社会基础单元体，中国人的"家国"观念浓厚，群体意识在中国人的头脑中根深蒂固，长期影响着中国人的思维方式和生活方式。考察中国人的群体意识的嬗变历程，在我国先秦时期，孔孟都是强调群体而消解个体，都认为个体是归属于群体之中的，个体性的人是不存在的，群体则体现着人的主体性，如"三纲五常"，"君君、臣臣、父父、子子"，"天下之本在国，国之本在家"等无不隐喻着群体对个体的支配性和操纵性。五四新文化运动倡导强烈的个体意识，"人—个体"的意识觉醒成为"民族—国家"意识觉醒之后的又一重大发现，但是令人遗憾的是，当时"人—个体"的意识觉醒并没有在中国大地真正得以开花结果，使具有独立人格和自由意志的作为个体的"人"在中国并没有真正完全站立起来，个体意识依旧是群体意识中的一个附属观念，个体意识也并没有真正发展为能够与群体意识相抗衡的一种强大的自由意志和独立意识。新中国成立后的30年中，社会主义制度的确立使得人们在政治上具有独立人格，直接为现代公共生活的建构创造了良好的政治基础，但是随着我国绝对公有制的确立和以阶级斗争为纲的错误路线的确立，集体利益吞噬了个体利益，个体意识被群体意识的新面孔——阶级意识所完全消灭。可以说，改革开放以前，群体意识教育一直贯穿国民教育的始终，这种教育的正面效应是为我国集体主义价值观的确立奠定了思想基础，但其导致中国人的独立人格和自由意志阙如的负面效应也是显而易见的。改革开放以来，在市场化、全球化和网络化的生存时空中，人们的价值观念呈现出多元化趋势，个体的依附性与非独立性也受到了极大的冲击，个体意识的孕育有着更为广阔的现实基础，个体在享有更多的独立人格和自由意志的同时，也更加注重以国家利益和民族利益为表征的群体意识的弘扬与彰显，并在实现国家富强、民族振兴、人民幸福的"中国梦"的努力奋中实现个体利益、国家利益和民族利益的和谐统一，这也必将使得中国特色社会主义公共生活的建构更具本土化面相。

二、公共生活的场域发展差异

合理界定公共领域与私人领域之间的界线是一个良好社会的内在诉求和外在表征，因为在现代社会中，任何个体都不可能完全把自我禁闭在私人领域和私人生活之中，私人生活领域和公共生活领域是展现每个人存在的两种生活领域。其中作为公共生活的实践场域，公共领域是一个为确证公共福祉、维护公共利益、追求公共价值而表征为公共行动的领域，是公民个人良好品质自我展示的重要领域，为公共生活提供重要的依托之地和物质载体。为此，关注公共生活和维护公共利益是展开公共行动的必要价值承诺，也是个体公民公共性与公民性的重要展现，然而无论是展开公共行动抑或是展示公民自我品质，都离不开一个健康有序的现代公共领域的生成和发展。观照中外公共生活场域的异质性，主要表征为以下两个方面：

一是内部生成与外部建构的差异。市场经济的发展则是国家与社会分离的经济基础，为国家与社会的分离提供了经济动力，西方市场经济是在否定西欧封建城邦经济过程中"自发"形成的，具有自然转变的韵味，也正是由于市场经济的扩张而导致西欧封建庄园和城市国家之间藩篱的突破，进而为民族国家的产生和市民社会的形成提供了经济基础，西方国家也正是在市场经济的扩张中以不同方式、不同程度经历了国家与社会的分离过程，正如美国经济学家道格拉斯·诺斯所言："这一过程可能是货币经济发展和贸易扩张的不可避免的结果。"① 可以说，国家与社会在西方的早期分离为其发展提供了现代性的意义建构，但其分离亦非一种线性式前行，"逆转趋势"在 19 世纪末渐趋呈现，"国家和经济的相互融合剥夺了资产阶级私法和自由主义宪法关系的基础。作为国家干预政策的结果，国家和社会之间的分离趋势真正消失了。根据这一过程在法律层面上的反映，我称之为新社团主义的'国家的社会化'和'社会的国家化'。"② 据此可知，国家与社会相对分离乃是资产阶级公共领域发轫的硬性规定与必要条件，"资产阶级公共领域是在国家和社会间的张力场中发展起来的，但它本身一直都是私人领域的一部分。"③ 据此可知，公共领域并非是"虚假意识"抑或"主观臆测"的一种产物，而是由于受到市场力量的推动而客观生成与发展起来的，是与资产阶级的市民利益紧密相关的，资产阶级公共领域与市民社会是紧密交织在一起的，自市民社会形成以后，市民社会与政治国家之间的各种矛盾与冲突不断，私人领域与公共领域的冲突也不断

---

① ［美］道格拉斯·诺斯、罗伯斯·托马斯：《西方世界的兴起》，厉以平、蔡磊译，华夏出版社 1999 年版，第 102 页。

② ［德］哈贝马斯：《公共领域的结构转型》，曹卫东等译，学林出版社 1999 年版，1990 年版序言第 12 页。

③ ［德］哈贝马斯：《公共领域的结构转型》，曹卫东等译，学林出版社 1999 年版，第 170 页。

以新形式频繁显现，影响着政治秩序和社会秩序的现代建构，公共权力的合法性受到质疑，在质疑其合法性过程中，资产阶级公共领域伴随着市民社会出现而出现，其在与市民社会之私人性面相分离中形塑着市民社会之公共性面相，因为"资产阶级公共领域模式的前提是：公共领域和私人领域的严格分离，其中，公共领域由汇聚成公众的私人所构成，他们将社会需求传达给国家，而本身就是私人领域的一部分。当公共领域与私人领域发生重叠时，资产阶级公共领域的模式就不再适用了。"① 据此可知，西方公共领域与市民社会形成与发展是相互交织在一起的，一方面，市民社会是西方公共领域形成的前提和载体，是西方公共领域形成和发展真正的社会基础，公共领域的发展壮大有赖于市民社会的发展壮大，公共领域中的公众正是由市民社会下的私人聚合而形成的；另一方面，公共领域的形成与发展是市民社会成长的政治表征，西方公共领域是以资产阶级个人为其基本成员的，是随着资本主义市场交换体系的形成而形成的，是伴随着西方市场经济发展起来的一种副产品，是市场交换体系中的契约性原则、平等性原则在政治交往领域中的升化和延展，是市民社会的一种次生性层级，是西方社会内部条件成熟和内部力量作用下的自发内生结果，是市民社会要求的内生性产物，是对中世纪代表型公共领域的扬弃。西方的市民阶级也正是从中世纪内部孕育出来，正如恩格斯在《反杜林论》中所言："在封建的中世纪的内部孕育了这样一个阶级，这个阶级在它进一步的发展中，注定成为现代平等要求的代表者，这就是市民阶级。"②

与西方社会相较而言，中国公共领域的形成有其自身的特殊性和本土化面相，中国公共领域的形成不单是市场力量推动下社会结构变化的结果，也是中国政府力量自觉建构的产物。相对于西方公共领域与市民社会的紧密交织在一起而言，中国公共领域的形成与发展更是一种相对独立的过程，也正是基于此认识，遵循哈氏公共领域的理想范型，有人认为中国

① ［德］哈贝马斯:《公共领域的结构转型》，曹卫东等译，学林出版社1999年版，第201页。
② 《马克思恩格斯选集》第3卷，人民出版社1995年版，第445页。

并没有完全进入公共领域的理论前提和社会基础，即市民社会的形成和发展，为此，国内一些学者对中国是否存有公共领域持置疑态度，撇开中国传统社会公共领域有无之争，当代中国公共领域的勃兴也成为一个客观事实。考察中国国家与社会的关系，不难发现，在我国传统社会时期，在中央集权的政治体制、自给自足的自然经济和保守封闭的文化模式的共同作用下，公权吞噬私权，国家吞没社会，公共领域生成的社会基础被侵蚀，公共领域的严重阙如只能成为现代人的一种无可奈何的历史叹息。改革开放以来，随着市场化进程的深入铺展，国家与社会之间也渐趋出现亲和性分离，社会获得了更多的自主空间，当代中国公共领域的现实发展也获得了广阔空间，中国公共领域开始形成和兴起，并产生着不可低估的作用。相较于西方公共领域的内生性而言，我国公共领域的实然生成与应然发展并非完全是市民社会成熟后的产物，威胁当代中国公共领域发展的也并非是哈贝马斯所描绘的系统世界对生活世界的侵蚀，而更多是其体制化和合法化的社会制度内部保障缺失。管窥改革开放以来我国政府职能转变历程，其大致呈现出以下几个特点：一是实现政府职能重心的转移，即从重阶级统治转向重经济管理，极大地解放和发展了生产力，大大释放经济发展的潜力；二是转变政府管理方式，即建立健全以间接调控为主的宏观调控体系，经济手段、法律手段、市场手段在经济活动运行中得到更多、更广泛的运用；三是划分政府管理权限，即调整中央政府与地方政府之间、政府与国有企业之间和政府自身各级部门之间的权力关系；四是切实转变政府管理职能，即弱化"看得见之手"和管住"闲不住之手"，切忌乱伸手，充分发挥市场这只"看不见的手"的作用，切实实现做好宏观调控、社会管理和公共服务的自身职能转变。由此可见，改革开放以来我国政府对自身职能的定位愈来愈清晰，正在努力打造一个公共服务型政府，也正是在打造公共服务型政府的过程中，公共权力渐趋向更高形态的"社会性权力"回归，权力的公共性进一步确证，公共权力逐步回归本位，缩小管制范围，社会自身管理范畴逐步扩大，社会自我革新、静化与超越的能力和水平空前提高，国家与社会之间的亲和性、互动性与自洽性在现代社会中演绎得更加精彩，为公共领域的现代生成与发展夯实了社会基础。因此，毫无疑问，当代中国公共领域的兴起固然是在市场力量的促逼作用下而形成的，但是透过表象看本质，中国的市场经济是在否定计划经济过程中的"人为"建构的，与西方市场经济的自发生成不同，它更多是一种政府主导型的市场经济，社会主义市场经济的建立健全与我国政府职能的转变紧密相关，为此，中国公共领域发展更多是政府职能转变所带来的一种外部力量的建构，从某种程度而言，当代中国公共领域是国家力量自上而下的外部建构产物和结果。

　　二是私有制基础与公有制基础的差异。致使中西公共领域差异的因素很多，其中生产关系性质的不同，是导致中西公共领域差异的重要因素。考察资本主义生产发展史，在自由竞争资本主义阶段，自由竞争原则在生产和流通领域中起支配作用；在垄断资本主义阶段，垄断则在全部经济生活中占据了统治地位。但是无论是自由竞争原则，还是私人垄断抑或国家垄断都是建立在私有制基础之上的，资本主义生产关系实质即以生产资料私有制为基础的雇佣劳动制度，资产阶级与无产阶级之间是一种雇佣与被雇佣的关系，二者之间的根本利益是背道而驰的，无法实现真正的调和，具有内在的对立性、冲突性与矛盾性。据此，资本主义国家在本质上充当的是资本主义的机器，正如恩格斯在《反杜林论》中所言："现代国家也只是资产阶级社会为了维护资本主义生产方式的一般外部条件使之不受工人和个别资本家的侵犯而合理的组织。现代国家，不管它的形式如何，本质上都是资本主义的机器，资本家的国家，理想的总资本家……资本关系并没有被消灭，反而被推到了顶点。"[①]　与现代私有制相适应，西方公共领域是以私有制为基础的，经济生活在某种程度上驾驭和控制着政治生活，为此，资本主义生产资料私有制性质决定了西方公共领域具有资产性与阶

---

① 《马克思恩格斯选集》第3卷，人民出版社1995年版，第629页。

级性的两重性，作为"由私人组成的公众"是进入公共领域的主体，但这里的"私人"并不是抽象意义上的公民或者任何一个人，而是特指"资产者—个人"，"公众"都是由有产者所组成的，正如哈贝马斯所言，"就其作为私人来讲，资产阶级的个人既是财产和人格的所有者，又是众人中之一员，即既是资产者（bourgeois），又是个人（homme）。"① 每一个人只有成为财产所有者，才能获得"人"的地位，只有获得"人"的地位，才能自由出入公共领域，"成熟的资产阶级公共领域永远都是建立在组成公众的私人所具有的双重角色，即作为物主和人的虚构统一性基础之上。"② 阶级利益披上普遍利益的光环，在资产阶级公共领域得到维护与发展，公共领域也更多成为确证阶级利益的工具，公共领域中的各种讨论、对话与协商更多是以实现阶级利益为要旨。据此可知，资产阶级属性是西方公共领域的深刻烙印，只不过是在资本主义社会中，这种阶级属性被粉饰为代表普遍利益的公共性而已，但实质上并没有真正实现阶级性与公共性的合理统一，西方公共领域常常受到权力逻辑和资本逻辑的操纵和控制，形成的公共舆论既是为了迎合大众媒体的商业利益需要，也是为了实现统治目的而蒙蔽大众的需要，使大众相信资产阶级的共同利益即普遍利益的需要，因此，西方公共领域中的对话、讨论、交流等均具有明显的宣传性、欺骗性或虚伪性，其所调节的只是资产者的社会与国家之间的关系。

新中国成立后，为了顺应世界社会主义革命潮流和世界民族国家工业化发展需要，我国确立公有制经济在国民经济中的地位，其经历了"公有经济地位不断提高→单一公有制经济→公有制经济占主体"的嬗变历程，社会主义生产关系是以生产资料公有制与按劳分配为其基本内涵，公有制与按劳分配的确立是社会主义生产关系的前置性要素和必要条件，公有制、按劳分配和共同富裕成为了社会主义经济制度的基本特征，社会主义生产关系通过公有制的建立得到了具体实现，社会主义社会不存在对抗

---

① ［德］哈贝马斯：《公共领域的结构转型》，曹卫东等译，学林出版社 1999 年版，第 59 页。
② ［德］哈贝马斯：《公共领域的结构转型》，曹卫东等译，学林出版社 1999 年版，第 59 页。

性的阶级矛盾，阶级斗争虽然在一定范围内仍然存在，但不再成为主要矛盾，人民日益增长的美好生活需要和不平衡不充分的发展之间的矛盾成为了新时代中国社会的主要矛盾，自主联合劳动和互助合作成为社会主义内部劳动者之间关系的主要特征，劳动产品和劳动成果由全体社会劳动者共同享有，人民当家作主是社会主义民主政治的本质要求，人民是国家的主人，现代国家是实现好、维护好、发展好最广大人民的根本利益的机器，维护好、实现好和发展好最广大人民群众的根本利益是中国共产党执政的永恒主题，是中国共产党的全部任务和责任，正如习近平总书记所言："人民对美好生活的向往，就是我们的奋斗目标。"① 与现代公有制相适应，当代中国公共领域是以公有制为基础的，是建立在人民根本利益一致的基础之上的，生产资料的社会主义公有制决定了当代中国公共领域是实现了阶级性与公共性的真正统一，具有人民性与公共性的双重属性，"公民—人"是进入公共领域的主体，公民进入公共领域不再受到财产的限制，任何公民个人或团体都有资格进入社会主义公共领域，"公民—人"的同一性代替了"资产者—人"的统一性，公共领域成为了一个"成人"的领域，人的完整性在公共领域中得到进一步建构与拓展，"在社会主义模式的公共领域当中，公与私的经典关系彻底颠倒了过来……私人与其说将成为私人的公众，不如说会成为公众的私人。资产者与人的同一性被公民与人的同一性所取代；私人的自由是由作为国家公民的人的角色所决定的；而国家公民的角色再也不是由作为资产者的人的自由所决定的。"② 最广泛的人民性与公共性在我国公共领域的对话、讨论、交流等得到真正体现，也更具中国自身特色，形成的公共舆论既维护好和发展好人民的根本利益，又反映着人民根本利益实现的真实性，公共领域不仅彰显着执政为民的政党与人民的密切关系，而且存在着中国共产党领导的政治权威，在中国共产党的领

---

① 习近平：《在十八届中共中央政治局常委同中外记者见面时的讲话》，《人民日报》2012 年 11 月 16 日。

② ［德］哈贝马斯：《公共领域的结构转型》，曹卫东等译，学林出版社 1999 年版，第 146 页。

导下，当代中国公共领域本着开放、平等的原则，吸收着广大公民积极参与公共事务的交流、对话和讨论，既有序扩大公共参与，又保障公共参与的真实性与广泛性，促进公共决策的透明化和民主化，从而提高公共决策的合法性，使得公共舆论和公共决策真正体现人民利益、国家利益和民族利益。

三、公共生活的文化型构差异

任何社会形态的文化，不仅能为现行社会提供价值支撑，也能为现行社会提供价值判断，在化解人与自然、人与人、人与社会之间的矛盾中起到重要作用，为处于同一文化体系中人们的价值观与世界观抹有基本相同的文化"底色"，建构基本相同的思维模式和生活样式，进而成为维系社会发展和促进民族振兴的一股实实在在的巨大力量，文化作为一种软实力，在当代中国社会发展中起到了非常重要的作用，已深深嵌入中华民族的生命力、创造力和凝聚力之中，当代中国人的生存样态亦无不深深烙印着中华民族的文化面相与文化元素。作为现代人的一种生活样态，公共生活的背后需要共同价值观与世界观的引领，公共生活的建构同样受到特定社会形态的文化影响，无不深深烙刻着社会形态的文化印记，古今中外，概莫如此。从文化型构来管窥公共生活的中外差异，主要表征为以下两个方面：

一是宗教文化与政治文化的差异。社会学家帕森斯认为一个社会中最根本、最必须的制度乃是由宗教与家庭、经济制度、政治制度所共同构成，提供着基本意义和认知的一般框架。[①] 发轫于公元 1 世纪的基督教，在罗马帝国统治时期曾成为国教，其影响则在中世纪达到了顶峰，代表型公共领域也主要体现在教堂，教堂成为当时公共生活的主要场所，宗教成为当时社会的道德基础，在当时公民道德发展中起到了十分重要的作用，

---

① ［美］D.P. 约翰逊：《社会学理论论》，南开大学社会学系译，国际文化出版公司 1988 年版，第 525 页。

为此，教堂在某种程度上可以视为当时公民美德的孵化器，在历史上亦曾被西方人称之为"救赎之舟"，为西方公共生活作出了独特贡献。在现代社会中，以基督教为主体的宗教文化在西方公共生活实践中仍然起着主导性的渗透作用，无处不在，无所不有，宗教团体也往往具有道德教化与社会服务提供者的角色，调节着人们的思想和行动，是社会生活中的"垄断者"，正如彼得·贝格尔所言："在人类大部分历史中，各种宗教机构一直作为社会中的垄断者而存在。它们垄断着为个人和集体生活所作的终极论证。宗教制度实际上就是种种制度本身，是调节思想和行动的力量。"①在现代社会中，西方人大多数都信仰宗教，加入宗教团体，参与宗教活动，为此，宗教也进入社会公共生活之中，并与公共生活建立紧密的互动关系。在现代西方社会中，宗教信仰成为许多西方人日常生活中的常态现象，信教的人数越来越多，宗教的社会服务范围越来越广，宗教在形塑西方公共空间的力量也与日俱增，宗教不仅关注个人的自我救赎，也关注环境污染、食品安全、医疗卫生、文化教育等与人类生存和发展密切相关的共同问题，公益慈善活动是其一项重要职责和基本责任，宗教 NPO 正在以社会实体的形式而日益成为民间社会的重要构成部分，它们积极地参与社会公共事务，推行着多样化的社会服务，展示其本身所固有的公共性和社会关怀。为此，以基督教为主体的宗教团体、教会正在日益成为西方市民社会中规模最大、实力最强的组织，提供着各种慈善公益服务，作为慈善之母，基督教在西方社会中以合乎法律的方式产生着广泛影响，"民主国家之所以能建立信仰，宗教功不可没。与其他国家相比，民主国家尤其不能没有信仰。"② 总而言之，宗教与社会公共生活之间有着密切的互动关系，在公共生活的现代建构中，以基督教为主体的宗教有着强烈的社会关怀和公共旨趣，在某种程度上，其以"公开崇拜"方式搭建了一种公共平台，折射出来的价值观是一种公共价值观，促使人们关心社会事务和公共事

---

① ［美］美彼得·贝格尔：《神圣的帷幕》，高师宁译，上海人民出版社 1991 年版，第 160 页。
② ［法］托克维尔：《论美国的民主》，张晓明编译，北京出版集团公司 2012 年版，第 149 页。

务，建构人们的公共性生存与发展样态。当然，当今社会也出现了宗教团体私人化或个人化之现象，宗教在社会生活中的地位受到挑战，宗教的公共性有萎缩或式微之嫌疑，但是宗教的社会关怀依然是其进入公共空间，展示公共性的有效途径和方式。

黑格尔在《精神现象学》中曾把宗教区分为自然的、艺术的和启示的三种形式，比照黑格尔对三种宗教的区分，邓晓芒教授在《中国人为什么没有信仰》一文中把中国宗教划分两种：即"自然宗教"（迷信、巫术等）和"实用宗教"（神道设教），并且认为中国人在信仰上不愿意升华，并没有真正的纯粹的精神性信仰，宗教在中国并未上升到"自由宗教"，又称"启示宗教"（黑格尔言的是基督教）的高度，纠缠着中国人的是迷信、巫术等自然宗教和实用主义的伪信仰。为此，邓晓芒教授主张在超越某个教派和具体宗教的基础上构建一种精神性的信仰，即真善美。因此，相较于西方的"自由宗教"而言，政治文化在中国公共生活建构中起着主导性的作用。何为政治文化，这里取阿尔蒙德的经典解读，他认为"政治文化是一个民族在特定时期流行的一套政治态度、信仰和感情。"[①] 据此可知，政治文化的内核即为政治信仰，作为一种属于思想范畴的事物，它是建立在理性的基础之上，反映着一种政治理性，能为特定政治秩序服务，解决特定社会中的政治认同问题。政治信仰的价值并不在于政治信仰的本身，而是在于政治信仰能指导人们的政治行为和人生选择，在政治信仰原则的指导下，什么样的政治信仰将导致什么样的政治行为和人生选择，因为政治信仰对公民的人生观、价值观和世界观的选择有着重要的影响和引领作用。政治信仰也具有差异性与统一性的两重属性，但是政治信仰的差异性也有一个限度，即不能产生破坏社会稳定和社会秩序的行动，解决政治信仰差异性需要现代民主法制建设的推进。中国共产党自成立起，高举马克思主义伟大旗帜，把马克思主义植根于中国实践和中国文化之中，毫不动

---

① ［美］加布里埃尔·A.阿尔蒙德、小 G.宾厄姆·鲍威尔：《比较政治学：体系、过程和政策》，曹沛霖等译，上海译文出版社 1987 年版，第 29 页。

摇地信仰、坚持与发展着马克思主义的世界观与方法论，马克思主义中国化具有鲜明的中国实践特质，在回答中国问题中彰显着其强大生命力，遵循着理论与现实互动、思想关照现实、现实上升思想的理论逻辑进路和实践演绎历程。随着中国改革开放和现代化建设的全面推进，马克思主义信仰的主体与客体之间也呈现出一种有机互动的良好局面，一方面，马克思主义信仰主体呈现出理性自觉的增强，马克思主义信仰主体有了更加自觉的政治坚定性，成为越来越多中国人政治信仰的主要内容和精神支柱，实现了其主体从"少数精英人士→革命阶级整体→社会大众"的发展。另一方面，马克思主义信仰客体呈现出不断与时俱进的创新，实现了从"经典马克思主义信仰→中国化马克思主义信仰"的丰富与发展，中国化马克思主义信仰成为中国社会意识形态的一种主导性政治信仰。当然，在我国社会转型时期，也出现了政治信仰多元化现象，在性质上大致有中国特色社会主义的政治信仰，教条式理解马克思主义和共产主义的政治信仰，要求发展资本主义的政治信仰的三种形态。其中作为一种科学性与价值性相统一、时代性与人民性相统一的政治信仰体系，强化和坚定中国特色社会主义政治信仰有助于健全和完善公民的政治人格，使个体成为一个具备公共人格的新型政治人，从而为当代中国社会公共生活夯实主体人格基础。

二是文化霸权与文化再造的差异。全球化不再是一种科普幻想，而是一个客观事实，正在悄悄地改变着人们的生活方式和生存样态，现代公共生活折射和表征着这种客观事实，或说是这种客观事实的内在诉求。在全球化时代的文化碰撞与融合过程中，对待他者文化的界域拓展，大致有"僵化保守的文化封闭""自大自负的文化霸权"和"兼容并包的文化再造"的三种态度和行为。这里所言说的文化霸权主要是指在全球文化交流过程中，把他国文化作为确证和建构其自身文化的客体，对他国文化采取侵蚀、控制、宰制的一种态度和行为。文化再造主要指在全球文化交流过程中，把他国文化视为与自我文化共生共在的平等主体，对他国文化采取开放、包容、借鉴的一种态度和行为。考察西方现代化历程，不难发现，在全球化过程中，西方发达国家一直持有的是一种自大自负的文化心态，欲把其文化价值观在全世界各地加以强行输入与推广，尤其是在多元文化的互动对话过程中，基于自身强势文化的优势，视他者文化为客体，并欲通过渗透、影响甚或改变客体以同化他者文化，进而确证自身文化的正确性与合理性，从而以一种保守甚或抗拒的态度来对待社会主义文化，利用他们"先发展"的经济优势，试图把思想价值观念、经济政治社会制度、资本主义意识形态等强加于发展中国家和第三世界，进行文化扩张或文化殖民，推行文化霸权主义，当代西方某些政治理论与媒体舆论对西方式"人权""民主""自由""人道主义"等的宣扬或叫嚣便是其对发展中国家或第三世界的一种文化蔑视和强行输出其自身文化价值观的脚注，其背后隐喻的是一种开放自负的文化悬置的态度和行为，这种文化态度和行为在《意识形态的终结》（丹尼尔·贝尔）、《历史的终结及最后之人》（弗朗西斯·福山）、《文明的冲突与世界秩序的重建》（萨缪尔·亨廷顿）、《为什么美国没有社会主义》（维尔纳·桑巴特）、《大失败——20世纪共产主义的兴亡》（兹比格涅夫·布热津斯基）等著述中也均有所反映和体现。为此，西方发达国家以电影电视、音乐书籍、饮食文化、奖项奖励等各种文化包装的软暴力方式，渗透于发展中国家或第三世界，表达各种文化霸权与文化抵抗的有关显性与隐性的论调或叫嚣等也粉墨登场，欺骗许多发展中国家认同其文化模式并以其作为"现代性"的参照对象，物佳亚特里·斯皮瓦克的《后殖民理性批判：通向正在消失的现在的历史》、爱德华·赛义德的《文化与帝国主义》、霍米·巴巴的《文化的定位》等著述中对此亦有过深刻揭示和剖析。当下"普世价值"的宣传也是西方国家把其思想价值观念嫁接于发展中国家或第三世界的现实生活的一种文化输出表现，是对20世纪50年代开始涌现的"意识形态终结"和"社会主义与资本主义趋同论"的再次翻版而已，只不过此次翻版使西方文化输出更具有隐蔽性、欺骗性和迷惑性。由此可见，在全球化过程中，面对多元文化之间的碰撞与融合，西方国家始终是以"先发展"优势和强势文化姿态来看待他国文化的，采取的是一种以西方中心论为主导的文化霸权的态度和行为，这并不利于西方发达国家的文化体系更新与发展。当然，在此也并非完全否定西方文化的开放性与包容性，应该看到的是，西方文化的开放性与包容性更多体现其对自身文化发展史的开放与包容，对资本主义文化多样性的开放与包容，而更少是对社会主义文化的开放与包容。

与西方发达国家相较而言，面对全球多元文化的碰撞与融合，中国采取的是一种兼容并包的文化再造的态度和行为。考察中国现代化历程，鸦片战争以后，文化选择成为中国现代化进程中的一个无法回避的事实，舍弃抑或保留、拒绝抑或接纳、批判抑或重构一直是中国文化选择中的矛盾情结，文化自卑与文化自负是中国近现代以来对待民族文化问题上一直存在的两种矛盾心态，并给我国民族文化建设产生了极为有害的影响。管窥中国近代文化的演变历程，其大致经历了以器物文化为主体（1840—1895年）到以制度文化为主体（1895—1911年）再到以思想文化为主体（1911—1919年）的不同演变时期，反映了中国近代文化选择的纵深推进，其实质是以"中体西用""西体中用""中魂西体"为基础而展开的一种文化重建或文化再造。

随着中国现代化进程的推进，在中国共产党领导下，先后开展了新民主主义文化建设、社会主义文化建设和中国特色社会主义文化建设，特别是党的十七届六中全会确立的建设社会主义文化强国目标，为当代中国文化选择指明了路径，有助于克服全球性"同质文化"潮流下的自我迷失，在历史视域中寻找中国特色社会主义文化发展的方向与坐标，增强民族文化的世界表达功能，促逼封闭、保守的民族意识迈向开放、勾连的民族精神，在民族文化的接续与传承中展开世界表达，确证中国特色社会主义文化的存在感。当今世界，无论是程序正义抑或实质正义，都没有一个抽象性的公式性表达，任何一个主体都没有能力提供一个统一的正义源泉，正义是扎根于交互主体的相互勾连的实践中，并在实践中得到不断丰富与发展，在此际遇中，任何一种文化都不能被漠视或被视为他者而加以随意谴责，也没有任何一种文化可以理所当然地凌驾于他者文化之上而自夸自擂。因此，中国文化既不能成为一种被随意谴责的对象，也不能成为一种自夸自擂中的自负展示，而是要在开放、包容与互动中展开文化再造，在中国传统文化、马克思主义文化与现代西方文化的和谐互动与综合创新中实现自我。从某种程度来讲，我国改革开放过程勾勒了一幅中国特色社会主义文化再造的新图景，从中推定出了一种文化理想。改革开放以来，我国现代化的成功实践在某种程度上得益于当代中国的文化再造，这种文化再造具体表征为：一是坚持了马克思主义在意识形态领域中的指导地位是中国特色社会主义文化建设的根本和灵魂，当代中国文化建设始终动摇马克思主义文化观的指导地位和重要作用，在坚持马克思主义指导地位、遵循现代文化前进方向、弘扬传统文化的有益价值、借鉴他者先进文化成果等方面坚持了民族立场和世界表达的有机统一，其中马克思主义是中国特色社会主义文化的"价值芯片"；中国特色社会主义文化也正是马克思主义文化的基本观念与结构体系之历史与逻辑相统一的时代发展，是在中国特色社会主义实践中对马克思主义文化观的传承、丰富与发展，呈现出一幅民族性与世界性相对接、人民性与公共性相统一的文化脸谱。二是全球化并不是一个西方文化对东方文化的同质化的"简单"过程，而是一个充满异质的东西文化相互交流、互动和实现有效对接的"复数"过程，当代中国文化并不是单向度抗拒或排斥西方文化，尤其现代西方文化，也不是呆板被动地对世界资本主义或社会主义的意识形态站队，而是着眼于中华民族文化的长远发展，海纳百川地主动融入全球化进程，以高度的文化自觉和文化自信的心态，大胆吸收和借鉴世界一切优秀文化成果，包括资本主义国家的优秀文明成果，使中国特色社会主义文化更加符合人类社会发展进步的潮流。三是当代中国文化并不是基因式追认和漫画式建构中国传统文化，而是深入挖掘中国传统文化中的有益价值，是在中国传统文化基础上的一种文化传承、变革与创新，是一种扬弃基础上的兼收并蓄，赋予了中国传统文化新的时代内涵，使之与中国特色社会主义的伟大实践更加相适应，更加贴近社会历史发展的前进方向，更能彰显中国传统文化的现代价值与世界意义。因此，可以说，当代中国特色社会主义文化建设是中国传统文化、马克思主义文化和现代西方文化之间的一种"和而不同"的交融与互补的文化再造，以文化再造来推进国家认同和政治认同，使中国特色社会主义文化不只是一种抽象的文化理想表达，而是具体存在于当代中国实践之中并引领实践发展的一股巨大精神力量，从而成功地实现从文化选择到文化再造的华丽转身，为当代中国公共生活建设提供了文化动力。

第四节　中外公共生活发展的当今启示 [①]

作为人们在公共领域中所展开的各种活动的归纳，现代意义上的公共生活虽然在中外呈现不同的发展契机、不同的发展步调、不同的发展程度，但公共生活的现代发展已成为中外现代社会生活的重要组成部分。审视中外公共生活发展的相似与区隔，不难得出，自主性社会是现代公共生活重构之基，自由的主体是现代公共生活重构之魂，社会自组织是现代公共生活重构之本。

一、自主性社会：现代公共生活重构之基

分化是现代社会的客观图景，社会学家卢曼把人类社会发展解读为经历着"分支式原始社会→层级式传统社会→功能式现代社会"的三种类型演进，其中功能式分工则是功能式现代社会的分工模式，社会分工水平和程度也呈现前所未有的深化与发展，社会系统自身自主性也渐趋增强，并成为现代社会进步程度的考量标尺和重要表征，阿尔蒙德与亨廷顿也分别把"系统自主性"与"政治功能分化"作为政治现代化的标准之一。作为

① 本部分内容刊发于《理论与改革》（2015 年第 4 期），题为《公共生活的现代重构：本体论哲学视界的论证》，刊发时已标注国家社科基金项目成果。

人们在公共领域中展开的一种生活样态，现代公共生活如脱离公共领域，这种生活样态只能是一种主观性的理论规定，而不可能具体存在于人们的生活实践之中，然而现代公共领域在我国是一个介于理想与现实之间的话题，公共领域的进一步拓展与伸张必须以社会自主性的发育为前提和基础，否则只能是一种理想期盼而已，自主性社会既不是社会的离散性自主性、也不是国家的无限性自主性，而是"国家—社会—市场"有机互动自洽的自主性。具体来说，主要在于社会自主性的培育与引导、国家权威性的自主与规范、市场决定性的合理与适当。

社会自主性的培育与引导是自主性社会在社会向度的价值要求，即随着社会空间的拓展，公共领域与私人领域的适当分离，社会发展空间的培育与引导。社会自主性之培育，主要在于随着现代权利意识的伸张、自我意识的觉醒，自主性的社会管理仍严重不足，有效的参与能力仍显薄弱，需要对社会自主性以培育。社会自主性之培育主要在于两个层面，即社会主体权益的合理塑造与公众参与制度的管理创新。权利是自主性的来源，概观中外，传统上个体权利往往受制于国家权威或是公共权力，个体权利并不彰显。无论是韦伯式的"科层制"亦是东方式的"等级制"，社会主体权益都表征的是长期萎缩于权威向度的秩序序列中，主体的价值旨归并未获得释放，社会自主性式微，社会亦难以成为与国家相并列的一个主体形式，更别奢谈二者之间的交互主体性，为此，合理型构社会与国家的交互主体性权益是社会自主性培育的始点。社会主体权益的合理塑造与公众参与制度的管理创新是紧密相联的，当前与现代民主法治理念相匹配的制度建设是培育社会自主性的重要方面。公众参与制度的管理创新主要在于以民主法治为原则，规范公共领域与私人领域的空间与发展，使公共领域不僭越于私人领域、私人领域亦不消蚀于公共领域，使个体权益能够得到充分尊重，个体的公私生活有所界分，进而为现代意义的公共生活发展提供可能。社会自主性之引导，则主要在于放纵权利的制约与非制度化参与蔓延的管理。近现代的历程从思想的维度无论叙说为理性的启蒙，抑或人性的苏醒，它都从深层次唤醒的是个体的自主权利。无论是霍布斯描述的"一切人对一切人的战争"还是洛克式的"田园诗歌"，其背后都是试图论证权力来源于个体权利的让渡，因此一定程度上可以说近现代的历程就是个体权利伸张的历程。然而，随着个体权利意识的阔步前行，对权利的适当引导与规范就成为必然，因为权力与权利一样，一旦放纵，则只会是人类的"恶魔"。"现代性孕育着稳定，而现代化过程却滋生着动乱。"① 现代化过程在权利的一维伸张中往往滋生暴戾之气与散漫之风，放纵权利的制约是社会自主性引导的重要维度。与此同时，非制度化参与蔓延的管理亦是社会自主性引导的另一维度，在利益结构的大调整的时期，制度化参与有所发展，非制度化的参与也呈现一定的扩张之势。非制度化参与往往以一定的利益冲突为导火索、以缠诉、血谏、死诤等非合理性形式为表现、以非理性的衡量与裁决为思维导引的非正当参与，非制度化参与的蔓延则极可能挤压制度化参与的空间，且不断挑战着社会的秩序与稳定，因此管理非制度化参与的蔓延，以程度化、正当化、制度化的方式调解冲突，规范社会建设，是社会自主性引导的重要面向。

国家权威性的自主与规范是自主性社会在国家向度上的价值要求，即国家权威既能超越于特殊利益的操纵，获得一定的自主性，也能在民主法治理念的规约下合理运行公共权力。国家权威性的自主即强调的是国家自身的自主性，国家的权威既不能无所顾忌的放纵，也不能失去自主性。国家权威性的自主向度简单来说，即是在"发现社会"与"回归国家"的合理张力中寻求适当的自主。当前在哈贝马斯所言说的"合法性危机"下，国家权威性的自主受到一定的破坏，主要在于国家权威性自身论证的不足与国家权威运行自主性的不足。国家权威性自身论证在经历了神秘旨意与传统魅力的崩塌后，其权威从何而来、权威何以可能、权威何以正当等问题不断在挑战国家权威性的适当论证。然而，社会主体的限度、社会权利

---

① ［美］亨廷顿：《变化社会中的政治秩序》，王冠华等译，生活·读书·新知三联书店1989年版，第37—38页。

的限度、社会自主的限度从一定程度即是在呼吁国家权威的"有为"，因此国家权威性来源的正当性与论证的说服性是国家权威性自主维度的内在要求。国家权威运行自主性的不足则主要体现在随着利益的分化与调整，一个个新的利益集团逐渐显现，利益集团试图在国家政策制定与运行中掌握"话语权"，进而影响国家权威运行的公平与正义。国家权威性的自主则要在国家权威合理论证基础上、在法理型权威的树立上，超越于特殊利益集团操纵的获得自主。国家权威性的规范即是国家权威在使用上行权规范。行权规范关系到政府自我治理和社会治理的公平效率问题，具体在运行中则要运用权利对权力的规范、法律对权力的规范及权力对权力的规范。权利对权力的规范即通过政策议程设置与民众诉求，在制度化参与和民主监督的制度条件下实现规范权力的使用与运行，权力来源于权利，从权力的来源意义上，权利对权力的规范具有天然的优越性，当前权利对权力的规范则既强调制度化的参与，也强调"公民不服从"的规约与制衡；法律对权力的规范即主要通过立法、行政、司法等各层面相应的法律、法规对权力在具体运用上的规范，切实做到依法治国，以法制的强制力与约束力规约"天然僭越性"的公共权力；权力对权力的规范则主要通过横向权力之间的制约，强化决策、执行与监督的分工与制约；国家权威的自主与规范从根本上在于通过权力与权利的关系调整，增进权力与权利的彼此信任与合作，既获得责任意义上的"大政府"式的超越利益集团操纵的自主，又获得权力意义上"小政府"式的民主规范。

市场决定性的合理与适当是自主性社会在市场向度上的价值要求，即市场在发挥决定性作用上不能脱离自身自主、竞争、效率、法制的准则，也不能完全跳出政府的适当监管与规范。随着全球化、信息化、市场化的全面深入，使市场发挥决定性作用逐渐成为中外各国发展的趋势。然而，市场决定性作用既不是让市场无所顾忌的任由发展，也不是让市场不受国家与社会的束缚，彻底的"自我决定"。在当前让市场发挥更大作用的呼声与日俱增的时代背景下，正确认识市场决定性的合理与适当就显得尤为必要。自主性社会是"国家—社会—市场"的有机互动自洽的自主性，三者的力量呈现"正三锥形"结构，与社会自主性的培育与引导、国家权威性的自主与规范的相对应，市场决定性的合理与适当主要体现在自主、竞争、效率、法制框架下的合理、政府与市场关系的适当。市场既有其自身的优越性，即有利于调动个体的积极性、有利于激活社会活力、有利于营造人人向上的氛围，但它也有不可忽视的局限性，即自发性、盲目性与滞后性。市场决定性作用则要求呈现自主、竞争、效率、法制框架下的合理，唯有如此，才能孕育自主性社会。自主、竞争、效率、法制即市场发挥其正向的调动积极性、激活竞争活力、提升社会效率的优越性，但受到相应的政策与规章制度的调节，能够有效预防市场的乱象与市场的盲目。市场决定性的适当则主要在于认清政府与市场的关系，即不是走回传统的"全能型社会"，对于政府对微观经济领域的介入，如直接市场经营、全员招商等层面应循序渐进、适时得以退出，减少行政审批权，减少强制性的干预，减少对微观市场领域的直接干涉，减少对市场具体运行的"比手划脚"，换之以的应是依据宏观层面的指导与经济运行的顶层设计来实现市场的管理。与此同时，市场决定性的适当，也不是丢弃政府，忽略政府的作用发挥，而应继续充分发挥政府在公共领域中的主导性作用，正如奥尔森以公共选择理论的视角呈现的"搭便车""谋私利"等行为，在集体行动与公共物品政府的调控与管理不可忽略，它是社会避免走向"集体行动的困境"或是"囚徒困境"的重要利器。简言之，自主性社会既不是社会的离散性自主性，也不是国家的无限性自主性，而是"国家—社会—市场"有机互动自洽的自主性，是现代公共生活重构之基。

二、自由的主体：现代公共生活重构之魂

现代意义上的公共生活本质上以人的能动性、主体性能动展开的生活样态，现代意义的公共生活既不为公共权力所"犬儒化"，也不被利益诱惑所"消泯化"，自由的主体是现代公共生活重构之魂。就自由的主体

而言，按照马克思的揭示，只有共产主义社会图景下，自由个性才能得到全面充分发展。自由的主体是马克思关于人的发展的想望与憧憬，是马克思主义哲学生长的逻辑起点与历史进路中的根本问题。然而，自由的主体表征着何种自由？自由的限度何在？何是自由主体的应有内蕴？事实表明，在现实中理解与反思"自由的主体"，不得不从回答"自由的主体"即"我何在"开始？因为这才是真正回答自由主体的逻辑起点与现实定位，才能为深入解码自由主体提供一把科学钥匙，而非止于自由本身的概念挣扎。可以说，基于主体视域来解读自由，不难发现，"自由"不仅表征着"我"的整体性、具体性，折射出个体与社会的相互建构，"自由"并非是"我"的意识领域中的一种意志品格呈现，而是作为一种整体性、具体性的"我"在尊重客观规律性与发挥主观能动性的过程中的一种实践品格呈现。

然而，在现实生活中，"自由"往往是被意识形态幻化的梦幻话语，在意识形态的宣扬与渲染中似乎自由即是无所顾忌与无所牵绊，然而，卢梭的那句"人生而自由，却无往不在枷锁之中"已振聋发聩地敲击着自由的梦幻，自由与束缚实则在人类发展史上从未间断过相互地撕扯。马克思则从人最初的生存样态鲜明地阐释了自由与束缚的紧密相依，即"人作为自然存在物，而且作为有生命的自然存在物，一方面具有自然力、生命力，是能动的自然存在物；另一方面，人作为自然的、肉体的、感性的、对象性的存在物，和动植物一样，是受动的、受制约的和受限制的存在物。"①因此，现代公共生活之魂的自由主体也不可能是无所顾忌与束缚的自由，自由的主体表征着何种自由呢？审视人类思想库，以赛亚·伯林的"两种自由论"为我们提供了可能的答案。以赛亚·伯林将自由划分为消极自由与积极自由，消极自由是"免于……"的自由，即个体有防止权力对个人自由不必要的干涉的自由，它是一种消极的、被动的、防范型的自由；积

---

① 《马克思恩格斯全集》第 42 卷，人民出版社 1979 年版，第 167 页。

极自由是"作为真正主体自由地去做……"① 的自由，即个体积极的争取、把握自我、决定自我的自由，它是一种积极的、主动的、争取性的自由。现代公共生活重构之魂的自由主体则表征着积极自由与消极自由的双重面向。公共生活在具体的展开中需要主体的积极参与面向，即通过参与公共事务、经历共同协商、整合社会力量以寻求实现最大多数人利益的"公意"，公共生活内蕴着公共参与的精神，积极自由是自由的主体的一大面向。与此同时，公共生活不能扩张至私人领域、私人权利的占领甚或践踏，自由主体有防止权力对个人自由不必要的干涉的自由，而不是对他物或他者领域的随意占领，否则只会导致"多数人的暴政"或是"大众的反叛"。因此可以说自由的主体既表征着对待公共事务中赋予公共参与精神的积极自由，也表征着在私人事务中免于侵犯、免于践踏的消极自由。诚然，以赛亚·伯林的"两种自由论"是建基于抽象的人性论基础上，忽视了自由何以生成的实践根基与物质根源，具有一定的抽象色彩，但就公共生活重构之魂的自由主体之自由表征而言，在公私领域的积极与消极自由之分已恰到好处。

"人生而自由，却无往不在枷锁之中。"② 自由的限度何在？以马克思主义实践观审视，自由的限度也是随着历史的发展而发展的，在不同的历史时期，消极自由与积极自由呈现的限度也呈现一定的差异性。就消极自由而言，在等级制社会，"免于……"自由的私人领地非常有限，不论是"君君、臣臣、父父、子子"的等级约束，抑或"君要臣死、臣不得不死"的章程规约，个人的自由领域都已脆弱到微乎其微。随着生产力的发展与主体意识的觉醒，与公共领域相区隔的"私人事务领域"逐渐形成，个体获得了属于"消极自由"的实质领地，即开启了哈贝马斯所言的公共领域与私人领域的分离。公共领域与私人领域的分离，一定程度上宣告了权力所分属的领域，也宣告了消极自由的可能。然而，对待不同的阶层，

---

① Isaiah Berlin, *Liberty*, Edited by Henry Hardy, Oxford University Press, 2002, p.178.
② ［法］卢梭:《社会契约论》，何兆武译，商务印书馆2003年版，第4页。

其"私人事务领域"也有根本性的差异，消极自由也不是在公私领域的分离中即获得了统一的界分，如在资本主义社会劳动者与资本家所具有的"私人事务领域"就有着根本的差异，劳动者往往需要通过签订相应的协议，让渡资本家自我的私人领域与私人时间，以获取足够的报酬，进而维持生活。资本家则可以在劳动者让渡私人时间、私人领域的基础上扩展自身的私人时间、私人领域，进而获取更多意义上的"消极自由"。由此看出，资本主义社会所宣称的"自由、平等、博爱"，其阶级性的烙印从未抹杀。消极自由有其限度，且在不同的历史时间、不同的社会阶层中具有不同的限度，它是随着社会生产的发展而发展的。与此同时，消极自由与积极自由也是相互影响的，通常情况下"积极自由"充分，反而能保证一定的"消极自由"，而"积极自由"不足，"消极自由"也往往会受到侵害。"积极自由"是积极参与公共事务、享受公共资源的自由。然而，"积极自由"也是随着历史的发展而发展，呈现历史性、阶段性与实践性。在传统社会时期，概观中外的普通民众，都没有参与公共事务的权利，因而不存在"积极自由"。随着文艺复兴、启蒙运动之始，尼采之"上帝之死"的呐喊，主体的权利得到伸张，"积极自由"开始有所显现，个体获得参与公共事务的权利，谋求社会"最大的公约数"也相继成为社会运行的共识。然而，"积极自由"同样烙印着阶级性，不同的层级其所参与的公共事务限度、其所影响的公共事务层次仍然呈现一定的差异性。因此可以说，审视人类发展史，自由与束缚一直相互拉扯，自由的限度始终存在，自由的限度随着历史的变迁而变迁，消极自由与积极自由也在不同的历史时期呈现不同的面向，现代公共生活重构之魂之自由主体是与现代社会发展进程相适应的具备消极自由与积极自由的能动主体。

公共生活的自由主体，不仅应具有自由主体的普遍特质，也应具有公共生活中主体的应有内蕴。审视现代公共生活的特性，自由主体的应有内蕴应具备公共理性与公共精神。公共理性是现代公共生活中自由主体的首要素质，它是"一种有限理性、渐进理性，其核心功能在于塑成权力的合法性与利益的协调性。"① 公共理性能够使主体在权力与利益的"殖民"进程中超脱，保持应有的公正，坚持表达公正的理念，在公共事务的参与和辩论中坚持罗尔斯所言的差异原则与平等原则，即"在与正义的储存原则一致的情况下，适合于最少受惠者的最大利益；依系于在机会公平平等的条件下职务和地位向所有人开放。"② 自由主体的公共理性能够使主体在尊重社会理性的基础上，抑制私欲的膨胀，理性确证公权力与私权利的关系，以主体间平等的协商与互助合作，推进公共生活在理性、合理的框架内运行。公共理性是现代公共生活在公共领域展开的必备要求，它引导个体有序参与，引导个体在协会、社会团体等非政府组织的理性参与，引导个体理性化表达利益诉求，跳出个体的私欲，在表达公正理念、追求共赢合作中寻求最大的"公共善"。参与现代公共生活的自由主体在具备公共理性之外，还应具有一定的公共伦理精神。公共生活本质上是寻求"公共善"的生态样态，在市场化、网络化、全球化的背景下，个体极易受到权力或资本的侵蚀，公共领域也可能受到再度"殖民化"的风险，因此，公共精神亦是参与现代公共生活的自由主体的应有内蕴。参与现代公共生活的自由主体既能以公平正义的姿态积极参与公共事务，又能对社会基本价值观念持以认同，能够在主流文化与非主流文化、精英文化与草根文化、西方文化与东方文化的碰撞与交流中对中华民族的主流文化表示认同。参与现代公共生活的自由主体也要既对公共事务参与并建言献策，也能对公共规范、公共秩序、公共准则维护与遵守，而不是施以特权或霸权，无视公共规范、公共秩序、公共准则。简言之，自由的主体不是毫无约束的自由散漫式主体，而是与现代社会发展进程相适应的具备消极自由与积极自由的能动主体，是具备公共理性与公共精神的主体，是

---

① Fred D'Agostino, Gerald F. Gaus, Introduction: Public Reason: Why, What and Can (and Should) It Be? from Public Reason, Fred D'Agostino & Gerald F. Gaus, ed (s), Dartmouth: Dartmouth Publishing Company Limited, 1998. p.1–72.

② ［美］罗尔斯:《正义论》，何怀宏、何包钢、廖申白译，中国社会科学出版社 1988 年版，第 302 页。

现代公共生活重构之魂。

三、社会自组织：现代公共生活重构之本

自主性社会为现代公共生活重构提供了范本与蓝图，自由的主体则为现代公共生活提供了实践的密码与钥匙，然而社会自组织却为现代公共生活重构提供了走向通途的道路与工具，是现代公共生活重构之本，"在布莱克看来，在现代社会中，集体性组织的缺少'已经导致我们的社会生活和社会意识的贫乏'。"① 社会自组织并非一直存在，甚至在很长的一段历史时期由于国家的裹挟而被隐匿或压制，呈现的是"强国家、无社会"或是"强国家、弱社会"的生态。面对国家与社会的不平衡生态，面对民主的何去何从，托克维尔在《论美国的民主》中就首先提到并论证社会自组织的意义与价值，托克维尔认为："现今的时代，结社自由正在成为反对多数专制的必要保障条件。"② "一旦社团成立，他们就不再是一支软弱的力量，他们的行动就会引人注意，他们的意见就会有更多的人愿意倾听。"③ 此后，列奥·斯特劳斯、达尔也多次论证社会自组织之于民主的价值，达尔就曾在《多元主义民主的困境》中提到社会自组织是一个国家政治民主化进程的重要力量，其"不仅仅是民族—国家统治过程民主化的一个结果，也是为民主过程本身运作所必须的，其功能在于使政府的强制最小化、保障政治自由、改善人的生活。"④ 随着人类现代化的全面铺展，社会与国家之间排列组合在各国有着不同的镜像，但是社会作为与国家相并列的一个主体形式，已是一个共同镜像，社会自组织的孕育、生成与发展，在中外各国均有一定的向前发展。社会自组织也从曾经的隐匿甚至压制状态走

---

① ［英］保罗·霍普：《个人主义时代之共同体重建》，沈毅译，浙江大学出版社2010年版，第13页。

② ［法］托克维尔：《论美国的民主》，张晓明编译，北京出版集团公司2012年版，第59页。

③ ［法］托克维尔：《论美国的民主》，张晓明编译，北京出版集团公司2012年版，第140页。

④ Robert A Dahl.A preface to Economic Democracy，Berkeley and Los Angeles：University of California Press，1985，p.12.

向孵化、以至不断成形。彼得·F.德鲁克认为现代社会组织是"社会领域中基于志愿者并且能够发挥人的精神力量的组织，同时提供了社会所需要的社会服务和政治体制所需要的领导力量的开发。"① 社会自组织在历史的演进与发展中，也逐渐发挥其促进公共参与、塑造公民文化、推进社会管理、强化公共权力监督等功能。社会自组织是国家与社会良性互动的"润滑剂"，使公权力与私权利能在一定的张弛中相互制约、相互监督与相互纠错。社会自组织之于现代公共生活，则是现代公共生活保持其自身的独立性，且能够真正活动展开的"躯体"。现代公共生活是在公共领域展开的活动归纳，其实质是寻求"国家—市场—社会"的"正三棱锥"生态中的活动展开，因此社会自组织的适度发展是现代公共生活重构之本。那么社会自组织发展的内在场域为何，其发展的应有路径如何是思考社会自组织作为现代公共生活重构之本的不可回避的深入探讨。

社会自组织是历史发展到一定阶段的产物，也在历史的发展进程中经历着变迁与变革，那么，其发展的内在场域为何？结合哈贝马斯对社会场域的划分，即将社会场域划分为公共权力领域、公共领域与私人领域三大领域。审视社会自组织的特性，不难发现，公共领域即是社会自组织发展的内在场域。公共领域的现代生长既需要现代国家的成长，也需要现代社会的发育，需要国家与社会分别以独立的主体形式展开互动与合作，并且缩短互动与合作的"间距"，社会自组织则恰恰是缩短二者"间距"，促进二者互动与合作的桥梁与载体。反过来，社会自组织也以公共领域为场域，在其生长中丰富与发展自身。公共领域是介于公共权力领域与私人领域之间，具有一定独立性的中间领域，在中外历史发展中，社会自组织的发展也往往与公共领域的变迁呈现相近的波动性。现代意义上的公共领域曾经被公共权力领域与私人领域所挤压，尚未真实伸展，随着市场化的推进，公共权力领域与私人领域的分离图景渐趋呈现，二者之间界域得到更

---

① ［美］彼得·F.德鲁克：《社会的管理》，徐大建译，上海财经大学出版社2003年版，第115页。

加合理划定与守护，公私域界越来越明晰化，其中公共领域也即获得了生长的空间，公共权力领域的放松使公共领域的调节度也有所放宽，在价值多元化已成为客观事实的当下，多元价值的统摄也不再是一元价值的强制，而是以寻求底线共识以谋合。同时，令人忧心的是，"再封建化"（哈贝马斯语）征兆在中外公共领域发展中有着不同程度的显现，即国家力量和市场力量在某种程度上侵蚀或消弭着公共领域的公共性，公共领域的批判监督功能有所消减，不再相对独立于其他场域而独特发挥自我的功能。作为国家与社会之间的一个调节性领域，公共领域具有监督国家、市场吞噬社会的现代性功能，唯有充分发挥这种功能，才能有效实现国家与社会之间的有效分离与高效互动，为此，公共领域必须是一个具有监督权力滥用与错用的充满建设性意见的责任空间，也是一个汇聚民智，表达公共诉求，监督公共政策正确执行，促进公共利益最大化的义务空间，从某种程度而言，这也是现代公共领域是否健康发展的考量标准。由此可见，公共领域的健康发展，需要跳出公权力的僭越，或是私权利的消蚀，而能够成为反对意见和责任义务的空间，影响政策的空间。社会自组织是现代公共生活重构之本，在发挥其现代公共生活重构之本的独特特性中，公共领域的健康发展也即成为了其不可或缺的生成场域。公共领域尽管在中外历史发展进程中经历着公共领域的"封闭化"、公私领域"明晰化"、公共领域"再封建化"的历程与沧桑，但公共领域的意义与功能在近些年已受到足够的重视，其发展的话语权也逐渐得到提升。尽管哈贝马斯所言的公共领域具有一定的西方化色彩，中国是否存在公共领域也存有一定的争议与分歧，但在西方模型与中国争议的背后，都已在共同的回答着公共领域的存在价值，也回答着公共领域对于社会自组织生成与发展的意义建构。为此，从某种程度而言，社会自组织发展的场域依托和实践力量源于公共领域的现代成长，社会自组织的健康发展也即是现代公共生活重构的"躯体"与"骨骼"，是现代公共生活重构之本。

社会自组织是现代公共生活的一种组织化载体，其能以一种中介性力量对分散、原子式个体进行整合与凝聚，较好实现社会价值整合、利益整合与制度整合，促进社会有机团结与组织化参与，缩短国家与社会的互动间距，促进社会结构的合理化和良性化。据此，科学培育与发展社会自组织已成为当今世界各国面临的共同话题，作为一个公共行动的社会实体，社会自组织发展的内在场域为"一个中介性的社团领域，这一领域由同国家相分离的组织所占据，这些组织在同国家的关系上享有自主权，并由社会成员志愿地结合而成，以保护或增进他们的利益或价值。"[①] 它既不是公权力的附属品，也不是私益伸张的替代品，其在独特、独立的品质坚守中发挥着促进公共参与、塑造公民文化、推进社会管理、强化公共权力监督等功能。当解答了社会自组织之于现代公共生活的价值生态、社会自组织发展的内在场域后，解答社会自组织发展何以可能问题也就成为逻辑推演的必须。社会自组织其发展应有路径大体上可解读为三个方面，一是创新培育社会自组织发展的政策体系；社会自组织的生成与发展必定遵循着"强国家—强社会"互动的逻辑进路，为交往主体提供了建构社会认同的可能渠道与现实平台，因为"完成各项任务的组织将不再是实际上主要由上面控制的等级金字塔。各种组织将是……交织在一起的网络，在这些网络中，控制是宽松的，权力是分散的，决策中心是多元的。"[②] 在社会组织的发展中，要发展相应的政策体系，使政府、社会、市场三者之间不错位、不越位、不缺位，能够充分发挥社会组织在社会运转、社会健康发展中的职能。二是创新发展社会自组织的孵化机制；社会自组织在历史的发展进程中，经历了一步步成长，当前中国的社会组织已近20万个，发达国家的社会组织也成为监督公共权力、推进社会管理、促进公共参与的重要组织，因此，社会自组织的发展不是一成不变的，它的发展需要相应的孵化机制，如塑造"政府支持、民间运转、专业团队管理、政府和公众监

---

① ［美］戈登·怀特：《公民社会、民主化和发展》，何增科译，载何增科主编：《公民社会与第三部门》，社会科学文献出版社2000年版，第64页。

② ［美］彼得·F.德鲁克：《社会的管理》，徐大建译，上海财经大学出版社2003年版，第167页。

督、社会组织受益"的孵化机制或许具备现实的可能，使社会自组织在社会发展中既不受权力的摆布，也不得利益的侵蚀，切实做到真正的"公共善"。三是创新社会自组织发展的监督管理体制。社会自组织的功能发挥要求其不能陷入放纵或无度的发展中，"政府指导、社会参与、独立运作"的社会组织评估机制是社会自组织良性发展的重要管理体制，社会自组织发展的"度"即是形成"强国家—强社会"的格局，使国家与社会之间形成良性的互动。简言之，公共领域的适度生长是社会自组织的生成场域，在历史的演进与发展中，它逐渐发挥其促进公共参与、塑造公民文化、推进社会管理、强化公共权力监督等功能，是现代公共生活重构之本。

第六章　当代中国公共生活建设中的政府责任

　　"在公共行政和私人部门行政的所有词汇中，责任一词是最为重要。"[①]　在现代民主政治体系中，公民责任与政府责任是两大主要责任体系，其中权利与义务的统一是公民责任的主要表征；权力与责任的统一是政府责任的主要表征。何谓政府责任，学术界众说纷纭，不同学者有着不同的解读和界说，张成福教授认为，从最广意义上来看，"政府责任是指政府及其公务人员能够积极地对社会民众的需求做出回应，并采取积极的措施，公正、有效率地实现公众的需求和利益。"[②]　由此可见，其是基于人民主权论视域展开的一种解读，政府及其公务人员合法、公平、公正地行使权力来满足公民的需求，保障公民的权益等不仅是现代政府责任彰显的重要表征，也是现代政府的人民属性的彰显和真正履行公共责任的彰显。实践亦证明，只有真正履行公共责任的政府，才称得上是一个公共服务型的政府，否则只能是人们一厢情愿的幻想。在当代中国社会中，现代公共生活的建构需要国家与社会之间的有效互动，作为国家权力机关的执行机关、国家行政机关和人民利益的维护者和实现者，当代中国政府是人民的

---

　　① ［美］特里·L.库珀：《行政伦理学：实现行政责任的途径》，张秀琴译，中国人民大学出版社 2001 年版，第 62 页。

　　② 张成福：《责任政府论》，《中国人民大学学报》2000 年第 2 期。

政府，人民性原则是政府服务应坚持的根本原则，是政府一切活动的逻辑起点和最终归宿，政府的人民性与公共生活的公共性在本质上是统一的，为此，政府在现代公共生活建构中要发挥着越来越重要的主导作用，通过政府公共权力的有效运作来主导现代公共生活的健康有序发展，是创造一个好的公共生活和构建社会主义和谐社会的核心题域。

第一节　当代中国公共生活建设中政府责任的历程回放

按照社会契约论和人民主权论的解释，国家是社会发展到一定阶段的历史产物，国家起源于社会，来源于人民同意的契约，人民与政府的关系是一种委托—代理的关系，人民主权是政府权力的逻辑起点和最终归宿，来自人民的政府权力必须对人民负责。为此，人民与政府间权力委托—代理关系预定了政府权力并不是一种荣耀与光环，而更多是一种维护和促进人民福祉的责任担当，对人民负责，捍卫人民利益已成为当今世界各国政府存在与发展的一个不可化约的公理和不言自明的定律。"一切权力属于人民""人民是国家的主人"是我国各项政治制度安排与设计的根本的法理基础，任何脱离人民意志、践踏人民意志的政治制度都必然是正当性与合法性阙如的政治制度，这决定了当代中国政府责任与资本主义国家政府责任有着不同的区别。考察当代中国政府责任模式的嬗变，其大致呈现出政治导向、经济导向和公共导向的嬗变历程。

一、政府责任的政治绩效导向

新中国成立至改革开放以前，我国处于一个物质匮乏但政治热情高涨的时代，政治逻辑渗透于日常生活世界之中，甚或主导着人们的思想和行为，人们的思想和行为主动或被动地按照政治逻辑的要求得出其预设或备好的结论。与当时高度集中的计划经济体制相适应，政治成为社会生活运行的轴心，社会领域以政治领域为轴心被人为地高度统一，整个社会被硬塞入一个实现理想社会主义、共产主义的政治专列中，为此，可以把当时确立政府责任模式称之为"政治绩效导向型"模式。这种政治绩效导向型的政府责任模式在完成新民主主义革命遗留任务，巩固新生的人民政权，恢复国民经济秩序，完成三大改造等中均发挥过重要作用，有过重大的历史意义，为社会主义现代化确立了基本的政治制度，奠定了良好的前提条件。但是随着当时中国主要矛盾的变化，经济建设理应成为党和国家的工作重心，中共八大对此问题亦有过清醒认识，但是好景不长，并未能在实践中得以贯彻和坚持，而是为了兑现社会主义革命的承诺，一路高歌猛进地朝着全面建成社会主义和共产主义迈进。为了让人们过上幸福美好生活，政治目的和政治需求也就成为当时经济建设的轴心，经济领域、文化领域都服从于政治领域，政治编码渗透于社会所有领域之中，社会所有领域都被涂上浓厚的政治色彩，承诺"美好生活"的共产主义内爆使得人们热衷于理想社会主义、共产主义模式的集体认同与深情迷恋。为此，集体式的劳动激情、政治性的劳动竞赛和斗争式的群众运动等成为当时经济建设的主要载体或主要形式，"抓革命、促生产"成为当时引领人们思想和行为的一种政治符号，人们的生产积极性与创造性要么在政治挂帅中得到赞美，要么在政治挂帅中被驱除，大跃进运动和人民公社化运动便是一个淋漓尽致的历史脚注。因此，可以说，新中国成立三十年中，政治强力成为当时党和政府建构理想社会和实现执政目标的重要手段，政党执政的政治目标，即实现共产主义也就成为政府行为逻辑的出发点和归宿点，在政治逻辑中幸福地颂唱或痛苦地呻吟往往成为一个人是否成功的重要表征，且愈演愈烈，渗透于人们日常生活世界中的每一个角度，导致人们日常生活的过度政治化。在日常生活过度政治化的时代，人们必须持有高度"抓革命、促生产"的群体性热情，凸显政治逻辑的农业学大寨、工业学大庆、工农兵学哲学等成为生活世界中一种司空见惯的现象，"政治挂帅"成为一个人人皆知的"时髦"概念，人们对"政治"的敏感、疯狂抑或恐惧等深深地契合于人们衣食住行的一切展示和行为之中，人们的衣着、服饰、情感等都往往被政治所"遥控"，人异化为一种听命于政治抑或权力指令下的一个符号，在赞美或狂喜、忧郁或恐惧的心态或行为中单向度地成为政治的俘虏，此时人的异化或许是福柯所言说的"人死了"的一种较好诠释。因此，通过政治来遥控人们的思想和行为，以求达到政治所设定的目标，这是当时中国以政治绩效为导向的政府责任的重要内涵。

当时之所以会出现政府责任的政治绩效导向，究其原因，主要是由以下几个方面所致。

一是以阶级斗争为纲的路线影响。1956 年中共八大指出无产阶级与资产阶级的矛盾已不再是国内主要矛盾，国家对于经济文化总供给与人民对于经济文化总需求之间的失衡成为当时国内主要矛盾的基本面相。但是受 1957 年下半年反右斗争扩大化影响，中共八大关于国内主要矛盾的正确认识急转直下，毛泽东在中共八届三中全会上重新把国内主要矛盾的基本面相阐释和界定为两个阶级（无产阶级与资产阶级）、两条道路（社会主义道路与资本主义道路）之间的冲突与斗争，并且在 1962 年的中共八届十中全会上，进一步指出两个阶级、两条路线的斗争在社会主义社会一直存在，要时刻警惕、防止资本主义道路的复辟，阶级斗争的这根弦必须绷紧，一刻一分一秒都不能放松，阶级斗争成为人们生活世界中的基本向度，人性恶的面相也往往在阶级斗争名义下得到了极度演绎。以阶级斗争为纲成为全党全国一切工作的根本指导思想，致使"文化大革命"期间召开的党的九大和十大会议上明确把"以阶级斗争为纲"的错误路线写进党章。在以阶级斗争为纲的"左"的思想路线影响下，片面强调政治、突出政治成为一种司空见惯的现象，认为单有经济战线的把生产资料私有制改造成公有制的社会主义革命是远远不够的，是不可能最终取得社会主义革命的胜利，经济战线的革命也并不意味着社会主义革命的完成，经济战线的革命需要政治战线和思想战线的社会主义革命保驾护航，才能取得社会主义革命的最终胜利。为此，不仅经济战线的一切工作都是政治战线工作的副生品，而且人们日常生活世界也出现了过度政治化，片面强调政治、突出政治的政治绩效导向成为当时政府责任的主要图景。

二是中共执政绩效的政治倚重。在现代政权体系中，政权体系的合法性基础应是多向度的，而非单向度的，巩固政权体系的合法性基础，必须是多向度的协同、平衡的综合推进，各个要素之间的失衡必定会导致政府责任的失衡。以现代眼光审视，政治价值、政治制度、治理绩效往往构成一个政权体系的合法性基础，这三者之间相互建构又是有一定梯度差序的，其中政治价值居于核心地位。新中国成立以后，通过三大改造的完成，社会主义基本制度得以确立，但是如何进一步巩固自身的政权体系，加强政权体系的合法性基础建设，是中国共产党面临的一个重要而又迫切的课题。而首当其冲的就是进一步唤醒人们对社会主义政治价值的认同与信仰，特别是在对国内主要矛盾错误判断的情况下，进一步强化人们的社会主义政治价值认同与信仰更显得尤其重要和紧迫，为此，政治逻辑、政治价值等不仅成为一切工作的考量标准、杠杆与标尺，而且成为人们日常生活世界中对待一切问题与事物的根本出发点与落脚点，任何工作、任何问题、任何言论都要提高到政治价值的大格局中加以认识，都要与政治价值强行地捆绑在一起，许多其他价值形态都被赋予了浓厚的政治色彩，非政治领域的思想、言论、行为都被人为地加以政治价值的考量与评判，政治逻辑、政治价值等主宰着一切社会现象，从而导致政权体系的合法性基础巩固过于倚重政治价值要素，而忽视了政治制度和治理绩效层面的建设，在此生态中，即使"大跃进"、人民公社化等通过治理绩效来迅速证明社会主义优越性的急切渴想与冒进行为也最终是以政治价值为轴心而运转，而没有真正实现政治价值、政治制度与治理绩效的三要素的和谐共振。

三是社会主义认识的严重偏差。三大改造完成以后，虽然社会主义基本制度在中国得以建立，但对于什么是社会主义，如何建设有中国特色的社会主义等是中国共产党人所面临的一个全新课题，并不能完全效仿苏联社会主义模式，需要结合中国的实际情况，在社会主义实践中不断地加以探索和总结。值得肯定的是，以毛泽东为代表的中国共产党人对我国社会主义建设道路进行了努力探索，提出了许多具有创造性的建设思想，其中《论十大关系》的发表则标志着探索中国特色社会主义建设的逻辑与历史的开端，这一光辉探索本可以很好地指导我国社会主义建设，但由于后来"左"的思想愈演愈烈，这一光辉探索在实践并没有得到很好贯彻与坚持，对什么是社会主义产生了曲解与偏差，认为社会主义就是一大二公，公有化程度越高越是社会主义；认为社会主义就是平均主义，越平均越是社会主义；认为社会主义就是以阶级斗争为纲，越革命越是社会主义；认为社会主义就是贫穷，贫穷是社会主义的本色；认为社会主义的优越性在于精神优势，尽管我们在物质方面不如资本主义，但凭借精神优势完全可以战胜资本主义；等等。总而言之，当时关于什么是社会主义的认识，自始至终没有跳出经典社会主义作家提出的两个基本特征，分别是公有制基础上的普遍富裕和按劳分配原则下的公平均等的教条式理解，而且其特别注重通过生产关系的单纯变革，通过急风暴雨式的革命手段、政治运动、群众运动来实现其所构想的理想社会主义，人民公社化运动和"五七指示"便是毛泽东追求某种理想社会主义、共产主义目标的历史脚注。

二、政府责任的经济绩效导向

党的十一届三中全会以后，党和国家的工作重心转移到经济建设的轨道上来，拉开了以市场化为先导的中国改革大门。党的十四大确立了我国经济体制改革目标是建立社会主义市场经济体制，党的十四届三中全会勾勒了社会主义市场经济体制的基本蓝图，这标志着我国市场化改革进程的公开推进，使得我国社会主义现代化建设能够以崭新的市场面貌全面铺开，经济建设的中心地位在党的政治路线层面得以高度确立，经济工作成为各级党委和政府的重中之重，加快经济建设，发展经济成为压倒一切的最大政治问题，经济增长成为政府工作的主要内容和基本目标，政府以强有力手段主导着我国的经济建设，政府这只"有形之手"以政治权力作为保障在经济领域中扮演着主体性角色。毫无疑问，经济导向型的政府责任模式大大促进了我国经济的快速增长，提高了人民生活水平，引起了国内外各种目光的关注，在国外，既有中国奇迹论、中国世纪说等各种称赞中国经济高速增长的论调，也有中国增长模式危机论、中国统计数字水分论等各种置疑中国经济高速增长的论调；在国内，关于中国市场化改革的争论亦从未停止过，其中新左派主张中国回归到改革开放以前封闭僵化的老路上来，诗意浪漫地眷顾传统社会主义和毛泽东式社会主义，试图影响或改变我国经济建设的中心地位；新右派则反对公有制、反对科学社会主义和反对任何形式的政府干预行为，试图把中国经济建设引向完全市场化、绝对自由化与私有化的道路。管窥新"左派"与新右派对当代中国问题的诊断，究其实质，二者都是针对当代中国暴露出的社会问题而开出的医治处方，都是为了实现当代中国社会发展中速度效益与公平正义的和谐统一而展开的空漠的理论玄想。观照中国现实，它们的主张在当代中国都缺乏现实操作性，纯粹是一种凌空蹈虚的顾盼抑或无法复制的神话，极有可能误导改革开放的基本方向，消解改革开放的整体合力，危害当代中国社会的和谐发展。党的十八大报告旗帜鲜明地提出，既不走封闭僵化老路、也不走改旗易帜邪路，坚持中国特色社会主义道路自信、理论自信和制度自信等，无疑也是对国内新"左派"与新右派关于中国改革方向争论的正面回应和有力回击，表明坚持以经济建设为中心的地位，正确处理政府与市场的关系依然是当代中国改革实践的重要取向。但是政府责任的经济导向在促进经济持续高速增长，显现中国特色"经济奇迹"的同时，也带来了人口与资源的紧张、生态环境的破坏、经济与社会发展的失衡、政府对经济的不当介入、泛市场化思潮的陷阱等系列经济难题，国家发展简约为经济建设，经济建设简约为GDP，总量增长成为许多政府官员奉行的直线逻辑，唯GDP增长论如同鬼魅般的幽灵影响着社会可持续发展和人的全面发展，从而使中国暴露出"政绩困局"现象。因此，在1978年至2003年的这段历史时期，总体而言，经济增长是当时政府工作的轴心，以经济绩效来赢取政治合法性和增强政治认同，政府的经济责任挤压了其公共服务责任和社会治理责任，进而使政府责任呈现出经济导向的整体特征。

当时之所以会出现政府责任的经济绩效导向，究其原因，主要是由以下几个方面所致。

一是经济建设为中心的政策导向。1978 年党的十一届三中全会一致决定把党和国家的工作重心转移到以经济建设为中心的轨道上来，实现了中国历史的巨大转变。从此，在经济建设为中心的基本路线指引下，全党全国的各项工作都要服从服务于经济建设这个中心，顾全、配合经济建设这个大局，在经济建设这个大局下动头脑、下功夫，集中力量把国民经济搞上去，努力提高人民的物质文化生活水平，把发展经济作为全党全国最大的一项政治工作。为此，改革开放以来的很长一段时间内，在以经济建设为中心的政策导向下，经济绩效成为各级政府、各级官员的共同追求，经济绩效也主导着各级官员的政治命运，经济规模、经济增长率的"硬指标"成为各级政府竞赛的轴心，各级政府聚焦、偏向的是公共行政的经济绩效，在发展的口号下处心积虑打造一张以 GDP 为内核的经济绩效的"成绩单"，为了上交一份满意的"成绩单"，有的地方政府不择手段，甚或不惜一切代价弄虚作假、虚报各种与经济绩效评价有关的数据，等等。当然，在以经济建设为中心的政策导向下，对调动各级政府官员发展经济的积极性、主动性、创造性，推动地区经济的发展等方面起到了一定的正面作用，但在看到其正面作用的同时，对其负面影响也不能视而不见，特别是在发展即增长的认识误区下，有的地方政府也简单地把经济绩效等同于经济增长，把经济增长等同于 GDP 增长，把 GDP 增长等同于社会发展，在这种认识误区下，唯 GDP、崇拜 GDP 往往成为政府责任的经济绩效导向的重要标尺，从而出现发展陷入见物不见人的窘境之中。

二是中共执政绩效的经济倚重。如前所述，政治价值、政治制度和治理绩效是一个政权体系的合法性基础，三者之间是相辅相成的，对任何一方的过于倚重都有可能导致合法性危机的出现。新中国成立后，虽然通过政治运动方式进一步强化了社会主义政治价值的认同与信仰，人们也在实现社会主义、共产主义目标的"美好承诺"下，一路高歌猛进地投身于社会主义革命与建设的洪流中。但是任何一种政治价值体系都不可能脱离物质利益而凌空蹈虚，否则其将成为一种无根的抽象体系，更难以获得人们的认同与信仰，社会主义政治价值的认同与信仰也不例外。新中国成立后，政府关注的焦点主要在于其公共行政的政治绩效，尽管大跃进、人民公社化运动从某个侧面隐喻着当时想迅速显示社会主义制度优越性的渴望，但其违背客观经济规律的群众性行为不仅没有提高经济绩效，反而给当时社会生产力的发展造成了极大破坏。改革开放以来，随着中国共产党对社会主义初级阶段的基本国情的正确定位，为了尽快满足人民日益增长的物质文化生活水平的需要，实现国家富强、人民富裕，进一步巩固中共执政的合法性基础，提高中共执政的有效性，中国共产党非常注重经济增长对其执政合性的直接支撑，以经济的快速增长、人民生活水平的迅速提高来提升民众对其执政合法性的认同度和自身的公信力，在执政有效性中累积执政合法性的基础。为此，经济绩效成为当时中国共产党提升执政有效性和增强执政合法性的一大法宝，国外媒体所赞叹的"中国奇迹"在某种程度上昭示了经济绩效在夯实执政合法性基础中的重要意义，也表明了在此阶段中国共产党执政绩效中的经济建构特征。但是也要充分认识到经济绩效的悖论现象，经济绩效虽然是政权体系合法性的直接支撑要素，但其与政权体系合法性并非完全正相关关系，亨廷顿和李普塞特等人对经济绩效的悖论也有过深刻的阐述。

三是社会主义本质的科学认识。关于社会主义的认识，无论是马克思、恩格斯、列宁、毛泽东等都从不同维度对其进行了阐述，进行许多很好的探索，经历了一个从其特征探讨到其本质揭示的认识跃升过程。在社会主义现代化建设新时期，邓小平理论明确指出社会主义的本质是解放生产力，发展生产力，消灭剥削，消除两极分化，最终达到共同富裕，对社会主义本质作出了全面、深刻的概括。其中解放生产力，发展生产力表征着社会主义社会形态的运动规律走向；消灭剥削，消除两极分化表征着社会主义社会生产关系的本质规定；最终达到共同富裕表征着社会主义社会的价值目标追求。为此，社会主义本质体现了生产力与生产关系的统一，坚持了历史唯物主义的基本观点，纠正了以往一味强调通过生产关系变革来实现社会主义的"左"的错误认识，强调生产关系的变革与调整也要服务于生产力发展的要求，在生产力目标和人民利益目标的层次上界定了社会主义本质，突出了生产力的基础地位和实现共同富裕的目标设定，在动态中拓展了认识社会主义本质和把握社会主义建设规律的广度与深度，丰富和发展了科学社会主义的思想宝库，科学社会主义实践具有了"中国意义"与"世界意义"的新境域，开辟了发展中国特色社会主义的新道路，反映了人民呼声和时代要求。解放与发展生产力不仅是马克思主义的思想要旨与社会主义本质的重要面相，也是社会主义的根本任务和内在要求，更是显示社会主义制度优越性，巩固社会主义政权体系和解决社会主义初级阶段主要矛盾的需要。因此，在此际遇下，各级政府把发展生产力作为重中之重的工作，不仅是必要的，也是正当的，但不能片面把生产力发展解读为 GDP 增长，在实践操作中将公共行政的经济绩效导向等同于 GDP 导向，在发展旗号下热衷于 GDP 的追求。为此，以经济绩效为表征的政绩也就成为公共行政的重心，与之相伴，亨廷顿所说的"政绩困境"现象也初露端倪，值得高度警惕。

三、政府责任的公共绩效导向

公共性是政府的本质属性，公共服务行政已成为全球发展的潮流与趋势。在现代社会中，提供公共服务不仅是现代政府的职能和目标所在，也是现代政府的责任担当和诉求。因此，打造公共服务型政府，建构公共服务体系，已成为现代民主政治发展的必然要求，世界各国的普遍认同和务实选择。管窥我国政府治理模式演变历程，其经历了一个"统治型→管理型→服务型"的嬗变历程，当今我国也正在实现以传统公共权力为核心的消极行政向以现代公共服务为核心的积极行政转变，正处于一个建设人民满意的服务型政府阶段，党的十八大报告中提出的建设服务型政党和人民满意的服务型政府也正是从执政战略高度对此问题加以确认，预示着中国共产党更加关注民生、彰显民意、汇聚民智的执政为民理念的升华，进一步凸显了政府责任的公共服务导向，深刻诠释了我党全心全意为人民服务的主导行政价值观。为此，建设公共服务型政府，形成具有中国特色的公共服务体系不仅仅是一种人们普遍认同的观念范式，也已经成为中国政府改革所追求的一种目标实践，是当前中国政府深化行政体制改革的一个主导趋向、核心内容和目标选择，是当代中国政府的人民性价值的自我求证，也是社会主义和谐社会构建的政治路径选择和发展社会主义市场经济的内在要求。

进入本世纪以来，公共服务型政府建设不仅是政党执政为民的重要体现和我国政府自身改革的实践自觉，维护公共利益，彰显民生民意，弘扬公共精神已成为我国政府行政管理的逻辑起点和现实归宿，从本质上规定了我国政府行政方向、职能范围和价值取向。特别是我国科学发展观和构建社会主义和谐社会目标的提出，标志着党和政府的公共利益观从注重行政效率的公共利益观向注重社会正义的公共利益观的转变，从注重顾客导向的公共利益观向注重公民导向的公共利益观的转变。众所周知，作为一个"罗生门"式的概念，公共利益究竟为何，众说纷纭，有人认为公共利益纯粹是一种"政治浪漫"，犹如恋爱中真情难觅；有人认为公共利益是一只"披着羊皮的狼"，成为权力滥用与错用的幌子而已；有人认为公共利益是一种"政治迷思"，成为捉摸不定的"幽灵"，有人认为公共利益是一座"崇高圣杯"，成为难以解码的精神表达。在当代中国语境下，人民群众的共同利益抑或说最广大人民群众的根本利益就是现代公共利益内容构成的"底色"，实现好、维护好、发展好最广大人民群众的根本利益是以人为本、执政为民的最高体现，是维护和发展我国公民基本权益的最佳诠释，是尊重人民群众的实践主体地位和历史主体地位，始终保持与人民群众紧密联系的必然要求，是我国政府行为"至善"的切实体现。近年来，我国政府行政也一直强调顺民心、合民意、择民向、察民情，注重公共利益表达机制、政府回应机制、行政问责机制、信息公开机制、公共利益为导向的绩效评价体系等彰显人民性的制度设计与安排，努力实现从"行政人"到"公共人"的转变，把政府自身定位为"公共人"的伦理角色，以效益与责任的有机统一来达致社会公平正义的公共利益目标和公共伦理价值，毛泽东提出的全心全意为人民服务，邓小平提出的管理就是服务，江泽民提出的"三个代表"重要思想，胡锦涛提出的以人为本的科学发展观，习近平提出的"中国梦"等都充分体现了中国共产党一直把人民利益、人民幸福作为政党执政的最高追求和自觉践行，也折射了我国政府改革的公共性导向和人民性轨迹的内在统一。因此，可以说，建设公共服务型政府不仅是政府价值的合理回归与自我求证，也是政府责任的公共导向的重要体现，体现了我国政府改革的历史与逻辑的统一，理论与现实的一致，它是对政府为何存在与何以存在等理论问题的一种实践回应，进而使我国政府责任呈现出公共绩效导向的整体特征。

我国现阶段之所以会出现政府责任的公共绩效导向，究其原因，主要是由以下几个方面所致。

一是科学发展观的贯彻落实。作为马克思主义中国化的重大理论成果，科学发展观蕴含着丰富的价值内涵，合理地解决了手段与目的的关系问题，认为发展只是手段问题，人的自由全面发展才是科学发展观的核心要义与终极价值关怀。科学发展观体现了人的自由全面发展与经济、政治、文化、社会发展的相统一、人的自由全面发展与人的社会生活的丰富与发展的相统一、人的自由全面发展与人的社会关系的和谐与发展的相统一，彰显了马克思主义理论的实践品格与实践精神，深化了对人类社会发展规律、社会主义建设规律和中国共产党执政规律的科学认识，实现了科学理性、人文理性、生态理性和实践理性的合理统一。为此，科学发展观的提出为政府责任的价值导向输入了全新理念，促进着我国公共行政注重效益与公平的和谐统一，注重工具理性与价值理性的统一，注重科技理性与实践理性的合理化，实现了从单纯的经济理性向公共理性的转变。因此，贯彻落实科学发展观，政府公共行政的绩效导向必须发生改变，应注重以公共利益为旨归的公共性建构，在实现和发展人们的经济民生、权益民生和文化民生中彰显以民生性、民主性和民意性等为表征的公共性建构，并把其作为政府公共行政的轴心要素，既要注重经济发展，也要注重社会事务和公共服务的有效供给，注重经济绩效和社会绩效的和谐统一，树立全面、协调、可持续发展的公共绩效观，实现我国经济发展与社会发展的和谐共进，全面提高公共服务和社会治理的水平，正确处理经济建设、政治建设、文化建设、社会建设和生态文明建设的关系，把公共绩效作为公共行政的价值取向与行为选择，实现公共行政的合目的性与合规律性的统一。

二是中共执政绩效的综合推进。中国共产党是最广大人民群众根本利益的代表者，促进和追求公共利益的最大化是由中国共产党的根本属性和宗旨所决定的，中国共产党执政的绩效也必须通过最大限度地满足人民群众的根本利益来体现，从而增强其执政的合法性基础。进入21世纪以来，中国共产党更加注重其执政能力的提升和执政方式的完善，对执政的绩效目标——"发展"也有了更加科学的认识，注重社会全面进步与人的全面发展的内在统一，追求以人为本、全面、协调、可持续的发展，发展的内涵更加丰富，发展的范围也不仅仅是局限在经济领域，而是经济、政治、文化、社会和生态领域的全方位拓展，走科学发展的中国特色社会主义道路，在增强其执政有效性中不断累积其执政合法性资源，在推进国家治理体系现代化中不断夯实其执政合法性基础，在宏观调控的科学部署中注重释放市场活力，促进经济增长，提升经济绩效；大力发展中国特色社会主义民主政治，推动人民代表大会制度的与时俱进，拓展人民民主的广度和深度；健全社会主义协商民主制度，拓宽公民公共参与的渠道，丰富公民公共参与的形式，推进公民公共参与的制度化和有序化发展；大力发展和繁荣中国特色社会主义文化，创新文化体制机制，努力实现优秀传统文化与现代文化的无缝对接，促进优秀传统文化的现代性转换和创新性发展，培育与践行社会主义核心价值观，以社会主义核心价值体系引领我国思想文化建设；大力发展中国特色社会主义社会组织，加强社会建设，创新社会治理体制机制，提高社会自治水平，引导与支持社会组织提供更多的公共服务；大力加强中国特色社会主义生态文明建设，加强自然生态系统的保护，建设美丽中国，积极统筹人与自然的和谐共生。因此，当今中国共产党执政绩效是"五位一体"的综合推进，在以经济绩效为重点的同时，深入推进政治绩效、文化绩效、社会绩效、生态绩效的综合集成，实现经济绩效与其他四项绩效的一个协调与互动。

三是社会主义和谐社会的构建。构建社会主义和谐社会的中共执政理念已成为一种社会价值观念共识与价值目标共识的集合束，实现了现代性在社会范式上的变迁与革新，规避了社会主体的自我迷失、社会要素的庸俗苟同、社会发展的正义阙如等，为此，社会主义和谐社会成为发展中国特色社会主义的一项重要内容和一个基本底色，这不仅是中国共产党执政的理念跃升和本质要求，也是维护和发展公共利益的根本体现，它丰富和发展了马克思主义社会建设理论，拓展了中国特色社会主义理论体系，是社会主义建设规律的当代体现、政党执政规律的客观依循和人类社会发展规律的重要向度，是一种规律性的必然存在物，而非一种随机性的偶然存在物，它表征着特殊价值与普遍价值、社会发展与人的发展、科学发展与和谐稳定、公平正义与速度效益等的有机统一，彰显了经济绩效、政治绩效、文化绩效、社会绩效与生态绩效的芯片集成。事实证明，改革开放以来，在我国经济取得快速发展的同时，许多社会问题也与之相伴而生，诸如收入分配失衡导致的贫富差距扩大，劳动关系失衡导致的劳资利益冲突，城乡发展失衡导致的城乡差距扩大，地区发展失衡导致的地区差距扩大，经济发展与社会发展的不和谐，等等，这直接腐蚀着社会的公平正义基础，威胁到社会的和谐稳定有序和中国共产党执政的社会基础，为此，构建社会主义和谐社会成为全党全国全人民的共同夙愿，是民心所向的一项伟大事业。因此，将构建社会主义和谐社会纳入唯物史观视域考量，社会主义和谐社会是一个符合人类发展规律、契合人类历史进程的必然存在物，而决非仅是当今化解社会矛盾的偶一为之的"救火"之策。据此，创新政府管理体制，推进国家治理体系和治理能力的现代化，建设一个公共服务型、责任型和法治型政府，捍卫社会公平正义，维护社会公共秩序，提供良好公共服务，满足人民根本利益需要，促进社会和谐，是转变政府职能，提高政府效能的切实举措，是落实科学发展观的具体实践，也是以公共利益为优先的政府责任的公共绩效导向的生动体现。

第二节　当代中国公共生活建设中政府责任的困惑与风险

健康有序的公共生活是发展中国特色社会主义实践中具有现实意义的重要内容，政府的明确定位与科学引导是现代公共生活建设的关键。在现代公共生活不断丰富发展的过程中，既要发挥政府在公共生活建设中的支持性作用，科学厘定政府在公共生活建设中的责任发挥阈限，也要激发社会组织在公共生活建设中的活力，科学促进国家与社会之间的良性互动，在中国共产党的强有力领导下，形成一个科学、合理、健全的多元主体共同参与、共同负责、共同监督的合力而为的现代公共生活运行体系。令人欣慰的是，自党的十六届四中全会以来，公共生活建设的这种新格局已得到了党中央的政治上的认同。然而，充分发挥公共生活建构的有效合力和系统活力，并不是一个简单的政府完全脱嵌或政府完全嵌入的问题，而更多是一个在权力与权利之间寻求平衡的重新组合的问题，是一个政府责任发挥阈限的隐喻问题。

一、当代中国公共生活建设中政府责任的困惑剖析

政府、市场与社会是正确理解现代公共生活建设的三把钥匙，是现代公共生活建设中的"魔力三重唱"，因此，从理论上分析，正确认识公共生活建设中的政府责任，实际上就是认清当前公共生活建设中的政府、市场与社会的三者之间的关系，即政府、社会与市场各司其职，各自恪守自身界限，社会的归社会，市场的归市场，一旦政府做了本该由社会或市场去做的事情或没有去做本该由政府去做的事情，则政府出现越位、错位、缺位等，以此为考量标准，我国公共生活建设中政府职能的发挥存在着一些不尽人意的问题，主要表征为政府责任的越位、缺位与错位的三个同时并存的困惑现象。

（一）政府责任的越位

在现代市场经济体系之中，市场应在资源配置中发挥决定性作用，政府则主要是充当"裁判员"的角色，做好宏观调控，为市场体系的健康运行保驾护航，创设市场运行的良好宏观环境，实现社会发展的长远目标与根本目标。但是在我国经济运行体系中，政府主导型的烙印依然大面积存在，市场主导型的经济体制尚未完全建立健全，政府依然在许多领域充当了"运动员"的角色，做了许多本应由市场去做的事情，管了许多不应该管的事情，甚或深度介入，为某些产业、行业提供着"保姆式"的过度的政策扶持，代替市场去配置资源，直接干预微观经济活动，进而越位成为一个"商人"，企业生产方向、生产内容、生产数量及所需要的生产设备等都是由政府来决策，市场机制并未完全发挥其在资源配置中的决定性作用，政府不仅是一只"看得见的手"，而且更多为一只"闲不住的手"，如果按照党的十八届三中全会提出的"让市场在资源配置发挥决定性作用"的标准来考量的话，地方政府"公司化"或"企业化"现象依然在我国某些领域普遍存在，从而在某种程度上妨碍着我国市场体系的有效运行。为此，政府如何从资源配置领域中退出来，也就成为当今正确处理政府与市

场的关系，转变政府职能发挥方式，提高公共服务质量，落实科学发展观的重要前提。政府责任之所以会出现越位，究其根源，更多是权力异化为资本所致，当前社会上流行的地方政府"公司化"或"企业化"的形象说法，隐喻地指出地方政府如同一个巨大的地区"总公司"，尽管"公司"或"企业"领导不断地升迁或更新，但以地方GDP或财政收入为"芯片"的公司或企业业绩却一直保持着高速的增长，而且地区"总公司"之间相互进行的以GDP或财政收入为主要指示的"发展竞赛"确实在很大程度上改变着中国社会的面貌，为此，这种现象也常被国外有些学者片面地误读为"中国奇迹"的一个决定性因素，但是笔者认为，这种现象在某种程度上也是当前经济增长"政治化"和政府权力"资本化"的一个侧面隐喻，地方政府不仅是公共利益的代言人，也是谋取自身利益的"经济人"。众所周知，当市场机制嵌入现代社会体系中以后，资本往往成为全部市场活动的源泉与动力，在政府这只"看得见的手"难以"闲得住"的际遇中，政府权力也往往随着市场而得以延伸，政府权力往往在"公共利益"的幌子下异化为资本，为此，政府权力除了要恪守自己的应有公共属性之外，也往往自觉或不自觉地具有资本的逐利性。当然，需要澄明的是，有些地方政府也并非故意把权力看作为资本，而是在以市场化为先导的社会结构全面转型中，政府的权力和职能没有得到及时、同步的转换，而更多是自觉或不自觉地"卷入"非政府权力范畴，在某种程度上，伴随着市场化而异化为资本的一种特殊形态，从而致使真正的政府权力却成为"GDP＝社会发展"的附庸，当今地方政府的征地拆迁等过程中权力之显性或隐性的影子随处可见，在市场体系运行中，有的政府权力往往兼具垄断者、支配者和干预者的三重角色，从而模糊着政府与市场的边界，政府的公共服务职能发生偏移，市场经济秩序受到干扰，严重影响着社会主义市场经济体系的进一步完善与发展。

（二）政府责任的缺位

按照人民主权论或社会契约论的解释，维护、保障和实现社会公共利益是政府产生与发展的目的所在，公共性是政府的本质属性，也是政府合法性的前提与基础，我国人民根本利益的一致性保证了以"人民主权"为价值"芯片"的政府公共性从逻辑论证向现实建构的发展，但是现实政治生活中，我国政府公共性的阙如、政府职能的缺位依然是一个较为普遍现象。所谓政府的缺位，主要是指在公共服务与公共产品的供给中，政府未能完全履行自己的社会管理与公共服务职能，充分彰显政府的公共性本质，甚或在有些公共服务与公共产品的供给中，政府踪影难觅，出现"真空"的一种现象。需要澄清的是，在发展中国特色社会主义市场经济的过程中，"放权让利"并不等于"弃责争利"，强调政府的宏观调控职能，其本意是发挥政府的保驾护航作用，减少政府对微观经济活动的直接介入与过度干预，而不是取消政府的保障作用；是限制政府权力的过度扩张，而不是推卸政府的责任；是主张权力意义上的"小政府"和责任意义上的"大政府"。事实表明，在我国以市场化为先导的社会结构全面转型期，有些地方政府打着发展经济的旗号，强化政府的经济职能，淡化政府的社会职能，政府的公共服务责任也明显收缩，政府并没有随着社会主义市场体系的发育和社会主义社会关系的变化，而及时地、成功地实现从经济建设为主导型的政府向公共服务型的政府转变，在许多必要的基础设施建设、基本的社会保障体系、市场竞争法制规则、公共教育卫生文化服务等方面的公共供给能力依然不足，社会的公共需求也无法及时得到满足，政府的社会管理与公共服务职能依然较弱，甚或在某些公共服务领域中完全处于一种"真空"状态，当今社会中的各种虚假广告、下水道"吞人"、食品安全事故、安全生产事故等许多公共危机问题均是政府执法不足或提供公共服务不足的责任缺位的现实表征，"不找市长找市场"成为有些地方政府敷衍、搪塞公众问责的流行语或堂而皇之的理由，政府把许多本应自己承担的公共责任推卸给市场，公共服务社会化与市场化也往往成为许多地方政府推卸责任的冠冕堂皇的理由或借口。政府责任之所以会出现缺位，在很大程度上是因为有些地方政府把政府的职责视为权力的附带品或者视为与权力无关的一种负担，特别是在权力资本化的际遇中，政府所拥有的职责在被视为权力与权力负担之间常常出现一种权责分离现象，当今诸如"政府职责＝盖个图章"→"政府职责＜盖个图章"→"政府职责＝盖个图章＝行使权力"等关于政府职责的形象比喻便是这种权责分离的现实脚注，政府科学、规范、高效地承担责任在某些公共领域中明显缺位，有的地方政府该管的不管，该做的不做；不该管的则管，不该做的则做，政府的社会管理与公共服务职能没有得到真正发挥，从而折射出政府责任的缺位问题。

（三）政府责任的错位

按照现代经济理论的解释，市场失效是政府介入的逻辑起点，其逻辑思路为"市场有效运行→市场失效→政府介入"，以此逻辑推理，政府介入的对应领域主要是公共领域和市场运行效果有悖于社会和谐准则的领域，但是在现代市场体系运行中，政府职能与定位常发生偏离现象。政府责任的错位，主要指随着社会主义市场经济的确立与发展，政府出现偏离其职责任务、活动领域、运行轨道的与市场经济体制发展不相适应的现象。政府责任错位大致表现为职责范畴、主次范畴、新旧体制范畴的角色错位，其中职责范畴的角色错位是当今政府责任错位的主要现象。按照现代社会结构理论的解释，在市场经济条件下，政府、市场、社会分别承担着经济社会发展的不同职责，发挥不同作用，扮演不同角色，三者各自都应有一个严格的职责界阈，且不可相互替代，其中政府也应该是一个有限型政府、服务型政府、廉洁型政府、法治型政府等，政府要实现从"管民"向"为民"转变，从"办经济"向"为社会"转变，进一步实现政企分开、政社分开，发挥市场的决定性作用，激发社会组织活力，切实履行好其经济调节、市场监管、社会管理和公共服务职能，大力为社会提供透明、高效、高质量的公共服务、公共产品，维护和实现社会公平正义。另外，从国家与社会的分析范式来看，国家与社会之间除了国家利用权力对社会进行"控制—被控制"的关系之外，还有国家使用权力对社会提供支持与帮助的"支持—被支持"的关系，权力控制性关系和权力支持性关系共同构成了国家与社会之间的"双轴"关系，且支持性关系亦可以独立于控制性关系而单独地发挥作用，公共权力是作为一种控制力使用还是作为一种组织资源运用是控制性关系与支持性关系的本质区别，国家对社会的强支持并不简单等同于国家对社会的强控制，增强社会的自主性也并不简单等同于国家支持的撤离或退出。[①] 但事实表明，权力控制性关系维度往往遮蔽、吞噬了权力支持性关系维度，政府以一个"全能者"的身份出现在经济社会发展系统中，直接涉足市场、社会的职责范围或过度干预市场、社会的职责运行，国家与社会之间是一种权力控制与被控制的关系，在体制束缚、认识偏差和功利驱动的三重效应下，政府责任错位现象在很多领域普遍存在。为此，可以说，国家与社会之间的权力控制性关系维度的"单轴"运行，将公共权力作为一种控制力来加以使用，国家与社会之间在权力控制中的"零和"博弈，这正是政府责任错位的深层动力与内在表征。因为在市场经济条件下，在权力控制关系维度以外，国家与社会之间更需要其支持性关系维度的建构与发展，即国家运用公共权力对社会提供积极性、建设性的支持与帮助，将公共权力作为一种组织资源来加以运用，实现国家与社会之间的相互增权、协同发展，而非简单地国家退出抑或国家打着经济发展、社会稳定等旗号而简单地控制或吞噬社会。

二、当代中国公共生活建设中政府责任偏离的成因

作为现代公共生活建设的重要主体，政府应在公共生活建设中发挥其主导作用，但政府主导并不意味着政府以天然拯救者身份而优越、凌驾于市场或社会之上，政府主导决不是一句空喊的理论口号，也决不是一种政府职能理论的想象与附加，而是根据当代中国社会发展实践而形成的一种有助于捍卫公共秩序，确证公共利益的公共生活伦理与制度规范。但是观照当代中国现实，政府在公共生活建设中的主导作用并没有得到很好的发挥，尤其是政府职能转变的滞后，直接影响到政府主导作用的发挥，造成

---

① 陶传进：《控制与支持：国家与社会间的两种独立关系研究》，《管理世界》2008 年第 2 期。

政府责任的偏离，致使政府职能错位、越位、缺位等问题成为影响公共生活发展的一大顽疾。为此，造成政府责任偏离的成因追问也就成为一个不可回避的问题域，政府责任偏离的原因是复杂的，在此主要从政府自身的内生因素予以探究，从政府的组织利益的僭越、自我扩权的冲动和公共精神的脱嵌等三个维度展开追问。

（一）组织利益的僭越

根据组织行为学的解释，组织的性质直接决定着组织的目标，国家的性质决定了政府组织的目标，我国人民民主专政的社会主义国家性质，决定着实现好、维护好和发展好最广大人民群众的根本利益是政府的组织目标，也决定着我国政府的组织利益与社会公共利益具有高度的一致性，公共利益的实现即组织利益的实现。组织利益与公共利益虽具有本质上的一致性，二者之间也并不能完全等同，也具有形式上的不一致性，只要组织利益自始至终是服务于公共利益而得以存在，那么这种组织利益就是合理的、正当的，也是能得到广大人民群众认同的。但是在我国公共行政实践中，组织利益与公共利益之间常常产生着"不证自明"的冲突，甚或出现以实现公共利益的名义来谋求组织利益，抑或以有损公共利益的方式来谋求不合理的组织利益等，一系列的组织利益僭越公共利益的现象，从而背离了我国国家性质所赋予的其组织目标，导致政府职能的偏离，政府职能的履行不再是以公共利益为轴心，政府责任的越位、缺位与错位问题也就在所难免，"有组织的不负责任"在许多公共领域大量存在，我国城市化进程中的"推土机政治""拆迁血案"等便是组织利益僭越公共利益的现实脚注。

政府组织利益僭越公共利益所导致的最直接后果就是政府公司化思维和行为的出现。众所周知，许多地方政府在"政绩冲动"的情况下，往往具有主动迎合市场规则和深度嵌入市场运行的强烈意愿与欲望，政府往往变成一个直接插手企业发展的经济属性过度的效率政府和市场力量，而不是人们所期待的一个公平政府和政治组织。在这种际遇中，由于组织利益的谋取和自利的经济属性嵌入，政府开始深度嵌入市场机制之中，成为直接嵌入于经济社会发展中的一个"运动员"，为了扮演好"运动员"角色，发挥其在经济社会发展中的内生性力量，政府的组织职能与组织行为也悄悄地产生了变化，从而出现政府职能缺位、越位与错位问题，而且一旦自利的经济属性过度嵌入政府组织职能、组织文化和组织机构之中，政府的组织行为也往往出现一种组织利益僭越公共利益的路径依赖效果，即常言的政府责任偏离效果。事实表明，自利的经济属性的过度嵌入会滋生政府组织的自我利益诉求，导致政府的组织行为受实用主义的利益逻辑引导，促使政府组织积极地深度嵌入市场运行机制，把其政治属性糅合进经济属性之中，政府俨然像是一个具有生产、分配和交易特质的市场主体。从某种程度而言，在组织利益僭越公共利益的际遇中，政府官员俨然像是政治企业家，政府俨然像一个效率政府，而非公平政府；国家俨然像一个经济国家，而非政治国家；因此，政府从一个宏观调控的"裁判员"变成了一个直接参与的"运动员"，从一个捍卫公共利益、增进人民福祉的外在主导力量变成了一个谋求组织利益、插手市场运行的内生市场力量。

（二）自我扩权的冲动

权力是一种强制性的支配力量，其在行使中具有天然的扩张性与随意性，容易越过其自身边界向外扩张，在权力缺乏监督与制约的情况，权力很有可能被错用、滥用或误用，从而导致权力的行使违背其公共本性。根据政治学理论的解释，权力扩张具有合法扩张与非法扩张的两种情形，权力扩张的实质就是现有权力在作用范围上突破其现有边界，为此，权力的非法扩张必然会使政府公共行政之"手"越伸越长，该管的不管，不该管的乱管，在有所作为的同时，出现不作为或乱作为，从而导致政府职能出现越位、缺位与错位问题。众所周知，自古以来，社会从不缺乏政府自我扩权的冲动，缺乏的是对政府权力的有效制衡。政府自我扩权实则隐喻着如何正确划定公权力与私权利的边界问题，严格意义来讲，公权力行使应限定在公共领域，即"法无授权不得为"；私权利行使应限定在私人领域，即"法无禁止皆权利"。但是在现实生活中，公共领域与私人领域之间的界限也并非泾渭分明，其往往具有一种动态的模糊性和不确定性，这直接为权力的自我扩张提供了条件。可以说，当今政府权力的自我扩张，主要体现为两个方面，即制度阙如的公共领域里的肆意横行和私人领域的肆意践踏。其中在公共领域，由于我国某些领域中法律制度供给的匮乏，体制机制的不健全，权力监督力量的疲软等直接为公权力的自我扩张留下了空间，"法无禁止即可行"也常常成为其权力扩张的冠冕堂皇的理由，形成内外合力，把权力关进制度的笼子乃是一件当务之急的事情；其中在私人领域，公权力的介入也必须有一个限度，在公民向国家发出权利救济的要求时，公权力必然介入私人领域，但是公权力的介入也必须以公共利益为优先考量，但是在法无明文禁止的私人领域，公权力则不能越过法律的界限而过度介入公民私域，甚或践踏公民个人的基本权利，而应保持公权力对公民私域的敬畏，当然私域也并不是非法行为的遮羞布，私域中的非法行为也同样要受到社会规范的制约。否则的话，政府职能的越位、缺位与错位问题得不到根本的纠正。

　　政府自我扩权的冲动所导致的最直接后果就是公共服务型政府的缺位。我国人民民主专政的国家性质决定着我国政府是全心全意为人民服务的政府，政府除了人民的根本利益之外，没有任何自身的特殊利益；政府的组织利益也是为了实现公共利益而得以存在的。但是现实中却经常看到"利益"成为政府头上的一个紧箍咒，出现有的政府部门与公共利益争利、与民争利的自我利益膨胀倾向，甚或以法制化形式使其部门利益谋取更具正当性与合理性，公共行政不是聚焦于公共利益的最大化，而是优先考量部门利益，为了更好实现、维护和发展好部门利益，其自我扩权的冲动也愈演愈烈，对自己权力扩张具有强烈渴望，而对自己本应承担的公共责任则避实就虚，在利用公共资源谋求利益的同时，千万百计地寻找各种理由以推脱公共责任，诸如三鹿奶粉事件中有关部门争利与推责的现象便是公共服务型政府缺位的最佳例证。

（三）公共精神的阙如

公共性是现代政府的根本属性与合法性基础，现代政府存在与发展目的也是为了捍卫公共利益，增进公共福祉、促进社会公平正义等。但在现实政治生活中，政府公共精神的阙如则是各国政治实践中的人们争相诟病的一个常见现象，严重地影响着公共服务型政府建设。公共精神不仅是服务型政府的根本精神，也是实现政府善治的精神动力和服务型政府构建的价值旨归，其主导着公共政策的制定、执行与实施，要求政府及时、主动对公民需求作出回应，积极践行追求公共利益最大化的公共责任。当今政府在许多领域中出现的职能越位、缺位与错位现象，从某种程度来讲，正是由于政府公共精神的阙如所致。事实表明，有效纠正政府职能的越位、缺位与错位，必须在政府与社会两个层面培育与践行现代公共精神，而对于政府来讲，只有服务型政府才可能具备现代公共精神结构与特质，才能有效转变政府职能，成功实现政府的善治。分析服务型政府的公共精神结构，不难发现，在价值理念上，其内蕴着公共利益、公共权力、公共责任、公共服务、公共参与等公共性伦理；在实践形式上，其内蕴着政府与公民、政府与市场、政府与社会的多向互动；在主导方式上，其内蕴着政府从划桨手和掌舵手向服务者的角色转变。因此，有效校正政府职能的偏离，必须塑造具有公共精神结构与特质的服务型政府，为政府职能转变提供基本的精神质料与价值支持，唯有如此，政府职能才能得到合理回归，致力于捍卫公共利益，改善公共生活，维护公共秩序，践行公共责任，促进社会公平正义，实现效率政府向公平政府的转变。

政府公共精神阙如所导致的直接后果就是政府善治的式微。所谓善治，即是追求公共利益最大化的治理过程，其实质是政府、市场、社会与公民之间协调合作、共同治理社会公共事务的过程，它不是一种独舞的表演，而是一种共舞的艺术。政府善治的式微是政府职能发生偏离的重要诱因，抑或为政府职能的偏离提供了温床，而公共精神的阙如则是政府善治构建的最大障碍，因为公共精神阙如容易导致政府行为公司化、公共权力私人化等现象出现，从而消解政府的公共性，影响政府的执行力、弱化政府的公共价值追求。在现实政治生活中，政府行为偏离公共利益的现象也常有发生，有的地方政府之手不仅伸向市场领域，而且伸向人们的私人生活领域，成为凌驾于多元主体之上的发令施号、指手画脚的"长辈"，而不是与多元主体平起平坐"伙伴"中的"长者"，未能在社会公共事务治理过程中切实发挥主导作用，履行好基本的公共责任，充当好社会治理的组织者，从而导致政府行为偏离公共利益的正确轨道，甚或越过其自身边界而侵犯私人领域，抑或被既得利益集团所俘获或绑架，为此，解密政府职能越位、缺位、错位的各种各样表现，政府公共精神的阙如正是一把很好的钥匙。

三、当代中国公共生活建设中政府责任的风险管窥

一个称职的政府是一个有限的政府，管好自己该管好的，实现公平正义，捍卫公共利益，唯有这样，政府才能更好实现其职能。事实表明，政府无论是越位、缺位还是错位，都会造成政府责任的偏离，阻碍现代社会公共生活的建构与发展，为现代公共生活的建设带来某种程度上的风险。总体而言，政府责任偏离所导致的风险主要表征为以下几个方面。

（一）公共领域的衰落

改革开放以来，某些新兴的强势利益集团内生于权力，走着"权力资本化"的发展道路，在权力的庇荫下隐蔽、巧妙地实现利益的谋取与转移，权力资本化现象成为当今中国社会转型过程中一个非常突出的现象，中国权力资本化主要历经了价格双轨制带来的权力资本化和政府财力集中的权力资本化的两个不同阶段。[①] 与权力资本化相伴而生的则是资本权力化，资本权力化则是为了实现资本的保殖与增殖，个人或者利益团体利用资本去兑换权力、谋取政治利益的一种现象，当今中国社会出现的各种腐败现象背后亦无不存在着一个"权力资本化"与"资本权力化"的"幽

---

① 毛晖、汪莉：《论中国转型期的权力资本化》，《江汉论坛》2012 年第 9 期。

灵",资本内生于权力和权力兑换于资本的二者媾合,在某种程度而言,则正是当今中国社会"腐败"的温床和发生源。众所周知,作为介于国家与社会之间的一个公共空间,公共领域是公民自由参与公共事务且不受干涉的一个领域。为此,国家与社会之间的有效分离与高效互动是公共领域健康发展的前提和基础,但是在权力资本化与资本权力化的际遇中,作为公共领域的现实形态,大众传媒因其受到权力与资本的左右或操纵而往往丧失了其公共性,要么是成为政治权力的作秀场,要么是屈膝于资本而迎合低级趣味的某种欲望,并不能真正发挥其作为一种公共领域的现实形态的理性批判工具。当今各种广告影响抑或操纵媒介的事实便是公共领域受到资本力量宰制的现实脚注。在现实政治生活中,政府责任的偏离,无论是越位、缺位抑或错位,也无不烙印着权力不当行使的痕迹,而权力的不当行使则往往破坏了公共领域产生的前提与基础,即国家与社会之间的有效分离与高效互动。因此,毋庸置疑,政府责任偏离与权力不当行使有着直接的相关性,而权力与资本之间的二者相媾合现象则必然会直接导致公共领域受到权力与资本的双重宰制,进而出现哈贝马斯所言说的公共领域的"殖民化"现象。事实表明,权力结构的张力、资本结构的构成、权力与资本的媾合等构成了当代中国社会发展中的一幅复杂的关联图景,从而导致作为公共性生产的公共领域成为权力与资本共同作用的首要对象。当今大众传媒出于私益需要而往往摒弃严肃、深刻与厚重,为了迎合受众需要,对重大公共问题也往往采取煽情式抑或蛊惑式刻画、渲染与描写的娱乐化、庸俗化、肤浅化、犬儒化处理,"或许、也许、可能、大概、似乎"等词语的模糊运用给人带来一种不确定感,使得人们参与公共事务、讨论公共话题的公共空间受到压缩,进而导致操纵性的公共领域挤压批判性的公共领域等公共领域衰落的现实图景。因此,可以说,在某种程度上,政府责任的偏离往往导致公共领域成为一种资本与权力相媾合的工具和场域,从而使得其公共性产生严重偏离,权力与资本的相媾合在某种程度上常常成为对公共领域选择性和排他性占用的多数现实,进而直接造成公共领域的衰落。

（二）公共参与的式微

公共参与是指公民在公共领域之中展开的对公共事务决策与执行的一种社会行动。在利益博弈日益彰显的时代，作为多元差异主体以公共利益为轴心而寻求价值共识的一种行为，公共参与的理想价值结构是民主与效率取向在"价值理性—人文关怀"逻辑中的协调统一。作为一个动态的历史范畴，公共参与先后经历了"直接民主参与→间接民主参与→治理民主参与"的三次范式变迁，公共参与的理想价值结构是公共参与范式变迁的偏离与复归的内在逻辑。[①] 分析这三种范式，不难发现，前两种范式在民主与效率的整合中均存在着一定的不足抑或缺陷，诸如在直接民主参与中，公共参与范式有可能出现打着公平的旗号而出现多数人的暴政，历史上也有太多这方面的教训。在间接民主参与中，虽然这种公共参与范式能够在国家政治层面较好实现民主与效率的整合，但是也存在着因公共参与范围狭窄与有限而导致民主受损的危险。在治理民主参与中，公共参与范式则在民主与效率的整合中有着趋向公共参与的理想价值结构的可能性，是对直接民主参与范式与间接民主参与范式的一种现代扬弃与建构，将会实现公共参与的华丽转身。[②] 毋庸置疑，改革开放以来我国公民参与意识得以提高，公共参与空间得以释放，公共参与内涵得以拓展，公共参与形式得以丰富，公共参与获得了更多公共权力的更多认同，"莫谈国是"渐趋远离公共权力的视线，"共商国是"成为中国特色政治的制度化表达，建构社会公平正义体系等正在成为中国共产党人的一种时代抉择和历史行程。但是在以市场化为先导的改革进程中，阿伦特所批判的私人欲望的高涨、公共责任的缺失、公共参与的萎缩等现象也伴随着我国市场化进程的铺展而呈现出来，且有蔓延之势。可以说当代中国社会的贫富差距悬殊、社会公正的阙如、阶层结构的固化、底层权利的侵害等在某种程度上正是源于

---

① 吴春梅、石绍成：《论公共参与中民主与效率的整合》，《理论与改革》2010 年第 5 期。

② 吴春梅、石绍成：《论公共参与中民主与效率的整合》，《理论与改革》2010 年第 5 期。

中国改革进程中公共参与机制缺乏所致。公共参与的萎缩固然是多种因素共同作用所致，但是毫无疑问，公共参与的萎缩与当代中国政府责任的偏离也具有较强的相关性，因为在权力控制性关系的"单轴"维度理解国家与社会之间的关系，把公共权力作为一种控制力来使用，直接影响着社会的自主性和公共参与的积极性。在国家与社会之间的权力"控制—被控制"的关系中，不能否认的是，在集体性急迫与个人性冷漠的际遇中，权力控制固然在某种程度上能为克服集体合作难题与"搭便车"现象来提供一种组织化行动的资源，但是权力控制深度、广度的拓展与延伸则会侵蚀甚或泯灭公共参与的自主性与积极性，削弱公民参与的内在动机，消解公民的集体合作能力，出现社会心理学所解释的外部干预挤压内在动机的现象，甚或导致人们更加依赖或寄生于权力控制和权力体系等与公共参与机制相悖的现象，出现国家越是控制社会，人们越是依赖政府与向往集权而不想形成社会组织的恶性循环现象，从而使得公共参与在政府责任偏离中更加走向式微，从而出现社会公共参与的危机。

（三）公共话语的犬儒

作为一个外来词，犬儒通常被解读为讥诮嘲讽、愤世嫉俗、玩世不恭等等，现代犬儒主义是以不相信来获得其合理性的一种社会文化形态，"不拒绝的理解、不反抗的清醒、不认同的接受"是构成这种社会文化形态的三个主要面相。[①] 事实表明，在非民主的专制社会中，无论是以拒绝相信来质疑或反对现有公共生活秩序的犬儒式抵抗，还是以理性来质疑或诘问现有公共生活秩序的建设性批判，都不太可能自由地进入公共话语领域，更多是处于公共话语领域的边缘或之外，因为非民主的专制社会中，国家吞没社会，社会自主性严重阙如，权力左右或操纵着舆论，"莫谈国是"是人们的一种明哲保身的选择，人们的舆论无法自动介入公共生活秩序之中。在现代民主社会中，一方面，民主政治的发展能够为人们的民

---

① Jeffrey C. Goldfarb, *The Cynical Society*, Chicago, IL: The University of Chicago Press, 1991, p.152.

主权利与自由舆论提供可靠的政治保障，使许多不同的具有建设性的"话语"以一种自由、独立舆论的形式输入公共生活领域，影响公共生活与公共政策，使社会公平正义更加彰显，从而促进社会发展；另一方面，民主政治体制的不完善，民主社会中理性机能的坏死或缺失则有可能导致犬儒式的公共话语产生，犬儒式的公共话语主要表征为政治调侃、政治笑话、流言蜚语、政治幽默、各种趣谈、痞子文学、异类文艺等，从而不利社会发展。所以，在现代民主社会中，犬儒式的公共话语与建设性的公共话语同时共存于公共生活之中，此乃由民主公共话语空间的自由度所赋予和允许，但是犬儒式的公共话语并不利于民主公共话语空间的建构与发展，只有彰显理性的建设性的公共话语才真正有利于民主公共话语空间的建构与发展，因为犬儒式的公共话语是无法拥有独立的批判理性，表达公共利益和伸张社会公平正义的。在当今中国社会中，口是心非、打左灯向右转的"说一套做一套"是当今中国社会犬儒文化的基本特点，它不仅弥漫于人们的日常生活世界领域，而且渗透到人们的公共生活领域，成为人们对现实生活世界的一种无可奈何的扭曲反抗，成为人们在妥协中参与、在不满中抵抗、在不拒绝中理解、在不认同中接受公共生活秩序的一种不成文的规范。当今中国社会犬儒式的公共话语产生既有与公共生活相暧昧的一面，也有与公共生活相疏离的一面，折射出当代中国社会公共生活领域的危机与公共话语的公共性缺失。为此，犬儒式的公共话语如不及时得以校正和规避，一旦泛滥开来，极有可能对公共生活秩序造成一种形同雾霾的公害，因为其既不是人们说理的一种方式，也不是人们表达利益的一种渠道，更不是人们与社会主流话语相对抗的一种表达不同意见的方式，而极有可能让矫饰假冒智慧，让真实变得模糊，并不利于公共生活中价值共识的达成。当然，我们也不可否认，犬儒式的公共话语在某种程度上也是当代中国社会民主公共话语空间自由度的一种表现，无论其对当代中国社会公共生活秩序表现出何等的不拒绝的理解、不反抗的清醒、不认同的接受，但在某种层面而言，犬儒式的公共话语毕竟表现出人们从沉湎于政治神话、市场神话、上帝神话中得以祛魅，是某种自我意识的觉醒，是某种意义的内在化，是一种封闭自我迈向开放自我的转折点。

第三节 当代中国公共生活建设中政府责任的定位原则

政府在现代公共生活建设中具有不可推卸的责任，但政府不是一个通吃的"利维坦"，而是要在公共生活中充当公民政府的角色，避免其深陷"无政府"抑或"利维坦"的巢穴之中，以公民权利与政府权力的正和博弈为轴心，明确自己的职责，做到有所为和有所不为，从而有效地促进公共生活的现代建设。因此，一方面现代公共生活建设离不开政府切实主动履行其管理和引导的责任，需要政府与社会之间的良性互动；另一方面政府在公共生活建设中的主导性作用发挥也要把握一个适度原则，不能出现政府的过度介入，而是要科学定位好自己的职责，明确其责任发挥作用的广度、深度和密度，恪守政府在公共生活建设中的责任定位原则，主动担当起底线性的公共服务责任。

一、阶级性与人民性相统一

马克思主义认为国家是阶级矛盾不可调和的产物，本质上是一种阶级的统治。作为国家的最为重要的构成要素和具体形态，政府是统治阶级进行阶级统治的工具，政府也具有阶级属性，只不过其阶级属性是国家阶级性的具体体现。因此，毋庸置疑，阶级性是政府的本质属性之一，政府的基本性格是统治阶级的性格折射，我国政府也不例外，阶级性亦同样体现于政府的社会管理职能中。按照马克思主义国家学说的相关论述，无产阶级专政是社会主义国家的阶级属性。作为具有中国特色的社会主义国家，当代中国的无产阶级专政具体表现为人民民主专政，人民民主专政成为具有中国特色的无产阶级专政的一种形式、类型，作为当代中国的国体，人民民主专政是中国共产党人的智慧创新,其遵循了马克思主义无产阶级专政的基本原则,而且结合了中国实际进行了"本土深化"和"他者扬弃",它并不是马克思主义经典作家关于无产阶级专政理论的裁剪复制,也不是世界上其他社会主义国家无产阶级专政模式的直接移植,更不是中国共产党人对无产阶级专政理论的刻板理解,而是体现中国国情,彰显中国特色的不断在实践中发展的理论创新。在当代中国,政府体系主要是由人民民主专政体系所构成,[①] 人民主权原则成为了当代中国国家组织原则和政府体系的内容芯片,作为社会主义国家的主人,人民是权力的委托者,各级政府仅是代表国家行使公权力的各级组织体,是人民权力的受托者,人民权利的合理让渡是政府的权力来源。因此,当代中国政府的阶级性与人民性具有直接统一性,当代中国政府的阶级属性在实践中则表征为体现根本利益和长远利益的人民性,人民性是当代中国政府的轴心属性与核心价值,阶级性与人民性的有机统一是当代中国政府的基本性格,当代中国政府不仅具有鲜明的无产阶级属性,也具有广泛的人民群众属性。

当代中国政府的阶级性与人民性决定了我国政府为一个体现民意、执行民意和捍卫民意的"人民政府",为此,对人民负责,彰显人民性是我国政府责任的重要内涵,我国政府必须坚持对人民负责的基本原则,为人民服务的工作态度、求真务实的工作作风和群众路线的工作方法等是当代中国政府对人民负责,彰显人民性的主要表征和实践体现。可以说,我国政府自成立以来,一直恪守其人民性原则,为人民服务成为我国政府工作实践中永恒不变的承诺,为人民服务不仅是中国共产党执政的根本宗旨,也是我国政府的神圣职责和根本价值,把握和实践马克思主义群众观,以马克思主义群众观指导工作开展,以人民性作为党和政府的首要价值和根本要旨,是我国政府的永恒主题。实践证明,服务型政府应该是一个法治的政府、人民的政府、责任的政府、绩效的政府、廉洁的政府、民主

---

① 陈红太:《当代中国政府体系》,华文出版社 2001 年版,第 24—25 页。

的政府、有限的政府，是一个真正以人为本的政府。当今，建设服务型政府已成为我国政府改革发展的重要向度或实然推进，是中国共产党执政的重要方略，服务型政府建设已正在实现从理念层面向实践层面、从实证层面向规范层面的努力推进。党的十六届三中全会把建立服务型政府作为我国政府改革的目标，正式启动我国建设服务型政府的"快速动车"；党的十六届六中全会不仅全面部署了社会主义和谐社会的构建，而且首次把建设服务型政府以党的文件形式加以确立，高度重视塑造政府的公共性、人民性，进一步凸显政府的公共服务精神，使得我国建设服务型政府的"快速动车"得以提速；党的十七大报告全新部署我国服务型政府建设，提出要加快行政管理体制改革，建设服务型政府，使得我国建设服务型政府的"快速动车"再次提速；党的十八大报告明确提出要建设职能科学、结构优化、廉洁高效、人民满意的服务型政府，[1] 使得我国建设服务型政府的"快速动力"再次"匀速"奔跑，和谐驶向促进人的自由和全面发展的终点站。为此，想人民群众之所想，急人民群众之所急，忧人民群众之所忧，尊重人民意愿，满足人民要求，服务人民利益，实现政府与民情、民心、民意的联合，最大程度地实现社会的公平正义，不仅是我国政府一切工作的"轴心"，也是我国政府各项职能的"最大公约数"。因此，作为当代中国的"至善"，人民性不仅是我国政府的情感寄托和终极关怀，也是拯救当代中国公共危机的普照之光，彰显人民性与建设服务型政府不仅具有内在逻辑的统一性，也具有外在方位的一致性，也是我国公共生活建设中政府责任定位原则之一。

二、规则性与有限性相统一

在现代公共生活中，公共生活的多元主体之间的关系发生了深刻变化，治理型网络组织正在替代管理型网络组织，公共生活主体之间的"零

---

① 胡锦涛：《坚定不移沿着中国特色社会主义道路前进　为全面建成小康社会而奋斗——在中国共产党第十八次全国代表大会上的报告》，《人民日报》2012 年 11 月 18 日。

和博弈"正在走向"正和博弈",现代公共生活已不再是单一主体的单向度的建构范式,而是一种多元主体的多向度的建构范式。作为现代公共生活的主体,当今政府与社会之间是一种"正和博弈"的建设性伙伴关系,政府组织依然在现代公共生活建设中发挥着重要作用,扮演着主导性角色,但它并不是现代公共生活建构的唯一主体,而是在中国共产党的领导下,与非政府组织、非营利组织、社区组织、公民自治组织、公民个体等其他主体共同建构着现代公共生活,承担着提供公共产品和公共服务的社会管理责任。因此,在公共生活的多元主体从过去政府通吃的"零和博弈"关系范式迈向今天多元主体有机互动的"正和博弈"关系范式的历程中,政府虽然是现代公共生活建构的中枢系统和主导力量,但其主导也是在遵守规则公正条件下的主导,而不是一种随心所欲式的无规则的主导。政府是在兼顾规则公正与结果正义相统一过程中科学引导与培育公共生活的其他主体,维护公共生活的公平正义,形塑公共生活的起点公正、过程公正和结果公正,是政府在现代公共生活建设中的主要责任。政府不仅要制定必要的、合理的公共生活规则与制度,廓清与捍卫公共生活的多元主体的合法权利及其之间博弈的公平环境,在遵循权利公正、过程公正和结果公正的有机统一中认真履行其在现代公共生活建设中的责任。

现代社会中因政府权力的扩张而致使公共生活衰落的现象已成为人们争相诟病的事实,为拯救现代公共生活的衰落,规避国家对社会、市场的过度介入,实现国家决策公共性与科学性的有机统一,公众参与成为当今的时髦话语和学理表达。历史表明,自苏格拉底、柏拉图时代开始,国家决策是来源于"精英"抑或"大众"乃是一个长期争论不休的话题,如普罗泰戈拉认为其应来源于"大众",每个公民都应当分享统治权;苏格拉底认为其应来源于"精英"(政治技艺的人);作为苏格拉底的学生,柏拉图则把精英主义理论演绎到了极致,提出一个著名的"哲学王"的概念。在现代社会中,精英主义理念因国家决策制定中大众参与的缺乏,致使国家决策的正当性资源往往受到了不同程度的质疑;大众主义理念因国家决策制定中专家智慧的缺乏，致使国家决策的科学性资源往往受到了不同程度的质疑。事实告诉我们，任何一个国家决策的制定与实施，既要考量国家决策制定与实施中所涉及的各方利益，也要知晓民主社会中的公众价值取向，否则国家决策要么被社会利益集团所绑架，要么沦为技术官僚表演的"独角戏"，这就要求政府在现代公共生活中需要真正识别明晰何为真正的公共利益，公共利益与私人利益之间的关联性，等等。为此，以代议制民主为前提和基础，在公共生活中广泛引入有实质性的、有效性的公众参与而非伤害民主的"符号化""作秀式"的公众参与，就成为现代公共生活建设的一种有效选择，这种有效选择不仅在微观意义上复制了代议制中的立法过程，也表征着代议制民主中的利益代表与参与式民主的直接统一，精英与大众之间基于民主协商而形成的底线共识，无疑构成了现代公共生活建设的正当性基础。众所周知，代议制是当今民主国家一种核心政治制度，为了克服代议制民主的固有弊端，公众参与也成为代议制民主的某种补充，把公众参与的直接民主理念巧妙嵌入于代议制民主中也几乎成为当今代议制国家建构公共生活的重要内容和途径，哈贝马斯关于"公共领域"的论述便是极力推崇此现象的理论呼应。在现代公共生活建构中，虽然政府是其中枢系统和主导力量，但现代公共生活是国家与社会的共同建构，公共生活的建构也离不开公众参与，公共生活目标的实现需要公众参与的推动，公众话语权在公共生活中同样具有重要价值，所以政府在现代公共生活建设中并不承担着一切的无限责任，政府只是在公共生活建设中担负起提供底线公共服务的责任，政府在现代公共生活建设中的作用范围主要集中于介于国家与社会之间的公共领域而已，政府的职能是"有所为、有所不为"，而非大揽大包地承担着一切责任，作为公共利益的代表，政府承担的是一个有限的责任，主要提供公共产品和公共服务，行使公共管理职能与公共服务职能，政府与社会之间的关系是一种平等的契约关系，政府既不能越位，也不能错位或缺位，而主要承担着底线公共服务的直接责任，与公共生活的其他主体共同致力于公共利益的捍卫，实现和保障公共生活的公平正义。

三、科学性与价值性相统一

作为一种制度责任和伦理责任相统一的科学体系，政府的责任体系是法律责任、行政责任、道德责任和政治责任的相互联系所构成的一个有机整体，分别体现着法律、政治、行政、伦理对政府施政的要求，它们共同构成了法律约束、监督约束、问责约束和绩效约束的政府责任控制机制。管窥政府责任体系的内在结构与外在形态，法律责任、行政责任、道德责任和政治责任的四个构成要素是融为一体的，且具有内在逻辑的统一和外在方位的一致，对政府责任体系的任何片面性或肢解性的理解，都不利于科学理解和把握政府责任体系的内涵。为此，政府责任体系应是一个结构要素合理、价值序列合理的科学性体系，在现代公共生活建设中，政府所承担的公共责任也应具有科学性与价值性的辩证统一，公共生活建设中政府责任的科学性是其价值性的基础，政府责任的价值性则是其科学性的具体体现，从科学性与价值性两个维度理解公共生活建设中政府责任体系的科学内涵和精神实质，是当代中国公共生活建设中政府责任定位的重要方面和原则。公共生活建设中政府责任定位的科学性原则主要表征为：一是坚持指导思想的科学性。马克思主义的政府责任理论是当代中国公共生活建设中政府责任定位的指导思想，马克思主义的政府责任思想自始至终贯穿于当代中国政府责任体系构建之中，并成为中国共产党中央领导集体的政府责任思想的理论渊源，中国共产党中央领导集体的政府责任思想也正是马克思主义的政府责任思想中国化的实践结晶，政府责任体系的建构一直坚持马克思主义的基本立场、观点和方法，对现代公共生活建设中政府责任的定位发挥着思想基础的作用，从而决定了公共生活建设中政府责任定位的性质和方向，保证着公共生活中政府责任定位的科学性。二是遵循逻辑结构的严密性。当代中国公共生活建设中政府责任定位的科学性还在于其责任体系的合理性，公共生活建设中政府承担的公共责任体系是法律责任、行政责任、政治责任和道德责任的内在统一，这四个方面是相互联系、完整系统、科学严谨的一个具有严密性的逻辑结构体系，这一结构体系不仅具有内在结构的全面性，也具有内在结构的层面性，从而共同构成了一个硬约束与软约束同时并存的逻辑结构，从而使得当代中国公共生活建设中政府责任的公共性与阶级性相统一的理论特征更加具有鲜明的中国特色，从而彰显着这一结构体系的科学性。三是指向公共生活的针对性。经济职能、政治职能、文化职能和社会职能是政府的四个基本职能，按照权责一致的原则，这也意味着政府要在经济、政治、文化和社会领域中均承担一定的责任，但如前所述，现代公共生活建设中政府承担责任的作用范围主要集中于公共领域之中，公共领域是公共生活建设中政府承担责任的场域，公共生活建设中政府责任的作用发挥具有明确的针对性，直接是在社会领域中承担其应有的责任，在现代公共生活建设中扮演着主导角色，主导着现代公共生活的有序运行和公益确证，从而保证着公共生活建设中政府责任定位的科学性。

从政治哲学视域解读，作为政治活动的原则之一，价值性从根本上规定着公共生活中政府责任的实现必须以良善的公共秩序和人民福祉为根本指向，这也是公共生活中政府责任定位的依据和原则。公共生活中政府责任的合理价值定位既是服务型政府建设的重要内容，也是考量政府责任实现程度的重要参数，是政府责任实现过程中的前置性要素。按照人民主权论和社会契约论的解释，政府因公众需要而以社会契约形式确立起来的，捍卫公共秩序、实现人民福祉是政府责任的价值蕴涵，民心、民意和民情是政府责任定位的"底色"依托。公共生活中政府责任问题即为公共责任在公共生活中如何实现的问题，美国公共行政与公共政策学者戈尔·斯塔林认为回应性、公正性、弹性、责任性、能力性和诚信是政府责任蕴含的基本价值。[①] 我国政府是全心全意为人民服务的

①［美］戈尔·斯塔林:《公共部门管理导论》，常健译，中国人民大学出版社2005年版，第142页。

政府，捍卫以人民利益为核心的公共利益，建构以人民意志为核心的公共意志，实现形式公共性与实质公共性的有机统一是我国政府的主要职能，也是增强政府合法性，赢得人民认同的重要依托。因此，公共生活重构中政府责任的价值定位是在政府责任的基本价值定位的序列组合中，转换价值序列，凸显公共利益的优先性和正当性，保持公共利益与私人利益之间的合理张力，而非是把公共利益化约为私人利益的几何叠加，从而使得政府责任的实现切实以公共利益为轴心，让人民能够借助公共生活平台来参与公共事务和建构公共利益，真正实现政府责任的基本价值定位在效率与公平之间的有机和谐，使得政府能够在公共生活建设中更好地自我定位，多维度地发挥其在公共生活建设中的主导作用，摆脱其责任定位的单向度偏差，从而确保政府责任实现的路径与程度均以建构公共利益为轴心而展开。

第四节　当代中国公共生活建设中政府
责任的边界剖析

正确勘定当代中国社会公共生活中的政府责任，也就是在坚持中国共产党的领导下，合理勘定多元主体之间的内部边界与外部勾连，明析各个主体涵盖范围与拥有资源，多元主体之间的互动合作既非不同主体的意图拼凑，也非不同主体的散漫表达，而是一种更深的立体式互嵌。为此，作为多元主体之一，政府与企业、市场、社会组织、公民个体等在公共生活建设中的责任边界是不同的。为此，需要在"中国共产党、市场、国家和社会"共同建构的公共生活发展的"正三棱锥"模式中，从政府与市场的责任边界、政府与社会的责任边界、政府与政党的责任边界的三个层面深入研究公共生活重构中的政府责任边界，以使政府在现代公共生活建设中做到有所为有所不为，从而更好地促进现代公共生活的建设。

一、政府与市场的边界

现代公共生活是国家与社会分离之后的产物，是社会经济、政治和文化发展到一定阶段的使然，而国家与社会的分化是随着商品经济的发展和市场的出现而产生的。因此，要促进现代公共生活的发展，必须建立健全社会主义市场经济体制，正确处理政府与市场的关系，合理界定政府与市场之间的边界，让市场在资源配置中充分发挥其基础性和决定性作用。现代经济学对政府与市场之间的关系讨论从未停止过，无论是"廉价政府"（亚当·斯密的）主张的政府管理公共事务成本的最小化，"政府干预论"（凯恩斯）主张政府干预经济以弥补市场缺陷；还是反对政府干预（新自由主义）鼓吹市场机制的作用等在某种程度上隐喻着它们一直在寻求政府与市场之间的合理边界，以提高社会有效需求，促进社会发展。但在纵观世界现代化进程，市场化也成为一股世界潮流，目前世界上绝大多数国家都在实行或声称实行市场经济，大多数国家都在实行市场化的改革与发展，各个国家也因其本国国情、制度属性等的不同而使得市场化程度表现出巨大的差异性。总体而言，目前世界上的市场经济可以分为发达的市场经济与发展中的市场经济，其中发达市场经济大致可分为自由市场经济（美国式的市场经济）、社会市场经济（德国式的市场经济）、政府主导型市场经济（日本式的市场经济）三种模式。[①] 从市场经济发展的实践来看，在时间轴上，市场的自由竞争先于政府干预；在空间轴上，政府与市场的二者选择中并没有一个放之四海而皆准的固定模式，只是在二者的天平中，有些国家的天平倾向于自由竞争，有些国家的天平倾向于政府干预。毋庸置疑，世界上任何一个国家都绝对不存在完全自由竞争和完全政府干预，只是政府干预程度的不同而已，正如邓小平所言，市场和计划都是资源配置的手段，社会主义也有市场，资本主义也有计划。因此，这也就往往给世界各国正确处理政府与市场的边界问题带来了一定的难处，因

---

① 李金亮：《社会主义市场经济论纲》，中山大学出版社 2001 年版，第 29-31 页。

为没有现成的经验可照搬照抄，只能根据本国国情作出符合本国实际的选择。改革开放以来，我国虽然启动了以市场化为先导的改革进程，市场经济体制在推进我国经济社会发展中起到了非常重要的作用，但是我国市场经济体制还有许多不够健全和完善的地方，"国家调控市场，市场引导企业"的运行机制还需要进一步完善，特别是政府与市场的关系问题需要进一步厘清，理顺政府与市场的关系也就成为我国进一步深化经济体制改革的关键。那么政府与市场的边界到底在哪里？这是一个需要从理论给予澄明的问题。众所周知，无论是主张政府干预还是自由竞争，其出发点和归宿点都是为了更好地促进经济增长、社会进步。所以从有关经济学的理论预设来看，是激发市场活力还是窒息市场活力则是政府干预或不干预的判断标准。政府与市场的边界，即凡是市场机制在资源配置中能有效发挥作用的"市场不失灵"的领域，政府不应加以干预，而不能出现政府的"越位"；凡是市场机制在资源配置中未能有效发挥作用的"市场失灵"的领域，政府应加以干预，而不能出现政府的"缺位"；唯有如此，才能真正实现党的十八大报告中所提出的"更加尊重市场规律"和"更好发挥作用"。

二、政府与社会的边界

国家与社会的有效分离与高效互动是现代公共领域产生的前提和基础，如没有国家与社会的有效分离与高效互动，现代公共领域不可能有健康的发展，现代公共生活的建构也就成为凌空蹈虚的一种美好想象。哈贝马斯在分析资产阶级公共领域的产生、发展与衰落时，论证的逻辑进路是以国家与社会的关系为分析工具，指出随着国家与社会的分化，资产阶级公共领域得以产生与发展；随着国家社会化与社会国家化，资产阶级公共领域走向衰落，哈贝马斯也把其称作为公共领域的"再封建化"。因此，要促进现代公共生活的发展，必须促进国家与社会之间的有机互动，合理界定政府与市场之间的边界，规避国家对社会的宰制，增强社会的自治能力，提高社会自主性，实现政府治理和社会治理的和谐统一、相互建构、共振共鸣。按照唯物史观的分析，国家是社会发展到一定阶段的产物，国家与社会分别属于权力与权利、公权与私权的范畴，自从国家产生以来，国家与社会之间的矛盾就从未停止过，是一对矛盾统一体，二者之间的矛盾也只有在共产主义社会中随着国家消亡而消失。因此，在国家与社会之间矛盾无法消除的情况下，合理界定政府与社会之间的边界，把二者之间的摩擦甚或冲突降低到最小程度，是一个重要的问题域。西方关于国家与社会关系的理论解读，主要有三种范式，一是自由主义的关系范式，这种关系范式主张作为与国家相对应的一个概念，社会是先在于或外在于国家的；二是国家主义的关系范式，这种关系范式主张国家高于社会；三是共和主义的关系范式，这种关系范式主张国家与社会之间的相互制衡。目前西方发达的市场经济国家趋向于第三种的关系范式，国家与社会之间边界较为明确、清晰，国家与社会之间的互动、互流也较为频繁。以国家与社会关系的三种范式为分析工具，解读当代中国国家与社会的关系，不难发现，改革开放以前，我国更接近于国家主义关系范式，国家通过"单位制"与"人民公社"的方式，成功地实现对"社会"的充公，国家吞没了社会，国家政权覆盖到社会各个角落，社会自主性严重阙如，国家政权得到高度强化，国家边界即社会边界，二者边界是基本重合的。改革开放以来，随着我国社会主义市场经济体制的建立健全，国家与社会之间渐趋分化，国家与社会之间开始出现一个模糊边界，但国家与社会之间的边界冲突与融合相互交织，"过度市场化的社会"和"过度管理的社会"是政府与社会的边界模糊的现实脚注。可以说，套用西方国家与社会的三种关系范式来解读改革开放以来我国国家与社会的关系问题，难免具有水土不服的问题。因为这三种关系范式均是以西方发达市场经济为逻辑起点与经验为参照的，以国家与社会之间的对立为前提条件；但是市场经济在中国还远不成熟，市民社会是否真正存在也尚有争议，即使有之，中国市民社会与西方市民社会也大相径庭，中国国家与社会之间更多是一种合作的伙伴关系，当今合理界定政府与社会的关系，也就是要以国家与社会之间"合作"逻辑去代替其"对立"逻辑，唯有如此，才能科学理顺政府与社会之间的关系。那么政府与社会的边界到底在哪里？这是一个需要从理论给予澄明的问题。如前所述，国家与社会之间是一个"双轴"关系，其中国家可以运用公共权力作为一种组织资源来支持社会，所以，是激发社会组织活力还是窒息社会组织活力则是政府干预社会事务或不干预社会事务的判断标准。政府与社会的边界，即凡是社会组织能有效进行自治的领域，政府不应把公共权力作为一种控制力来加以干预，不能出现政府的"越位"；凡是社会组织难以有效进行自治的领域，政府应把公共权力作为一种组织资源来支持社会，而不能出现政府的"缺位"；唯有如此，才能有效规避"过度市场化的社会"和"过度管理的社会"的两种社会乱象，真正实现国家与社会之间相互合作与增权。

三、政府与政党的边界

政党已经成为世界各国政治生活中的主要政治力量，政党制度也成为世界各国政治生活中的重要制度。虽然各个国家政治制度与政党制度不尽相同，但是世界上绝大多数国家的政治运行都是通过政党的领导来实施的。特别是在我国，是中国共产党创造了当代中国的民主政治，如果没有中国共产党，当代中国的民主政治是不可想象的，中国共产党领导的多党合作与政治协商制度对中国特色社会主义民主政治建设起到了至关重要的作用，作出了功不可没的贡献。在现代国家治理体系中，国家治理呈现出一幅"中国共产党是国家治理的领导主体、政府是国家治理的核心主体、市场组织和社会组织等是国家治理的重要主体"的权力主体结构图，在各个治理主体的权力结构边界中，中国共产党与政府处于一种特殊的关系之中，政党的公共性要通过政府的公共性体现出来，一方面，政党既要领导和控制政府，以使政府能够很好地贯彻政党的执政意志，从而促进政府有效发挥作用；另一方面，政府的行政指导思想来源于执政党，中国共产党创造提出的中国特色社会主义理论已贯穿到我国政府行政行为之中，政府的行政行为必须反映中国共产党的执政路线、方针与政策。因此，分析我国现代公共生活建设模式，不能忽略中国共产党的领导作用，必须把现代公共生活的建设置于"执政党、市场、国家、社会"的四重维度中加以考察。我国改革开放的伟大历程和中国特色社会主义的成功实践，使符合马克思主义社会发展规律的现代化进程，得到了更具合理性的演绎和验证。当代中国公共生活在社会主义现代化建设中的成功实践，也不仅彰显了中国共产党领导的多党合作与政治协商制度的强大生命力和优越性，也为世界上其他国家解决社会公共生活危机问题，提供了新借鉴和新思路，深化了我们对执政党在现代公共生活建设中的作用认识，让我们更加坚信，当代中国公共生活建设模式应是"中国共产党、市场、国家和社会"共同建构的一个"正三棱锥"模式，执政的中国共产党在现代公共生活建设中起着领导作用，现代公共生活建设必须在党的领导下有步骤、有秩序地进行，离开了中国共产党的领导，现代公共生活建设有可能偏离其公共性轨道。因为中国共产党是代表最广大人民群众根本利益的政党，政党的公共性与社会的公共性具有内在的一致性，在中国共产党的领导下，大力培育、发展与完善现代公共领域和公共空间，充分发挥公共领域在公共权力有序运行中的监督作用，建立执政党与公共领域的良性互动机制，这对彰显执政党的公共性，推进现代公共生活建设都具有重要的意义。改革开放以来，我国一直在致力于解决"党政不分""以党代政"的问题，提高党的领导能力与执政能力，加强和改善党的领导，促进党的领导职能与国家政府职能的分开，推行"党政分开"成为发展中国特色社会主义政治文明的主要内容与中心环节，在"党政分开"的指导思想下，我国政党与政府的关系也得到了较好的发展，取得了较好的成效，党政不分，以党代政的政党与政府关系得到了初步改变，党政关系也相对规范化。但是事实表明，目前我国党政分开在实践中并没有达到令人完全满意的预期目的，以党代政，党政不分的现象在某些领域依旧存在。为了更好地实现党的领导，提高党的领导能力与执政能力，政党与政府的关系还需要进一步理顺调整。那么政党与政府的边界到底在哪里？同样是一个需要从理论给予澄明的问题。政党与政府的边界，即凡是在党的领导下政府行政能有效发挥作用的领域，执政党只应在宪法和法律的范围内充分发挥总揽全局、协调各方的作用，而不应对具体的政府行政行为加以干预；凡是在党的领导下政府行政未能有效发挥作用的领域，执政党则应在宪法和法律的范围内，秉承实现人民根本利益、长远利益的理念，完善党发挥作用的方式，提高党的执政能力，从而推进我国政府行政体制改革与发展，而不是以党代政；唯有如此，政党与政府才能在宜分则分、宜合则合、有分有合的和谐互动中更加走向规范化、法治化，切实实现党的领导、人民当家作主和依法治国的有机统一，有效推进国家治理体系和治理能力的现代化。

第七章 中国现代化进程中的公共生活建设

在当代中国，作为一个引入性话题，公共生活是加强和创新社会管理体系中具有核心意义的问题域。改革开放以来，我国以市场取向为先导的社会结构全面转型为当代中国公共生活带来了一种吊诡现象，一方面，随着市场大道的拓展延伸，国家与社会互动中空间正义彰显，公共生活获得了明显的发展和进步，成为当代生活世界不可阻挡的趋向，是人们由熟人交往迈向陌生人交往的重要标志，在更深层意义上丰富了人们的生活世界，塑造了交往主体的公共人格，为中国现代化进程夯实了主体基础。另一方面，在现代性和全球性视域中，作为形塑国家与社会之间良性互动的重要支撑条件，公共生活发展仍然面临着诸多因素的影响和挑战，并在多个层面得以呈现，亟待予以破解，从而更好更快地促进现代公共生活的良好发展。

第一节 当前我国公共生活建设的时空镜像

任何事物都是特定时空中运动的事物，任何时空都是相应事物运动的时空，不同时空中事物运动的结果也不相同，人类所有的科学研究都是针对相应事物在时空中的运动而展开的。从空间上来讲，不同国家、不同地区中事物运动的情况千差万别，事物属性多种多样，无法用统一模式去解决不同空间中的各种不同的具体问题，只能具体情况具体分析，从实际出发来探索解决问题的方法与路径，客观认识事物的时空运动特性，驾驭其规律，促进其发展，会使事物发展更具科学性与合理性。为此，正确认识公共生活建设的时空图像，也是促进当代中国公共生活科学发展的前提与基础，有助于更科学、更合理地接近或实现当代中国公共生活建设的理想目标。

一、现代化的双重效应

公共生活是孕育于现代化进程中的产物，现代化进程的推进为现代公共生活建设带来正负双重效应。20世纪，现代化的车轮滚滚向前，人类文明迈进历史的新时代，现代化成为人类社会发展中频繁出现的一个大众化词语，成为当今世界各国和民众孜孜以求的奋斗目标。现代化是一个内容较为广泛的概念，作为一个历史过程，现代化是指从传统经济、政治、文化和社会向现代经济、政治、文化和社会的全方位嬗变历程；作为一种"应然"的价值诉求，现代化在某种层面上意指发达工业社会所实现的现代性状态，正如罗荣渠所言："作为人类近期历史发展的特定过程，把高度发达的工业社会的实现作为现代化完成的一个主要标志也许是合适的。"[①]不同人对现代化有着不同维度的认识，但是"市场经济、民主政治、市民社会和个人尊严"却是他们解读何为现代化的共同"底板"，正如杜维明所言："市场经济、民主政治、市民社会、个人尊严作为现代化或现代性的特征为人们所公认。"[②] 从以上人们所公认的现代化的四个特征来看，现代化无疑能型构一个正义的公共空间，能为公共生活的生成与发展提供必要的物质基础、政治基础、社会基础和主体基础，为当代中国公共生活带来了良好机遇，因为随着市场经济的发展，国家与社会之间的高效

---

① 罗荣渠：《现代化新论》，商务印书馆2009年版，第17页。
② 杜维明：《对话与创新》，广西师范大学出版社2005年版，第19页。

分合与有效互动更加清晰，介于国家与社会之间的一个具有调停性功能的公共领域才具有产生的社会基础；民主政治的发展必然会使公共权力在更高社会形态中还原为一种"社会性权力"，更能体现权力的人民性与社会性，政治责任与公共权力在民主政治发展中定能实现更好的统一，从而为现代公共生活的建设奠定良好的政治基础和制度保障；互强型的国家与社会的关系是公共生活获得社会支持的逻辑起点，作为公共生活的场域和载体，公共领域是现代市民社会的重要组成部分和产物，现代公共领域的生成与发展与市民社会的生成与发展是一种双向运动过程，且相互交织在一起的，市民社会的发展能成为监督公共权力的滥用与错用的强大力量，为现代公共生活建设提供良好的社会支持；人的尊严是人的自由全面发展的重要内涵，人的独立、自由、平等的人格是人的尊严的前提和基础，人的尊严意味着承认人的主体性与道德性，意味着公民权利与义务的平衡性，意味着公民能成为国家治理的多元主体之一，能理性地参与现代国家治理，为此，人的尊严的全面确证能使公共生活主体成为具备民族视域与世界视域相统一的公民，能夯实现代公共生活的主体基础。

考察中国现代化历程，中国现代化是在一个高度的时空压缩（哈维语）中进行的，呈现出一种高速率的状态，造就了改革开放以来我国经济社会发展的前所未有的成就，为进一步促进中国现代化进程提供了动力和保障，为世界发展拓展了一条"中国道路"，展示了一种"中国价值"，让那些预言"历史终结"（福山）的人重新审视和修正自己的观点，发出"不可意料"（福山）的惊叹。然而中国现代化时空压缩所带来的高速率状态下，也产生一些"世所罕见"的现代性问题，挑战着当代中国社会发展，但是中国现代化中的挑战并不是中国特有的"专利品"，世界上其他国家现代化进程中也曾同样面临过这些类似的挑战，只不过这些类似的挑战是分别在现代化进程中的各个不同阶段上显现。这些挑战在中国出现的特殊性并不是因为世界上其他国家所没有经历过这些挑战，而是由于中国现代化时空的高度压缩，这些挑战全部集中于同一时空之中而已，这些挑战是传统性、现代性与后现代性的"世所罕见"的大汇聚和相叠加，使得中国不再有其他国家那样迎接挑战的从容过渡期，而是解决问题的时间窗口渐趋缩小，解决问题的空间共振渐趋扩大，从而倒逼着中国经济社会发展的历史性转型，使得中国现代化进程中出现的问题更具中国特色，一是随着社会主义市场经济体制的建立健全，务实性的行为取向渐趋代替乌托邦式的行为取向，世俗化的矫枉过正、片面理解和急躁展开也使得许多人的行为方式和价值理念出现了物质化倾向，从而使得当代中国价值体系出现了不同程度的紊乱，人们不再相信崇高，不再敬畏神圣，即使是铿锵有力的崇高话语也往往透着一种吊诡的苍白，放弃了自己心中的道德准则与价值立场，取悦物质和谄媚物质的平庸或许成为人们确证自己价值存在的重要方式，从而使得人们的生存多了些许无根的漂浮，少了一份有根的厚重，物质欲望的过度泛滥导致人们失去精神乐园的痛苦与焦虑，从而消解着当代中国公共生活建设的价值基础，因为公共生活的背后需要一种共同价值观念的确证与引领。二是经过几十年来市场化进程的推进，市场经济体制已被基因式地植入中国社会发展的有机体内，但整体而言，市场经济并没有确立其自身的完整形态，计划经济体制与市场经济体制在某种程度上还依旧存有胶着现象，市场在促进国家与社会的分化过程中，当代中国社会也出现了功能性的系统结构分化与等级性的阶层结构分化的共存局面，国内社会学家对此问题也有过专门详细的探讨，在此不再赘述，毫无疑问，功能性的系统结构分化确实有利于现代公共生活的重构，也是现代公共生活的内在诉求，但等级性的阶层结构分化在某种程度上则强化了底层社会群体的抑制感与剥夺感，阶层固化趋势已在某种程度上显现，社会脆化有增强趋势，公平正义在某些领域受损，从而消解着当代中国公共生活重构的社会基础，因为公共生活背后需要的是一个功能性的系统结构分化的社会支持，而非等级性的阶层结构分化的社会支持。

二、社会风险图景的呈现

当今社会是一个希冀与风险共生共在的社会，关于风险的解读已不再仅仅是囿于科技领域，而是已延拓到范畴更广泛的社会文化领域。为此，只有把公共生活嵌入于风险社会的语境中加以考察，才能对当代社会公共生活的有效重构作出科学合理的回应。当今世界是一个相互依存的世界，全球范围内的经济社会活动相互依存性不断发展，许多事件的发生不但具有地域性，也具有全球性，风险也搭上了全球化的快速列车，穿越了时空界限，全球性风险社会不再局限于一种理论式建构，也出现了现实生活中令人忧心忡忡的景象，风险在人们日常生活世界中随处可感、可知，且渐趋蔓延和扩散到人类社会生活中的方方面面，风险强度、风险宽度和风险深度共生共在，且呈现出前所未有的趋势，全球性风险社会无时无刻不在考验着人们的生存智慧和生活选择，人们在可能的危险前景面前诚惶诚恐、战战兢兢地开展人类实践活动。

当代西方不同学者对风险社会有着不同视角的解读，大致可归纳为三种理解向路：一是以"新风险"理论（劳（lau））为代表的现实主义理解向路；二是以"灾难悖论"理论（凡·普里特威茨（Von Prittwitz））和"风险文化"理论（拉什等）的文化意义理解向路；三是以贝克、吉登斯等人为代表的制度主义向路。其中德国著名社会学家乌尔里希·贝克在《风险社会》一书中把后现代社会诠释为风险社会，认为在后现代社会中，人类将面临着严重威胁其生存和发展的各种各样的风险，人类正栖居于文明的"火山"上，人类社会处于全球性风险占主导地位的发展阶段。吉登斯认为自然界的终结和传统的终结是风险社会的重要缘由，正如其所言："风险社会的起源可以追溯到今天影响着我们生活的两项根本转变……第一项转变可称为自然界的终结；第二项则是传统的终结。"[1] 乌尔里希·贝

---

[1] ［英］安东尼·吉登斯、克里斯多弗·皮尔森：《现代性——吉登斯访谈录》，尹宏毅译，新华出版社 2001 年版，第 191 页。

克也曾针对全球化进程的不断铺展，也曾提出了"全球风险社会"的概念，认为社会风险越来越具有全球化效应，任何个体或许都将受到风险的影响或冲击，风险的应对或解决同样需要跨文化、跨文明的对话与合作，在全球化时空中，如果没有多元主体之间的协调行动和社会各种力量之间共同治理，任何个体在应对全球性风险过程中都往往显得捉襟见肘和力不从心。当然学术界也有学者认为"风险社会"只是一种主观建构的产物，而非一种客观实在，"风险社会"更多是一种"伪命题"，与一般社会相区别的"风险社会"根本不存在，只是人们的主观臆想或理论假说而已。

　　当代中国现代化是一个时空高度压缩的现代化，当代中国的发展是一种时空压缩式的发展，工业革命和信息技术革命在一个急促的时间和压缩的空间中同步展开，加快了中国从传统社会向现代社会转型的步伐，用几十年的时间完成了西方发达国家一百多年才完成的任务，取得了前所未有的成就。但是时空压缩也带来了前所未有的挑战，西方发达国家曾经历过的许多先后出现的问题则在当代中国同步同时地集中同一时空中，带来了前所未有的矛盾与问题，全球风险社会的到来和当代中国社会转型的加剧，使得当代中国面临着"第一次现代性"与"第二次现代性"负面效应共时共在的双重困境，"传统风险"与"现代风险"共生共在的风险态势，尽管不能完全以贝克的风险社会逻辑来解释当代中国社会发展进程，但毫无疑问，中国的风险社会并不能等同或化约为西方的风险社会，当代中国社会转型过程中呈现出其独特的风险社会逻辑，中国的风险社会并不是贝克所言的工业化进程完成之后所产生的风险。按照贝克的理论，工业社会和不可控制的风险社会构成了风险社会的两个阶段，其中不可控制的风险社会所指涉的就是贝尔所谓的"后工业社会"。管窥中国现代化历程，当下中国的发展还处于一个"工业社会"阶段，而不是"风险社会"，即后工业社会阶段，市场化、工业化和现代化在当代中国依然是一项未竟的事业，市场化、工业化和现代化所赋予的历史使命依然任重道远。虽然中国经济总量位居世界前列，但与西方某些发达国家的现代化水平相较而言，我国人均年收入水平、城镇化水平、社会化水平、个体化水平等现代化水准依然较低，且相距甚远。按照贝克的理论，在工业社会中，财富逻辑影响或支配着风险逻辑，在不可控制的风险社会中，风险逻辑影响或支配着财富逻辑，为此，当代中国并没有实现贝克所言的风险生产逻辑对财富生产逻辑的替换，财富生产逻辑依然影响甚或支配着风险生产逻辑，因为当代中国社会风险还主要是由于工业化的嵌入，即第一次现代性"时空压缩"的负面效应而产生的各种各样风险，其主要表征为生态环境问题、食品安全问题、贫富悬殊问题、贪污腐化问题、全球化风险等，这些风险的产生更多是当代中国第一次现代性阶段，即工业社会阶段中呈现出来的问题，是权力与资本共谋而产生的问题，是财富逻辑扭曲或失范而带来的问题。为此，从某种程度而言，中国已经步入一个风险社会阶段，有的学者直接指出了中国进入风险社会的"四大标志"，即政府公信力的下降、公共机构有组织的不负责任、理论不在状态和现实不在场、主体意识或个体意识崛起；同时，指出中国进入风险社会也表现为四个深层次的"社会结构性紧张"，即利益结构的紧张、制度结构的紧张、文化结构的紧张、价值结构的紧张。[①] 但是在看到中国进入风险社会的这一客观事实时，也必须清楚认识到中国风险社会与贝克意义上的风险社会虽有表象上的一致，但更具形成逻辑的本质差异，并不能完全套用贝克意义上的风险社会逻辑来分析当下中国现实，而要依照风险社会的中国逻辑来建构一种中国化与本土化的解释范式。

可以说风险社会的到来使得无论是"公共性"的内涵抑或其外延都更具全球性或世界性的逻辑铺展，"民族—国家"层级的"公私"逻辑渐趋被"世界—全球"层级的"公私"逻辑所置换或冲击，推动着现有人类生活方式和生活理念的变革，而且随着"世界—全球"层级的"公共"逻辑铺展，共同协作也必定成为重构公共生活的重要向路，公共生活的现代建设

---

① 竹立家：《中国进入风险社会》，《中国民商》2014 年第 3 期。

不再局限于民族国家内部的各种主体之间的互动合作，而是延伸到全球范围内的跨文化、跨文明的各种主体之间的互动合作，互动合作不仅具有民族性、国家性，也更具全球性、世界性、国际性，现代公共生活突破了地缘、血缘和国界的界限，呈现出一个多维整体的图景，公共生活必将突破特殊利益的霸权，迈向全球利益的求衡，在多维整体思维路径的指引下，再造具有民族性与世界性相统一的公共生活逻辑，从而更好地增进人类福祉，营造人类共同家园。

三、代议制民主的困境

在西方中世纪漫长的历史过程中逐渐孕育了代议制民主要素的某些基本内核，13 世纪英国议会的形成标志着代议制的发轫，在近代资产阶级革命过程中，代议制渐趋走向形成、完善与发展。第二次世界大战以后，西方社会逐渐广泛采纳了代议制。代议，顾名思义，是指代表商议、代表议事，代表不同群体的人为达成共识或一致行动而共同商议、讨论、决定共同问题或共同事务。代议制则是指代议在公共政治生活领域中的具体应用而形成的一种国家政治制度，在同一类型的国体中，由于各种因素的影响，政体也有着不同的表现形式。为此，尽管当今世界许多国家都采用代议制，但是代议制的实现形式可以而且应当多样化，不仅不同的国体中有着不同的政体，即便是同一类型的国体中，也有着不同的政体。代议制民主则是指公民选举代表掌握公共权力的一种民主形式，在代议制民主框架中，选举代表是公民拥有民主权利的一种表征，与古代城邦的直接民主相较而言，代议制民主表现为一种间接民主，其也往往成为现代各国建构民主政治的一种当然选择，只是不同国家代议制的具体方式不同而已，因为代议制在更大程度上迎合、适应了现代社会中社会分工精细化、专业化和公共事务复杂化、繁重化的客观需要。

资本主义国家的代议制与中国特色社会主义国家的代议制虽然都是现代代议制度，都体现为一种间接民主的形式，但是二者也有着本质性的区别。其中生产资料私有制是资本主义国家代议制的逻辑起点和现实基础，这种形式的代议制表征着多元利益主体之间的利益紧张与冲突，独立行使立法权的立法机关是其代议机构，代议机构设置存在着两院制与一院制的区分，议会是其代议机关，为此资本主义国家的代议制也常常被称作议会制。在资本主义国家的代议制中，立法权、行政权和司法权之间是相互平行的一种关系，它们之间相互制衡，因资本主义国家的代议制形式的不同，其代议机关在权力分配中的地位与作用也有所不同。中国特色社会主义国家的代议制是建立在生产资料公有制的基础之上的，作为一种新型代议制，人民代表大会制度是中国特色社会主义代议制的具体形式，表征多元利益主体之间的根本利益一致性，全国人民代表大会不仅是最高国家权力机关，也是国家唯一的立法机关，与美国总统制或英国内阁制的三权分立不同，我国立法权、行政权与司法权之间虽然也是权力分设关系，但它们遵循着人民代表大会制度下的"议行合一"的权力运行机制，民主集中制成为这一权力运行机制的根本组织原则，包括国家行政机关、司法机关在内的其他国家机关都由人民代表大会产生，对它负责、受它监督。因此，作为中国特色社会主义民主制度的核心要素与基本形式，人民代表大会制度是确立国家其他管理制度的基础，是全体人民当家做主的根本途径和最好组织形式，规定了当代中国民主政治发展的制度要素与内在逻辑，它具有能最大程度保证人民真正当家做主，高效协调国家机关的一致运转，广泛凝聚全国各族人民力量的政治优势与制度优势，是符合中国国情和具有中国特色的一种新型代议制。

在社会分工日益精细化、专门化，公共事务日益复杂化和繁重化的现代社会中，代议制民主因其独特的优势而成为当今世界普遍认同和选择的一种民主形式。但是我们也不能非理性地美化它，拼命往其身上贴上美丽的标签，在看到其能与不同政府体制相兼容，具有符合民主、自由、平等、法治的优点，有利于克服直接民主中责任政治建构乏力的缺点时，也要看到其所导致的民众参与的式微，以及民众共同体生活的弱化。正如约

翰·密尔在《代议制政府》中所论证的一样，虽然代议制政府是一种最理
想的政府形式，但代议制政府也同样存在着不可避免的一些缺陷及其危险
性，其中委托人权利流失风险便是代议制民主中的一种常态风险和内在硬
伤。实践证明，代议制民主更多是一种精英政治，现实政治生活领域中的
专家治国、精英治国、科技崇拜等便是一个很好的脚注。在此际遇中，许
多纷繁复杂的政治问题简化为少数专家加以认知和解决的技术问题，当政
治问题简化为技术问题时，人们的公共理性也变得不再那么重要，科学技
术则成为一种新教伦理，让人们顶礼膜拜。人民权力有时未能得到真实的
彰显，私人性的政治逻辑或资本逻辑往往侵蚀、操纵着代议制民主，间接
民主的代表或议院的代表究竟体现的是公共意志（全体人民意志），抑或
体现私人意志（集团、阶级、阶层意志）在实践中难以清晰澄明。在代
议制架构中，政府被少数政治精英把持，精英政治更加凸显，政治舞台中
的"普通民众"缺席，在公众参与不足的情况下，国家政策容易异化为少
数政治精英的价值观，代表出于私域性考量而违背对民众的承诺也具备了
可能性，因此代议制也有可能沦落为一种隐蔽化的技术官僚威权主义制
度。在此情形下，公共政策未必能如实反映人民的根本利益诉求，彰显人
民的公共意志，反而沦为少数精英的志趣或其思想价值观念的一种外衣。
为此，代议制民主往往容易扩大国家与民众之间的距离，让民众感觉到国
家政治是一个遥不可及的事情，从而生成一种政治冷漠症，正如保罗·霍
普所言："代议制民主制度的特征，致使许多民众认为政府仿佛与他们之
间的距离相去甚远，莫名其妙地难以捉摸，以至于使他们无法形成与自己
相关的富有意义的社会……于是，人们会更多地关注自己的个人生活而不
是社会的公共生活，因为他们认为个人生活相对来说容易由自己来加以操
控。"[1] 当今许多国家选举中低投票率的可持续发生便是民众政治冷漠症的
一个很好的诠注。因此，在代议制民主中，防止代表出于某一特定集团、

① ［英］保罗·霍普：《个人主义时代之共同体重建》，沈毅译，浙江大学出版社 2010 年版，
第 102 页。

阶级、阶层的私域性考量，规避委托人权利流失风险，已成为现代各国政体力图破解的一个难题。

作为一种新型的代议制，我国人民代表大会制度也同样存在着委托人权利流失的内在缺陷和常态风险，权力所有者与权力行使者的分离，代议制民主中的多层次"过滤"程序装置有可能会直接损害着受托人的利益，使受托人的意愿出现不同程度的失真或偏差，甚或出现公共权力私人化和私人权利公共化的危险，委托人利益常常被受托人利益所肢解或吞噬。事实证明，我国人民代表大会制度作为一项根本的政治制度，一方面具有真正的人民性与代表性，充分体现了广大人民群众的意志和利益，它并不是"富人俱乐部"的现代翻版，作为一项中国共产党领导的人民民主制度，它是实现党与人民有效沟通的制度载体，其不容受到任何金钱或财富的左右、亵渎或践踏。另一方面我国人民代表大会制度仍然存在某些需要加强和完善的地方，人民代表大会制度所固有的公正性、普惠性、法治性需要进一步加强和完善，公权力扭曲与人民权利流失之间的矛盾需要进行制度性补救与修正，人民性也必定会在人民代表大会制度的健全与完善中得到进一步延伸与拓展，党的领导、依法治国和人民当家做主会更加和谐统一，人民主体地位更加彰显，人民民主更加拓宽，中国特色社会主义民主在现代化道路上铿锵前行。

按照林尚立教授的观点，公共生活在不同民主形态中有着不同的表现形式，[①] 在代议制民主框架中，公共事务参与的大众性与广泛性可能会受到影响，特别是面对私人利益的巨大诱惑，私人化或功利化的私益追逐往往成为人们参与公共事务的动因，公共生活更多是基于私人利益的理解和诉求而展开，追逐私人利益成为公共生活的中心界面，过度私人化和公共责任式微迹象显现，代议制中的缺席委托使得人们重新缩回到私人领域，在此际遇下，公共生活中也往往会打上私益烙印，处于被某种私益所裹挟

---

① 林尚立:《有机的公共生活：从责任建构民主》,《社会》2003 年第 6 期。

的境遇之中，从而影响着现代公共性的建构与确证，不利于良好公共生活的现代生成，有可能损害公共生活的民意基础，公共生活成为少数政治精英的专利，对广大社会成员来讲只是一种奢侈品而已，从而导致公共生活的官僚化和技术化。因此，作为一种新型的代议制，我国人民代表大会制度中存在的委托人权利流失的风险和内在困境依然是扩大人民民主、增强代议制民主合法性和建构现代公共生活所需要破解的一个难题。

四、个体化社会的来临

自人类社会诞生以来，个体与社会的关系问题自始至终得以存在，且渐趋成为一个现代性的经典命题，其是解读和聚焦现代社会生活的一个符码和侧影。为此，如何调适个体自由与社会束缚之间的矛盾亦成为现代性合理建构的一个重要面相。从某种程度而言，现代性的合理建构即寻求个体自由与社会束缚之间的平衡点，从而使得个体与社会之间保持一种合理的张力。管窥人类历史，在前现代社会中，个体与社会之间关系的合理建构是借助"精神观念"来维系，从而把个体凝聚成社会统一体；在现代社会中，个体与社会之间关系的合理建构则是借助"物的联系"来维系，从而把个体凝聚成社会统一体。为了调适个体自由与社会束缚之间的矛盾，学术思想界主要有两条向路：一是以黑格尔为代表的德国古典哲学在精神领域中设计和描绘其理想社会模式，以谋求现代理性抑或说精神观念的方式来调适个体自由与社会束缚之间的矛盾；二是马克思基于生产力与生产关系之间的辩证视域，从个体社会化与社会个体化相统一的角度来调适个体自由与社会束缚之间的矛盾。因此，从个体与社会之间的关系解读现代性，从传统社会向现代社会转变的过程，在某种程度而言，即个体自由与社会束缚之间不断博弈、相互建构的过程，在此博弈中，个体主体性彰显，个体"大跃进"式地获得了前所未有的自由与解放，人们发出了"上帝死了""人死了""一切都死了"等振聋发聩的呐喊，"自由的"个体在理性原则指引下走向人类普遍的自由与解放，现代性给人类带来了一种空前自由与解放的幻象。但是现代社会正是在资本力量的不断增殖扩张过程中才得以建构和生成的，资本力量的增殖扩张正是现代性生成的深层"底板"，正如利奥塔所言："资本主义是现代性的名称之一"①。然而，资本力量的增殖扩张也有着其自身逻辑，在为个体带来前所未有的自由与解放的同时，也通过资本的逻辑重新把个体嵌入以"资本逻辑"为主宰的社会分工体系之中，个体只不过是从"精神观念"的奴役束缚迈向了"资本逻辑"的奴役束缚，"资本锁链"取代"上帝锁链"，资本符码成为人们生活世界中所感知到的一个直接现实，资本成为人们生活世界中的一个无处不在的图腾，成为主宰自己的抽象主体，以物化的形式奴役、统治着人们，使得现代性的建构与生成出现了新的悖论，人们并没有获得真的独立与自由，个体与社会之间并没有出现真正的和谐。

马克思基于现代性的这一悖论事实本身，深刻洞察了资本逻辑与现代性生成的内在关联性，从生产力与生产关系的辩证视域，揭示了现代性悖论产生的缘由，以批判资本逻辑扩张导致现实的悖论为主线，以实现人的自由全面发展为理论旨趣和追求目标，提出通过扬弃资本主义生关系，实现生产力与生产关系的有机统一来调适个体自由与社会束缚之间的现代性矛盾，进而实现个体与社会的共同发展。与前现代社会相较而言，尽管资本成为一个新的图腾，把人们重新嵌入社会分工体系之中，但是毫无疑问，在现代性的生成中，个体的独立性、自由性、主体性亦渐趋得到显示与表达，个体被无情地抛入不确定的自由之中，个体成为社会关系中的一个基本单元和社会交往行动中的一个实体单位。这已是一个毋庸置疑的客观事实，"为自己而活"的个体化机制不再是一种简单的理论刻画，而是一种客观的现实描绘，个体社会化与社会个体化成为现代性生成的不同侧影，表征着现代社会与现代人的持续发展，个体化社会的来临不再是一种主观臆想的产物，而是现代社会不得不面对的一个客观事实与发展趋势，

---

① ［法］利奥塔：《后现代性与公正游戏——利奥塔访谈、书信录》，谈瀛洲译，上海人民出版社 1997 年版，第 147 页。

"把社会中的成员转变为个体是现代社会的特征"[1]。

管窥社会结构变迁的中国历程，改革开放以来，国家与社会之间日益分化，国家与社会的关系得以重构，个体正在日益冲破集体与国家的藩篱，不断地发现自我、改变自我、创造自我，成为一个自我选择、自我创造、自我确证的自主存在，个体自身的努力是人们获得生存与生活的重要选择或必要前提，个体的自主性得以大大提高，个体的崛起成为一种客观事实，个体为了自己的生死而作出不同的选择，"为自己而活""为自己而死"成为人们日常生活中的重要信条，个体的自由流动空间与自由流动机会更具合法性，个体、群体与制度之间的结构关系得以改变，个体所拥有的权重增加，"权利个体"被赋予了现代性意义，个体日益重视自我权利的捍卫、自我情感的表达、自我个性的彰显，正在成为一个拥有自身权利的独立个体，体验着一种个体自治的生命旅程，可以说，我国身份证的发行便是个体从单位制社会束缚中"脱域"的一个现实脚注。因此，整体而言，在市场化、现代化和全球化的进程中，中国"总体性社会"的渐趋瓦解和个体化社会的来临趋势已成为一个不争的事实，中国社会的个体化进程不仅带来了传统威权社会、父权社会和传统家族、乡村和社会主义单位制组织的崩溃等等，也使为中国社会内部结构的现代重组创造了条件，尤其是公民自治组织的兴起，从而直接为现代公共生活的良好建构夯实了独立、自由、平等的个体基础和社会基础。但也要清醒看到，中国个体化社会的来临亦同时附生着某些风险，主要表征为个体化的无序性和社会的原子化，个体化的自私性和无公德的个体，个体化的组织缺位和社会组织发展的缓慢。在此际遇中，中国的个体化更多是一种孤立的个体化，并非是社会组织或社群共同演进的结果，并非是市民社会成熟发展起来之后的个体与集体之间力量的博弈结果，而更多表征为一种个体与集体之间撕裂的碎片化过程，个体在很大程度上也就成为一个无家可归的原子式个体，个

---

[1]　[英]齐格蒙特·鲍曼:《个体化社会》，范祥涛译，上海三联书店2002年版，第43页。

体不得不孤身一人直接面对国家，个体在与国家、组织、企业或更大个体进行博弈时，个体往往扮演着一种"无公德的个体"而与它们进行博弈或对抗，个体更多表征为一种"权利个体"和"符号个体"，而非真正的"事实个体"，在向欲望高地的冲锋途中，个体亦往往通过货币来实现自己的符号化，个体成为一种迷恋资本的个体，个体的表达与外显在获得更大自由的同时也往往隐入无家可归的"不确定的自由"之中，被正名的自由个体依旧被以货币为象征的资本所撕裂，资本抽象了个体存在，个体被迫在货币符号中寻求生命的质感，从而在某种程度上消解了公民身份抑或基于公民身份的政治生活，现代公共生活常沦为一种反思批判性缺失的集体狂欢或激情喧嚣，而非独立、自由个体之间视域融合的公共表达。

五、科学发展观的实践

发展已成为当今世界的一个君临天下的母题，科学发展正在中国大地上绘就着一幅壮阔画卷，成为中国发展的当今主题和解决发展问题的"总钥匙"。我国经济总量跃升世界第二的"中国崛起"，敢于承担大国责任的"中国答卷"，惠及民生的"中国力量"，郑重承诺的"中国道路"，铿锵前行的"中国改革"，凝聚实干共识的"中国梦想"等都正在推动着社会主义中国波澜壮阔的浩荡前行，促进着当代中国科学发展、和谐发展、和平发展。改革开放以来，以经济发展为先导和经济绩效为表征的政绩成为中国共产党执政合法性的深厚基础，也使得当代中国在全球化进程赢得自己的一席之地，跻身为世界大国之行列，吸引了世界的目光，引起了全球关注。中国世纪说、中国奇迹论、中国责任说、中国威胁论、中国统计数字水分论、中国即将崩溃说等各种誉美或置疑的声音扑面而来，中国经验、中国道路、中国模式、中国特色等亦成为国内外各界解读中国经济持续高速增长和人民生活水平迅速提高之谜的切入点与着力点，经济绩效夯实了党执政的物质基础，增强了政府公信力，提升了民众对中国共产党执政的政治认同度，现代公共生活的建设力量也得到进一步拓展与保障，有助于现代公共生活的良好秩序塑造。考察社会发展嬗变历程，国外发展经历了以经济增长为中心→关注社会发展→可持续发展→以人为中心的关于发展的不断深化认识阶段。新中国成立以来，我国社会发展观亦大致呈现出新民主主义社会发展观→传统社会主义发展观→社会主义初级阶段发展观→可持续发展观→科学发展观的嬗变历程，这是一个发展理念从手段论到目的论的创新发展历程，深刻把握和回应了当代中国社会发展的阶段性特征，既彰显了当代中国社会发展观的创新性，又体现了对接世界发展趋势的时代性，直接为当代中国社会发展指明了方向。

作为一种指导发展的科学世界观与方法论，科学发展观深刻阐明了发展的本质、内涵、基本要求和根本方法，科学认识与把握了当代中国经济建设规律、政治建设规律、文化建设规律、社会建设规律和党的建设规律，是社会发展辩证法在全球化时空中的中国表达与中国指南，反映了人类迈向文明形态和追求理想社会形态的终极旨归，内含着公共人塑造、公共权力合法性辩护和积极公共性追求的理论旨趣与价值进步，是当代中国社会发展进程中的一种公共理性观，是对古今中外公共理性观的扬弃与超越，是科学理性观、人文理性观和生态理性观的有机统一。从意识形态视域解读，作为一种社会主义意识形态，科学发展观无疑具有鲜明的公共性旨向，能最佳引领当代中国社会问题的求解方向与途径，使中国现代化进程演绎得更加精彩，更加契合人类社会发展规律，为当代中国社会发展与人的发展提供了科学的世界观与方法论。为此，科学发展观的贯彻落实有助于我国经济发展与社会发展的协调并进，市场机制与宏观调控的和谐互动，改革、发展与稳定关系的正确处理，社会结构要素的和谐运行，制度化与结构性缺陷的科学校正，社会主义和谐社会的构建等等。从科学发展观视域审视当代中国社会发展，不难发现，当代中国社会发展具有如下几个特征：一是时空结构的复杂性。随着全球化进程的铺展，当代中国社会发展的时空结构不再是传统与现代的二元结构，而是前现代、现代和后现代共生共在的三元结构，科学发展观的提出则对我们如何正确处理前现代、现代和后现代的关系、实现三者之间的协调性与互补性等具有现实的指导意义，从而为当代中国社会发展建构一个符合本国国情、具有本国特色的时空结构，充分发挥当代中国社会发展的时空优势。二是发展景象的失衡性。当代中国社会的发展并非各种发展要素的同步协调发展，而是某一发展要素先发展起来之后，继而带动其他发展要素的非平衡发展，这在当代中国发展呈现高速状态，取得巨大发展成就的同时，也使当代中国出现了许多发展中的矛盾与问题，诸如贫富差别、城乡差别、区域差别、环境污染、资源破坏等等均严重影响和制约着当代中国社会的全面协调可持续发展，科学发展观的提出则对我们如何实现中国发展的相对协调、相对均衡、相对和谐提供了科学的世界观与方法论。三是发展视域的开放性。当代中国发展并非是一种闭合性发展，而是一种开放性发展，是在承认"他者"中确认"自我"的发展，是"自我"与"他者"的一种共生共在式的发展，为此，中国并不是全球化的一个冷漠的旁观者，而应为一个积极的参与者，必须把握人类社会发展的当前趋势，自觉适应与遵循人类社会历史发展的普遍规律，以开放的世界视野来迎接全球化带来的机遇与挑战，积极与世界各国开展文明对话、贸易往来、经济合作等，增进各国之间的相互了解，吸收人类社会历史发展中的优秀文明成果，让中国以更加开放的姿态步入世界现代化的轨道，共享全球化的"红利"，融入全球化潮流之中。但是中国在走向世界的过程中也需要大力提升自我文明素养，积极参与全球文化互动，摒弃各种显性（意识形态）与隐性（制度设计）的文化自大，坚守自我文化认同，向他者表达自我文化身份，在他者文化中增强自我文化的嵌入性与共振性，科学发展观的提出则为我们如何正确处理他者文化与自我文化之间普遍性与特殊性的"撕裂"指明了新方向，增添了新思想。

当代中国发展需要一种公共性理念来引领，科学发展观在当代中国的"出场"则提升了当代中国发展的公共性理念，增强了公共性建构和公共人格塑造的自觉性、主动性与坚定性，丰富了社会主义和谐社会构建的理论基础，论证了我国社会主义基本制度具有调适"私人性"与"公共性"之间内在紧张的先天优势。作为一种社会主义意识形态，科学发展观的理论旨归无疑为社会关系的全面丰富与人的自由全面发展，科学发展观的深入贯彻落实必定会重构公共权力领域、公共领域和私人领域之间的合理结构，进而切实保障人民群众的各项权益。为此，在科学发展观指导下，一个以"人本位""权利本位"为价值"蕊片"，彰显交往理性、价值理性和实践理性的科学发展理性渐趋生成与普及，从而为培育现代公民精神，塑造现代公民人格，建构现代公共理性，提升生活的公共性质，彰显生活的公共价值等奠定良好的公共价值原则。

六、改革开放的全面深化

十八届三中全会指明了全面深化改革的方向与力度，绘就了全面深化改革的蓝图，吹响了全面深化改革的号角，显示了党和国家坚定不移地实施改革开放的决心与信心，中国改革开放将步入一个新的"春天"，"春天的故事"将再次回荡于神州大地。党的十八届三中全会对我国全面深化改革的总体目标、具体目标、根本目的、方法论、价值属性、政治保障等进行了明确阐述。其中完善和发展中国特色社会主义制度，推进国家治理体系与治理能力现代化是当代中国全面深化改革的总目标；其具体目标则由市场经济、民主政治、先进文化、和谐社会和生态文明等五个层面的核心内容与价值诉求所设定；激发各种生产要素的自主性活力，彰显各种生产要素的合法性魅力，让创造价值的一切源泉充分涌现，让发展成果更多更公平惠及全体人民是当代中国全面深化改革的根本目的；系统性、整体性和协商性是当代中国全面深化改革的方法论；依靠人民、为了人民、普惠人民等人民性的彰显是当代中国全面深化改革的根本价值属性；加强和改善党的领导是当代中国全面深化改革的政治保证。十八届三中全会通过的全面深化改革决定，从整体上绘制了全面深化改革的路线图与航向标，体现了全面深化改革的目标论与方法论的有机统一，党性与人民性的有机统一，整体推进与重点突破的统一等等。

回顾当代中国改革开放历程，"三中全会"似乎已成为"改革"的代名词，"改革"成为贯穿于历届三中全会的主题词，以不可遏制的力量创新着当代中国经济社会发展体制与机制，折射出了中国共产党坚定不移实行改革开放战略的自觉性与主动性。诸如十一届三中全会作出实行改革开放的伟大决策，中国融入世界的大门打开；十二届三中全会提出"商品经济"概念，开启以城市为中心的整体改革；十三届三中全会决定治理整顿经济环境、经济秩序等，扫清中国改革深化的道路；十四届三中全会提出建立社会主义市场经济体制，中国市场化进程公开推进；十五届三中全会提出建设社会主义新农村，中国农村和农村工作走进新时代；十六届三中全会提出完善社会主义市场经济体制，中国改革挺进纵深地带；十七届三中全会关于农村改革决定，为全面推进中国改革开放奠定了重要基石。从上述历届三中全会主题来看，改革无疑是一个大主题，只是不同阶段中改革涉及领域不同而已，更多是涉及某一领域或某一方面的重大改革，是改革的一种单向度突破或推进。党的十八届三中全会则将全面改革的集结号再次吹响，改革的义无反顾的决心和信心让世界刮目相看，中国共产党敢于承担改革的责任与使命让西方世界大为惊叹，也再次拨动了全体中国人民的心弦，"改革开放只有进行时没有完成时"和"改革是中国最大的红利"等直击改革焦点和难题的震撼人心的箴言，不仅吸引了全世界的目光聚集，也向全世界宣告了中国将扬帆起航进入全面现代化。十八届三中全会非常注重改革的全面性、系统性、整体性、协同性，不再是某一单个领域的细枝末节修改或某一政策的单向度突破，而是以经济体制改革为重点的全方位、多层次、多领域的协同推进，改革的全面性、广泛性、系统性和整体性前所未有，充分体现了中国共产党领导中国人民全面实现"五位一体"的社会主义现代化的坚定信念和巨大勇气。党的十八大确立的"五位一体"社会主义现代化总体布局标志着中国迈向"全面现代化"的新时代，"五位一体"的社会主义现代化总体布局并非西方现代化理论的直接产物，也非西方现代化经验或范式的间接套用，而是在识别现代化陷阱的基础上，坚守"中国道路""中国制度""中国精神"的现代化理论与中国实践相结合的"本土深化"和"创造性转换"，为了与"全面现代化"相适应，十八届三中全会绘制的全面深化改革蓝图标志着中国迈向"全面改革"的新时代。

在全面深化改革的进程中，当代中国公共生活建设也必将具有一个更加良好的制度空间，国家、市场和社会之间犹如交通信号灯中的"红、黄、绿"三色灯而各司其职，其具体表征为：一是政府与市场各归其位。党的十八届三中全会明确提出经济体制改革核心是科学处理政府与市场的二者关系，"看不见的手"（市场）与"看得见的手"（政府）都要切实有效使用好、发挥好，在注重充分发挥"看不见的手"在资源配置中的决定性作用的同时，也要注重更好发挥政府这只"看得见的手"的作用，真正实现"政府的归政府""市场的归市场"，科学厘定政府与市场的合理边界，我国深化经济体制改革的成功，必将会使政府与市场各归其位。二是权力与权利的和谐统一。党的十八届三中全会明确提出要完善人权和司法保障制度，限制权力和扩大权利是党的十八届三中全会的一个清晰主题，这意味着全体中国人民的权利都将得到国家权力的保障，人民当家做主的权利会得到更加切实的实现，公共权力的人民性与社会性将会得到进一步彰显，我国深化政治体制改革的成功，权力会变得更加谦恭，更加善待权利，人民也将会更有尊严，真正实现权力与权利的和谐统一。三是国家与社会的良性互动。党的十八大鲜明提出了深化社会体制改革的命题，党的十八届三中全会则具体构建了"以促进社会公平正义为核心；以满足人民需求为重点；以增强社会发展活力难点"的深化社会体制改革的三维架构，我国深化社会体制改革的成功，必定会真正实现"国家统治→国家管理→国家治理"的现代转变，呈现"强国家—强社会"的现代格局，切实促进国家与社会之间的良性互动。四是文化个性与文化共性的辩证统一。社会主义强国的建设、国家文化软实力的提升、社会主义先进文化方向的坚持、走中国特色社会主义文化道路的坚定等等都表明我国文化体制改革将注重文化个性的塑造，为中国特色社会主义文化建设指明了方向与目标。同时我国也注重用文化个性来书写时代共性，当代中国文化个性塑造过程并不是简单的自我文化的碎片化拼接或公式化复制，而是在自我文化与他者文化互动的图式中对中华民族文化的"身份确认"过程，这种过程是一种更具时代感的文化再造过程，是在把握中国文化个性的基础上来书写人类文化共性的过程。中国特色社会主义文化建设也正是表达民族文化个性与书写人类文化共性的辩证统一行动。五是人与自然的共生共存。党的十八大明确提出了建设美丽中国，党的十八届三中全会再次明确提出要加快建立系统、完整的生态文明制度体系，促进人与自然的和谐发展，这意味着在认识和处理"人与自然"关系的重大问题上，中国共产党在理念层面、制度层面和实践层面上都有了更加自觉和清醒的认识，将会更加夯实人类更加尊重自然、敬畏自然、善待自然、爱护自然的制度基础，我国深化生态体制改革的成功，必定会真正促进人与自然的和谐共生。

第二节　当前我国公共生活建设的发展趋势

预测我国公共生活建设的发展趋势，认清我国公共生活今后的走向，有助于更好应对公共生活的危机，寻求公共生活建设的有效途径。当今我国公共生活建设的整体趋势是令人乐观的，公民在公共生活中的主动性和积极性，大大提高了公共生活的水平与质量。因此，在中国现代化进程中，随着中国经济、政治、文化和社会的进一步发展，当代中国社会公共生活建设也必将得到前所未有的发展；扩大公民有序公共参与的制度安排与设计，也会对公共生活建设起到强大的促进作用，为现代公共生活建设提供足够的制度空间与持续发展的时间。为此，我国公共生活的蓬勃发展局面将不会再是一个乌托邦式的幻想，而会成为一个对以往历史加以扬弃的客观事实，这个客观事实主要表征为：无序参与迈向有序参与、单一图景迈向多元图景、利益导向迈向责任导向的发展趋势。

一、无序参与迈向有序参与

无序主要是指事物发展处于一种混乱、无规则的状态，公共生活的无序参与主要是指公共生活的参与处于一种混乱、无规则的状态，大致涉及两个不同的面相，即一方面是公共生活的参与突破了现有的制度、规范，未能在宪法和法制所规定的范围内进行；另一方面是公共生活的参与合乎道德范畴且没有与现有制度、规范相冲突的边缘型参与行为。为此，当前公共生活的无序参与表征为：一是公共生活的非法性参与。宪法和法律是公共生活参与有序化的重要保障，如没有宪法和法律的保障，公共生活参与则必然与社会主义民主发展背道而驰，扰乱公共生活秩序、破坏社会稳定。因此，公共生活的有序参与必须是在宪法和法律所允许范围内所展开的活动，但是我国有些公共生活参与则常突破宪法和法律的规定，带有非法的性质，已成为人们忧虑和诟病的一种不可忽视的现象，尤其是近年来，社会弱势群体在其自身权利受到剥夺或损害时，他们中的大多数人已不再是过去的那种无可奈何的"听天由命"的心态，而是采取公开的方法来维护自己的合法权益，但是当其权益表达渠道不畅或受到人为阻塞，"体制内抗争"维权效果不佳或完全失效时，他们往往采取"体制外抗争"维权，在"仇""恨""怒"等冲突性的维权心态刺激下，出现许多群体性事件及个体暴力抗争，从而导致一些非法性的公共生活参与事件发生甚或某些反社会的极端行为。整体而言，尽管这些非法性的公共生活参与只占公共生活参与中的极少部分，但是一旦产生往往具有极强的破坏性，甚或引发社会震荡，各种体制外的集体抗争行为中的快意恩仇、满是锐气、群情激愤、暴力抗法等等行为便是这种非法参与的一个很好脚注。二是公共生活的情绪性参与。公共生活是一种多元差异主体寻求价值共识的过程，需要公共理性对多元主体之间的价值冲突进行调适，所以理性是现代公共生活的本质属性之一，但是令人忧虑的，当今公共生活也常常烙印情绪化的色彩，公共生活参与带有某些情绪性表征。从某种程度而言，公共生活的情绪性隐喻着人们对当前社会贫富差距悬殊、资源分配不公、城乡差距过大等某种不满与宣泄，虽然公共生活领域中呈现出"众声喧哗"的热闹局面，但其中往往夹杂着许多情绪性声音，公共生活也常常成为一种宣泄个人或集体性情绪的"工具性托付"，而是一种寻求价值共识与建构公共利益的"价值性托付"。任何主体都是理性与感性的统一体，理性与感性是一对矛盾的对立统一体，强调理性是现代公共生活的本质属性之一，其不是否定现代公共生活中感性的存在，而更多是指在现代公共生活中理性因素占主导地位，从某种意义来讲，适度感性化的情绪表达更助于理性作用的发挥，但过度感性化的情绪表达则会把理性的声音淹没在情绪化的不满或宣泄之中，从而致使公共生活的公共性式微或偏离。尤其是在自媒体时代，网络公共领域渐趋成为人们参与公共生活的一个重要场域，公共讨论也在网络公共领域中得以发酵，但是我们要看到有些公共讨论并非是一种理性的公共讨论，网民所表达的许多观点给人感觉更多是一种情绪化的言语谩骂来吸引人们的眼球，宣泄式的批评、情绪化的表达、抱团式的讨伐等无不是这种非理性的公共讨论的现实脚注，从而致使作为一种分享自我的感性平台，个人微博中言论的随意性、主观性色彩较为浓厚，往往也并没有发挥其理性对话、辩论和协商的舆论功能，反而更多是成为人们随意大侃、宣泄情绪的地方，致使人们在网络公共领域中往往带着碎片化的情绪对公共事务发表个人的声音，公共生活参与也表现出强烈的随意性和盲动性。三是公共生活的欺骗性参与。公共话语并不一定总是具有公共伦理和符合公共道德，公共生活过程也是一种多元差异主体之间相互博弈的过程。在博弈过程中，公共话语往往披着维护、实现某种根本利益的"虚假公共性"的外衣而被有关强势特殊利益主体作为实现其自身利益的工具，甚或不正当手段，其他相关参与主体的自主性则被褫夺，其思想价值观念往往也在与特殊利益主体的博弈过程中"被和谐"掉了，多元差异主体之间并没有真正在自主中参与，在平等中对话，其他参与主体的"声音"往往淹没于强势利益主体的"声音"之中，"多数人的同意"实则是一种在资本或权力的隐形促逼下的弱势群体"话语权"的损失，从而导致"看上去是那样"的公共生活的背后实则隐喻着一种"实质正义"式微的欺骗。为此，在多元差异主体之间"零和"博弈的际遇中，多元参与主体之间更多是为了自己利益而自觉或不自觉的一种被"欺骗"所蒙蔽着的虚假参与，公共生活也在权力与资本的合谋生态中极有可能沦为特殊利益集团维护、巩固其自身利益的一种"跳板"，而非真正意义上的公共利益确证与建构。事实亦证明，许多别有用心的既得利益者为了更好维护和实现自己的私利，往往打着经济发展、社会稳定等等"看上去那么回事"的旗帜，借助各种媒体、舆论来放大市场焦虑，发出各种"救市"论调，以实现其扰乱市场秩序，影响政策走向，蒙蔽人们目光的从中渔利目的，当前我国"崩溃论""拐点论""威胁论"等各种唱衰市场的论调，无非是想左右或操纵舆论来倒逼政策的改变，以谋取更大的私利，这恰恰折射出了公共生活的欺骗性参与事实。四是公共生活的过度性参与。与公共生活参与式微相伴而生，公共生活的过度性参与也是值得警惕的一个现象，正如赫尔曼所言："当他们越来越公开地参与公共事务的时候，那些有能力积极参与事件成长的人很可能经历过度参与的危险，而那些希望按照强制登记不多不少行事者一旦意识到他们主要被限制在投票上时，就会遭受参与不足。"[1] 据此，公共生活的参与有其边界、条件与限度，基于国家与社会的互动关系视域考察，公共生活的参与过度有可能带来"离散型社会""俘获型国家"的风险；公共生活的参与不足亦有可能带来"僵化型社会""掠夺型国家"的风险，以权力与权利的正和博弈为分析工具，公共生活的适度、合理参与应以实现权力与权利之间的"正和博弈"为判断标准。尤其是在当前我国急剧变化的时空中，贫富悬殊、分配不公、城乡差距、社会焦虑、潜规

---

[1]　［美］艾伯特·O.赫尔曼:《转变参与：私人利益与公共行动》，李增刚译，上海人民出版社 2008 年版，第 111 页。

则盛行等等集中堆叠在有限拥挤的空间中，人们的焦躁、急躁、烦躁、浮躁等不良情绪在社会空间中大量累积，社会各阶层之间的公平间距拉大，极易刺激人们的敏感神经，在此际遇下，人们要么是表现出"集体"的冷漠、要么是犬儒式参与、要么是强烈渴望公共参与，然而令人遗憾的是，公共生活参与大多并非是奠基于公共说理的水平线上，以确证和建构公共利益为目标的客观、理性、适度的公共生活参与更是凤毛麟角，许多看似合理的公共争辩，实质上更多是参与主体之间的一种口水战，且在一种"抽象愤怒"（于建嵘语）的复杂生态中，口水战式争辩有走向激进化的风险，致使私人话题政治化、公共问题过度政治化，社会民粹主义情绪空前高涨，公共理性的对话机制缺失，各种参与主体难以就对话的"文本"找到解决问题的有效途径，参与主体之间既没有争辩的"价值公设"，也没有寻求"重叠共识"的方法论，从而致使公共生活呈现出不同意见的简单堆叠抑或怨恨情绪的过度宣泄。

随着当今民主化进程的铿锵前行，人们对公共生活的正当性、合理性和价值性有着更为清晰的认知，人们参与公共生活的程度日益提高，公共生活也日渐成为人民当家做主的重要途径，有序参与也正在成为公共生活的一种趋势，主要表征为：一是公共生活的法制化参与。健康有序的公共生活需要参与主体之间基于公共利益而尽可能地遵循法律与制度进行互动与博弈，达成重叠共识。共识的结果需要相对稳定的法律与制度进行确证与保障，参与主体认同这一制度框架，并在此框架中进行公共利益的建构与确证，合理、有序地参与公共生活，从而实现公共生活的法制化参与。改革开放以来，我国公共生活的法制化参与取得令人瞩目的发展，公共生活参与的规范化、制度化水平有所提高，中国特色社会主义民主政治制度的建立健全为我国公民的公共生活参与创造了有利条件，提供了政治保障，创设了公共生活参与的法制化规则与组织框架体系，公共生活参与的法制化精神得到了进一步的确立，公共生活参与有了法制规范的整体上约束，法律与制度使公共生活更具合法性与合理性，在法制的倾力护航中，现代公民的公共生活参与激情进一步高涨，公共生活参与也获得了更好的"再制度化"状态，即公共生活参与的法制化规则与组织框架体系得到了进一步的激活及完善，各种法制不再是一种静默的"文本"和口头的"规范"，而已成为一种切实运转的实践力和约束力。随着法律、制度的有效运转，参与主体的各种行为也更加遵循法律与制度，公共生活参与也越来越体现着一种公共性安排，公共生活中参与主体所达成的重叠共识也越来越成为一种公共性的再生产，从而使得公共生活在法制化精神的引导下而更加有序发展。二是公共生活的理性化参与。随着当代中国秩序、效率与民主的政治发展的目标趋近和实现，政治系统运行更加科学化与法制化，公民权利基础将会变得更加厚实，人民当家做主的地位将会变得更加牢固，民主与效率也将会得到更好的整合，人们的法制意识、秩序意识、民主意识、理性意识也将得到空前提升，人们对待事物变得更加客观、理性、求实，能够更加积极正面思考问题、良好心态对待问题、客观理性分析问题，人们的经济理性与政治理性水平也达了一个新的程度。尽管公共生活参与主体在激情参与中有着冷漠之处，在感性宣泄中有着理性表达，在功利参与中有着信念参与，在私意满足中有着公益建构，但是，整体而言，随着公共生活参与的规范化、制度化水平的提高，公共生活的参与行为也不断趋于理性化，在相互利益博弈的过程中，公共理性的运用成为参与主体之间进行博弈与互动的首要前提，公共生活的参与更具有了理性化的特质，这种理性化特质不但表征为参与主体的个体理性化，而且表征为参与主体的集体理性化，公共生活参与出现了理性化态势，公共生活更多是参与主体运用公共理性、遵循公共规则、建构公共善的一种理性参与。今天，随着我国全面深化改革的铺展，政府与市场、政府与社会之间关系的正确处理，国家与社会的有效分离与高效互动，社会主义政治文明建设的发展，公民的自由、平等、法制、理性等意识的进一步觉醒，我国公权力运行的规范化、科学化、文明化、民主化不但成为中国特色社会主义民主政治的内在属性，也将是推动公共生活参与理性化的驱动力，定将有力地促进公共生活参与的理性化水平。三是公共生活的实质化参与。公共生活是否真正实现公共利益和捍卫公共正义，关键在于能否在现有法制和组织框架体系中实现公民的实质性参与。随着中国特色社会主义民主政治的发展，公众的力量已广泛深入地介入我国社会事务和政治生活之中，公共生活不再是精英的独角戏，也不再是理论家的文本建构，人民代表的独占物，普通百姓的奢侈品，而是社会各种力量、各种声音、各种话语等共振共鸣的结果。为此，作为多元主体之一，普通公众的力量也成为建构现代公共生活的一股重要影响力量，公共生活参与的实质化水平已跃上了一个新的台阶。公共生活参与更多是人们出于建构公共利益的自主性参与，而非权力或资本裹挟之中的被动性参与，公共正义成为公共生活中的价值聚焦，指引和规制公共参与的行为实践。参与主体不但清醒地认识到程序正义的价值所在，十分注重参与的程序正义彰显，也更加追求参与的实质正义，注重通过程序正义来促进和保障实质正义的实现，努力实现参与的程序正义与实质正义的有机统一。今天，随着公民权利意识的进一步觉醒，民主、民本、民生得到了政治上的强大认同，中国共产党积极拓宽公民参与的有序渠道，推进公民参与多层次、广泛性、制度化的发展，公共生活的实质性参与也获得了稳步推进，公共生活参与主体关注的不再单纯是意识形态争论或所有制结构调整，而更多是以老百姓切身利益密切相关的公共话题，诸如环境保护、教育就业、医疗保障、拆迁补偿等等。同时随着现代信息技术的全面普及，公共生活广度和深度在空间正义中获得了进一步延伸与拓展，参与主体之间能够更加自由、平等、独立、直接、及时地交流信息，扩大参与的实质意义，实质参与渐趋胜于形式参与。四是公共生活的组织化参与。中国特色社会主义民主政治的发展，离不开公共生活健康有序的发展。而大规模的公共生活参与则需要组织化的运行，因为组织化的参与能有效规避原子化个体参与的无序状态，能更好地保障公民参与权的落实，能有效建构公共生活的良好秩序。改革开放以来，随着国家与社会关系的重构，社会组织大量涌现且日益成熟，直接为扩大公民参与提供了组织基础，为公共生活的参与提供了机会与舞台，各种自主的社会组织在公共生活参与中发挥着越来越重要的作用，社会组织正在日益成为公民有序参与的重要组织载体，公民越来越多通过社会组织来表达自己的利益诉求和实现利益整合，公共生活的组织化参与不再是一种"应然设想"，而是一种"实然棱镜"。随着当今社会结构功能的合理分化，社会组织正在成为我国经济社会发展中的一支重要力量，其在克服原子式个体公民表达的无力与群体公民参与过程中的无序等方面发挥着越来越重要的作用，日益获得了我国政治上的认同。党的十八届三中全会报告明确指出要加快政社分离，发展社会组织，提升社会组织服务功能，严格依法监督管理等方面创新社会治理，激发社会组织活力。为此，随着我国国家与社会的有效分离与高效互动，社会组织会得到更好的发展与成熟，以社会组织为核心的公共生活参与不仅适应我国社会发展的新形势、新要求，也有助于参与主体之间在博弈过程中达成重叠共识，捍卫公共正义和增强公共利益，公共生活的组织化参与也将会成为现代社会发展的趋势之一。

　　总之，我国人民当家做主的社会主义民主本质，决定了公民参与公共生活的深度和广度会随着中国特色社会主义的发展而发展。社会主义民主政治必须在一个稳定的环境和民主、法制的轨道中才能不断向前发展，公共生活的无序参与必将对各种制度与秩序造成冲击，甚或使公共参与处于一种"普力夺"（亨廷顿语）状态，从而与民主法治精神背道而驰。为此，走出公共生活参与的"普力夺"阴霾，实现公共生活的无序参与向有序参与转变不仅是发展社会主义民主政治的必然要求，也是我国现代公共生活建设的发展趋势。

二、单元图景迈向多元图景

　　事物发展总是遵循一定客观规律而有机联系的一个整体，事物的基本要素之间是按照一定比例、秩序结合起来的，事物发展总是一种开放式系统，而非一种机械式叠加。现代公共生活是按照人的发展和社会发展的

"规律"而有机联系的一个整体，其各个基本要素之间也是按照一定比例、秩序结合起来的，呈现出开放性、异质性、多元性和包容性的现代特征，是交互主体之间的生成性交往、理解性交往、反思性交往的相互作用、相互建构的公共性展开过程；而非是一种受商业市场的"规律"所异化或权力宰制并呈现出表情、情感、行为、意图等千篇一律，其目标、指向等则五花八门的"创造性""公共性"式微的生活样态。为此，当前我国公共生活建设的单向图景，主要表征为以下几个方面：一是信息的单向源流。改革开放以来，我国社会力量构成发生了显著变化，多元化社会群体日益形成，多元利益主体的出现与特殊利益集团的形成也正是造成公共生活的单向信息源流的现代根源，多元利益主体之间的"零和"博弈折射出现代公共生活建设的单向流动。今天，虽然以追求公共利益为旨归的现代公共生活具有较强的法理价值与伦理诉求，但在不断分化的现代社会中，令人忧虑的是，公共生活并非是多元差异主体的和谐共处，而更多是多元利益主体的竞相争衡。在多元利益主体的竞相争衡中，丛林法则成为他们进行博弈的重要法则，有限资源的分配也往往异化为多元利益主体在现有既定格局中的激烈博弈，而多元利益主体综合力量的强弱也往往决定着各自所获得资源的多少，直接带来博弈主体之间基于丛林法则的"零和"博弈，导致社会公共利益的流失。之所以如此，是因为博弈主体之间由于综合力量的悬殊而导致利益表达的失衡，一方面是强势利益主体利用其政治、经济、知识和社会等地位占有、操纵"社会资源"以提高其利益表达的数量、质量、频率等，进而使其声音或话语成为一种强势的单向流；另一方面是弱势利益主体则因其社会资源的稀缺，自身政治、经济、知识和社会等地位的底层处境而使其利益表达的数量、质量与频率受限，进而使声音或话语往往淹没于"众声喧嚣"之中。为此，在此境遇中，公共生活往往是精英或领袖为主体的强势利益主体所主导的，而不是在多元利益主体基于平等对话的基础上共同建构的，强势利益主体的声音或话语与其他利益主体的声音或话语之间具有一种信息上的"势位差"，其中强势利益主体的声音或话语是"高势位"，其他利益主体的声音或话语是"低势位"，二者之间难以出现信息对流，而更多是信息顺流，尤其是弱势利益主体在信息顺流中往往无可奈何接受"高势位"的信息输出，它们的选择甚或常被有意或无意地左右或操纵，弱势利益主体的意见能否被采纳则往往是碰运气，即使有之，其概率和数量也是少得可怜。二是权力的单向嵌入。改革开放以来，中国的有些改革领域并没有真正破除计划经济时代的"权力场"，而更多好像是建立在"权力场"的基础之上，杨继绳把这种现象称作"权力市场经济"，从而带来了权力与资本的媾合。事实也证明，在我国改革开放的过程中，一方面是市场化成为中国改革开放的主线，市场化得以进一步提速，市场化进程也日益深化，市场延伸到以前它所没有触及的领域并取得了决定性进展，席卷着人们的生活世界，成为家喻户晓的一个词语；另一方面是公共权力运作方式大多数还是停留在计划经济的状态之中并进入市场交换领域，市场化为权力的资本化提供了一个千载难逢的好机会，权力体系变得更加强化和得到不当的扩张，权力的滥用、错用等成为一种不可忽视的现象，其不仅没有因市场的洗涤而消退，反而变得更加令人诟病。为此，在这种生态中，随着中国改革开放进程的深化，尽管出现了社会的专门化与开放化现象，但是权力支配社会的基因在某些领域并没有得到彻底的洗涤，反而有强化之势，在理论上和现实上都越过权力的"边界"而渗透于人们的生活世界，从而致使国家消融社会、权力的单向嵌入现象出现，现代公共生活的建设也不例外。众所周知，现代公共生活的建设需要国家与社会的有效分化与高效互动，需要国家与社会之间形成一个各自相对明确、清楚的边界，否则的话，有可能导致权力单向嵌入社会，权力"合法"掠夺社会，权力抗拒社会利益，从而致使现代公共生活建设在权力单向嵌入中受到权力的"宰制"，公共生活不是对公共利益的确证和维护，不是以多元互动来捍卫公共正义，不是承认多元差异主体的独立与共在，而更多是对政治权力的关照，更多是维护表面一致的"机械团结"，更多是私人利益褫夺公共利益，从而使得现代公共生活往往异化为一种权力自肥的工具。三是范式的单向规制。公共生活背后有着共同的世界观与价值观，意识形态在现代公共生活建设中有着至关重要的作用，从某种程度而言，意识形态是现代公共生活建设的灵魂与基石，公共生活的现代建设需要特别注重捍卫公共利益和公共正义的意识形态塑造。然而面对多元差异主体博弈中的竞相争衡，公共生活最终形塑的意识形态并不是以捍卫公共利益与公平正义为旨归，而是以捍卫强势利益主体的私人利益与特殊利益为基点，在公共领域中输出他们自己的思想价值观念，主张的维护和捍卫其利益的一种公共生活范式，并通过各种方式向其他利益主体进行输出，这隐喻着其他弱势利益主体在关于现代公共生活的范式想象中会被一种单向的公共生活范式所规制，在强势利益主体关于公共生活范式的强势宣传与输出的过程中，其他弱势利益主体要么是没有意识到这种公共生活范式的"输出"，即使意识到其输出，也由于自身的经济、政治、文化和社会等地位的底层处境而无法主动迎击、打破强势利益主体输出的公共生活范式的规制。这种维护和代表强势利益主体的"意识形态化"的公共生活范式的"输出"，也必然会使公共生活沦为一种基于私人利益而被加以利用的工具，而不是成为一个促进公共之善的交往与对话平台。因此，从文化符号视域考察，受到强势利益主体左右或操纵的公共生活范式，实际是建立在一整套维护和代表其自身利益的意识形态机制之上的，从而使其利益得到更好的维护和确证。在这种情况下，强势利益主体通过现代传媒技术等一直不停地向其他利益主体灌输它们所输出的公共生活范式的合理性与正当性，其他主体则没有办法去想象他自己所想要的公共生活范式，更多是被动接受他们所"输出"的公共生活范式，从而使得其他利益主体在公共生活范式想象中敏感性、创新性、自主性等进一步阙如，并且认为这种意识形态所"输出"的公共生活范式，正是他们自己所需要的公共生活范式，个人有关公共生活范式的想象已被这种意识形态机器所淹没或切割，其他利益主体成为被动接受这种意识形态输出的公共生活范式的单位而已，公共生活范式也呈现出一种单向规制的表征。四是媒体的单向撒播。传统媒体的单向撒播是一个不可置疑的历史与现实，人们对此也基本形成了共识，在此就不再加赘述。网络化生存越来越凸显的当下，网络犹如嵌入生活世界中的一个"场"，直接为交互主体提供了参与公共生活的新的公共空间，丰富与拓展了现代公共领域的内涵和外延，新型的传媒公共领域正在生成，致使传统媒体中"缺席"的人们在网络社会中能够平等、自由、自主地讨论公共事务，展开公共辩论，形成公共舆论。但是在热捧这种"民主的媒介"之余，也不要过度迷恋于其民主的形式，而更要反思当下媒体的公共性建构问题。因为公共生活并不是一种简单的表达，而是一种建构与确证公共利益的平等参与。为此，网络社会中的人们真正实现平等对话与协商是否可能与何以可能的问题则是值得人们继续追问与寻思的问题，也是亟待人们解读与破译的代码，从而为现代公共生活建设提供一种新参照系与前进进路。众所周知，媒体的信息传播是现代公共生活建设的一个不可或缺的前置性要素，古今中外媒体的信息传播也都在不同程度上受到国家机器的制约，这也无可厚非。但是在权力的傲慢与商业的浸淫中，一方面是传媒的公共性式微，传媒的信息传播更多是为了吸引公众的眼球，博取公众的注意，满足公众的猎奇等等；另一方面是公众对传媒始终保持着一种敬畏与臣服，生怕在传媒公共领域因话语表达不当而给自己惹来不必要的麻烦，从而在许多公共问题上出现"集体失语"或"多数话语暴政"。因此，总体而言，当今中国媒体的信息传播并没有完全实现公共新闻与政治宣传的分野，媒体的信息传播依旧是一种单向的撒播，体制内的自上而下的信息传播与体制外的自下而上的信息传播之间严重失衡，媒体的单向撒播决定了它们承担"公共领域"的使命阙如，即使当今大家热捧的网络媒体亦是如此，尽管国家承认网络媒体中"众声喧嚣"的自主性，但是在这种"众声喧嚣"中达成的"共识"也并非真正能拓展与实现哈贝马斯所主张的公共领域功能，因为在权力与资本的媾合中，这种公共讨论也很容易被导入他们所预设的管道之中，其背后依然隐喻着媒体的信息传播是一种单向的撒播，对话与协商并没有成为信息传播的真正模式。

今天，随着中国特色社会主义民主政治的发展，公共生活的建设也获得了更多的"赋权"，人们对公共生活建设的规律也有了更加科学的认识与自觉的把握，"对话"也正在日益成为人们交往的重要原则，多元主体越来越能以平等的姿态参与人类文化的延续与创造之中，多元话语的互动交涉中也更加注重主体之间各自价值的尊重，多元互动的动态平衡正在成为公共生活发展的一种趋势，主要表征为：一是建设主体的多元化。随着市场经济的全面铺展与发育成熟，我国传统一元化社会结构渐趋瓦解，社会阶层与利益关系出现分化，利益主体多元化格局成为一种不可阻挡的态势，直接为现代市民社会的形成创造了良好的基础。为此，现代公共生活的建设主体也开始从单一化向多元化转变，公共生活建设由单一主体行为转变为多元主体的协同，即政党、政府、市场、社会、个体公民等都是现代公共生活的建设主体，都有责任和义务参与现代公共生活的建设，公共生活建设不再仅仅是国家、政府抑或单一其他主体的事情，而更多是多元主体共同的事情，不再由国家一方或社会一方的单方面建构，而是国家与社会的共同建构，且它们必须在公共生活建设中各司其职，分别在不同领域和层面承担着各自的职责，同时又相互合作、有效协同、平等对话，在公共生活建设的多元化网络中整合资源、互通有无、优势互补，从而更好摆脱非此即彼的惯性思维逻辑，弥补公共权力一意孤行的风险可能带来的失误和"专家治国"的机械理性主义的风险可能带来的不足与缺憾。今天，随着中国全面改革的深化，政府与市场界限、政府与社会界限的合理划定，现代公共生活建设的参与维度必将会进一步实现从单元向多元的转变，我国现在形成的由政党、政府、市场、社会和个体公民的公共生活建设主体，也必将在维护公共利益，捍卫公共正义和促进社会公平的立体化、树状型的建设体系中实现相互间的合作交流与良性互动，共同建构一种开放合作、资源共享、优势互补的现代机制。二是展开形式的多样化。随着人们自我意识的觉醒、主体意识的提升，多样化生存正在成为当下中国的一种生活样态，"爱着你的爱""恨着你的爱""喜着你的喜""痛着你的痛""幸福着你的幸福""生活着你的生活"正在不同的个体或群体之间自由切换，人们虽然生活在同一屋檐下，但都在寻找各自的幸福与快乐。为此，公共生活的多元主体参与形式也变得更加多种多样和切实可行，多样化不仅正在朝着现代社会的核心迈进，而且也正在成为公共生活的一种客观镜像，当下公共生活建设的相关主体不再是一种被动听从、机械执行、消极选择的封闭主体，而更多是一种彰显自主性、积极性和创造性的开放主体。与此相适应，当下公共生活的对话形式和对话风格也正在从单一性向多样化转变，其中公共生活对话形式有通过听证会、座谈会、论证会、讨论会、网络社区、微博、网络论坛、媒体舆论、论坛沙龙等各种公共领域来展开，以达成利益的博弈与协商。同时，公共生活的对话风格的内延与外延都得到进一步的拓展与丰富，公共生活中的对话则不再只是简单的一方主体与另一方主体的对话，同时更是包括主体与自我的对话、主体与文本的对话、主体与客观世界的对话等其他多维度的对话；公共生活中的主体关系不再是"我和他"的关系，而更多是一种平等对话的"我与你"的关系；公共生活中的任何一方主体都不再是特权式主体，而是与其他主体平起平坐的主体，是多元主体中的普通一员而已；公共生活的主体对话不再是一种"你云我云几方云""你答我答大家答"的人声鼎沸的盲从附和，而是在与文本的对话中建构世界，与他者的对话中结交伙伴，与自我的对话中发现自我，与客观世界的对话中把握规律等多重对话实践中达成重叠共识，产生视域融合，生成共生共在的对话状态。三是依托场域的多维化。按照哈贝马斯的分析，文学公共领域是资产阶级公共领域的前身，公共空间、政治讨论、理性批判是公共领域的三个基本的结构性要素，其中公共空间是公共领域的重要载体、政治讨论是公共领域的主要内容、理性批判是公共领域的精神动力。以此为参照，对这种结构性要素进行跨文化运用和中国本土性解释，不难发现，作为公共生活的实践场域，随着国家与社会的有效分化与高效互动，我国公共领域的现实形态也得到了进一步拓展，呈现出一种多维化的态势。其中，在公共空间层面，除了传统的报纸、学堂、学会所构成的"三位一体"的紧密结构之外，咖啡厅、酒吧、沙龙、教堂、祠堂、茶馆、广场、剧场、体育馆、运动场、公园等等现代性公共空间也日益显现，公共空间场景日益融文学式的优雅、哲学式的睿智、生活式的休闲、史学式的钩沉和政论式的批判等为一体，在公民意识的教化与培养中发挥着越来越重要的作用。在政治讨论层面，人们更加注重政治讨论的内容多样性与复杂性，人们不仅关心国内政治生活事务，而且关心国际政治生活事务，能以开放心态和全球视野去讨论国内的许多政治问题，正确地看待全球化视野中的中国问题与中国特色，也注重在跨文化交流中把中国呈现给世界，让世界了解中国、认识中国。在理性批判层面，人们不但注重对工具理性和技术理性的批判，也更加注重对理性的理性批判，且其正在日益成为公共生活的基础。在这样的理性批判生态中，人们不再在长远利益与眼前利益、全局利益与局部利益之间作一个简单式的粗暴区分，不再把公共利益看作为一种先验的、预先设定的"成熟品"或"等待品"，而是把公共利益看作为多元差异主体之间通过对话机制而建构的一种具有最大公约数性质的"共识品"。四是信息来源的多样化。在信息化时代，新型信息交互方式日益显现，信息交往也成为人们社会交往的一种重要方式，基于信息交往的公众聚合是现代公共生活的重要表征，随着人们主体意识的提升，人们在社会交往中的信息互动也日益提高，获取信息的渠道也更加多元多样，这种基于信息的互动也正在日益成为交互主体改变封闭的自我视域，融入开放的"公共视域"的一种内在动力和宝贵品质，因为从某种程度而言，人们获取信息的过程即为人们从私人领域迈向公共领域的过程，在这个过程中，交往主体摆脱了"熟人交往"的种种樊篱，冲破了"陌生人交往"的种种羁绊，交往主体之间依靠"信息"这一"载体"重新得以聚合、连接起来，成为建构现代公共领域的一把利器。总体而言，虽然当今政府、传媒和专家是掌握社会话权语的三种主要力量，但公共生活的信息来源并不仅仅来源于这三种主要力量，还有可能来源其他任何一个交往主体，当下信息来源和传播渠道的多样化已成为一个毋庸置疑的客观事实，在人人都是记者、新闻发言人、评论员，人人都有麦克风的信息社会中，人人似乎都只要轻松地敲打键盘，便成为信息的发布者和公共事件的同步传播者，公共事件的发布者不再仅仅是当事人，也可能是其他关系人抑或毫不相关的旁观者，公共事件的话权语也不再掌握在当事人手中，还有可能掌握在其他人手中。公共生活过程是交往主体之间就同一"文本"对象进行交流、对话和讨论的过程，也是一个信息输出与信息反馈的信息交往的过程，这种信息交往是为了促进交往主体之间的相互了解、相互沟通，从而实现交往主体之间的"零距离"对话与协商，在对话与协商达成共识。

总之，我国社会结构的多元化格局已在经济、政治、文化等各个领域、各个方面都得到全方位展现，多元化已成为我国当前社会最本质的一个特征，这种多元化的社会能比单一、同质性的社会提供更为广阔的公共生活发展舞台与空间。因此，随着我国社会结构多元化发展，人们生活也开始多元化发展，公共生活图景从单元化迈向多元化，这不仅是社会结构变迁的必然要求，也是我国现代公共生活建设的发展趋势。

三、利益导向迈向责任导向

利益是"人们通过社会关系表现出来的不同需要"[①]。"人们奋斗所争取的一切，都同他们的利益有关。"[②] 从计划经济导向的社会迈向市场经济导向的社会是当代中国社会的一个显著而又巨大的变化，在这一变化过程中，人们的利益意识觉醒，经济意识膨胀，"经济人"的数量越来越多，实现经济利益成为人们考量人生成功的重要杠杆与标尺，追求个人利益的

---

① 朱贻庭编:《伦理学大辞典》，上海辞书出版社 2002 年版，第 14 页。
② 《马克思恩格斯全集》第 1 卷，人民出版社 1956 年版，第 82 页。

最大化往往成为人们关注公共事务和参与公共生活的动力。为此，当前我国公共生活的利益引导，主要表征为以下几个方面：一是私人利益的驱动。在市场化的过程中，利益原则已被嵌入人们的生活世界之中，深深地影响着人们的生活方式，当代中国对个体利益的承认与关怀，对个体合法利益的保护与尊重等等并不意味着唯私人利益是图，并不意味着强调私人利益具有绝对的优先性。同时，我国在强调某些领域中公共利益具有至上性和优先性的时候，也并不意味着无视私人利益的正当性与合法性，而是主张公共利益与私人利益的和谐发展。但是管窥当前中国情形，人们的私人利益取向在某些领域中出现了过度膨胀现象，有的人在社会交往中也往往放大私人利益诉求，唯私人利益是瞻，弱化社会共同体的公共利益，私人利益至上支配着他们的社会交往广度与深度，支配着他们参与公共生活的动力和目的。个人或私人化的组织为了维护、捍卫、增进自身利益而参与公共生活，表达其意见和利益诉求，进而影响或促进公共政策朝着有利于满足其私人利益的方向改变，为此，利益驱动及权益维护成为他们参与公共生活的根本动因，他们参与公共生活的动机与目的主要来源于其具体的私人利益要求，尤其是经济利益要求。毋庸置疑，在当代中国个人追求正当利益的行为不仅无可厚非，而且已得到社会的认同和政治上的认肯，人们也正是在其私人利益的驱动下，使得其关心公共事务，参与公共生活的热情得以激发，人们一旦发现公共政策与其自身利益紧密相关时，便会积极关注与参与，并欲影响这些公共政策朝着有利于他们的方向来制定与执行。但是令人忧患的是，有的交往主体在其私人利益的驱动下则无视公共生活的规则与尊严，用其思想价值观念褫夺他者的思想价值观念，甚或使公共权力沦为谋取私人利益的工具，以便更好满足其私人利益要求。二是自我确证的功利。作为现代社会中的两个重要价值与社会伦理原则，功利与正义正在成为人们生活世界中的重要指导原则。不同思想家关于功利原则有着不同的解读，其中马克思和恩格斯认为功利论一开始就带有公益论的性质；[①]　边沁认为功利原则即为最大幸福原则或最大福利原则；作为近代功利主义的集大成者，密尔则认为幸福是行为的目的，但是密尔所说的幸福并不是指行为者自己的个人幸福，而更多是指一切相关的人们的幸福，并要求人在自我幸福与他者幸福之间做到严格的公平。由此可见，功利主义并不是人们所简单理解的那种自私自利的利己主义或大公无私的利他主义，功利主义者认为人们的公共生活与私人生活是相互交织、相互缠绕在一起的，人们在追求自我利益的同时，也在追逐他者利益，为此，不要对功利主义产生过多的误读或不当的理解。从某种程度而言，公共生活也是一种追求"功利"的交往活动，但是公共生活追求的"功利"不是人们所理解的自私自利，不是个体或集团的私人利益，这种"功利"正是马克思和恩格斯所说的一开始便带有公益性质的具有普遍意义的公共利益。当然，公共生活所追求的这种"功利"在不同时空中有着不同的特定内涵，诸如在资本主义社会中，这种"功利"表征为最大多数的最大利益；在社会主义社会中，这种"功利"表征为最广大人民的根本利益。但是令人忧患的是，有的公共生活主体看似是对公共问题从不同角度展开慷慨陈词，淋漓尽致地进行着其公共表达，发出自己的不同声音与意见，实则却不能或不愿去激浊扬清，在其私人利益的引导下，刻意放大能增进其个人利益的声音或话语，故意缩小不利于增进其个人利益的声音或话语，将自己的创造性、积极性潜藏起来，从而使私人利益与公共利益被人为撕裂，导致公共生活沦为一种狭隘的功利表达，公共表达并不能致力于维护、捍卫公共正义的制度安排。三是交往行动的趋利。交往行动是哈贝马斯交往行动理论中的一个重要概念，按照哈贝马斯的解读，他把行动分为目的性行动、规范调节行动、戏剧式行动和交往行动的四种类型。其中交往行动强调的是交互主体在对语言理解的基础上而形成的一种视域融合的相互关系。根据霍曼斯交换理论中价值命题的诠释，交互主体在正常的

---

① 《马克思恩格斯全集》第 3 卷，人民出版社 1960 年版，第 484 页。

社会交往过程中常常遵循的是趋利避害原则，并力争在此基础上来达成一种"视域融合"。事实证明，交互主体在交往过程中总会有意或无意地去选择那些有价值（经济价值、社会价值、伦理价值等）的社会交往行动，也就是说，在交往行动过程中，人们总是会按照"趋利"的本质特性游离在公共生活之中，常常会在"有利"与"不利"两种环境的抉择中选择"有利"的一面，而逃避"不利"的一面，选择对自己有价值的交往行动，逃避对自己没有价值或眼前价值不大的交往行动，即使选择它，也更多是迫于各种外界因素而做出的一种形式上的附和选择，而非实质上的自主选择。作为生物进化和人类社会固有的一种本性，人们在交往行动中进行趋利避害选择，这不仅无可厚非，也是推动社会前进的动力，但是这里"利"不是一个单向度的经济学意义上的"利"，同时是一个社会学意义（社会效益与效应）、政治学意义（政治效益与效应）、生态学意义（生态效益与效应）上的多向度的"利"。但是令人忧患的是，在我国市场化进程中，不同交往主体因其群体意识和群体归属感的不同，常常导致交往主体之间的价值观念出现裂缝，"利"在不同的交往主体之间有着不同的向度取向，经济学意义的"利"取向过度膨胀，且深深嵌入于某些交往主体的交往行动之中，从而导致交往行动中"利"的向度失衡。四是精神利益的牵引。物质需要和精神需要是现实的人的两种基本需要，为此，人们所追求的现实利益也应由物质利益与精神利益的两大部分构成，这是由利益概念的内涵所决定的。但在日常生活中，人们谈到利益时则往往把其简单地等同于物质利益来加以对待，而忽视了精神利益的存在与发展，人为地把二者的统一性割裂开来了。满足物质需要固然是人们参与公共生活的主要动因，但是人们之所以参与公共生活并不是仅仅为了满足物质利益，还有着为了满足精神需要的一面，特别是当人们的物质利益得到一定程度的满足时，人们会更加注重精神利益的满足，马斯洛的需要层次理论便是对这一客观事实的很好观照。随着我国社会发展与人的发展的同步推进，物质利益问题已经不再是人们聚焦的首要问题，而由经济发展所带来的政治、社会、伦理、道德、信仰等问题会更加引起人们眼光的聚焦，成为人们反思的对象。为此，人们的精神利益也将会更加凸显，人们也将会更加注重精神交往，精神交往在人们生活世界中的频率、数量与质量都将会得到进一步提升，从而更进一步地印证人的本质力量与能力，给自己带来一种成就感与满足感。事实也证明，作为一种物质性与精神性相统一的社会性动物，人不仅需要独处，也更需要群居，在群居中进行交流、沟通和对话，唯有如此，人才能在特定的社会关系中得到更好成长与发展，才能在同一共同体内部和谐相处。为此，精神交往正在日益从私人生活领域迈向社会公共领域，且随着社会活动广度与深度的延伸，社会公共领域中的精神交往也必将得到进一步拓展，精神交往的规格也会得到进一步提升，从而更好满足交往主体的精神交往需要，牵引公共生活向平衡方向发展。

今天，随着中国特色社会主义政治文明建设的推进，中国特色社会主义公民文化的建构，公民的权利与责任也将会得到更好的统一，以自由、平等、参与、责任为表征的当代公民精神正在生成，责任精神也在价值、形式和实践等层面得到全方位铺展，人们的责任意识也越来越强烈，全社会的责任导向越来越清晰，责任精神在公共生活建设中的整体性、结构性与加速性的发展过程中起到日益重要的作用，公共生活建设也正呈现出一种以"责任追求"来引导、规范以私利为基础的"利益追求"的发展趋势，主要表征为：一是主体责任的回归。现代公共生活是国家与社会分化的产物，公共生活的发展有赖于国家与社会之间的平衡、互动与合作，需要国家与社会之间的有效分化与高效互动来共同推进，无论是国家的社会化抑或是社会的国家化都必将导致公共生活的"重新殖民化"，为此，合理划定国家与社会之间的边界，国家与社会有着明晰的边界与责任分域，是现代公共生活的前提与基础。林尚立教授亦撰文指出，有机的公共生活的基础乃是国家与社会在恪守各自权利中形成的责任要求，有机的公共生活是现代民主成长的基础。[①] 为此，从某种程度而言，公共生活是一种责任生活，参与主体在权责对等的基础上切实承担和履行各自的责任，在确证自我的同时彰显他者意识，这不仅是现代公共生活的价值呼唤，也是现代公共生活建设的基础。当今随着我国社会利益主体的多元化，公共生活建设不再是国家化的单向植入，也非社会化的独自运行，而是中国共产党领导下国家与社会之间的互动式、协同式"共舞"行动，政党、政府、企业、社会组织、个体公民等在公共生活中能更加清楚认识和正确运用各自所拥有的权利，责任精神及责任担当在恪守各自权利中得到回归，这并不是交互主体良知的猛然觉醒，也不是一种单个的孤本，而是一种人格净化的回归，是一种人性光辉的升华，是责任回归的一种巨大潮流，在这种巨大潮流中，交互主体在公共生活实践中形成一个紧密的责任体系，交互主体之间的任何一方责任的遮蔽都有可能导致整个责任链条的断裂，任何一方权利的放纵都有可能破坏其权利所带来的责任要求，破坏主体交往的平衡，导致交往困境的滋生。二是自我确证的正义。正义原则是人们生活世界中的重要指导原则之一，也正在成为现代公共生活秩序建构与完善的基础。不同思想家以不同方式对正义进行了不同解读，但是无论何种理论解读，都共同认同一个具有底线意义的形式上的正义原则，即同样情况要求同等对待，"一切正义理论共同承认下述最低原则：同样的情况应当同等地对待。"[②] 然而，同等对待抑或区别对待为何问题则涉及一个考量标准问题，这一直是不同正义理论的分歧所在，众说纷纭，尚未有统一答案，纵观各种正义理论，罗尔斯基于正义原则的平等观或许是目前较为理想的一种方案。罗尔斯认为平等自由原则、机会的公平原则和差异原则的结合是构成正义原则的两个主要向度，并且平等自由原则优先于机会公平原则与差异原则，机会公平原则优先于差异原则的序列结构。据此，不难发

---

① 林尚立：《有机的公共生活：从责任建构民主》，《社会》2006 年第 3 期。
② ［美］汤姆·L. 彼彻姆：《哲学的伦理学》，雷克勤等译，中国社会科学出版社 1990 年版，第 330 页。

现，公民的基本政治权利与责任要求要得到完全合理分配，允许存在的不平等分配只能是以惠顾少数不幸的最大福利为圭臬的分配。由此可见，作为一种多元差异共在的生活样态，公共生活中不仅基本的政治权利要在交互主体之间得到合理的分配，因主体恪守各自的权利所带来的责任要求也要在交互主体之间得到合理的分配，交互主体的任何一方只能以一种有利于最少受惠者的方式去获取个人利益，否则便是放纵自己的权利，践踏公共利益的建构。为此，从某种程度而言，公共生活还是一种追求正义的交往活动，这种正义主要表征为任何交互主体都有责任去捍卫共同体的公共正义，交互主体表达的各种声音、话语等必须恪守捍卫公共利益的正义原则，公共表达必须以个体利益与公共利益的相和谐作为一种最基本正义，与正义原则保持高度的一致，才能有效促进公共生活的健康有序发展。三是责任践行的自觉。公共责任，简而言之，即指交互主体在公共领域中所展开的一切交往活动中所要承担的职责与义务。维护公共利益和捍卫公共正义则是公共责任的价值"芯片"。在现代社会生活中，每一个人都扮演着不同的社会角色，并因其社会角色的变化而承担着不同的社会责任。随着多中心的社会治理结构的确立和认同，不同的主体在社会治理中扮演着不同的角色，从而承担着不同的职责与义务。为此，在制度剩余与制度匮乏的双重困境掣肘中，任何强化单一主体权力，压缩其他主体作为空间的社会治理一定有着其致命缺点和巨大风险，注定是难以奏效的，多中心的社会治理一定是社会主义和谐社会建设的重要内容和主要途径。今天，虽然强调发挥政府在公共生活建设中的主导性作用，但并非意味着将公共生活回归到单向度的国家建构，而是强调要摒弃公共生活建设的单边思维，树立其多边思维，让各个不同主体在公共生活建设中都扮演着其不同角色，充分发挥着其不同作用，自觉践行其恪守权利所带来的责任要求。事实表明，当今参与公共生活的各个主体在恪守其权利的过程中也表现出高度的责任自觉，公共生活正在日益成为个体公民与群体公民的责任精神彰显的平台与载体，其中执政党更加注重其领导方式和执政方式的改进与完善，在领导现代公共生活建设中有着高度的责任自觉；政府更加注重其经济调节、市场监管、公共管理、社会服务的公共职能回归，在履行维护社会生活秩序的职责中有着高度的责任自觉；社会组织更加注重其自我管理、自我服务的意义建构，在履行提供部分公共服务的职责中有着高度的责任自觉；市场更加注重其在资源调节中的决定性作用发挥，在发挥其活力中有着更为丰富的意义和正确的定位；公民个体更加注重其对公共权力的监督与制约，在履行一个公民应尽的社会义务中有着高度的责任自觉。四是责任分配的平等。价值共识是说理的公共理性的内在要求，而要形成价值共识需要交往主体之间的相互理解、宽容、妥协，需要交往主体之间在平等的基础上展开公共说理，而不是相互把对方视为一种"零和游戏"的交往对象。由此可见，平等说理是公共生活的一个核心要素，没有平等的说理就不可能有好的公共生活，也就是说，公共生活中的交互主体之间应是平等的，他们之间能够平等对话、交流、沟通和享有各种公共服务与资源，套用金里卡的话，公共生活整体上处于一种平等主义的平台。因此，平等作为公共生活的一个共同平台，也基本获得交互主体的共同认可，对此没有必要再纠缠不清，需要澄明的是这种平等是建立在什么基础上的平等，怎样才能够做到真正给予人一种平等待遇，什么样的才算是平等待遇等等。众所周知，公共领域应是对所有人都开放的领域，每个人都有出入公共领域的选择自由，同时每个人要对其个人出入公共领域的选择负有一定的责任，这是在公共生活中把平等与责任联系起来的逻辑前提与现实要求，也就是说，公共生活中的平等分配应是建立在责任的基础上的，每个主体都对其选择负有特殊的、不可推脱的责任，任何一方主体若脱离了其对责任的履行，便会造成公共生活的不平等。事实表明，今天公共生活的开放性和透明性决定了参与公共生活的主体并不受其身份、地位和财产等因素的严格限制，人们在公共生活中可以公开、自由、平等地发表自己的言论，表达自己的利益诉求，以主人翁态度来自觉主动维护公共生活秩序，而非仅限于是与非、对与错、好与坏等简单、画圈式的二元表达。但是这种平等并不是随心所欲、不受约束的一种平等，它是宪法和法律所赋予人们的一种权利平等。今天人们在享受权利平等的同时也有更加敢于履行义务的责任担当，不仅敢于对其在公共生活中的自身言论与行为后果负责，也要敢于同各种破坏公共生活秩序的言论与行为作斗争，面对公共生活危机，敢于挺身而出，不可躲避问题，不逃避责任，做到人在责在，充分彰显"我是谁"叩问中的责任担当。

总之，随着当代中国国家与社会之间互信、合作关系的重构，中国共产党领导能力和执政能力的提升，公民自我确证中的他者意识彰显，大写的"公共"对小写的"公共"的扬弃，公共生活的利益导向责任导向更加具备了现实的可能性，人们在公共生活中的责任生成与提升也有了良好的制度积淀，一种凸显"我为人人，人人为我"的责任导向将成为现代公共生活建设的价值支撑和发展趋势。

第三节　当前我国公共生活建设的路径前瞻

现代公共生活相对于私人生活而言，是人们在公共领域的活动归纳。当前我国公共生活建设既要避免落入西方公共生活建设之窠臼，也要应对当代公共生活建设之困惑，大体上而言，治理民主的制度设计、主体叙事的确立；交往空间的正义拓展；公共领域的厚实；社会发展的文化自觉、文化再造的支持；意识形态的认同建构、思想共识的形成；公民人格的培育塑造、践行主体的养成是当前我国公共生活建设的路径前瞻。

一、治理民主的制度设计：主体叙事的确立

"完善和发展中国特色社会主义制度，推进国家治理体系和治理能力现代化"是党的十八届三中全会的战略部署，也是今后中国现代化的一个重要任务。自党的十八届三中全会以来，"治理"一词再度成为学术界热议的一个关键词汇。何谓治理，不同学者有着不同的解读，这里取俞可平教

授的解读，"治理是政治国家与公民社会的合作、政府与非政府的合作、公共机构与私人机构的合作、强制与自愿的合作"。① 在现代民主诉求暗流涌动与代议制民主先天不足的双重偏轨下，治理民主的理念应运而生。现代话语下的"治理"不同于传统科层官僚体制下等级制的"统治"，而是在国家与社会、政府与非政府、公共机构与私人机构相互沟通、互动、合作下的"多中心治理"。治理民主是相对于当前民主政体现有供应的不足与缺陷而提出的对现代社会的理性省思。审视当前代议制民主、参与式民主、共和主义民主、直接民主的实践与探索，都已证明其不足与缺失，且当代民主形式各种实践的"水土不服"也已一定程度造成"政治冷漠症"与"政治疏离症"，如代议制民主因其"被代表"而被诟病、参与式民主则因其参与不足被民众所不满、共和主义民主、直接民主则因易沾上"多数的暴政"的风险而不被推崇。事实证明，社会公共秩序的维护和建构是一个多元主体之间的博弈过程，在"搭便车"行为导致"公地悲剧"现象发生的生态中，制度正义在社会公共秩序的和谐建构中具有根本性和基础性作用，因为"制度好可以使坏人无法任意横行，制度不好可以使好人无法充分做好事，甚至会走向反面"②。托克维尔也曾指出："正是专制制度就像一堵墙一样，把人们囚禁于自己的个人世界之中。人们本来就有只关心自己的取向，如今专制制度让他们变得彻底孤立。人们彼此之间本来就十分冷淡，如今专制制度让他们冻成冰块。"③ 美国国家科学院院士奥斯特罗姆也对制度有效供给在社会公共秩序的良性演进的重要性进行了阐述。治理民主则是扬弃自由主义民主与共和主义民主的一种可能的复合式民主，它能打破各民主实践形式的局限，完善制度的有供供给，实现程序民主与实质民主的统一，虽然治理民主的科学性和现实性有待在实践中进一步检验，但无论如何其已反映出当代民主成长的现实趋向。

---

① 俞可平：《全球治理引论》，《马克思主义与现实》2002 年第 1 期。
② 《邓小平文选》第 2 卷，人民出版社 1994 年版，第 333 页。
③ ［法］托克维尔：《旧制度与大革命》，陈天群译，江西人民出版社 2013 年版，前言第 6 页。

公共生活是人们在公共领域的活动归纳，治理民主相对于传统的"保护型民主"（赫尔德语）对主体的民主现实可能赋予更多的可行性，治理民主对于公共生活的生长有着直接的制度供给效应，主要体现在：一是民主的增长为公共生活的可能拓展提供制度储备；随着民主理念与诉求的与日俱增，对民主、自由、平等的要求已不仅仅局限于政治领域，而要求其渗透于生活的各个领域。传统的民主实践形式往往将民主只停留于政治领导人的选举机制上，而在其他领域民主实践基本无从谈起，治理民主则将寻求"更多的民主"，寻求民主的增长，使民主不再仅仅是种特定的政治制度安排，而是渗透于公民的生活方式之中，使公民能够以民主化的参与途径真实参与公共生活，拓展公共生活的可能性与可行性。公共生活其参与的本质是烙印着深刻的民主精神，在公共生活的参与中若赋予着命令或指令的权威式烙印，则其公共生活本身之真实性必然将受到质疑。治理民主则直接有利于规避公共生活真实性被侵蚀的风险，治理民主使民主在政治一维的伸张走向民主精神在社会各领域的拓展，实现佩特曼意义上的"参与型社会"，因此可以说民主的增长为公共生活的可能拓展提供制度储备。二是民主的真实为公共生活的可能拓展提供实际基础；传统的民主形式在历史的实践探索中为避免"多数的暴政"与运行效率的低下大都走向了程序的中立性，进而出现了程序民主与实质民主的分裂，民主由公民对公共事务的治理转变成了仅仅是选票程序的象征性参与，公民也在政治权利的实质剥夺后走向政治的冷漠化与犬儒化。治理民主重拾民主的实质，拾取公民对事务的真实参与与公共事务的治理，有效对接程序民主与实质民主的统一、直接民主与间接民主的统一，把民主看作为一个多元生态、多中心秩序中的自主自理和公共性生产的过程。公共生活从本质上也是公民在公共领域活动的归纳，真实的参与是其重要的本质属性，公共生活只有在主体真实的参与中其生活的真实生长才得以展开，否则，公共生活也仅仅被变相为另类的"统治"而已，传统的民主实践形式剥离了民主的实质，进而也剥离了公共生活生长的实际基础，治理民主则强调平等主体的多元、真实、多中心的参与，因此可以说，民主的真实为公共生活的可能拓展提供实际基础。三是民主的绩效为公共生活的可能拓展提供真实支持；民主的运行不仅要注重其运行机制，也要看重其真实的运行实效。在多元化、全球化、信息化社会，单中心的治理模式已无法应对多元的社会困境与异质的治理困惑，而传统的民主形式则对应于简单的单中心治理模式，试图以职能分配、部门设置、框框规则等形式的工作机制对社会的公共问题进行治理。随着异质化、多元化、碎片化日益成为社会运行的特质，以效能、伦理、协商、合作为形式的多中心治理日益成为必然的选择。多中心治理强调政府、市场、社会等多领域的合作，强调共同参与、协同合作，强调资源的优化整合，进而提升民主的绩效。公共生活的生长不仅需要科学的民主机制，更需要真实的民主绩效，需要公共利益真正满足。公共生活从其最终旨归上则是寻求"公共善"，治理民主在民主绩效的增长上实质也是寻求更多的"公共善"，因此两者从本质上具有内在的共通性，民主的绩效为公共生活的可能拓展提供真实支持。

治理民主是一种制度的有效供给，实质上是寻求公民主体对公共事务的真实参与，对公共问题的真实关注，对公共效益的真实寻求，是一种主体叙事的真实确立。审视治理民主对公共生活生长的意义与价值，即民主的增长为公共生活的可能拓展提供制度储备、民主的真实为公共生活的可能拓展提供实际基础、民主的绩效为公共生活的可能拓展提供真实支持，如何推进治理民主则成为必要的思考。治理民主的推进可从以下几个方面着手：一是基层民主的直接参与，提升民主的真实性；全员的覆盖式的直接民主已被实践证明不可取甚至不可能，然而，仅仅以直接民主的困难而抑制一切可能的直接的民主实践，则可能使当前的政治冷漠症愈演愈烈，基层民主的直接参与是有效调和二者张力的重要处方。基层民主的直接参与可以有效地推进公民主体参与的积极性，也能真实地提升参与的可能性。随着异质化的治理困境日益凸显，直接民主的直接参与可规避埃莉诺·奥斯特罗姆所言的"私有化"与"利维坦"即市场经济洪流下过度强调个体的自主性的参与与政府管理下过度强调自上而下的操控式治理，适度基层民主的直接参与可以提升个体真实的参与积极性，避免对公共事务的冷漠与"公地悲剧"，避免"私有化"与"利维坦"的两种倾向，提升民主的真实性。二是多中心的协同合作，提升民主的绩效性；霍布斯式的单极治理是历史传统上惯用的治理模式，然而在现代的"风险社会"中，单极治理模式往往力不从心并可能带来治理亏空，多中心的协同合作成为一种必然选择。协同合作即不仅仅是政府一维的独角戏，还包括社会组织、私人经济部门、自主治理组织的角色扮演，对政府治理的运行起着合作、协商、监督等作用。多中心的协同合作既是对霍布斯式的单极治理的历史突破，也是对现实要求的理性回应。多中心的协同合作编织的权力网络不再是自上而下的命令式单向权力网络，而是相互调适、相互纠错、相互促进的复合式的权力网络，它切实地提升民主的绩效性，避免民主的失效或民主的虚假，进而为社会主体叙事的确立奠定真实的制度基础。三是整体性的通盘考察，提升民主的科学性。丹尼尔·贝尔式后工业化时代的到来，决定了传统的以分工为基础的官僚制管理模式日益难以适应日趋复杂与日趋多元的公共事务的挑战。整体性的通盘考察，则要求治理民主兼顾上下内外不同维度的治理，上即顶层设计，形成宏观管理格局；下即服务意识，形成服务性的全方位管理格局；内即内部合作，形成组织结构内部的合作管理；外即跨界合作，形成组织跨界间的打通式管理。上下内外式整体性的通盘考察，打破了以往"金字塔形"的权力关系，有效地整合当前的管理资源并能机智地应对当前的公共问题困境，不再简单地以分工为基础的合作与管制，而是以责任、信任、合作、效率等为衡量体系的通盘式考察，提升民主的科学性。

二、交往空间的正义拓展：公共领域的厚实

人类社会步入近现代以来，国家与社会的张力问题一直为思想家们所聚焦，公共空间亦因权力与资本共谋而受到不同形式的褫夺，在某种层面

上印证了哈贝马斯的"生活世界殖民化"观点，社会也一直面临着公共空间正义问题的困扰，尤其是在刻下的世俗化与现世化过度膨胀的时空镜像中，空间正义阙如问题不仅未见好转，反而有急转直下之势，亟待加以消解与补救，从而克服对其忧思与焦虑，建构公共空间的正义之道和意义本体。何为正义，虽为一个孜孜以求的对象，但亦为一个难以公度的问题，尚无一个公知性答案。其中马克思主义伦理学认为社会发展要求与人民群众根本利益是考量正义与否的伦理准则，凡符合社会发展与人民群众根本利益的思想行为即正义，凡与有悖于社会发展与人民群众根本利益的思想行为即非正义。为此，解读空间正义的维度尽管多元，但促进公共利益最大化则是空间正义要旨，任何有损公共利益最大化的空间结构均为正义阙如的空间结构。关于空间正义问题，大卫·哈维对其有着多维阐释，他认为全球空间生产、自然空间生产和城市空间生产构成了当代空间生产的重要面相，其中全球空间生产过程中，由于文化霸权和资本霸权的渗透，空间褫夺成为空间正义阙如的重要表征，从而折射出全球空间生产中的多元文化主体之间发展失衡镜像；自然空间生产过程中，由于资本逻辑的价值追逐和环境主义的伪装欺骗，生态困境成为空间正义阙如的重要表征，从而折射出自然空间生产中的多元文化主体之间对抗冲突镜像；城市空间生产过程中，由于不同资本形态的空间建构需求和城市空间的资本化席卷，空间破坏成为空间正义阙如的重要表征，从而折射出城市空间生产中的多元文化主体之间普遍同质镜像。据此可见，尽管从当代空间生产过程中，人们窥见了空间结构的时代变迁，感受到了空间生产的沉重脚步，体会到了空间生产的坚守与躁动，但这些都似乎更放大了公共空间正义的空前褫夺与弱化。事实也证明，现代公共生活发展离不开公共空间的正义建构，否则公共生活将成为一种无本之源的凌空起舞。管窥当今现状，公共空间私人化与私人空间公共化是公共空间正义阙如的现实刻画，其中公共空间私人化折射出公共生活空间的式微，私人空间公共化折射出私人生活空间被僭越。刻下的这种现象正侵蚀着公共空间的健康发展，使得公共空间的正义供给不仅受到了道德诘问，而且缺乏正义的意义本体，空间结构的本真理解与内在意义被迫给予重写，空间结构也呈现出高度价值紧张与正义诉求，甚或空间结构的隔膜与撕裂，进而威胁着交互主体间的公共交往，消解着公共生活发展。事实证明，一旦空间正义严重阙如，空间结构将会被无情肢解，公共生活会受到严重挤压，从某种程度而言，空间正义阙如之时，极有可能是公共生活消失之时。为此，建构一个充满正义的公共空间，为公共空间发展提供规范性方向，既是对公共空间正义阙如的切实回应，也是促进公共生活发展的一种思想自觉。

正义消匿的公共空间最终必然会遭遇"殖民化"现象，从而致使国家与社会呈现紧张状态，要么是国家吞噬社会抑或社会绑架国家，从而使得"强国家—强社会"的良性生态成为一种乌托邦的乡愿而已，公共生活则有可能处于不孕不育抑或难产之中。为此，公共空间的正义建构与现代公共生活发展是相互建构、互促发展的同一过程，公共空间的正义建构必定会大大拓展公共生活的建设场域，具体体现在：一是增强公共生活建设的政治认同。作为一个位于国家与社会之间的中间地带和实践场域，交往空间的正义拓展既有助于社会整合的促进，也有助于人们政治认同的增强，是当今提升人们政治认同度的重要场域和实践平台，为此，通过空间正义来寻求政治认同或许是现代性时空中的重要途径之一，鲍曼对此亦有过深入阐释。他认为："'私人/公共'空间是人类团结与共同事业之认同的萌芽与结果的唯一空间。"[①] 因为无论是多元利益整合、政治共识达成、政治参与拓展、公民文化塑造等都必须依托公共空间这一实践平台来加以实现，交互主体也只有在公共空间中才能确证自己的公共身份，寻觅到那份属于自己的社会归属感，"唤回那些被放逐的信念，诸如公共之善、善之社会、平等、正义等等"[②]。因此，交往空间的正义拓展必定会大大提升人们的政治认同，孕育人们的公民人格，促进公共生活的良性发展。二是夯实

---

① ［英］齐格蒙特·鲍曼：《寻找政治》，洪涛等译，上海世纪出版集团2006年版，第7页。
② ［英］齐格蒙特·鲍曼：《寻找政治》，洪涛等译，上海世纪出版集团2006年版，第169页。

公共生活建设的空间基础。公共空间是公共生活的实践场域，古今中外，公共空间发展跌宕起伏、一波三折。在 19 世纪末期，哈贝马斯认为权力与资本对公共领域的干预与侵蚀，致使公共领域的本真属性受到损害，公共空间也渐趋走向式微。鲍曼也认为公共空间在"固定现代性"和"现代现代性"的两个不同阶段，分别受到极权主义和个体主义的攻击，从而致使公共空间呈现颓废与冷漠。然而，不难发现，哈贝马斯、鲍曼对于公共空间衰落现象的揭示，其背后均隐喻着正义阙如是公共空间衰落的伦理本源。因此，交往空间的正义拓展将有助于规避公共空间再封建化（哈贝马斯语）的风险，为公共生活提供一个自由、平等、民主的共时性、共识性空间，从而促进公共生活的良性发展。三是推动公共生活建设的理性跃升。公共理性是公共生活的内在诉求和建构基石，现代公共生活发展需要理性的跃升与厚实，需要政府管理与社会自治之间的有效对接与嵌入互动，需要实现国家理性到公共理性的跃升，否则公共生活极有可能异化为一种愤恨情绪的宣泄或妇姑勃谿的口沫，给人一种公共理性阙如的集体狂欢景象。"为何要有国家"和"国家应当何为"是国家理性关注的两个题域，其对政治关系的理解经历了传统意义的以权力斗争为轴心到现代意义的以权利实现为轴心的嬗变历程，在此嬗变历程中，一种符合公共理性的国家理性得以成长，国家理性在公共空间中绽放正义光辉，其正义根基得以厚实。因此，交往空间的正义拓展将促进国家理性跃升为公共理性跃升，公共生活的理性厚实与良性发展。

从某种程度而言，公共领域的厚实则可化约为交往空间的正义拓展，空间正义必定是促进公共生活发展的希望之乡。那么，交往空间在当今如何得以正义拓展？具体体现在：一是交往空间的政治确认。空间具有强烈属人性的物象与意义，在创造与生产空间过程中，空间常被赋予具体而又强烈的人文性、政治性与意识形态性，"空间不是一个被意识形态或政治扭曲了的科学的对象；它一直都是政治性的、战略性的"[①]。各种政治性、意

---

① ［法］亨利·勒菲弗：《空间与政治》，李春译，上海人民出版社 2008 年版，第 46 页。

识形态性功能常诉诸其来呈现与展开。列斐伏尔认为"空间实践""空间的表达"与"表达的空间"的三者辩证统一构成了"空间生产的辩证法"，其中"空间的表达"是对交往主体中的"支配方"的喻指，"表达的空间"是对交往主体中的"被支配方"的喻指。由此可见，空间预设了一种政治性、意识形态性，也是政治性、意识形态性的具体化，空间结构的正义拓展必须被主流意识形态所占据和加以确认。二是交往空间的制度完善。空间生产过程实质是交往主体以空间为对象的利益博弈过程，在此过程中，空间的"物化"具象成为交往主体追求的现实载体，交往主体之间的分歧与紧张也往往以"空间利益"为轴心得以呈现，为此，切实实现"空间的表达"与"表达的空间"之间的动态平衡，优化完善空间制度，促进交往空间合理化与正当化乃为一项基础性工作，这要求打破空间生产的垄断权，确立多元主体在交往空间中的平等互动关系；打破权力逻辑与资本逻辑在交往空间中的默契结盟，消解权力逻辑与资本逻辑之间的不合理冲突；要合理分配空间权益，在集体行动逻辑中厚实空间权益。三是交往空间的伦理表达。公共伦理精神阙如的任何交往空间均是对正义的忽视甚或反判。从某种程度而言，公共伦理精神阙如是公共空间的衰落诱因，因为公共伦理精神阙如掏空了交往空间的为人性而使其异化为"物的枷锁"，从而吞噬了空间的平等性、包容性与人本性的价值诉求，空间异化为一个交往主体围绕权力、利益和资本而展开角逐的竞技场或争夺工具，空间排斥成为现代性隐忧之一。为此，交往空间的正义拓展必然要求每一个交往主体在"为自我考虑"的同时深层地"为他者着想"，做出"为他者"的伦理回应，而非仅是交往主体的个体私域叠加，而应是价值理性与公共精神深嵌其中的"为人性"的伦理表达。

三、社会发展的文化自觉：文化再造的支持

文化自觉概念最早由费孝通先生提出，按照费孝通先生的解释，文化自觉即"生活在一定文化中的人对其文化有自知之明，明白它的来历、形

成过程，所具有的特色和它发展的趋向"①。在当前文化失真、文化失范、文化失根的现时代，文化自觉的提出与觉醒显得尤为必要。依据费孝通先生对文化自觉的界定，在当前中西方文化的交融、交锋、碰撞中，其具有更丰富的三层内蕴，即一是文化自觉是建立在对"根"的找寻与继承的基础上，是有"根"的自觉；文化自觉并不是悬空起舞式的弘扬文化，而是扎根于坚实的对"根"的文化找寻基础上。中国作为四大文明古国之一，优厚的传统文化正是其千年传承的风骨，"仁、义、礼、智、信"仍是当代需要孜孜以求的优良美德。传统文化在遭受打倒"孔家店"、唯西化论等到重创后，其文化的感染力与影响力切实在风雨的洗礼中曾经摇摇欲坠，然而东西方历史都已充分地证明，文化自觉离不开自身的"根"，必须是有"根"的文化，因此寻找"根"，并深入其精髓，汲取其精华是当前文化自觉的首要内蕴。二是文化自觉是建立在对"真"的批判与发展的基础上，是本"真"的自觉；文化自觉从其根上首先是"真"，本"真"的自觉才可能抵御诸多笼杂与世俗的冲击，从而确立自身的主体同化。在面对异质文化与市场洪流的冲击中，对"真"的自觉冲击最大的则是文化的同化倾向、文化的商品化倾向与文化的庸俗化倾向。文化的同化倾向即在宣扬个性、张扬解放的影像下实则是对同质文化的走向，如当前对先进、时尚、成功的解读在多元化的背后实则是对西方文化的推崇，在同化倾向下实则失去了自身文化的本"真"；文化的商品化倾向即将文化类比于等价物，用金钱或商品等方式以衡量，或将文化以文化商品的形式以展现，文化的价值最终也以能兑换为相应的市场价值为标准；文化的庸俗化倾向则常常捆绑于文化的商品化倾向，它将文化不再认识为精神信仰的隐秘逻辑，而仅仅化约为可以转化的物质或是可以转化的现实成果。文化自觉必须能在异质文化与市场洪流的冲击下，坚守本"真"的自觉，是"真"的文化在避免文化的同化倾向、文化的商品化倾向与文化的庸俗化倾向下对

---

① 费孝通:《论文化与文化自觉》，群言出版社 2005 年版，第 232—233 页。

本"真"的主体的自觉。三是文化自觉是对发展趋向的规律把握与持续指引。文化自觉不仅在于寻"根"、守"真",还在于对未来发展趋向的规律把握与持续指引,在风云变幻与幻化莫测的时代,"我是谁,我从哪里来、我该往哪里去"也时常扣问现时代人的灵魂,在面向社会发展的未来走向与文化的选择时,也往往出现混沌或犹豫不定,文化自觉就是在多元异质的文化中汲取最适合自身的,且代表先进取向的价值标准,并能持续指引人们的主动行为。由此,可以说建立在对"根"的找寻与继承的基础上,是有"根"的自觉;建立在对"真"的批判与发展的基础上,是本"真"的自觉;对发展趋向的规律把握与持续指引等各个维度共同构筑了文化自觉的内在意蕴。

"文化是公共性的重要载体,只有通过文化的方式,公共性才能将在不同文化形态中的人、民族和国有联结成一个人的整体的生活世界。"① 公共生活不是纯粹的简单的行为活动,而是有思想、有文化支撑的寻求"公共善"的活动,因此公共生活其根源在于从未脱离文化,需要文化再造的支持。公共生活与社会发展的文化自觉具有精神上的共通性,社会发展的文化自觉对公共生活的精神供给效应主要体现在:一是有"根"的文化自觉是公共生活生长的思想根基;公共生活是在公共领域的活动归纳,公共领域自身不是从来就有,现代公共生活也是随着国家与社会的分离而逐步获得其现代性面相。公共生活的发展本身不能脱离其"根"的文化,在不同的国度不同的文化根基之上公共生活有着不同的发展历程与发展可能。中国的公共生活同样不能脱离其传统文化,现代公共生活虽然赋予其现代的特性,但公共生活的主体、公共生活的发展历程、公共生活的发展走向都离不开其文化底蕴与文化根基。中国的传统文化中有着浓厚的大局观,虽然在公私文化上经历着崇公抑私、兴公灭私、为私正名的历程,但公的文化一直占主流,在不断为私确证的历程,"公"文化的正当性与实存性

---

① 胡群英:《社会共同体的公共性建构》,知识产权出版社 2013 年版,第 160—161 页。

日益彰显，因此，有"根"的文化自觉是公共生活生长的思想根基。二是守"真"的文化自觉是公共生活生长的道路坚守；公共生活是真实的生活开展中的行为活动，在全球化、市场化、信息化的多重席卷中，公共生活同样会面临着因文化的失真而带来的同质化、商品化、庸俗化等风险。公共生活的同质化即公共生活在面临着与西方现时代的公共生活的交融、交锋、碰撞中，我国公共生活会简单地以西方的公共生活为标尺，从而以此衡量我国公共生活的现代性程度与发展走向，而忽视了我国公共生活自身的发展空间与发展历程。商品化倾向即打着公共生活寻求"公共善"的旗号而谋取自身利益，以利益的获取变相成为公共生活生长的动力。庸俗化倾向即对公共生活的"公共"性作简单的庸俗解读，或化约为物质，或化约为一维的利益等，公共生活的生长无疑会因其内在文化内蕴的失真而出现扭曲或偏转，因此，守"真"的文化自觉是公共生活生长的道路坚守。三是指引的文化自觉是公共生活生长的远行航向。公共生活本身也并非一成不变的生活复制，它也在历史的变迁中而变化与发展。文化自觉不仅是明白其来历，清楚其形成过程，并能为未来的发展寻求持续的指引。在多元文化涤荡的当下，获得主流价值的持续指引愈发重要，其也是公共生活能保证正确航向的重要思想源泉。公共生活的主体、客体、场域等各要素都离不开文化的大背景，文化的涤荡也同样从未使公共生活摆脱于其中，能否在涤荡与纷杂中走出适合我国的公共生活生长之路，重要的即在于获得持续的思想指引，因此，指引的文化自觉是公共生活生长的远行航向。

社会发展的文化自觉为我国公共生活的建设寻求文化再造的支持。文化再造即在传统文化的传承基础上，西方文化的学习借鉴上，自身现实的文化的创造与经验总结上不断地丰富与发展。具体来说，实现文化再造的支持主要可从以下三个方面着力：一是提升文化自觉的主体对话。文化自觉的践行者本身具有多重主体层次，不同主体层次的链接顺畅与否直接影响主体能否对话以及文化的持续指引力。总体上来说，文化自觉的主体可分为基层的群众主体、中层的高校智力资源与顶层的宏观战略主体。基层的群众主体要充分发挥其主动性、积极性与创造性，挖掘文化资源与文化活力，使群众真正成为历史的主体，成为文化创造的主力军，而不是在消费文化的冲击与技术理性的奴役下从大众文化的批判走向了大众文化的消费。中层的高校智力资源指高校是创造智慧财富的集成所，高校要发挥其在资源凝聚与文化开发中的智力集成作用，成为三层主体对话中的有效连接。顶层的宏观战略主体即在文化的选择与取向上要坚持正确的引领方向，把握时代脉搏，使我国文化能在竞争与比较中彰显自身的特色优势。文化自觉首要在于提升主体对话，在三层主体的对话连接中获得各自文化的优越性与独特性。二是提升文化自觉的价值对话。文化自觉的价值对话指在文化价值体系中不同价值层次间的对话，如传统与现代价值的对话；吸纳与创造的对话；认同与借鉴的对话。传统与现代价值的对话体现在对待传统文化与现代文化的交融上，既要汲取传统文化的精华，也不能依赖过剩而失去创造的活力；吸纳与创造的活力体现在既勇于吸收西方的智慧成果，也能够适时地"走出去"，传递中国声音与中国力量；认同与借鉴的对话体现在与其他文化的交锋中，树立自身的文化自信，认识到自身的文化优势与文化魅力，增强主流文化的认同感。与此同时，对自身的文化也不自负，不再是传统的"非我族类"的狭隘观念，而是"各美其美、美美与共"的大同观念。三是提升文化自觉的载体对话。文化自觉的培育与达成也不仅仅是关注主体自身与价值传递，还需要关注载体。文化自觉的载体也不是单一单向的，而是有着多维的多元面向。文化自觉的载体对话大体上有：在载体的性质上要注重公益性与经营性、在载体的广度上要注重近文化圈与泛文化共同体、在载体的资源获得上要注重古代文明与现代精神。文化载体的首要属于公益性，它是满足群众的文化需求，满足群众对知识的渴望与精神成果的需求。然而，不可否认，文化还具有经营性，当前文化产业的发展也是支撑文化发展的重要基础与物质力量。在载体的广度要注重近文化圈与泛文化共同体，即文化载体既要注重亚洲文化圈，也要注重亚洲文化圈辐射的全球文化共同体，实现儒家文化、马克思主义、西方文化的再造支持。在载体的资源获得上注重传统文明与现代精神对接。现代性的昂首阔步无疑在某种程度上消解着传统文明，但现代性并不只是单向度地对传统进行消解，其在消解的同步过程中，也在对传统进行了创造性的现代转换，重新对传统进行现代建构，赋予现代性意义。为此，文化自觉的载体对话中资源的获得不能脱离传统，但也不可固守传统，注重古代文明与现代精神，以现代精神的营养滋养古代文化文明，也以古代文明彰显现代之精神。简言之，提升文化自觉的主体对话、提升文化自觉的价值对话、提升文化自觉的载体对话是实现对现代公共生活在文化再造上支持的重要基因密码。

四、意识形态的认同建构：思想共识的形成

马克思曾指出："一定的意识形式的解体足以使整个时代覆灭。"① 意识形态是价值的核心，意识形态的认同也是价值认同的核心，一定程度也是整个时代的精神支持与价值支持。涂尔干、汤普森、丹尼尔·贝尔、葛兰西、赫尔曼、托克维尔等也从不同的侧面表达了意识形态的重要性与价值。如涂尔干认为社会运行不仅需要市场契约，还需要契约以外的非契约因素；汤普森认为意识形态具有服务于权力的意义；丹尼尔·贝尔把意识形态称之为"一种世俗的宗教"；葛兰西把意识形态类比为社会整合中的"社会水泥"；赫尔曼认为"从公共生活回归到私人生活通常会受到意识形态的帮助。这种意识形态将自利行为宣称为一种社会义务"② 。托克维尔认为："在某些时期，任何人之间都存在着巨大的差异，他们甚至会难以接受那些广泛适用的准则。而在另一些时期，人们只要模糊地看到某一个准则的轮廓，就马上会把它认出来，并疯狂地追求。"③ 可见意识形态的重要性在历史发展中已不言而喻，它在我国的发展历程中也已发挥不可

---

① 《马克思恩格斯全集》第 46 卷（下），人民出版社 1980 年版，第 35 页。
② ［美］艾伯特·O.赫尔曼：《转变参与：私人利益与公共行动》，李增刚译，上海人民出版社 2008 年版，第 61 页。
③ ［法］托克维尔：《旧制度与大革命》，陈天群译，江西人民出版社 2013 年版，第 12 页。

磨灭的价值。从意识形态的发展史来看，我国主流意识形态经历了从儒家到马克思主义的过程，儒家文化曾以其特有的人文关怀与政治说服力获得了长时期在主流价值的统治地位。随着时代的大变迁与大转型，马克思主义渐趋内化为人们的一种政治认同与理论信服，并在实践渐趋占据了意识形态领域中的主导空间。在其进入中国之初，马克思主义以其理论的说服力与领袖权威的号召力的高度耦合在民众中获得了极大的认同与信服。然而，随着改革的进一步深入与利益的大调整，主流意识形态地位与影响受到了消解和疏离，亟须加强主流意识形态的认同重塑。为此，巩固社会主义主流意识形态的主导性地位，走出主流意识形态的认同困境，消解主流意识形态的认同危机，乃是该时代不可回避的一个重要命题。意识形态本身是一个价值命题，但它的认同建构却不仅存在于价值本身，还在于利益与制度文化中。正如马克思所言的一样，任何脱离利益、忽视利益的思想价值观念一定会使自己丑态百出，脱离利益来空谈意识形态也仅会是空中楼阁、无根浮萍。因此，可以说，意识形态这一价值命题本身内蕴三个维度：一是意识形态是和利益百转千回地缠绕在一起，没有脱离利益的意识形态，意识形态的利益支撑是其本质属性中的最基础维度。事实证明，在社会生活中，理想主义并不是万能的灵丹妙药，并不能够使所有人都忠于自己的职责，都能够对自己的职责恪尽职守，或许在某种伟大的理念信念动力支撑下，有的人可以牺牲自己的性命，并且为此坚持几个月、十几年或几十年，但正如罗伯特·米歇尔斯所言："人的热情并非可以长期储藏的物品。"[1] 为此，仅仅通过理想主义来整合人们思想观念而不顾人们的物质需要，让人们对其笃信不移，其效果或许式微。二是意识形态需要一定的制度支持，制度的公正性是支撑意识形态的内在密码，倘若缺乏制度公正性的意识形态，也仅会在多元思潮的冲击下而消退与磨损。三是意识形态需要价值的引领性，意识形态是价值的核心，价值本身又直接影响意识形

---

① ［德］罗伯特·米歇尔斯：《寡头统治铁律——现代民主制度中的政党社会学》，任军锋等译，天津人民出版社2003年版，第111页。

态这一内核，因此主流意识形态必须具有价值的引领性。在引领中获得与其他思潮更为独特的优越性与感召力。

我国公共生活在运行机制上是中国共产党领导下的国家—市场—社会的互动合作，公共生活同样离不开意识形态的认同建构。托克维尔指出："假如每个人都按照各自的理念分头去寻求真理，则很难把人们团结在一个共同的信仰之下，如果一个社会缺少一种共同的信仰，它就不会有共同的行动，也不会欣欣向荣，甚至根本就无法存在。没有共同的思想，人的存在是孤立的，人们之间也不可能建立有机的联系，也不可能构成社会。因此，无论是作为个体的人，还是作为整体的社会，都需要教条性信仰。"[1] 主流意识形态能否获得认同，直接影响公共生活的导向与运行。具体来说，意识形态对当前我国公共生活建设的影响体现在：一是意识形态认同建构中的利益维度直接影响公共生活建设的物质基础；意识形态是和利益缠绕一体，公共生活建设同样离不开物质基础，意识形态认同中物质偏轨也会直接弱化公共生活的利益之基。意识形态认同离不开利益的支撑，当意识形态认同建构中缺乏了利益根基，公共生活建设同样在物质维度会受到影响。公共生活是在公共领域活动的归纳，但公共领域、公共生活主体、公共舆论都从未完全脱离利益的支撑。在当前思潮的多元与各种声音的争鸣一定层面也是利益大调整与利益多元化的映射，因此可以说公共舆论受利益的影响，而意识形态认同建构中的利益维度直接影响公共生活建设的物质基础。二是意识形态认同建构中的制度维度直接影响公共生活建设的运行机制；公共生活建设的运行机制从其内在机理上是公平正义的，但公平正义本身需要制度的维护，制度本身的好坏直接影响其是否能良性运行。据此，在意识形态认同建构中，制度是一个不可或缺的维度，否则意识形态的认同建构可能只是一个虚饰的口号而已，也无从获得大众的认同，公共生活建设的运行之基也因此受到影响。因此，可以说，意识

---

① [法]托克维尔:《论美国的民主》，张晓明编译，北京出版集团公司 2012 年版，第 117 页。

形态认同建构中的制度维度直接影响公共生活建设的运行机制。三是意识形态认同建构中的价值维度直接影响公共生活建设的方向导航。公共生活建设的"公共善"，是具有价值导向且蕴含主流意识形态价值的最大多数的"善"，公共善的标尺、公共善的理念、公共善的践行从根本上都离不开意识形态的价值导引。公共生活建设在多元思潮激荡中不免跳入其他观念的泥淖中或是其他思潮的涌动中，进而偏离其正轨，也即失去现代意义上的公共生活建设之命理。因此，可以说，意识形态认同建构中的价值维度直接影响公共生活建设的坐标指向。

意识形态的认同建构是克服交互主体各行其是，促进交互主体达致重叠共识的路径取向，也是公共生活建设的价值导引，实现意识形态的认同建构可以从以下几个方面着力：一是以改善民生夯实主流意识形态认同。"一种意识形态，如果它不符合人们的利益和经验，就决不会成为这些人的意识形态。"① 意识形态不是空喊的口号，它需要与人们实际感受到的利益息息相关。主流意识形态是社会弘扬的主导观念，但意识形态不是单一的，当主导的意识形态不符合人们的利益与经验，主流则有可能成为支流或末流。我国主流意识形态在计划经济时期，因为人们的民生供给极大地受到政府的束缚，且人们在生活中也基本触摸不到其他的意识形态，因此形成的是封闭的一元的主流意识形态认同。改革开放以来，随着利益的大调整与观念的多元化，当住房、医疗、就业、教育等民生问题不断涌现与观念思潮的多元时，主流意识形态能否符合人们的利益与经验就显得更为重要，更直接影响人们对主流意识形态的认同。因此，可以说，要以改善民生夯实主流意识形态认同。二是以社会公正引领主流意识形态认同。"平等应当不仅是表面的，不仅在国家的领域中实行，它还应当是实际的，还应当在社会的、经济的领域中实行。"② 主流意识形态要获得认同，不仅

---

① ［捷克］奥塔·希克:《第三条道路——马克思列宁主义理论与现代工业社会》，张斌译，人民出版社1982年版，第355页。

② 《马克思恩格斯选集》第3卷，人民出版社1995年版，第448页。

需要给予人们以一定的物质利益，还需要其具有内在的合理性。主流意识形态要获得认同，不仅需要其理论本身具有说服力，还需要与人们的心灵发生共振共鸣，才能内化为人们一种笃定的政治信仰。在阶层间距越来越大的今天，社会公正不仅是一种当代中国制度设计的价值"芯片"，也是当今人们的一种普遍的情感诉求。事实证明，当社会出现不正当的贫富差距时，往往比因奋斗而出现的贫富差距危害要大数百倍。在改革转型期，在社会生活中确实出现了问题不适当、差距不合理的情况，因此以制度的公正谋求社会的公正是主流意识形态获得认同的重要路径。一个制度能否获得人们情感上的认可、一个意识形态能否获得大众的认同，很大程度即归结于公正的程度，尽管公正在不同的学者论述中具有不同的解读，但照顾最少受惠者的最大利益是公正应有的内在之意。因此，要以社会公正引领主流意识形态认同。三是以增强对党的信任巩固主流意识形态认同。作为一种思想价值观念，主流意识形态能否在多元社会思潮中发挥其一元主导性作用，为非主流意识形态提供价值导引和价值定位，其执行者则为关键性要素，这一要素在当代中国则具体化为中国共产党的领导。中国共产党自成立以来，以其党内的纯洁性与党员的严格自我要求，获得了民心，中国共产党党员也一直是光荣与荣誉的称号。然而，在面对糖衣炮弹与现代社会各种诱惑的冲击时，部分党员出现了行为偏轨、精神偏差的行为，腐败也成为我国新时期执政的最大风险。民众对中国共产党的信任也直接影响到主流意识形态的说服力与影响力。当前我国反腐力度达到了空前的程度，中国共产党党员的警醒意识也达到了前所未有的高度，随着中国共产党自我净化的决心与力度的空前，民众对中国共产党的信任也有所回升，主流意识形态的说服力也有所提升，两者具有极强的相关性，因此，要以增强对党的信任来巩固社会主义主流意识形态认同。

五、公民人格的培育塑造：践行主体的养成

"公民身份是对于'我是谁？'的问题和'我应当做什么'的问题——

当这两个问题在公共领域提出的时候——的回答。"① 公民人格是公民对自身权利与义务统一的认知自觉，是对自身社会身份意识的觉醒认知。公民是根据该国宪法和法律平等地享有权利与承担义务的人。公民是一个历史性范畴，在不同的历史时期其体现的政治内容与意义会有所不同，与此同时，公民概念也不是一直就有的，审视中华民族人格的变迁史，大体上经历了臣民——人民——公民的发展历程，然而，臣民、人民都不是平等地享有权利与承担义务的主体，公民人格相对于其他人格属性也有其自身内在的规定性。大体来说，公民人格内蕴三个维度：一是公民的人格是独立自主的人格；独立自主是公民人格的首要特性，独立不仅是生活之独立，更指人格之独立，即不依附于另一群体，也不依附于某一政治权力，政治话语具有自身的独立性，在享有权利与承担义务是平等的主体，而不因角色的改变而改变，也不因身份的改变而改变。二是公民的人格是有公共生活判断力与公共理性的人格。中国传统社会公共生活与私人生活是不分的，公共生活往往看作是私人生活的延伸，公共道德也往往看作是私人道德的延伸，公共生活的举动与选择也往往是以私人生活的注脚为阐发，由此就导致了公民在公共生活中缺失判断力，而更多是以个人的情感偏好为基准。公共理性也不同于私人理性，它是在参与公共生活中对规则的认知与理性的判断。公民人格是积极参与政治事务的，而不是仅仅蜷缩于个体狭窄的私人领域中，在参与政治事务中即需要公共生活的判断力与公共理性的公民人格。三是公民人格是有着社会情感与社会关怀的人格。公民人格中的本质属性在于其社会性，社会事务的参与首先发自内心，始发于内心的情感，然而这种内心的情感不是仅仅局限于个人私域，而是指向社会性的一种责任担当与人文关怀的现代人格表征。管窥人类共同体的历史棱镜，大体有家庭共同体、族阈共同体、民族共同体、人类共同体等类型，然而人在本质上是社会关系的总和，因此，公民人格是有着社会情感与社

---

① ［德］哈贝马斯：《在事实与规范之间：关于法律和民主法治国的商谈理论》，童世骏译，生活·读书·新知三联书店 2003 年版，第 678 页。

会关怀的人格。

公民是公共生活建设的践行主体，公民人格的培育塑造直接决定公共生活的建设能否实现，公民人格之于公共生活的价值主要体现在：一是公民人格之独立自主性直接决定公共生活之"公共性"之彰显。公共生活不同于私人生活，也不同于政治生活，它是在公共领域活动的归纳，其旨归在于公共善，然而在权力与资本的侵蚀下，公共领域面临着再封建化的风险，公共生活同样亦受到权力与资本的干扰，而脱离了公共善。公共性之彰显关键在于公民人格之独立自主性。独立自主的公民人格才可能在市场洪流与多元思潮的碰撞中维持其公共性，走向"公共善"。二是公民人格之公共理性是公共生活之内在要求。传统中国社会公共生活与私人生活不分，私人的情感判断往往走进公共生活，从而使公共生活出现偏轨的情形，公共理性则直接应对这一难题，将公共生活与私人生活区分，将私人情感与公共理性区分，实现"上帝与恺撒的分离"。三是公民人格之社会关怀是公共生活之本质属性。公共生活从其本质上从不是向内而在的生活形态，而是面向他人，面向社会的生活形态，其本质则是面向社会关怀，寻求社会情感与社会关助的生活形态。因此，可以说，公民人格之社会关怀与公共生活的内在旨归有直接的内在契合性。

公民人格的培育塑造，大体可从价值认同——习得技能——精神养成等层面以培育，具体来说，一是理解公共生活的价值，获得公共生活的价值认同。公共生活是走向"公共善"的生活，它使个体从小我中走出，培育公共生活中内在的平等、尊重、民主等价值。教育是使人获得精神品质，公共生活的价值使个体从自我世界迈向他者世界，走向自我与他者的对话、尊重与平等，有助于交往主体成为一种"行动公民"，而非滞留于"理念公民"，因此，理解公共生活的价值，整体上认同公共生活价值，秉承一种公共品性，乃是培育塑造公民人格的内在要求和前置要素。二是习得公共生活的形态，掌握公共生活的行动技能。公共生活的践行也有其自身的法则与规律，公共生活的参与要求以公民的责任、情感与关怀、持久的热情参与于公共事务，并以合作性的承诺、民主的形式参与于其中，而不是一方对另一方的命令或强制，不是一方对另一方的完全否定或摒弃，因此获得公共生活的技能，需要学会以公共商谈的形式面对公共事务，在具体的教育活动中则要培育学会协商、理性思考、实事求是的交往行动技能。因此，参与主体要懂得在公共生活实践中学会换位思考、与人为善、平等待人、真诚待人、理性对话、独立思考、正确分辨、摒弃迷信等交往行动技能，在交往行动中真正形塑一种尊重不屈从、对话不附和、和谐不从众的公共行动能力。三是塑造公共伦理精神，养成公民品性的精神特质。切实彰显公共生活的"对话—理解""客我—主我""反思—批判""理性—行动"的四维功能，[①] 需要以理性、平等、友爱、尊重、包容、参与等为内在品质的公共伦理精神为引领，需要容纳他者、包容他者、尊重他者，需要以共同体整体的"大我"为出发点，在辨认世界性公共领域现象中开展世界公民交往实践。公共生活是向他者世界的敞开，是向周围世界的敞开，因此狭隘、囿域的内在自我是无法兼容于公共生活的，在政治教育活动中则通过互通的合作，通过"认识你自己"而达致"包容他者"，习得公民品性，因为"政治是一种公民教育的工具、提升文化价值的工具"[②] 。

---

① 叶飞：《公共生活的四维功能与公民教育的建构》，《高等教育研究》2014 年第 1 期。

② ［美］詹姆斯·G.马奇、［挪］约翰·P.奥尔森：《重新发现制度：政治的组织基础》，张伟译，生活·读书·新知三联书店 2011 年版，第 46 页。

结束语
他者镜像：现代公共
生活的主体棱镜

　　公共生活离不开公共精神的滋养，公共精神是公共生活的社会资本确证，否则的话，公共生活就如同没有灵魂的"木乃伊"。何谓公共精神，学界有着诸多释义，根据保罗·霍普的解释，"公共精神，是一种对待他人的基本观点或态度。这里的'他人'，不仅是指家人或朋友，而且还指邻居、同事，乃至陌生人。公共精神，表现为一个人可以不计自己的得失，为了他们的利益能够随时准备参与更多的地方共同体活动。公共精神，既包括思想，也包括行为。"[①] 由此可见，具有公共精神的主体应是有着"他者"的主体。尽管主体在同一时空中亦有"为我式的主体""无自我的主体"与"无他者的主体"等不同面相，然而"他者"是"自我"的先决条件，也是"为人"的存在，"通过他者，你可以被听到，也可以被认知"[②]。随着主体性哲学的发展与完善，其呈现出从"主体性→主体间性→他者性"的积极扬弃路向，审视现代公共生活的主体棱镜，跳出"我思""为我"的主体性自恋文化情结，确立一种合理的主体性，是现代公

---

　　① ［英］保罗·霍普：《个人主义时代之共同体重建》，沈毅译，浙江大学出版社 2010 年版，前言第 7 页。
　　② ［英］达瑞安·里德：《拉康》，黄然译，文化艺术出版社 2003 年版，第 58 页。

共生活建构的必要条件，有学者认为合理主体性应是由对象化认识的主体、交往实践的主体间性、责任伦理的他者性的三个有机向度所构成。[①]因此，为建构健康和谐的现代公共生活，在继承主体间性所彰显的自由平等交往的基础上，获得他者视界是现代公共生活的资格获取、表现他者是现代公共生活的价值归位、书写他者是现代公共生活的公益确证。

一、他者视界：公共生活的资格获取

在交往实践中，"为我式主体"往往遮蔽他者问题，他者常被统摄于"自我"之中，从责任伦理的向度来观照，他者视界的阙如直接影响着现代公共生活资格获取的合理性。何谓他者视界，简而言之，即在深化"我—你"的自由平等交往的基础上，在对等地平线上投射"我—他"的对他者负责的原则，以"他者"对"自我"的超越为考量标尺，充分尊重和关爱他者，对他者担负一种超越义务论和后果论的责任的一种生成视界。当然，强调他者视界作为公共生活的资格获取，并不是允许他者横行无忌，亦要充分警惕和规避他者对"自我"的蛮横与宰制。审视人类文明发展史，他者视界并非自然生成或与生俱来的，而是随"主体性→主体间性→他者性"的主体性哲学演绎历程而动态生成的。"人是万物的尺度"（普罗泰戈拉）、"认识你自己"（苏格拉底）等文明源头的呐喊隐喻着从人类历史之初就把主体拉向"为我"的历史视域。文艺复兴与启蒙运动则再一次高扬起"人性"的旗帜，催促"主体性黎明"的再次前进。近代以来，培根的"知识就是力量"、笛卡尔"我思故我在"的命题则宣告近代主体性的正式开启，主体抑或自我亦不断地被粉饰或描绘。与主体一并登上前台序幕的即是客体，因为"从前的一切唯物主义（包括费尔巴哈的唯物主义）的主要缺点是：对对象、现实、感性，只是从客体的或者直观的形式去理解"[②]，主客二分是传统的思维惯性，然而随着主体性的不断

---

① 李育球：《主体性教育的三重性：主体性·主体间性·他者性——后形而上学主体性教育内涵的探索》，《教育理论与实践》2010年第4期。
② 《马克思恩格斯选集》第1卷，人民出版社1995年版，第54页。

张扬与高昂，客体被边缘化甚或被践踏，人与人、人与自然、人与社会之间的矛盾在主体性泛滥的浪潮中日益凸显，现实的矛盾与冲突则使一场反思"主体性"、反思理性精神的运动由此掀起，主体性也开始遇到诸多困境。休谟最早对"我思"这一主体性命题进行批判与怀疑，休谟指出自我只是一连串知觉的综合体，然而知觉的瞬时性与自我持续同一性则构成了一对无法克服的无解之谜，"我思"只是依靠习惯性联想的自我感知。尼采的"上帝死了"则是对传统主体性思想发出诘难，弗洛伊德以自我意识之下的探索消泯自我的决定意义，维特根斯坦与赫尔德则从语言分析的视角将自我转变为语言逻辑的特殊功能，福柯则直接以"人的死亡"宣告主体性的消解与崩溃，罗兰·巴特则以"作者之死"的惊世之言来否定作者的主体性，然而"我思"的怀疑与"受创性的批判"都未能真正割舍主体情怀，主体间性亦成为超越单子式（莱布尼茨）主体性困境的智慧选择。

为寻求超越主体性困境的处方，胡塞尔、海德格尔、哈贝马斯、伽达默尔等试图以主体间性调和主体之间的矛盾与纷争。胡塞尔从现象学视域，解读自我与"他者"的关系，以"共呈""配对""移情"等概念阐明对"他者"的确认。其中，胡塞尔指出，先验的纯意识的经验世界是"自我"与"他者"共在的世界，是主体间的世界，而不是主体对客体的支配世界。"我就是在我自身内，在我的先验还原了的纯粹意识生活中，与其他人一道，在可以说不是我个人综合构成的，而是对我来说陌生的、交互主体经验的意义上来经验这个世界的。"[1] 海德格尔从本体论出发，在生存的"此在""有意义的展开""澄明之镜"的找寻中探索与自我共在的"他者"。哈贝马斯则从"交往实践"为代表的主体间性理论探求中提出"交往共识"是"自我"与"他者"共生世界的确立基础，"道德规则和伦理规则以及所有'社会规范'的有效性的基础则是'基于有关价值的共识或基于相互理解的一种主体间承认'。"[2] 伽达默尔创立了现代哲学诠释学，确

① ［德］胡塞尔：《胡塞尔选集》下，倪梁康译，上海三联书店 1997 年版，第 878 页。

② Jurgen Habermas：*On the Pragmatics of Social Interaction*. The MIT Press 2002.p12.

立了语言的本体论地位，揭示了语言与世界、语言与存在之间的关系，提出了"视域融合"理论，确证了语言的主体间性地位。当然，他们关于主体性的反思或批判，并没有阻退主体性理论的向前发展，反之赋予主体性理论的一种新的内涵性和紧迫性，没有主体间性则没有规则，没有规则亦无所共在的世界。胡塞尔、海德格尔、哈贝马斯、伽达默尔的主体间性理论都试图跳出传统主体性的单子式困境，避免"主体的暴政"，然而胡塞尔的主体间性理论从本质上仍属于先验主义的唯我论、海德格尔的"有意义的展开"在实质上也是主体的此在追寻、哈贝马斯的"交往共识"则亦是属我性的话语争夺，其批判的侧重点在单子式主体性的孤立性，对单子式主体抑或近代先验主体对他者的统摄、蛮横、褫夺的批判式微，至此胡塞尔、海德格尔、哈贝马斯等主体间性理论都是在自我与他者之间做出调和的努力而未能其遂。

德国哲学家托尼逊撰写的《他人》一书问世后，"他者"问题渐趋成为 20 世纪哲学的主题。黑格尔的主奴辩证法、弗洛伊德的精神病理学分析、拉康的镜像理论、赛义德的后殖民主义理论都隐喻对"他者"理论的探讨，列维纳斯则将"他者理论"走向更远，阐明责任担当是主体应有的伦理精神，并以此走出"主体暴政"的泥淖。公共生活资格获取层面的"他者"视界，即是责任主体与伦理主体相统一的哲学意义上的"他者"。他者视界的展开，表征主体不再是"我"的同语反复，也不是同一性哲学的同义表达，而是非同一性哲学下第一人称"自我"优势地位的消解，是内蕴"他者之惑"即"我之惑"，他者所处的异域空间即自我展开的空间。他者视界的展开，跳出了传统本体论的同一性哲学下纯粹的"自我"，跳出了后现代解构理论下分解的"自我"，也跳出了主体间性哲学下话语对话的"自我"，而走向"他者"对"自我"召唤且负有责任担当的"自我"，是伦理主体与责任主体的有机统一。他者视界的展开将他者引入自身，主体既是自身也是他者，甚至他者优于自身，自我是在以他者为中介通过反思与分析而实现，避免唯我论与主体中心主义。现时代的诸多困境如环境矛盾、发展边际成本、战略冲突等其根源则在于忽视他者视界的"唯我论"哲学的过度滥用与错用。现代公共生活以公共善为旨归,从主体棱镜来审视,其实质也正与蕴含"他者"的伦理主体相呼应。因此,可以说,主体性问题贯穿整个哲学发展史,以"我思""为我"为主题的主体性哲学隐喻着自我对他者的消解与同一;"对话""交往"为主题的主体间性哲学隐喻着自我与他者的自由平等的沟通与交流;"为人""责任"为主题的他者性哲学则隐喻着他者对自我的超越与担当。因此,在继承自由平等交往的基础上,凸显责任主体与伦理主体相统一的他者性哲学视界,应为现代公共生活的资格获取。

二、表现他者:公共生活的价值归位

他者性哲学认为,"自我"既不能同一"他者",亦不能压制"他者",在"我—他"的关系中,应是通过表现"他者"来认识、提升"自我",以他者镜像观照传统主体性,人往往把自我聚焦为世界的"芯片",把自我的经验聚焦为世界的直角坐标系的"原点"。事实亦证明,每个人一生下来,就被抛入既有的各种社会习俗、经验的规定之中,如果让人们在世界习俗中加以选择的话,毋庸置疑,尽管其选择方式、途径等让人应接不暇,但最终他们还是笃信自我习俗、自我经验才是最适合其生存与发展的,他们不可能抛弃自己所有的习俗、经验而选择其他完全有别于其自身的习俗、经验。这种表现他者的式微阻碍着交互主体之间的自由、平等的交践实践,影响着现代公共生活的价值归位,因为"人类在他们的终极本质上不仅是'为己者',而且是'为他者',并且这种'为他者',必须敏锐地进行反思"①。何谓表现他者,简而言之,即在共同体情感归属中践行道德的自我他在性、关系性和整体性,规避单子式主体性的自利性,彰显他者性的公共利益逻辑优先性中表现出来的一种"道德他者"图景,是在他者视界展开下的以"为人""责任"为主题的责任伦理主体的生长。在

---

① [法] 列维纳斯:《塔木德四讲》,关宝艳译,商务印书馆 2002 年版,第 121 页。

公共生活实践中，表现他者是以"向善"为存在本性、以"共同体"为存在根基、以"公共理性"为存在意识，确证着公共生活的现代价值。

表现他者以"向善"为存在本性，即表现他者在存在的本原上是"向善"的，另一层面解读即"向善"在存在这一本体层面的本性也是表现他者的逻辑基础。"向善"的追问与探求一直是人类文明史亘古不变的永恒定律，亚里士多德的"最高生活境界的思辨"、笛卡尔的"形而上学的沉思"、康德的"道德法则"、萨特对"存在"的追问等都内含着对"向善"的深化与探究。"善是我们一切行为的目的，其他一切事情都是为了善而进行的，并不是为了其他目的而行善。"[①] "向善、乐善、行善"的存在本性之光亦是人类文明向前发展的重要支撑，表现他者实质是以对"他者"的关怀为理解向度的展开，对"他者"的关怀、担当、服务等都是以"向善"为存在本性的逻辑推演。在此，有必要指出"向善"的动力源自于存在，而非存在者。存在者作为形象的特指，当它作为"向善"的动力及其来源则可能引向"善"的不确定性与不可靠性，表现他者则可能失去根基与源头。存在作为"向善"的动力及其来源，从另一逻辑即表明"为人"的道德与共在情怀。"把生存者引向善的那种运动并非生存者把自己提升到较高的生存的那种超越，而只是从存在以及描述这种存在的范畴那里启程。"[②] "向善"的存在本性也是每个人身上都具有"美德袋"的另一表达，正如亚当·斯密所言："自爱、自律、劳动习惯、诚实、公平、正义感、勇气、谦逊、公共精神以及公共道德等，所有这些都是人们在前往市场之前所必须拥有的。"[③] 依此逻辑，每个人身上具有的"向善"的"美德袋"亦是在当代现实境遇中表现他者的内在必须。因此，"共同之善"与"个人之善"都是公共生活的重要资源，表现他者以"向善"为存在本性也是公共生活价值归位的重要表征。

---

① 转引汪子嵩、范明生：《希腊哲学史》，人民出版社 1993 年版，第 441 页。

② Seán Hand（ed·），The Levinas Reader，Basil Blackwell，1989，p.1.

③ ［英］亚当·斯密：《道德情操论》，樊冰译，山西经济出版社 2010 年版，第 6 页。

表现他者以"共同体"为存在根基，即表现他者的实质是以植根于共同体为存在根基，以共同体意识与共同体存在来寻求"自我"与"他者"的相互承认。近现代以来，随着个人主义的张扬和主体性的高歌猛进，共同体在这一过程中逐步式微，与此同时，工具理性的猖獗、意义的丧失、归属感的消退等逐步映现为现代性的困境抑或现代性之隐忧。表现他者即跳出"我思""为我"的主体性自恋文化情结，在"共同体"中认识他者与承认他者。回溯共同体发展史，亚里士多德最早对共同体与公共生活的"善"予以阐明，即"城邦的存在并不仅仅是为了生活，而为了完美自足的生活"①。"人类组成社群的目的就是为了公共利益，政治社群是最高的社群，因此它所追求的善是最大的善，即最大限度的公共利益。"② 此外，西塞罗从共同体对公共利益的维护、奥古斯丁从共同体对感情纽带的维系、柏克从共同体对伙伴关系的阐释、滕尼斯从共同体对亲密关系的连结等论述都再次推进共同体与公共生活的"善"的关系理论。麦金太尔则直接以社群主义理论为基础，阐释公益政治学代表权利政治学，强调"他者"与共同利益的构建，重叙亚里士多德的古典美德伦理传统，提出"美德应在polis（城邦）中得以践行并依据城邦得以界定是理所当然的"③。现代公共生活并非是一种悬在空中的观念想象，而是对求"善"的各种实践活动的归纳，表现他者以"共同体"为存在根基，即规避近现代以来社群与美德分离、事实与价值分离的虚无主义困境。"现阶段最要紧的，是建构文明、理智与道德能够在其中历经已经降临的新的黑暗时代而继续维持下去的各种地方性的共同体形式。"④

表现他者以"公共理性"为存在意识，即表现他者的存在意识既非单向性的强力宰制，也非私益性的自利表达，而是在"理性的公共运用"中达成的"自我"与"他者"的真实互动。公共理性的内涵与解读在历史发

① 颜一：《亚里士多德选集——政治学卷》，中国人民大学出版社1999年版，第94页。
② 颜一：《亚里士多德选集——政治学卷》，中国人民大学出版社1999年版，第3—7页。
③ ［美］麦金太尔：《追寻美德》，宋继杰译，译林出版社2003年版，第171页。
④ ［美］麦金太尔：《追寻美德》，宋继杰译，译林出版社2003年版，第335页。

展中不断丰富与深化，霍布斯、卢梭、康德曾对公共理性有过解读。其中，霍布斯将"上帝"的理性视为公共理性，"我们不能每一个人都运用自己的理性或良知去判断，而要运用公众的理性，也就是要运用上帝的最高代理人的理性去判断。"① 卢梭则提出"法律乃是公意的行为"②、公意的核心乃为公共利益，康德则从启蒙的视野提出"公开运用自己理性"对于启蒙的必须与价值。罗尔斯则进一步将其纳入现代民主宪政精神中加以运用与深化，从政治哲学高度解读公共理性，提出公共理性"是那些共享平等公民身份的人的理性"。③ 毋庸置疑，良好公共生活需要公共理性的护养与滋润，需要一种底线思维共同体机制保障，离不开"重叠共识"（罗尔斯语）的达成。正如奥威尔所分析，公共语言一旦陷入不诚实的政治语言之巢穴中，理性的公共话语建构可能成为一种政治乡愁，对待公共生活的虚无主义或犬儒主义态度亦可能成为非理性的公共话语生态中的无可奈何之举，因为没有价值共识的达成，主体的和谐交往不可能实现，价值共识的达成亦有赖于真实公共话语的形塑，而真实公共话语也只有交往主体之间的自由、平等的有机互动中才有可能得以存在。因此，表现他者是交互主体之间的真实的互动与表达，以"公共理性"为存在意识是表现他者的题中应有之义。

三、书写他者：公共生活的公益确证

针对传统主体性哲学的困境与危机，他者性哲学对近代先险主体对他者的统摄、同化和宰制等亦展开了淋漓尽致的批判，强调主体对他者的一种责任担当。正如列维纳斯所言："传统伦理学就是牢牢地停留在这种以本体论为特征的存在关系中，它把一切都纳入到同一与整体中，结果主体间性的我他关系，不是成为一个单一化的无他性的主体性的封闭世界就

① ［英］霍布斯：《利维坦》，黎思复等译，商务印书馆 1985 年版，第 354—355 页。
② ［法］卢梭：《社会契约论》，何兆武译，商务印书馆 2005 年版，第 46—47 页。
③ ［美］罗尔斯：《政治自由主义》，万俊人译，译林出版社 2000 年版，第 225 页。

是成为一个无他性唯我论的独断世界,最终都把同一之外的他者给扼杀掉了。"① 如前所述,在"我—他"关系中,"自我"不能同一、压制"他者",他者不仅是他们自己,他者亦是我们自己,在道德力量驱动和调和下,绕道他者和书写他者,把自我纳入他者形象建构谱系,承认他者编织的"意义之网",亦能更好地确证公共生活的公益性。何谓书写他者,简而言之,即"我"与"他"在对等地平线上的投射与展开,并以"为人"即"他者"对"自我"的超越为考量标尺的真实实践。书写他者是以"公共善"为书写旨归、以"责任伦理"为书写主题、以"正义制度"为书写支撑的公益实践,确证着现代公共生活的公益指向。

书写他者是以"公共善"为书写旨归,即书写他者在实践的理念归属上以追求"公共善"为终极目标,以实现集体福祉为终极理念。"公共善"并不是各个人的"善"的总和,而是以共同体的共同善、最大多数人的最大幸福建构的"构成性的善","乃政治正义观念对社会基本制度的要求所在,也是这些制度所服务的目标和目的所在"② 。"公共善"曾被视为与"社群"生活相恰切的价值产品,随着"民族—国家"现代建构的推进、个人主义的兴起、共同体的式微、工具理性的偏好至上,"公共善"也随之退隐甚或抛弃,纷纷抛出个人利益至上主义,经济人吞噬道德人。然而,在以利益为轴心原则的一路高歌猛进的现时代,意义的丧失、联结的松散,使寻求归属的"共在感"困境日益凸显,寻求"公共善"再次成为破解现代性困境的主题。当代西方自由主义、社群主义和共和主义对如何达致公共善分别开出了各自的处方,其中,自由主义认为公共善可以通过理性个体的自律来达致,即罗尔斯所言说的"反思平衡"路径来达致;社群主义认为公共善可以通过共同体的构成性归属来达致;共和主义认为公共善与个体幸福可以通过公民美德教育的强化来达致。这三种处方并非是一种纯粹的政治乡愁,各有其自身价值所在。当代公共生活的建设本质是在

① 杨大春、尚杰:《当代法国哲学诸论题——法国哲学研究》,人民出版社2005年版,第181页。
② 〔美〕罗尔斯:《政治自由主义》,万俊人译,译林出版社2000年版,第225页。

"社会公共善"与"个人权利"合理张力下的展开，是以"他者"为标尺的公益实践。书写他者是以"公共善"为书写旨归，这既是对当下虚无主义、消费主义、犬儒主义困境的回应，也有利于个体自身"善"的提升，个体的"善"的提升与自由个性的发展是人的个性与现实关系共同形塑而成的，它既要以个体独特的自由个性为前提与基础，也要以现实的社会环境与条件为底板依托，在特定的时空中，科学、合理地获取与拥有促进其自由全面发展的资源，真正实现私人领域与公共领域、系统世界与生活世界、承认他者与确认自我的和谐统一，成己、成物与成人的交融互动等等。由此，"公共善"既不是先验自明的命题，也不仅是传统共同体的价值专属附属产品，而是现代公共生活公益确证的实质取向与内在本位。

书写他者是以"责任伦理"为书写主题，即书写他者以责任、奉献、付出等为书写主题，正如列维纳斯说："正是就他者与我的关系不是互惠的而言，我服从于（subjection to）他者；也正是在这个意义上，我成为本质上的主体。"① "责任伦理"是书写他者的主题，也是书写他者得以真实实践的行动支撑。主体的"责任伦理"并不是先天赋予的，与之相反，传统上主体的界定是同一与占有式的主体，以"我思故我在""我乐故我在""我欲故我在"为主体的立身命题，主体的存在与伸张是以对"他者"的征服与"他者"的占有为考量标尺，将一切纳入属于主体意向性的图谱中则是主体的最有力证明，基于此，也产生了殖民主义、霸权主义、自我主义等主体性中心扩张的理念。书写他者的诠释则是对"责任"的书写，列维纳斯曾指出"回应"（response）和"责任"（responsibility）在词根上是同一语系，他者面貌在向主体的展示之际、主体在向他者的回应之时，则内蕴着"责任伦理"的主题，对"他者"的回应也即对"他者"的责任，在对"他者"的回应中澄明并践行个体的责任。徐贲教授在《什么是好的公共生活》中指出"美德、尊严和真实"为好的公共生活的三要

---

① E.Levinas, *Ethics and Infinity*, translated by Richard A Cohen, Duquesne University Press, 1985, p.98.

素，作为交互主体之间展开的生活，倘若无美德、尊严、真实，无责任、付出、宽容，公共生活只会沦为私密个体狂欢与放纵的竞技场，抑或私密个体个性掩饰与伪装的展示场。毫无疑问，在他者性哲学视域中，"责任伦理"的书写主题贯穿于公共生活的始终，也正如列维纳斯所提出的，面向他者面貌的那一刻起，即决定了主体的"回应""责任"。公共生活是"自我"与"他者"共在的互动表达，因此，从另一逻辑推演，公共生活一经展开，"责任"即宣告开启。

书写他者以"正义制度"为书写支撑，即书写他者是在正义制度下的书写，正义是书写他者的制度支持。按照罗斯科·庞德的解读，在伦理上，正义可以被看成是一种个人美德或是对人类需要的合理公平的一种满足；在经济和政治上，社会正义可以看成是与社会理想相符合并足以保障人们利益与愿望的一种制度。[1] 正如罗尔斯所认为的一样，如果说思想体系的首要价值即真理，那么社会制度的首要价值即正义。[2] 可以说，制度公正是一种适用于公共生活领域的底线伦理，是现代公共生活的制度基础，是提升人们公共生活水平和质量的有效路径，能为人们自由、平等地参与公共生活提供制度支持。当然，在此并非完全否定伦理道德规范在现代公共生活的重要作用、公共生活伦理建设的必要性与现实性，事实也表明，现代公共生活需要公共生活伦理的合理调适。但是毫无疑问，公共生活的伦理道德与公共生活的规则制度毕竟是有区别的，作为一种软约束，在对其遵循与违背的两个层面之间有着极强的模糊性，尤其是在自私欲望膨胀和个人良心泯灭的际遇中，公共生活的伦理道德规范往往被冲破。因此，在看到伦理道德规范在现代公共生活建设中的调适作用的同时，也不要过度陷于"道德迷思"，要充分发挥制度在现代公共生活建设中的规范作用，加强制度的有效供给，依靠制度性的力量来促进公共生活的和谐发

---

① ［美］罗斯科·庞德：《通过法律的社会控制——法律的任务》，沈宗灵、董世忠译，商务印书馆 1984 年版，第 73 页。
② ［美］罗尔斯：《正义论》，何怀宏等译，中国社会科学出版社 1988 年版，第 3 页。

展，注重公共生活的伦理道德与制度安排的有效统一，这既是现代民主社会的必要条件，也是现代公共生活的内在诉求。审视公共生活在历史与现实中的镜像投射，当公共生活远离正义或正义阙如时，公共生活易沦为意识形态泛化的惊恐附和或是利益操纵贿赂的违心臣服，公共性的本质特性、"公共善"的价值旨归在正义淘空的体制中沦为"房间里大象"式的"沉默伪装"或"娱乐至死"式的"消费狂欢"，公共生活在本质上是对意识形态泛化所带来的表面附和或利益贿赂所带来的谎言臣服的一种无可奈何的践行。为此，作为一种底线伦理，制度公正能强化公共生活的确定性、真实性与合理性、保障公共生活领域的合理建构，没有一个由正义制度维系的公共生活领域，某些非主流的社会思潮极有可能消解公共生活的真实性与合理性，让有尊严的公共生活成为一种乌托邦式的乡愁而已，罗尔斯的正义理论亦启迪我们，书写他者，确证现代公共生活的公益取向，在时序排列上，也应以建构一个"正义的制度"为首要问题，或许其并非终极答案，但毫无疑问是通往终极答案的关键所在。

参考文献

1.《马克思恩格斯选集》(1—4卷),人民出版社 1995 年版。

2.〔德〕马克斯·韦伯著:《经济与社会》,阎克文译,上海世纪出版社 2010 年版。

3.〔美〕罗伯特·L.海尔布罗纳、威廉·米尔博格著:《经济社会的起源》,李陈华、许敏兰译,格致出版社 2010 年版。

4.〔美〕斯塔夫里阿诺斯:《全球通史——1500 年以后的世界》,上海社会科学院出版社 1992 年版。

5.〔英〕亚当·斯密著:《国民财富的性质和原因的研究》,郭大力、王亚南译,商务印书馆 1972 年版。

6.〔德〕哈贝马斯著:《公共领域的结构转型》,曹卫东等译,学林出版社 1999 年版。

7.〔美〕尼古拉·尼葛洛庞帝著:《数字化生存》,胡泳、范海燕译,海南出版社 1996 年版。

8.〔美〕迈克尔·麦金尼斯著:《多中心体制与地方公共经济》,毛寿龙、李梅译,生活·读书·新知三联书店 2000 年版。

9.〔德〕海德格尔著:《存在与时间》,陈嘉映、王庆节译,生活·读书·新知三联书店 1987 年版。

10.〔英〕霍布斯著:《利维坦》,黎思复等译,商务印书馆 1985 年版。

11. ［法］卢梭著：《社会契约论》，何兆武译，商务印书馆2003年版。

12. ［德］康德著：《历史理性批判文集》，何兆武译，商务印书馆1990年版。

13. ［美］约翰·罗尔斯著：《政治自由主义》，万俊人译，译林出版社2000年版。

14. ［德］哈贝马斯著：《交往行动理论》，洪佩郁、蔺青译，重庆出版社1994年版。

15. ［德］哈贝马斯著：《交往与社会进化》，张博树译，重庆出版社1989年版。

16. ［美］李普曼著：《公众舆论》，阎克文、江洪译，上海人民出版社2002年版。

17. ［奥］凯尔森著：《法与国家的一般理论》，沈宗灵译，中国大百科全书出版社1996年版。

18. ［英］安东尼·吉登斯：《现代性的后果》，田禾译，译林出版社2000年版。

19. ［美］马克·波斯特著：《信息方式：后结构主义与社会语境》，范静晔译，商务印书馆2000年版。

20. ［美］雪利·特克著：《虚拟化身：网络时代的身份认同》，谭天等译，台湾远流出版公司1998年版。

21. ［古希腊］亚里士多德：《政治学》，中国人民大学出版社2003年版。

22. ［德］斐迪南·滕尼斯：《共同体与社会》，商务印书馆1999年版。

23. ［德］马克思、［德］恩格斯：《德意志意识形态》，人民出版社2003年版。

24. ［美］杰克·普拉诺：《政治学分析辞典》，中国社会科学出版社1986年版。

25. ［美］埃利诺、［美］杰勒德著：《对话：变革之道》，郭少文译，教育科学出版社 2006 年版。

26.［美］汉娜·阿伦特著:《极权主义的起源》,林骧华译,生活·读书·新知三联书店 2008 年版。

27.［法］古斯塔夫·勒庞著:《乌合之众》,冯克利译,中央编译出版社 2005 年版。

28.［法］塞奇·莫斯科维奇著:《群氓的时代》,许列民、薛丹云、李继红译,江苏人民出版社 2003 年版。

29.［日］尾关周二著:《共生的理想:现代交往与共生、共同的思想》,卞崇道、刘荣、周秀静译,中央编译出版社 1996 年版。

30.［美］汉娜·阿伦特著:《人的条件》,竺乾威等译,上海人民出版社 1999 年版。

31.［美］摩尔根著:《古代社会》,杨东莼等译,商务印书馆 1995 年版。

32.［美］约瑟夫·熊彼特著:《资本主义、社会主义与民主》,吴良健译,商务印书馆 2004 年版。

34.［美］巴伯著:《强势民主》,彭斌译,吉林人民出版社 2006 年版。

35.［英］德里克·希特著:《公民身份:世界史、政治学与教育学中的公民理想》,郭台辉、余慧元译,吉林出版集团 2010 年版。

36.［古罗马］西塞罗著:《国家篇 法律篇》,沈叔平、苏力译,商务印书馆 1999 年版。

37.［法］托克维尔著:《论美国的民主》,张晓明编译,北京出版集团公司 2012 年版。

38.［英］恩靳·伊辛、［英］布雷恩·特纳主编:《公民权研究手册》,王小章译,浙江人民出版社 2007 年版。

39.［美］罗伯特·D.帕特南著:《使民主运转起来》,王列、赖海榕译,江西人民出版社 2001 年版。

40.［英］戴维·米勒、韦农·波格丹诺主编:《布莱克维尔政治学百科全书》，邓正来译，中国政法大学出版社 2002 年版。

41. ［美］戈登·伍德著:《美国革命的激进主义》，傅国英译，北京大学出版社 1997 年版。

42. ［比利时］亨利·皮朗著:《中世纪欧洲经济社会史》，乐文译，上海人民出版社 2001 年版。

43. ［美］E.R. 克鲁斯克、B.M. 杰克逊著:《公共政策词典》，唐理斌、王满传、郏斌祥、任小平译，上海远东出版社 1992 年版。

44. ［美］乔·萨托利著:《民主新论》，冯克利、阎克文译，东方出版社 1998 年版。

45. ［法］让·布隆代尔，［意］毛里齐奥·科塔主编:《政党与政府:自由民主国家的政府与支持性政党关系探析》，史志钦、高静宇等译，北京大学出版社 2006 年版。

46. ［英］詹姆斯·布赖斯著:《现代民治政体》，张慰慈等译，吉林人民出版社 2001 年版。

47. ［德］哈贝马斯著:《在事实与规范之间：关于法律和民主法治国的商谈理论》，童世骏译，生活·读书·新知三联书店 2003 年版。

48. ［意］安东尼奥·葛兰西著:《狱中札记》，葆煦译，人民出版社 1983 年版。

49. ［德］费尔巴哈著:《费尔巴哈哲学著作选集》，荣震华译，人民出版社 1984 年版。

50. ［英］约翰·索利著:《雅典的民主》，王琼淑译，上海译文出版社 2001 年版。

51. ［法］库朗热著:《古代城邦：古希腊罗马祭祀、权利和政治研究》，谭立铸等译，华东师范大学出版社 2006 年版。

52. ［德］海德格尔著:《面向思的事情》，陈小文、孙周兴译，商务印书馆 1999 年版。

53. ［匈牙利］卢卡奇著:《历史与阶级意识》，杜章智等译，商务印书馆 1992 年版。

54.［德］弗洛姆著:《健全的社会》,孙恺详译,贵州人民出版社 1994
年版。

55.［英］伯特兰·罗素著:《伦理学和政治学中的人类社会》,肖巍译,
中国社会科学出版社 1997 年版。

56.［美］赫伯特·席勒著:《大众传播与美利坚帝国》,刘晓红译,上
海世纪出版集团 2006 年版。

57.［美］W. 兰斯·班尼特著:《新闻:政治的幻象》,杨晓红等译,当
代中国出版社 2005 年版。

58.［美］汉娜·阿伦特著:《论革命》,陈周旺译,译林出版社 2007
年版。

59.［德］马克思著:《1844 年经济学—哲学手稿》,人民出版社 2000
年版。

60.［德］黑格尔著:《法哲学原理》,张企泰、范扬译,商务印书馆
1979 年版。

61.［美］弗莱德·R. 多尔斯著:《主体性的黄昏》,万俊人等译,上海
人民出版社 1992 年版。

62.［美］比尔·麦克基本著:《自然的终结》,孙晓春、马树林译,吉
林人民出版社 2000 年版。

63.［德］阿克塞尔·霍耐特著:《为承认而斗争》,胡继华译,上海世
纪出版集团 2005 年版。

64.［美］罗兰·罗伯逊著:《全球化:社会理论和全球文化》,梁光严
译,上海人民出版社 2000 年版。

65.［英］亚当·斯密著:《道德情操论》,樊冰译,山西经济出版社
2010 年版。

66.［英］约翰·格雷著:《自由主义的两张面孔》,顾爱彬、李瑞华译,
江苏人民出版社 2005 年版。

67.〔美〕莱昂内尔·特里林著:《诚与真:诺顿演讲集》(1969—1970年),刘佳林译,江苏教育出版社2006年版。

68.〔日〕蒲岛郁夫著:《政治参与》,解莉莉译,经济日报出版社1989年版。

69.〔古希腊〕亚里士多德著:《尼各马科伦理学》,苗力田译,中国社会科学出版社1999年版。

70.〔德〕哈贝马斯著:《包容他者》,曹卫东译,上海人民出版社2002年版。

71.〔法〕布迪厄、〔美〕华康德著:《实践与反思》,李猛、李康译,中央编译出版社1998年版。

72.〔加〕德克霍夫著:《文化肌肤:真实社会的电子克隆》,汪冰译,河北大学出版社1998年版。

73.〔英〕鲍曼著:《个体化社会》,范祥涛译,上海三联书店2002年版。

74.〔美〕理查德·桑内特著:《公共人的衰落》,李继宏译,上海译文出版社2008年版。

75.〔德〕恩斯特·卡西尔著:《人论》,甘阳译,上海译文出版社1985年版。

76.〔美〕托马斯·雅诺斯基著:《公民与文明社会:自由主义政体、传统政体和社会民主政体下的权利和义务框架》,柯雄译,辽宁教育出版社2000年版。

77.〔法〕托克维尔著:《旧制度与大革命》,陈天群译,江西人民出版社2013年版。

78.〔英〕保罗·霍普著:《个人主义时代之共同体重建》,沈毅译,浙江大学出版社2010年版。

79.〔加〕麦克卢汉著:《理解媒介——论人的延伸》,何道宽译,商务印书馆2000年版。

80.〔英〕尼克·史蒂文森著:《认识媒介文化》,王文斌译,商务印书馆 2001 年版。

81.〔美〕杰伊·沙弗利茨等编:《公共政策经典》,彭云望译,北京大学出版社 2008 年版。

82.〔德〕诺贝特·埃利亚斯著:《个体的社会》,翟二江、陆兴华译,译林出版社 2003 年版。

83.〔古希腊〕亚里士多德著:《政治学》,颜一、秦典华译,中国人民大学出版社 2003 年版。

84.〔美〕丹尼尔·贝尔著:《资本主义文化矛盾》,赵一凡等译,生活·读书·新知三联书店 1989 年版。

85.〔美〕本尼迪克特·安德森著:《想象的共同体:民族主义的起源与散布》,吴叡人译,上海世纪出版集团 2005 年版。

86.〔英〕达瑞安·里德著:《拉康》,黄然译,文化艺术出版社 2003 年版。

87.〔古罗马〕西塞罗著:《论共和国·论法律》,王焕生译,中国政法大学出版社 1997 年版。

88.〔英〕洛克著:《政府论》,瞿菊农、叶启芳译,商务印书馆 1964 年版。

89.〔法〕列维纳斯著:《塔木德四讲》,关宝艳译,商务印书馆 2002 年版。

90.〔美〕罗尔斯著:《正义论》,何怀宏、何包钢、廖申白译,中国社会科学出版社 1988 年版。

91.〔美〕道格拉斯·诺斯、罗伯斯·托马斯著:《西方世界的兴起》,厉以平、蔡磊译,华夏出版社 1999 年版。

92.〔美〕D.P.约翰逊著:《社会学理论》,南开大学社会学系译,国际文化出版公司 1988 年版。

93.〔美〕彼得·贝格尔著:《神圣的帷幕》,高师宁译,上海人民出版社 1991 年版。

94.［美］加布里埃尔·A.阿尔蒙德、小 G.宾厄姆·鲍威尔著:《比较政治学:体系、过程和政策》,曹沛霖等译,上海译文出版社 1987 年版。

95.［美］亨廷顿著:《变化社会中的政治秩序》,王冠华等译,生活·读书·新知三联书店 1989 年版。

96.［美］彼得·F.德鲁克著:《社会的管理》,徐大建译,上海财经大学出版社 2003 年版。

97.［美］特里·L.库珀著:《行政伦理学:实现行政责任的途径》,张秀琴译,中国人民大学出版社 2001 年版。

98.［美］戈尔·斯塔林著:《公共部门管理导论》,常健译,中国人民大学出版社 2005 年版。

99.［英］安东尼·吉登斯,克里斯多弗·皮尔森著:《现代性——吉登斯访谈录》,尹宏毅译,新华出版社 2001 年版。

100.［法］利奥塔著:《后现代性与公正游戏——利奥塔访谈、书信录》,谈瀛洲译,上海人民出版社 1997 年版。

101.［美］汤姆·L.彼彻姆著:《哲学的伦理学》,雷克勤等译,中国社会科学出版社 1990 年版。

102.［加］威尔·金里卡著:《当代政治哲学》,刘莘译,上海三联书店 2004 年版。

103.［德］罗伯特·米歇尔斯著:《寡头统治铁律——现代民主制度中的政党社会学》,任军锋等译,天津人民出版社 2003 年版。

104.［捷克］奥塔·希克著:《第三条道路——马克思列宁主义理论与现代工业社会》,张斌译,人民出版社 1982 年版。

105.［美］麦金太尔著:《追寻美德》,宋继杰译,译林出版社 2003 年版。

106.［英］格雷戈里·贝特森著:《纳文——围绕一个新几内亚部落的一项仪式所展开的民族志实验》,李霞译,商务印书馆 2008 年版。

107. 蔡英文:《政治实践与公共空间》,新星出版社 2006 年版。

108. [德] 胡塞尔著:《胡塞尔选集》(下卷),倪梁康译,上海三联书店 1997 年版。

109. [英] 霍布斯著:《利维坦》,黎思复等译,商务印书馆 1985 年版。

110. [美] 罗斯科·庞德著:《通过法律的社会控制——法律的任务》,沈宗灵、董世忠译,商务印书馆 1984 年版。

111. 晏辉:《公共生活与公民伦理》,北京师范大学出版社 2007 年版。

112. 詹世友:《公义与公器——正义论视域中的公共伦理学》,人民出版社 2006 年版。

113. 徐贲:《通往尊严的公共生活:全球正义与公民认同》,新星出版社 2009 年版。

114. 汪晖、陈燕谷主编:《文化与公共性》,生活·读书·新知三联书店 2005 年版。

115. 刘远传:《社会本体论》,武汉大学出版社 1999 年版。

116. 舒炜编:《公共理性与现代学术》,生活·读书·新知三联书店 2000 年版。

117. 黄楠森、沈宗灵主编:《西方人权学说》(上册),四川人民出版社 1994 年版。

118. 费孝通:《乡土中国·生育制度》,北京大学出版社 1998 年版。

119. 廖申白:《交往生活的公共性转变》,北京师范大学出版社 2007 年版。

120. 李汉林、渠敬东:《中国单位组织变迁过程中的失范效应》,上海人民出版社 2005 年版。

121. 李强:《群己论识》,中国法制出版社 2008 年版。

122. 达巍、王琛、宋念:《消极自由有什么错》,文化艺术出版社 2001 年版。

123. 曾繁正等:《西方政治学》,红旗出版社 1998 年版。

124. 王长江:《现代政党执政规律研究》,上海人民出版社 2002 年版。

125. 张凤阳等:《政治哲学关键词》,江苏人民出版社 2006 年版。

126. 张世项:《天人之际——中西哲学的困惑与选择》,人民出版社 2007 年版。

127. 北京大学哲学系外国哲学史教研室编:《西方哲学原著选读》,商务印书馆 1987 年版。

128. 胡群英:《社会共同体的公共性建构》,知识产权出版社 2013 年版。

129. 刘金萍:《主体形而上学批判与马克思哲学"主体性"思想》,中国社会科学出版社 2009 年版。

130. 曹日昌:《普通心理学》,人民教育出版社 1980 年版。

131. 段德智:《主体生成论——对"主体死亡论"之超越》,人民出版社 2009 年版。

132. 陆学艺:《当代中国社会流动》,社会科学文献出版社 2004 年版。

133.《中国大百科全书(政治学)》,中国大百科全书出版社 1992 年版。

134. 房宁主编:《政治参与蓝皮书:中国政治参与报告(2013)》,社会科学文献出版社 2013 年版。

135. 卞绍斌:《马克思的社会概念》,山东人民出版社 2010 年版。

136. 庞树奇、范明林主编:《普通社会学理论》,上海大学出版社 2011 年版。

137. 童世骏、何锡蓉等:《中国发展的精神因素》,上海人民出版社 2012 年版。

138. 吴忠泽、陈金罗主编:《社团管理工作》,中国社会出版社 1996 年版。

139. 张康之、张乾友:《公共生活的发生》,高等教育出版社 2010 年版。

140. 北京大学哲学系编译:《十八世纪法国哲学》,商务印书馆 1963

年版。

141. 王新生:《市民社会论》,广西人民出版社 2003 年版。

142. 何增科:《公民社会与第三部门》,社会科学文献出版社 2000 年版。

143. 陈红太:《当代中国政府体系》,华文出版社 2001 年版。

144. 李金亮:《社会主义市场经济论纲》,中山大学出版社 2001 年版。

145. 罗荣渠:《现代化新论》,商务印书馆 2009 年版。

146. 杜维明:《对话与创新》,广西师范大学出版社 2005 年版。

147. 朱贻庭编:《伦理学大辞典》,上海辞书出版社 2002 年版。

148. 陆学艺主编:《当代中国社会阶层研究报告》,社会科学文献出版社 2002 年版。

149. 费孝通:《论文化与文化自觉》,群言出版社 2005 年版。

150. 贾英健:《公共性视域:马克思主义哲学的当代阐释》,人民出版社 2009 年版。

151. 杨仁忠:《公共领域论》,人民出版社 2009 年版。

152. 郭湛:《社会公共性研究》,人民出版社 2009 年版。

153. 王晶雄、王善平:《社会发展:反思与超越——马克思主义社会发展理论研究》,学林出版社 2008 年版。

154. 汪子嵩、范明生:《希腊哲学史》,人民出版社 1993 年版。

155. 杨大春、尚杰:《当代法国哲学诸论题——法国哲学研究》,人民出版社 2005 年版。

156. Jeffrey C. Goldfarb, *The Cynical Society*, Chicago, IL: The University of Chicago Press, 1991.

157. J. Habermas, *Toward A Rational Society*: *Student Protest*, *Science*, *and Politics*, Boston, 1970.

158. Taylor, C., *Sources of the Self*: *The Making of the Modern Identity*. Harvard University Press, 1992.

159. J. Keane, *Public Life and Late Capitalism*.Cambridge University

Press，1984.

160. Michael J. Sandel, *Public Philosophy*：*Essays on Morality in Politics*, Harvard University Press，2005.

161. Gilles Paquet, *Governance Through Social Learning.* Ottwa：University of Ottwa Press，1999.

162. E. E. Schattshneider, *Party Government*，New York：Holt，Rinehart & Winston，1942.

163. William E. Connolly, *Identity/Difference*：*Democratic Negotiations of Political Paradox*，Itha-ca，N. Y.：Cornell University Press，1991.

164. Isaiah Berlin, *Liberty*，Edited by Henry Hardy，Oxford University Press，2002.

165. 林尚立：《有机的公共生活：从责任建构民主》,《社会》2006 年第 3 期。

166. 陈付龙：《公共生活变奏的价值样态视域解读》,《全国哲学伦理学博士后论坛论文集》2013 年 6 月。

167. 张康之、张乾友：《从共同生活到公共生活》,《探索》2007 年第 4 期。

168. 任剑涛：《公共与公共性：一个概念辨析》,《马克思主义与现实》2011 年第 6 期。

169. 任剑涛：《特殊主义、普遍主义与现代性政治的认同——在中西政治文化之间的言说》,《江海学刊》2007 年第 1 期。

170. 陈付龙：《历史与现实：公共领域发展的中国考量》,《甘肃社会科学》2012 年第 5 期。

171. 陈付龙：《论我国公共生活的现代建设》,《青海社会科学》2013 年第 4 期。

172. 陈付龙：《论当代中国公共生活的历史进路》,《福建论坛》（人文社会科学版）2013 年第 9 期。

173. 许纪霖:《近代中国的公共领域：形态、功能与自我理解——以上海为例》,《史林》2003 年第 2 期。

174. 袁祖社:《全球化时代类群本位的公共生活理念与新"公民文化"及其价值观》,《哲学研究》2005 年第 8 期。

175. 袁祖社:《"公共哲学"与当代中国的公共性社会实践》,《中国社会科学》2007 年第 3 期。

176. 袁祖社:《文化的伦理本质与现代德性生活的价值真理》,《北京大学学报》(哲学社会科学版) 2011 年第 4 期。

177. 郭湛、王维国:《公共性的样态与内涵》,《哲学研究》2009 年第 8 期。

178. 沈湘平:《个人利益、普遍利益与公共性批判》,《哲学研究》2008 年第 10 期。

179. 林尚立:《领导与执政：党、国家与社会关系转型的政治学分析》,《毛泽东邓小平理论研究》2001 年第 6 期。

180. 吴育林:《公共生活理论范式对构建中国公民社会的启示》,《中山大学学报》(社会科学版) 2006 年第 3 期。

后　记

　　聆听键盘的敲打，凝睇窗外满眼的新绿，在空气中弥漫着初夏的五月，喜闻《当代中国社会公共生活建设研究》一题获准国家社会科学基金项目立项，这是对自我"喧嚣"中找寻"沉思"的肯定，亦是"跋涉"中催促"迈越"的新鞭策。

　　国家社科基金项目申报从思想准备、文献搜集、大纲撰写、字斟句酌、静候等待到喜闻成功的历程，体悟到申报过程中研究成果的前期铺垫、学术训练的长期积累、良师益友的指导交流、公平公正的评审机制都是获批立项的重要因素。正如狄更斯所言："这是一个最好的时代，也是一个最坏的时代。"对待学习，秉着"路漫漫其修远兮，吾将上下而求索"的信念；对待金钱，秉承"穷且益坚，不坠青云之志"的情操；对待人生，寄着"春蚕到死丝方尽，蜡炬成灰泪始干"的品格，这就会是一个最好的时代。

　　项目获批立项是一种喜悦，也更是一种责任，这种责任将有力支撑着我继续匍匐前行，激励着我继续为自己的生活世界注入新的元素，增添新的动力，因为人生铿锵前行中，青春年华将会悄悄流逝，都经不起时光的洗涤和岁月的磨砺，扑面而来的必定是风雨后的沧桑；似火的激情、沸腾的热血、年少的浮躁也将会被时光埋没，无论是愤怒、谴责抑或是不甘、哭诉都将成为天空中飘浮的尘埃和历史的记忆，扑面而来的必定是从容后的无奈。在人生道路上，唯独一个人的真诚、善良与责任将会成为时光和岁月的沉淀，成为人生中的一个真正潇洒的背影。同时，我也深知学术研究不是玩文字游戏，而是一种思想操练；不是文本的消费，而是文本的对话；不是书斋式的理论解读，而是现实性的问题解剖；不是一种自聊自侃的孤芳自赏，而是在追求通俗中恪守学术敬畏；不是纯粹的个人意愿与偏好，而是一种社会责任与使命担当。所以，在此书的著述中，吾一直在战战兢兢、如履薄冰的忐忑不安中敲打着每一个字符，这并不是吾自信心的阙如，而更多是吾对学术敬畏的一种高度责任感的体现，我想这恐怕也是大多数有过著述经历的为学者所经历和应有的心境，而非偶独有之；也是任何为学者应恪守的学术良知与朴实精神，亦非无独有偶！

人生总是痛苦往事与精彩乐章的二重演奏，回眸岁月，吾将步入不惑之年，辗转尘世的苦与累也不过是历史瞬间而已，奋进时感到光阴的珍贵，颓废时叹息落日的余晖，这或许正是"不惑"的吊诡，隐喻着"困于其惑"与"坦然释惑"的两种人生心态，其中"困于其惑"更多是对人生终极意义的追问和无可揣度未来的忧思，"坦然释惑"更多是对世间事物得之坦然、失之淡然的泰然。于吾而言，既有对未知旅程的忧思，亦有对岁月消逝的叹惜，更有对银铃般笑声的希冀，需要以淡泊心态去善待未知旅程的沉重与缥缈，因为上帝让人有着不同人生，自有其特别理由与安排。生活没有彩排，也没有复制，"意外"常为生活中的永远脚注，太多意外、太多惊喜、太多困惑之间的觥筹交错，带给我们的是心灵舒畅、瞬间华丽抑或迷离忧伤、浮躁焦灼，但无论如何没有理由从此停滞不前，为了心中的那份执着，仍然需要直面逝水流年，在未知旅程继续赶路，带着真善美去感恩社会、感恩他人，真心呵护不离不弃、爱你今世的人，因为爱不是瞬间情感的短暂发作，而是一生一世的永久回味；微笑面对曾深深伤害、刻意欺骗过你的人，因为其砥砺着一个人的意志，让人在风雨中学会了坚强，故把最美、最甜的微笑赠予对方即为"坦然释惑"的一种具象。

七月的南昌，烈日当空；美丽的瑶湖，静谧宁静。看校园的景色幽幽，任自己思绪飞扬。在远离喧嚣浮华的一隅之地，放下手中的拙笔，参悟人生妙谛，忆过去往事，难以抚平激动的心，难免颇有几分感慨，其中最大启迪即为良师益友是人生最重要财富。在吾求学过程中，遇到过无数的良师益友，但因年少懵懂，并未真正悟出良师益友的真谛。毋庸置疑，硕士的学术启蒙、博士的学术发展、博士后的学术开拓，才让我开始领悟到"良师益友"背后的真正内涵与价值。在此，衷心感谢领我进入学术殿堂的硕士生导师孟庆顺教授，是他对我的启蒙教育让我走出了懵懵懂懂的年少无知；衷心感谢领我学术发展的博士生导师叶启绩教授，是他的宽容与栽培让我有了厚积薄发的学术基础；衷心感谢领我学术开拓的博士后合作导师祝黄河教授，是他的睿智、严谨与呵护的学者风骨让我有了学术开拓的信心与勇气，让我找到了学术中的那片新天地，打开了学术的新天窗。可以说，在他们身上深刻诠释了学高为师、德高为范的真谛，也让我更加懂得了良师益友是铸就人生辉煌的一笔宝贵财富，我也衷心祝愿健康、喜悦、幸福、平安等伴其一生，永驻一世。生活如歌，歌中的音符记载着曾经的美好与沧桑，朋友如歌中伴舞，装饰着生活的美好，消解着凡尘的沧桑，在此衷心感谢在我人生成长与发展中提供过帮助的朋友，是你们让我对"朋友"二字意义有了更深刻的理解，即生活中不能没有你们。在此，我想大声说，宽容他人、善待朋友会是我一生不变的承诺，此时你，此时我，并肩同行；那时你，那时我，站在彼此身旁；感谢你们！愿你们一生幸福！

"翠叶红花知春到，策马扬鞭自奋蹄。"和着优美而朦胧的"有与无，轻与重，灵与肉，动与静，真与伪，逃避与寻找，爱与孤独"的自我二重奏旋律，我将继续以自己的生活为正文，以书籍为注解，在淡泊中追求自我之"在"，笑看日出日落、云卷云舒。

生兮萋萋，满新绿，志业学术承诺矣；
情兮悠悠，学意浓，莫使浮世惹信哉；
文兮漫漫，铿锵行，灯火阑珊蓦回首。

这是一个贫乏的"公共性"萎缩期，亦是一个间歇的"公共性"爆发期，本著作是本人主持的 2012 年度国家社会科学基金青年项目《当代中国社会公共生活建设研究》（项目批准号：12CKS018）的最终成果，也是本人对公共生活建设蓝图的一个粗浅勾勒。本著作撰写及修改历时三年多，参阅、引用了许多专家和同行的研究成果，其出版得到了南昌工程学院省级重点学科"马克思主义中国化研究"的科研基金的资助与支持，在此一并表示衷心感谢。同时，由于笔者水平有限，才疏学浅，书中定有不少偏颇、疏漏之处，敬请各位专家、学者及广大读者批评指正。

责任编辑:安新文
责任校对:张　莉
封面设计:徐　晖

图书在版编目(CIP)数据

当代中国社会公共生活建设研究/陈付龙 著. —北京:人民出版社,
　2017.11
ISBN 978 - 7 - 01 - 018292 - 6

Ⅰ.①当…　Ⅱ.①陈…　Ⅲ.①社会生活-研究-中国-现代
　Ⅳ.①D669

中国版本图书馆 CIP 数据核字(2017)第 235386 号

当代中国社会公共生活建设研究

DANGDAI ZHONGGUO SHEHUI GONGGONG SHENGHUO JIANSHE YANJIU

陈付龙　著

人民出版社 出版发行
(100706　北京市东城区隆福寺街 99 号)

北京市文林印务有限公司印刷　新华书店经销

2017 年 11 月第 1 版　2017 年 11 月北京第 1 次印刷
开本:710 毫米×1000 毫米 1/16　印张:27.5
字数:380 千字

ISBN 978 - 7 - 01 - 018292 - 6　定价:56.00 元

邮购地址 100706　北京市东城区隆福寺街 99 号
人民东方图书销售中心　电话 (010)65250042　65289539